房地产企业三大税种及关键风险点解析

谢益畅
朱春晖
姚宝华
编著

华南理工大学出版社
SOUTH CHINA UNIVERSITY OF TECHNOLOGY PRESS
·广州·

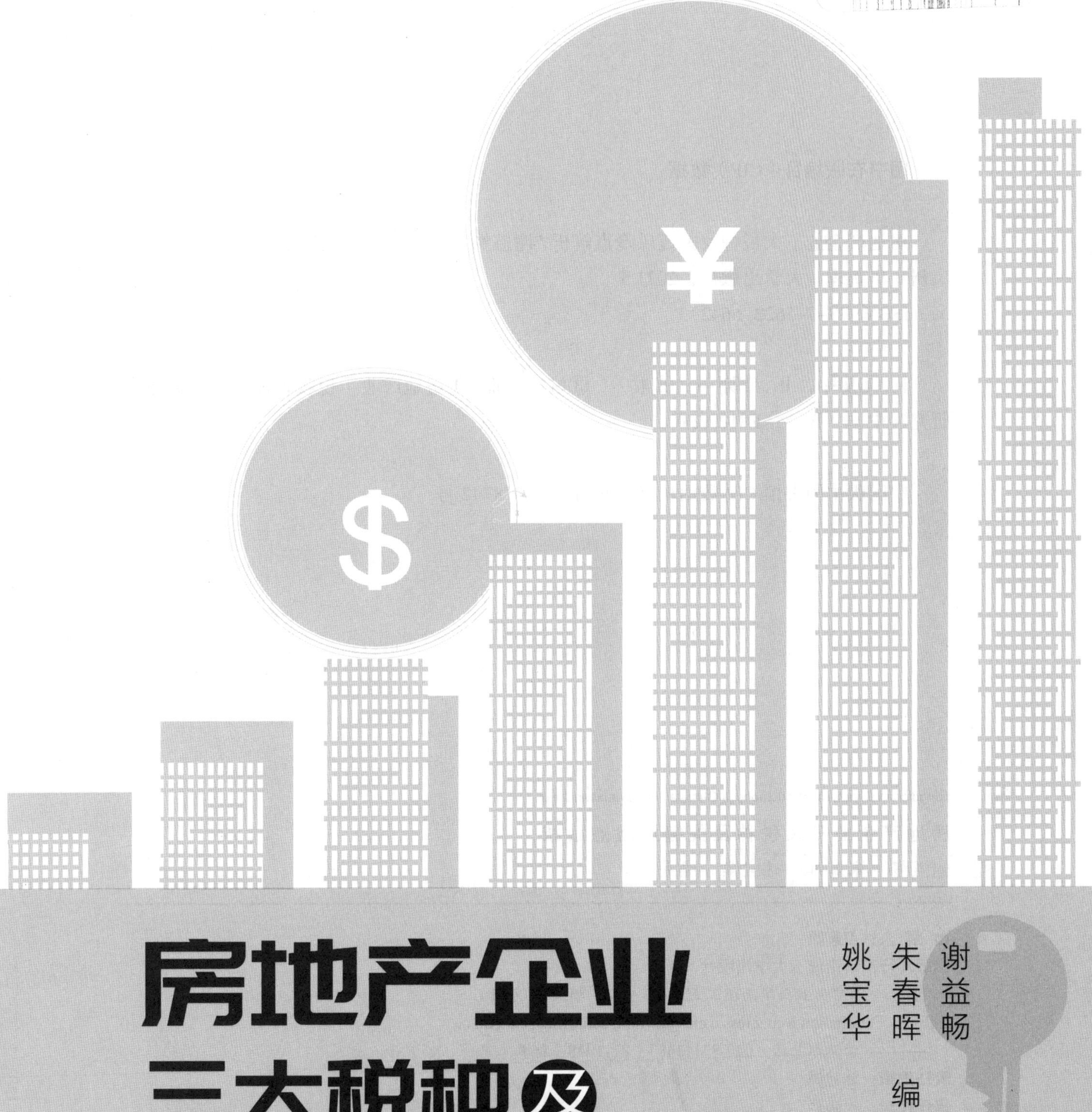

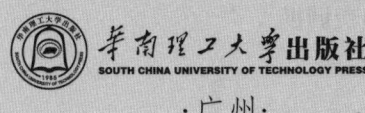

图书在版编目（CIP）数据

房地产企业三大税种及关键风险点解析 / 谢益畅，朱春晖，姚宝华编著. —广州：华南理工大学出版社，2021.5
　　ISBN 978-7-5623-6642-3

Ⅰ.①房… Ⅱ.①谢… ②朱… ③姚… Ⅲ.①房地产业 – 税收管理 – 风险管理 – 研究 – 中国　Ⅳ.① F812.423

中国版本图书馆 CIP 数据核字（2021）第 078742 号

Fangdichan Qiye SandaShuizhong Ji Guanjian Fengxiandian Jiexi
房地产企业三大税种及关键风险点解析
谢益畅　朱春晖　姚宝华　编著

出 版 人：卢家明
出版发行：华南理工大学出版社
　　　　　（广州五山华南理工大学 17 号楼，邮编 510640）
　　　　　http://wwwcuaeress.c.cn.　E-mail: scutc13@scut.edn cn
　　　　　营销部电话：020-87113487　8111048（传真）
责任编辑：林起提
责任校对：曾映玲
印　刷　者：广州市新怡印务股份有限公司
开　　本：889 mm×1194 mm　1/16　印张：27.5　字数：719 千
版　　次：2021 年 5 月第 1 版　印次：2021 年 5 月第 1 次印刷
定　　价：128.00 元

版权所有　盗版必究　印装差错　负责调换

前　言

加快税收现代化建设，深化征管体制改革，是我国经济体制改革和优化税收治理体系的必然要求。前期的营改增、金税三期、税务系统"放管服"改革和国地税合并都为之打下了坚实的基础。2019年后，税收体制改革进一步提速，增值税税率进一步优化，"放管服"改革进一步深入，增值税、土地增值税立法工作提上日程表，大数据税收风险防控日渐完善，标志着我国税收管理进入了"精耕细作"的新阶段。

房地产企业开发项目涉及的周期长，环节多，成本核算复杂，行业所涉税种高达11个。特别是营改增之后，房地产行业的税收政策体系更加复杂，税收政策的应用与实务操作难度更大。无论是税务管理人员还是房地产企业财税从业人员，都面临着更新税收知识的迫切需求，特别是房地产三大税种（增值税、企业所得税和土地增值税）更是贯穿于项目开发的整个流程，项目开发的每一个环节都与这三大税种息息相关。

我们外出讲课时遇到学员反馈最多的一个问题就是，课件能否有配套的教材或书籍将所讲的内容系统化，由此思虑再三后决定写这本书。对于税局基层管理人员，三大税种政策知识与实务操作的融会贯通是提升税收管理能力与水平的平台和基石；对于税局风险评估和稽查人员，关键风险点的识别与评估是理清正确思路的得力工具。因此，这两个迫切需求构成了这本书的两大内容。

对于税局基层管理人员而言，将房地产三大税种单列出来分析并不复杂，政策体系相对也比较完善，而且许多老师、专家对此也多有论述，知识的学习与更新相对容易一些。但单项税种的孤立学习尚不足以满足我们日常税收管理和企业财税工作的实际需求，因为具体到房地产企业的每一项经济业务时，三大税种并不是孤立存在的，三者之间其实存在着千丝万缕的内在联系，并且这种内在联系并不是简单的重复与叠加，每个税种对某项具体经济业务的认定和解读又有差别。我们可以设想一下这样的场景：一种经济业务——套会计核算账簿—三大税种—预收款—三大税种纳税义务发生时间不同—确认收入的时点与方式不同—计税依据不同—税会差异处理—税税差异处理……这就要求我们不但要熟知单项税种的税收政策，还要弄通、弄懂三者之间的内在关联和认知差别，将三大税种的政策知识融会贯通，才能应对复杂繁琐的税务管理工作，做到运用自如和得心应手。这就是我们写这本书的初衷之一。

对于税局风险评估和稽查人员而言，房地产企业复杂繁琐的税收业务总让人理不出头绪，如何理清思路做到目标明确？本书的第二部分内容会解决这个问题：将房地产项目开发流程分为五个阶段，每个阶段按税种划分，每个税种以单个风险点为切入口，通过风险描述、风险识别、政策依据、风险分析和案例等进行全方位的风险点解析，风险评估和稽查人员只需要了解房地产项目目前处于哪个阶段，本次评估或稽查的方向和重点是哪个税种，参照本书的风险点解析，思路会更加清晰，问题会迎刃而解。

本书共分为两大部分，第一部分是房地产三大税种及融会贯通，包括增值税篇、企业所得税篇、土地增值税管理篇、土地增值税清算篇和三大税种融会贯通篇；第二部分是全税种关键风险点解析，包括企业设立阶段、拿地施工阶段、预售阶段、竣工交楼阶段和清算阶段。本书重点关注税收政策的解读与税收政策的实际应用，同时侧重于房地产经济业务的实操性，税收政策的应用主要以广东省为主，同时兼顾其他地区。

本书在编写过程中，得到了广东省税务局各位领导的指导与支持，在此表示衷心的感谢！同时书中的有些内容参考并借鉴了房地产财税界各位老师及大咖们的观点，在此一并表示感谢！

由于编者水平有限，书中难免有疏漏与不足之处，希望各位读者予以批评指正！

明辨则理清，广博则通达。潜心实践，专注税务，在实践中思考，在思考中进步！

编者

2020 年 9 月

目 录

第一部分 房地产三大税种及融会贯通

第一章 增值税篇 3
- 第一节 行业政策的特殊属性 3
- 第二节 销项税额 9
- 第三节 进项税额 14
- 第四节 增量留抵退税 25
- 第五节 发票管理 28
- 第六节 会计核算 47
- 第七节 案例 57

第二章 企业所得税篇 80
- 第一节 收入 80
- 第二节 成本 88
- 第三节 税前扣除 99
- 第四节 土地增值税清算涉及所得税退税 133
- 第五节 税会差异分析及申报填写 135
- 第六节 案例 144

第三章 土地增值税管理篇 181
- 第一节 土地增值税的缘起和发展 181
- 第二节 基本要素 189
- 第三节 项目管理 192
- 第四节 预征税款 196
- 第五节 优惠及征免 200
- 第六节 政策解析 205

第四章　土地增值税清算篇 ... 231
第一节　业务概述 ... 231
第二节　房地产开发文书 ... 238
第三节　前期准备 ... 241
第四节　土地增值税清算收入的审核 ... 251
第五节　扣除项目的审核 ... 258
第六节　后期处理 ... 271
第七节　土地增值税清算申报指引 ... 272

第五章　三大税种融会贯通篇 ... 290
第一节　计税原理及特殊属性 ... 290
第二节　计税与收入的关联 ... 296
第三节　计税与成本的关联 ... 299
第四节　计税与会计核算的关联 ... 304
第五节　热点问题之地下车位 ... 307
第六节　热点问题之配建 ... 316

第二部分　全税种关键风险点解析

第六章　房地产开发企业设立阶段 ... 325
第一节　重要业务事项 ... 325
第二节　企业所得税风险点 ... 326
第三节　个人所得税风险点 ... 331
第四节　印花税风险点 ... 334

第七章　房地产开发企业拿地施工阶段 ... 336
第一节　重要业务事项 ... 336
第二节　契税风险点 ... 338
第三节　耕地占用税风险点 ... 349
第四节　土地使用税风险点 ... 351
第五节　个人所得税风险点 ... 354
第六节　增值税风险点 ... 355
第七节　土地增值税风险点 ... 357

第八章 房地产开发企业预售阶段······359
第一节 重要业务事项······359
第二节 增值税风险点······360
第三节 土地增值税风险点······365
第四节 企业所得税风险点······368
第五节 个人所得税风险点······372
第六节 印花税风险点······375
第七节 附加税风险点······376
第八节 房产税风险点······377

第九章 竣工交楼阶段······379
第一节 重要业务事项······379
第二节 增值税风险点······381
第三节 企业所得税风险点······389
第四节 土地使用税风险点······401
第五节 房产税风险点······402

第十章 土地增值税清算阶段······404
第一节 重要业务事项······404
第二节 项目划分及清算时点风险点······405
第三节 清算收入确认风险点······408
第四节 确认扣除金额风险点······(414)
第五节 企业所得税风险点······(430)

第一部分
房地产三大税种及融会贯通

第一章 增值税篇

第一节 行业政策的特殊属性

2016年5月1日我国全面实行营改增，营业税正式退出历史舞台，房地产开发企业由原来营业税纳税人变为增值税纳税人。增值税对于房地产企业来讲，绝对是新鲜的初次体验。营业税是在房地产企业预售环节按预收款的5%一次性征收，征收方式简单易懂，计税依据和税负清晰明了。但营改增后的增值税税务处理相对比较复杂，房地产行业增值税的征收原理是先在预售环节按照预收款不含税金额的3%预缴，待达到纳税义务发生时间时再确认增值税收入，计算销项税额和应纳税额，扣除已预缴税款，得出应补缴税额或应退税额。这种"先预缴后清算"的设计思路正契合了房地产行业项目开发的特殊性。

由于增值税对于房地产行业是初次体验，加上房地产行业自身固有的行业特殊性，房地产行业的增值税政策设计也综合考虑了多方面因素。相比之前的营业税，营改增后房地产企业增值税的征收方式、计税依据、计算方法、纳税义务、会计处理等均发生了很大变化。深入洞悉房地产行业增值税设计原理，熟练掌握房地产企业增值税行业政策的特殊属性很有必要。

一、区分新老项目

为了确保房地产行业营改增的平稳顺利过渡，同时吻合增值税的两种计税方法，增值税政策提出了房地产行业新老项目的概念，其基本处理思路是：老项目可选择简易计税，也可选择一般计税；新项目就只能选择一般计税。

根据《房地产开发企业销售自行开发的房地产项目增值税征收管理暂行办法》（国家税务总局公告2016年第18号）第八条，一般纳税人销售自行开发的房地产老项目，可以选择适用简易计税方法按照5%的征收率计税。一经选择简易计税方法计税的，36个月内不得变更为一般计税方法。

房地产老项目是指：《建筑工程施工许可证》注明的合同开工日期在2016年4月30日前的房地产项目；《建筑工程施工许可证》未注明合同开工日期或者未取得《建筑工程施工许可证》，但建筑工程承包合同注明的开工日期在 2016 年 4 月 30 日前的建筑工程项目。

从上述规定可以看出，老项目可以选择简易计税方法，也可以选择一般计税方法，而新项目只能选择一般计税方法。

如果房地产企业有多个老项目，可以部分项目选择简易计税方法，部分项目选择一般计税方法，一经选择简易计税方法计税的，36 个月内不得变更为一般计税方法计税。

按《建筑工程施工许可证》进行项目区分，分期项目取得《建筑工程施工许可证》的，应作为不同项目处理。

二、两种计税方法

房地产项目按照《建筑工程施工许可证》区分新老项目之后，需要选择合适的计税方法。

（一）一般计税方法

一般计税方法属于传统做法，其应纳税额是指当期销项税额抵扣当期进项税额后的余额。应纳税额计算公式：应纳税额 = 当期销项税额 – 当期进项税额。当期销项税额小于当期进项税额而不足抵扣时，其不足部分可以结转下期继续抵扣。

销项税额是指纳税人发生应税行为按照销售额和增值税税率计算并收取的增值税额。销项税额计算公式：销项税额 = 销售额 × 税率。一般计税方法的销售额不包括销项税额，纳税人采用销售额和销项税额合并定价方法的，按照下列公式计算销售额：销售额 = 含税销售额 ÷（1+ 税率）。

进项税额是指纳税人为购进货物、加工修理修配劳务、服务、无形资产或者不动产，支付或者负担的增值税额。

房地产企业一般计税方法的应纳税额 =（含税销售额 – 当期允许扣除的土地价款）÷（1+ 税率）× 税率 – 进项税额。

（二）简易计税方法

简易计税方法的应纳税额是指按照销售额和增值税征收率计算的增值税额，不得抵扣进项税额。应纳税额计算公式：应纳税额 = 销售额 × 征收率。简易计税方法的销售额不包括其应纳税额，纳税人采用销售额和应纳税额合并定价方法的，按照下列公式计算销售额：销售额 = 含税销售额 ÷（1+ 征收率）。

纳税人适用简易计税方法计税的，因销售折让、中止或者退回而退还给购买方的销售额，应从当期销售额中扣减。扣减当期销售额后仍有余额造成多缴的税款，可从以后的应纳税额中扣减。

房地产企业增值税简易计税应纳税额 = 含税销售额 ÷（1+ 征收率）× 征收率 = 含税销售额 ÷（1+5%）×5%。

一般纳税人销售自行开发的房地产老项目适用简易计税方法计税的，以取得的全部价款和价外费用为销售额，不得扣除对应的土地价款。

从以上可以看出，简易计税和营业税时代的营业税没有太大区别，只是在计算应纳税额时需要换算成不含税价，以不含税价计算应纳税额，相当于税基减小了，因此按简易计税的税负相比，营业税略有下降。

三、预缴税款

营改增后，房地产行业增值税纳税义务发生时间后移，由原来营业税时代的预收款移到了房产交付时点。纳税义务发生时间后移主要是为了解决房地产行业进销项错配的问题，假如不后移，由于预售阶段还来不及拿齐进项发票，按照销项减进项的计税逻辑，必然会在预售阶段产生大量的应纳税额，特别是在销售火爆的情况下（比如日光盘、月光盘等），对企业的现金流造成不利影响。

纳税义务发生时间后移后，假如不预缴，等到房产交付时才计算增值税应纳税额缴纳入库，就会形成增值税款的短期内集中缴纳，造成纳税人资金压力巨大，也不符合纳税必要资金原则。因此，为了确保房地产行业增值税款的均衡入库，采取预收款进行预缴的方式显得更为科学合理。

房地产企业一般纳税人采取预收款方式销售自行开发的房地产项目，应在收到预收款时按照3%的预征率预缴增值税。应预缴税款按照以下公式计算：

应预缴税款 = 预收款 ÷（1+ 适用税率或征收率）× 3%。

适用一般计税方法计税的，按照9%的适用税率计算；适用简易计税方法计税的，按照5%的征收率计算。一般纳税人应在取得预收款的次月纳税申报期向主管税务机关预缴税款。

（一）预收款的一般性认定

从各地的税收实践来看，一般认为房地产企业销售房产预收款的范围包括具有法律约束力的定金、分期取得的预收款（首付款+按揭款+尾款）和全款取得的预收款。诚意金、认筹金和订金不属于预收款。

若当地税局无明确的文件或政策解答，则一般结合预售情况，是否已有确定的房型、销售单价、销售面积、已收取的诚意金、认筹金或订金的金额大小、期限长短等综合判断是否属于预收款范围，本着实质重于形式的原则进行处理。如果诚意金、认筹金或订金的金额比较大，且已明确了具体的房号、销售单价和销售金额，只等取得预售许可证后即可签订正式销售合同的，则可以认定其为预收款，按照预收款进行预缴增值税。

（二）相关地方政策参考

1. 河北省国家税务局关于全面推开营改增有关政策问题的解答（之八）

房地产开发企业以订金、意向金、诚意金、认筹金等各种名目向购房人收取的款项不同时符合下列条件的均属于预收款性质，应按规定预缴增值税：

（1）收取的款项金额不超过5万元（含5万元）。

（2）收取的款项从收取之日起三个月内退还给购房人。

2. 山东国税全面推开营改增试点政策指引（之六）

房地产开发企业取得的预收款包括定金、分期取得的预收款（含首付款、按揭款和尾款）和全款。诚意金、认筹金和订金不属于预收款。

3. 河南国税营改增问题快速处理机制专期（之九）

定金是一个法律概念，属于一种法律上的担保方式，《中华人民共和国民法典》（以下简称《民法典》）规定：当事人可以约定一方向对方给付定金作为债权的担保。债务人履行债务的，定金应当抵作价款或者收回。给付定金的一方不履行债务或者履行债务不符合约定，致使不能实现合同目的的，无权要求返还定金；收受定金的一方不履行债务或者履行债务不符合约定，致使不能实现合同目的的，应当双倍返还定金。定金数额可以由合同双方当事人自行约定，但是不得超过主合同总价款的 20%，超过 20% 部分视为无效。

订金在我国现行法律中没有明确规定，它不具备"定金"的担保性质，当合同不能履行时，除不可抗力外，应根据双方当事人的过错承担违约责任；一方违约，另一方无权要求其双倍返还，只能得到原额，也没有 20% 比例的限制。

意向金或诚意金在我国现行法律中不具有法律约束力，主要是房产中介行业为试探购房人的购买诚意及对其有更好的把控而创设出来的概念，在实践中意向金或诚意金未转定金之前客户可要求返还且无需承担由此产生的不利后果。

综上，定金、订金、意向金或诚意金中，只有"定金"具有法律约束力，而订金、意向金或诚意金都不是法律概念，无论当事人是否违约，支付的款项均需返还。因此，房地产开发企业收到购房人的定金，可视同收到预收款；收到订金、意向金或诚意金，不视同收到预收款。

4. 福建国家税务局 12366 营改增热点问答

销售行为成立时，诚意金、定金的实质是房屋价款的一部分，需要计算缴纳增值税。销售行为不成立时，如果诚意金、定金退还，则不属于纳税人的收入，不需要计算缴纳增值税；如果诚意金、定金不退还，则属于纳税人的营业外收入，不需要计算缴纳增值税。

（三）预缴税款的抵减

根据国家税务总局公告 2016 年第 18 号，房地产企业一般纳税人销售自行开发的房地产项目适用一般计税方法计税的，应在达到纳税义务发生时间时，以当期销售额和适用税率计算当期应纳税额，抵减已预缴税款后，向主管税务机关申报纳税。未抵减完的预缴税款可以结转下期继续抵减。

一般纳税人销售自行开发的房地产项目适用简易计税方法计税的，应在达到纳税义务发生时间时，以当期销售额和征收率计算当期应纳税额，抵减已预缴税款后，向主管税务机关申报纳税。未抵减完的预缴税款可以结转下期继续抵减。

国家税务总局公告 2016 年第 13 号文《关于全面推开营业税改征增值税试点后增值税纳税申报有关事项的公告》附件 2 中关于第 28 栏"①分次预缴税额"填报说明规定："3. 销售不动产并按规定预缴增值税的纳税人，其可以从本期增值税应纳税额中抵减的已缴纳的税款，按当期实际可抵减数填入本栏，不足抵减部分结转下期继续抵减"。从填报说明可以看出，文件并未强制要求分项目一一对应抵减，也未强制要求预缴税款一定要达到纳税义务发生时间才可抵减，故房地产企业的预缴税款不需分项目分期，可直接混合抵减。

总而言之，房地产企业收到预收款就要预缴，计税依据是预收款化为不含税价，一旦预缴即可抵减应纳税额,当期未抵减完的预缴税款可以结转下期继续抵减,预缴税款抵减无需与项目一一对应。

四、可扣除土地价款

(一)基本规定

房地产开发企业一般纳税人销售自行开发的房地产项目,适用一般计税方法计税,按照取得的全部价款和价外费用,扣除当期销售房地产项目对应的土地价款后的余额计算销售额。销售额的计算公式如下:

销售额=(全部价款和价外费用-当期允许扣除的土地价款)÷(1+税率)

当期允许扣除的土地价款=(当期销售房地产项目建筑面积÷房地产项目可供销售建筑面积)×支付的土地价款

当期销售房地产项目建筑面积,是指当期进行纳税申报的增值税销售额对应的地上计容建筑面积,不包括地下车位建筑面积。

房地产项目可供销售建筑面积,是指房地产项目地上计容总可售建筑面积,不包括销售房地产项目时未单独作价结算的公共配套设施的建筑面积和地下车位建筑面积。

支付的土地价款,是指向政府、土地管理部门或受政府委托收取土地价款的单位直接支付的土地价款。

在计算销售额时从全部价款和价外费用中扣除土地价款,应当取得省级以上(含省级)财政部门监(印)制的财政票据。

一般纳税人应建立台账登记土地价款的扣除情况,扣除的土地价款不得超过纳税人实际支付的土地价款,如果房地产企业有政府返还的土地价款,则返还的土地价款不得扣除。

根据财税〔2016〕140号第七条,向政府部门支付的土地价款,包括土地受让人向政府部门支付的征地与拆迁补偿费用、土地前期开发费用和土地出让收益等。

土地前期开发费用为政府在土地征用、拆迁安置补偿、"三通一平"或"七通一平"等将土地由生地变成熟地过程中发生的费用,具体包括地形勘测费、征用土地补偿费、附着物补偿费(拆迁补偿费)、林地补偿费、森林植被恢复费、林地同意使用砍伐费、使用林地评估费、耕地占用税、耕地开垦费、新菜地及鱼塘开发建设基金、村民社保基金、征地管理费、征地查勘测量费、拆迁管理费、临迁补助费、城市增容费、基础设施配套费、公共事业建设配套费、小区开发配套费等。

房地产开发企业中的一般纳税人销售其开发的房地产项目(选择简易计税方法的房地产老项目除外),在取得土地时向其他单位或个人支付的拆迁补偿费用也允许在计算销售额时扣除。纳税人按上述规定扣除拆迁补偿费用时,应提供拆迁协议、拆迁双方支付和取得拆迁补偿费用凭证等能够证明拆迁补偿费用真实性的材料。

(二)"一次拿地、分次开发"土地成本扣除

分次开发的每一期都是作为单独项目进行核算,项目口径执行《建筑工程施工许可证》。

可供销售建筑面积无法一次全部确定的，按照均衡配比的原则，按以下顺序计算当期允许扣除的土地价款。

首先，计算出已开发项目所对应的土地价款：

已开发项目所对应的土地价款＝支付的土地总价款×（已开发项目占地面积÷开发用地总面积）

其次，再按照以下公式计算当期允许扣除的土地价款：

当期允许扣除的土地价款＝（当期销售房地产项目建筑面积÷当期已开发房地产项目可供销售建筑面积）×已开发项目所对应的土地价款。

（三）土地价款扣除的注意要点

（1）财税〔2016〕140号文已经明确，允许扣除的土地价款包含四部分：向政府部门支付的征地与拆迁补偿费用、土地前期开发费用、土地出让收益以及向其他单位或个人支付的拆迁补偿费用。这里需要将允许扣除的土地价款和房地产开发产品计税成本中的土地成本明确区分。开发产品土地计税成本支出的内容，为土地征用费及拆迁补偿费，即指为取得土地开发使用权（或开发权）而发生的各项费用，主要包括土地买价或出让金、大市政配套费、契税、耕地占用税、土地使用费、土地闲置费、土地变更用途与超面积补交的地价及相关税费、拆迁补偿支出、安置及动迁支出、回迁房建造支出、农作物补偿费、危房补偿费等。也就是说，土地成本中除了上述明确的四部分允许扣除以外，其他土地成本的构成项目一律不得扣除。

因此，在土地取得环节缴纳的市政配套费、契税、土地配套费等均不得扣除；向其他单位或个人支付的拆迁补偿费用也仅限于现金补偿，其他补偿方式也不允许扣除。

（2）如果存在政府土地返还款，房地产企业实际支付的土地价款小于土地出让合同的土地价款，则允许扣除的土地价款不得超过房地产企业实际支付的土地价款。

（3）允许扣除的土地价款必须是当期的，"当期"就意味着扣除的土地价款与销售额要一一对应，不能跨项目扣除，也不能跨期扣除。

（4）如果后期发生了补缴土地出让金，不需要对前期的土地价款扣除做追溯调整，补缴的土地出让金只需在尚未销售的房地产项目建筑面积中计算扣除。

吉林省税务局曾在纳税服务平台答复：项目后期发生的补缴土地出让金（也就是土地价款），是在补缴土地出让金当期尚未销售的房地产项目建筑面积中进行抵减，不对以前已申报扣除的土地价款进行调整。补缴的土地出让金当期允许扣除的土地价款按照以下公式计算：补缴的土地出让金当期允许扣除的土地价款＝（当期销售房地产项目建筑面积÷补缴土地出让金当期尚未销售的可供销售房地产项目建筑面积）×支付的补缴的土地价款。

上述"当期销售房地产项目建筑面积"是在"补缴土地出让金当期尚未销售的可供销售房地产项目建筑面积"范围内计算，应保持同口径计算，直至"补缴土地出让金当期尚未销售的可供销售房地产项目建筑面积"涉及的不动产全部销售完毕，补缴的土地出让金即可全部扣除。

（5）国家税务总局公告2016年第86号文中明确指出，《国家税务总局关于发布〈房地产开发企业销售自行开发的房地产项目增值税征收管理暂行办法〉的公告》（国家税务总局公告2016年第18号文）第五条中，"当期销售房地产项目建筑面积""房地产项目可供销售建筑面积"，是指计容积率地上建筑面积，不包括地下车位建筑面积。

（6）延迟缴纳土地出让金产生的滞纳金不得扣除。地价款滞纳金是在地价款确定后伴随地价款交纳情况而发生的额外费用，是未按照约定付款未履行责任的额外支出，不属于土地价款的支出范围，不允许作为土地价款进行扣除。

（7）项目公司土地价款扣除。根据财税〔2016〕140号文，房地产开发企业（包括多个房地产开发企业组成的联合体）受让土地向政府部门支付土地价款后，设立项目公司对该受让土地进行开发，同时符合下列条件的，可由项目公司按规定扣除房地产开发企业向政府部门支付的土地价款。

①房地产开发企业、项目公司、政府部门三方签订变更协议或补充合同，将土地受让人变更为项目公司；

②政府部门出让土地的用途、规划等条件不变的情况下，签署变更协议或补充合同时，土地价款总额不变；

③项目公司的全部股权由受让土地的房地产开发企业持有。

在房地产项目开发实务操作中，经常会出现房地产企业向政府部门支付土地价款后另成立项目公司对土地进行开发的情况。财税〔2016〕140号文放宽了之前必须"谁付款、谁扣除"的限制，本着实质重于形式的原则，做到了尊重经济实质，不拘泥于外在形式，切实解决了项目公司扣除土地价款时扣除凭证上的单位名称不一致的现实问题。需要注意的是，三个条件必须同时满足，缺一不可。

第二节　销项税额

销项税额是指达到增值税纳税义务发生时间时，按照不含税收入和适用税率计算出销项税额。具体到房地产行业，房产交付时，达到了增值税纳税义务发生时间，先确认增值税计税收入（不含税收入），再计算销项税额。需要注意的是，如果房地产企业存在视同销售的情形，也要在规定的时点按照规定的方法计算销项税额。

一、纳税义务发生时间

具体到房地产行业，纳税义务发生时间就是用来明确什么时点需要确认增值税计税收入和计算销项税额。

根据《营业税改征增值税试点实施办法》第四十五条，增值税纳税义务、扣缴义务发生时间为：纳税人发生应税行为并收讫销售款项或者取得索取销售款项凭据的当天；先开具发票的则为开具发票的当天。

收讫销售款项，是指纳税人销售服务、无形资产、不动产过程中或者完成后收到款项。

取得索取销售款项凭据的当天，是指书面合同确定的付款日期；未签订书面合同或者书面合同未确定付款日期的，为不动产转让完成的当天或者不动产权属变更的当天。

对于房地产行业，卖房必定要签合同，这是《民法典》规定的，也是办理房产过户的必要条件。对标《民法典》的规定可以这样理解房地产行业的纳税义务发生时间：房地产企业卖了房子，并收讫卖房款项或者售房合同约定付款的最后时点。

（一）纳税义务发生时间的基本理解

财税〔2016〕36号文第四十五条的规定只是国家层面针对全行业全税目的原则性规定，并没有单独针对房地产行业明确增值税的纳税义务发生时间，结合房地产行业的特殊性，可以对上述条款进行如下理解：

确认房地产企业增值税纳税义务发生时间的基本前提是发生应税行为，同时涉及的三个时间点是收讫销售款项、取得索取销售款项凭据和先开具发票（预收款的不征税发票除外）。需要注意的是，收款和开票，均是以发生应税行为作为前提的，不要被"先开票"这句话误导，从而否定发生应税行为这个前提条件，不能把先开具发票作为确认纳税义务发生的唯一条件。

纳税人发生应税行为是纳税义务发生的前提。房地产企业销售不动产，以房地产企业将不动产交付给买受人的当天作为应税行为发生的时间。因此，房地产企业采取预收款方式销售不动产的，其纳税义务发生时间不再为收到预收款的当天，而是完成不动产销售行为并收讫销售款项或者取得索取销售款项凭据的当天，先开具发票的，为开具发票的当天。

（二）目前各地的普遍做法

目前大部分地方的普遍做法是以交楼日期作为房地产企业增值税应税行为发生时间，在具体交楼时间的辨别上，以《商品房买卖合同》上约定的交楼时间为准：若实际交楼时间早于合同约定时间的，以实际交付时间为准；若实际交楼时间迟于合同约定时间，因房地产开发企业原因造成延迟交楼的，以实际交楼时间作为纳税义务发生时间；因购买方原因未按合同约定完成不动产交付手续的，以合同约定的最迟交楼时间作为纳税义务发生时间。

以交楼时间作为房地产公司销售不动产纳税义务发生时间，主要是基于以下几点考虑：

①可以解决税款预缴时间与纳税义务发生时间不明确的问题；

②可以解决房地产公司销项税额与进项税额发生的时间性错配（如果按收到房屋价款作为纳税义务发生时间，可能出现前期销项税额大、后期进项税额大、长期留抵无法抵扣的情形）；

③可以解决从销售额中扣除的土地价款与实现的销售收入一一对应和配比的问题。

另一种做法是以办理《不动产权证书》的时间作为房地产企业增值税纳税义务发生时间。目前，只有少数省份以办证时间作为房地产企业增值税纳税义务发生时间，以福建省为代表，其理论依据如下：

《民法典》规定：不动产物权的设立、变更、转让和消灭，依照法律规定应当登记的，自记载于不动产登记簿时发生效力——故以办理《不动产权证书》的时间作为所有权转移时间是较为合理的。

《不动产权证书》办理时间或发票开具时间可查询和监控，以此作为纳税义务发生时间的判断标准，相较于合同约定的交房时间、房屋封顶时间、交付入住时间、面积测绘时间等有更强的法定性和可操作性，可以最大程度地减轻税收执法风险。

房地产开发企业销售自行开发的不动产纳税义务发生时间应为办理《不动产权证书》的当天或开具不动产增值税发票的当天（不包括开具分类编码为602"销售自行开发的房地产项目预收款"、发票税率栏填写"不征税"的增值税发票）。二者时间不一致的，按照孰先的原则确定销售商品房的纳税义务发生时间。这种规定只是以福建省为代表的少数省份的做法，并非主流的做法。

综上分析，房地产企业增值税纳税义务发生时间应以交楼为准，特殊情况下可结合合同条款并依据实质重于形式的原则来判断。

（三）未按合同交楼的正确处理

（1）提前交楼：按照合同约定时间与实际交楼时间孰早原则，具体交楼时间以《商品房买卖合同》上约定的交楼时间为准；若实际交楼时间早于合同约定时间，则按实际交楼时间为准。

（2）延迟交楼：因房地产开发企业原因造成延迟交楼的，以实际交楼时间作为纳税义务发生时间；因购买方原因未按合同约定完成不动产交付手续的，以合同约定的最迟交楼时间作为纳税义务发生时间。

国家税务总局安徽省税务局曾有解答：增值税纳税义务确定的前提是纳税人是否已发生应税行为。对以买卖方式转让的不动产，应对照《商品房买卖合同》上约定的交楼时间，房地产开发企业与购买方在合同约定的最迟交楼时间之前完成房屋交付手续的，以实际交付时间作为纳税义务发生时间。因房地产开发企业原因造成延迟交楼的，以实际交楼时间作为纳税义务发生时间；因购买方原因未按合同约定完成不动产交付手续的，以合同约定的最迟交楼时间作为纳税义务发生时间。

（3）房地产企业与客户签订销房合同，如客户因个人信用或者尚有贷款未还清等情况，未能办妥按揭贷款，可能会退房，合同不一定能够得到履行。对于这种并不具备交楼条件，由买方违约造成合同无法如期履行的，应按照实质重于形式的原则，以实际交楼时间作为纳税义务发生时间，而不能以合同约定的交楼时间作为纳税义务发生时间。

（4）如果购房者已按合同约定付清款项，交楼时在外地等各种原因未能及时办理交楼手续的，由于双方已具备交楼条件，只是未能办理交楼手续的，房地产企业就要按合同约定的交楼时间确认销售。

（四）其他方式转让不动产

对以投资、分配利润、捐赠、抵债等方式转让的不动产，房地产开发企业应以不动产权属变更的当天作为纳税义务发生时间。

二、销售额

（一）应纳税额和销项税额的计算

房地产企业一般计税方法的应纳税额，是指当期销项税额抵扣当期进项税额后的余额。应纳税额计算公式：应纳税额 = 当期销项税额 – 当期进项税额。当期销项税额小于当期进项税额，不足抵扣时，其不足部分可以结转下期继续抵扣。

销项税额是指纳税人发生应税行为按照销售额和增值税税率计算并收取的增值税额。销项税额计算公式：销项税额 = 销售额 × 税率。

（二）房地产销售额的特别之处

一般计税方法的销售额不包括销项税额，也不包含地价，纳税人采用销售额和销项税额合并定价方法的，按照下列公式计算销售额：

销售额 = （含税销售额 – 当期允许扣除的土地价款）÷ （1+ 税率）=（全部价款 + 价外费用 – 当期允许扣除的土地价款）÷ （1+ 税率）

房地产企业一般计税方法的应纳税额 =（全部价款 + 价外费用 – 当期允许扣除的土地价款）÷ （1+ 税率）× 税率 – 进项税额

简易计税方法的销售额不包括应纳税额，纳税人采用销售额和应纳税额合并定价方法的，按照下列公式计算销售额：

销售额 = 含税销售额 ÷ （1+ 征收率）=（全部价款 + 价外费用）÷ （1+ 征收率）

从以上内容可以看出，房地产企业增值税销售额是指不含税销售额。一般计税方法的不含税销售额需要通过全部价款、价外费用及当期允许扣除的土地价款三项计算而来；简易计税方法的不含税销售额由全部价款和价外费用两部分组成。

三、价外费用

（一）基础性规定

根据《营业税改征增值税试点实施办法》（财税〔2016〕36号文）第三十七条的规定，价外费用是指价外收取的各种性质的收费，但不包括以下项目：

①代为收取且符合本办法第十条规定的政府性基金或者行政事业性收费；

②以委托方名义开具发票，代委托方收取的款项。

第十条规定的政府性基金或者行政事业性收费需要同时满足以下条件：

①由国务院或者财政部批准设立的政府性基金，由国务院或者省级人民政府及其财政、价格主管部门批准设立的行政事业性收费；

②收取时开具省级以上（含省级）财政部门监（印）制的财政票据；

③所收款项全额上缴财政。

同时，《增值税暂行条例实施细则》第十二条也对价外费用进行了明确规定：价外费用，包括价外向购买方收取的手续费、补贴、基金、集资费、返还利润、奖励费、违约金、滞纳金、延期付款利息、赔偿金、代收款项、代垫款项、包装费、包装物租金、储备费、优质费、运输装卸费以及其他各种性质的价外收费，但不包括代为收取的政府性基金或者行政事业性收费。

结合房地产企业的实务操作，房地产企业为购房人代收转付，并以购房人名义取得票据的办证费、契税、印花税等代收转付费用不属于价外费用。

对于向购房人收取的违约金及赔偿金，若销售行为成立，房地产企业收取的违约金及赔偿金应属于价外费用，则需要与房款合并一起缴纳增值税；若销售行为不成立，房地产企业收取的违约金及赔偿金没有可依附的对应房款，变成了单独的营业外收入，则不需要缴纳增值税。

（二）判断价外费用的注意要点

（1）从现金流方向上来看，价外费用一定是房地产企业向购买方收取的。

（2）从从属关系上来看，价外费用一定是依附于房地产企业销售开发产品的房款，没有房款，也就不存在价外费用的概念。

（3）从内容上来看，除了文件规定列举的项目之外，房地产企业向购买方收取的各种性质的费用，都可归于价外费用的范畴。

（4）从性质上来看，价外费用属于含税销售额组成部分，它是计算增值税销项税额或者应纳税额的计税依据的组成部分。

（5）从征收管理上来看，价外费用和房款在税目确定方面具备同质性，也就是说，不管价外费用是什么性质的收费，它都应当和房款选择同一个税目计缴增值税，使用同一个编码开具增值税发票。

（三）价外费用的会计核算

虽然价外费用在增值税方面和房款紧密相连，但在会计核算方面却依然要遵从企业会计准则的规定，不能直接把价外费用当作销售额全部计入营业收入，而应当结合业务实质进行会计判断，进行合理的会计处理。

一般而言，房款部分计入营业收入，价外费用则应具体情况具体分析。例如房地产企业向购买方收取的利息费用应冲减财务费用；收取的违约金、赔偿金、滞纳金应计入营业外收入；收取的代收、代垫款项应计入往来款。

四、税率调整

从 2019 年 4 月 1 日起，我国增值税税率将进行调整，主要内容为：

（1）纳税人发生增值税应税销售行为或者进口货物，原适用 16% 和 10% 税率的，税率分别调整为 13%、9%。

（2）纳税人购进农产品，原适用 10% 扣除率的，扣除率调整为 9%。

（3）原适用 6% 税率的行业，由于进项抵扣税率的降低造成的税负上升，将通过加计抵扣的方式进行解决。

此次调整后，将不再保留 16% 和 10% 的税率，房地产企业和建筑业的适用税率也相应调整为 9%。历次增值税税率调整见表 1-1：

表 1-1 历次一般计税增值税税率调整表（抵扣率）

时间节点	销售一般货物、劳务	销售农产品等列举货物	销售列举服务、土地使用权、不动产	销售一般服务、转让无形资产	农产品抵扣率	农产品加计扣除率
2016 年 5 月以前	17%	13%			13%	
2016 年 5 月 1 日至 2017 年 6 月 30 日	17%	13%	11%	6%	13%	
2017 年 7 月 1 日至 2018 年 4 月 30 日	17%	11%		6%	11%	2%
2018 年 5 月 1 日至 2019 年 3 月 31 日	16%	10%		6%	10%	2%
2019 年 4 月 1 日起	13%	9%		6%	9%	1%

第三节　进项税额

进项税额是指纳税人购进货物、加工修理修配劳务、服务、无形资产或者不动产，支付或者负担的增值税额。

一、准予抵扣的进项税额

下列进项税额准予从销项税额中抵扣：

（1）从销售方取得的增值税专用发票（含税控机动车销售的统一发票）上注明的增值税额。

（2）从海关取得的海关进口增值税专用缴款书上注明的增值税额。

（3）购进农产品，除取得增值税专用发票或者海关进口增值税专用缴款书外，按照农产品收购发票或者销售发票上注明的农产品买价和 9% 的扣除率计算的进项税额。计算公式：进项税额＝买价×扣除率。买价是指纳税人购进农产品在农产品收购发票或者销售发票上注明的价款和按照规定缴纳的烟叶税。

（4）从境外单位或者个人购进服务、无形资产或者不动产，自税务机关或者扣缴义务人取得的解缴税款的完税凭证上注明的增值税额。

纳税人取得的增值税扣税凭证不符合法律、行政法规或者国家税务总局有关规定的，其进项税额不得从销项税额中抵扣。

增值税扣税凭证是指增值税专用发票、海关进口增值税专用缴款书、农产品收购发票、农产品销售发票和完税凭证。

纳税人凭完税凭证抵扣进项税额应当具备书面合同、付款证明和境外单位的对账单或者发票。资料不全的，其进项税额不得从销项税额中抵扣。

二、进项抵扣的补充政策解析

（1）根据财税〔2016〕36号文，纳税人购入固定资产、无形资产、不动产，既用于一般计税方法计税项目，又用于简易计税方法计税项目、免征增值税项目、集体福利或者个人消费的，其进项税额准予从销项税额中全额抵扣。如果仅用于简易计税项目、免税项目、集体福利或者个人消费的，其进项税额不得从销项税额中抵扣。

根据财税〔2017〕90号文，纳税人租入固定资产、不动产，既用于一般计税方法计税项目，又用于简易计税方法计税项目、免征增值税项目、集体福利或者个人消费的，其进项税额准予从销项税额中全额抵扣。如果仅用于简易计税项目、免税项目、集体福利或者个人消费的，其进项税额不得从销项税额中抵扣。

（2）2019年3月20日，财政部、税务总局、海关总署联合发布了《关于深化增值税改革有关政策的公告》（财政部、税务总局、海关总署公告2019年第39号文），该公告对增值税税率及进项抵扣等事项进行明确规定：

①增值税一般纳税人（以下称纳税人）发生增值税应税销售行为或者进口货物，原适用16%税率的，税率调整为13%；原适用10%税率的，税率调整为9%。

②纳税人购进农产品，原适用10%扣除率的，扣除率调整为9%；纳税人购进用于生产或者委托加工13%税率货物的农产品，按照10%的扣除率计算进项税额。

③自2019年4月1日起，《营业税改征增值税试点有关事项的规定》（财税〔2016〕36号印发）第一条第（四）项第1点、第二条第（一）项第1点停止执行，纳税人取得不动产或者不动产在建工程的进项税额不再分2年抵扣。此前按照上述规定尚未抵扣完毕的待抵扣进项税额，可自2019年4月税款所属期起从销项税额中抵扣。

④纳税人购进国内旅客运输服务，其进项税额允许从销项税额中抵扣。

纳税人未取得增值税专用发票的，暂按照以下规定确定进项税额：

a. 取得增值税电子普通发票的，为发票上注明的税额；

b. 取得注明旅客身份信息的航空运输电子客票行程单的，按照下列公式计算进项税额：

航空旅客运输进项税额 =（票价 + 燃油附加费）÷（1+9%）× 9%

c. 取得注明旅客身份信息的铁路车票的，按照下列公式计算进项税额：

铁路旅客运输进项税额 = 票面金额 ÷（1+9%）× 9%

d. 取得注明旅客身份信息的公路、水路等其他客票的，按照下列公式计算进项税额：

公路、水路等其他旅客运输进项税额 = 票面金额 ÷（1+3%）× 3%

⑤自2019年4月1日起，全面实行增值税期末留抵税额退税制度。

三、不得抵扣的进项税额

不得抵扣的进项税额在实务操作中就是要做进项转出，实务操作需要注意进项转出的范围、计算方法和金额。

下列项目的进项税额不得从销项税额中抵扣：

（1）用于四种用途，即用于简易计税方法计税项目、免征增值税项目、集体福利或者个人消费的购进货物、加工修理修配劳务、服务、无形资产和不动产。其中涉及的固定资产、无形资产、不动产，仅指专用于上述项目的固定资产、无形资产（不包括其他权益性无形资产）、不动产。纳税人的交际应酬消费属于个人消费。

（2）非正常业务。非正常损失是指因管理不善造成货物被盗、丢失、霉烂变质，以及因违反法律法规造成货物或者不动产被依法没收、销毁、拆除的情形。

非正常损失的概念需要把握三个要点：一是强调主观过错造成的损失，即该项损失是由企业主观过错造成的损失；二是管理不善造成的损失仅限于被盗、丢失和霉烂变质三种情形，在实务操作中，因具有主观过错、管理不善造成的损失，由企业自行承担后果；三是因违反法律法规造成的损失，包括被依法没收、销毁和拆除三种情形。

以下非正常损失的进项税额不得从销项税额中抵扣：

①非正常损失的购进货物，以及相关的加工修理修配劳务和交通运输服务；

②非正常损失的在产品、产成品所耗用的购进货物（不包括固定资产）、加工修理修配劳务和交通运输服务；

③非正常损失的不动产，以及该不动产所耗用的购进货物、设计服务和建筑服务；

④非正常损失的不动产在建工程所耗用的购进货物、设计服务和建筑服务，纳税人新建、改建、扩建、修缮、装饰不动产，均属于不动产在建工程；

（3）购进的贷款服务、餐饮服务、居民日常服务和娱乐服务等四种不看用途；

（4）财政部和国家税务总局规定的其他情形。

四、进项转出的计算方法

（1）根据《房地产开发企业销售自行开发的房地产项目增值税征收管理暂行办法》规定，一般纳税人销售自行开发的房地产项目，兼有一般计税方法计税、简易计税方法计税、免征增值税的房地产项目而无法划分不得抵扣的进项税额的，应以《建筑工程施工许可证》注明的"建设规模"为依据进行划分。

不得抵扣的进项税额按照以下公式计算：

不得抵扣的进项税额＝当期无法划分的全部进项税额×（简易计税、免税房地产项目建设规模÷房地产项目总建设规模）

房地产企业增值税以《建筑工程施工许可证》为标准区分新老项目，新项目只能一般计税，老项目则可选择一般计税，也可选择简易计税。当老项目选择简易计税时，就会出现简易计税和一般计税并存而无法划分不得抵扣的进项税额的情形，比如前期工程费、基础设施费、开发间接费、公共配套设施和期间费用都会存在这个问题，这时计算不得抵扣的进项税额就采取上述公式。需要注意的是，如果公共配套设施是为全部项目配套服务的，购进公共配套设施的进项税额也要按照上述公式计算不得抵扣的进项税额，同时"建设规模"的确认应当剔除不可售公共配套设施等面积，即建设规模是指《建筑工程施工许可证》注明的可售面积。

（2）根据财税〔2016〕36号文，已抵扣进项税额的固定资产、无形资产或者不动产，发生需要进项转出的情况按照下列公式计算不得抵扣的进项税额。

不得抵扣的进项税额 = 固定资产、无形资产或者不动产净值 × 适用税率

固定资产、无形资产或者不动产净值，是指纳税人根据财务会计制度计提折旧或摊销后的余额。

（3）根据《国家税务总局关于深化增值税改革有关事项的公告》（国家税务总局公告2019年第14号文）的规定：

①已抵扣进项税额的不动产，发生非正常损失，或者改变用途，专用于简易计税方法计税项目、免征增值税项目、集体福利或者个人消费的，按照下列公式计算不得抵扣的进项税额，并从当期进项税额中扣减：

不得抵扣的进项税额 = 已抵扣进项税额 × 不动产净值率

不动产净值率 =（不动产净值 ÷ 不动产原值）× 100%

②按照规定不得抵扣进项税额的不动产，发生用途改变，用于允许抵扣进项税额项目的，按照下列公式在改变用途的次月计算可抵扣进项税额。不动产的进项税额转入后如果再次改变用途，还可以再次转出，即可以多次转入和转出。

可抵扣进项税额 = 增值税扣税凭证注明或计算的进项税额 × 不动产净值率

因此，在购进不动产取得增值税专用发票时一定要先进行认证，如果用于不得抵扣进项税额项目的，必须要先计入进项税额，再作进项转出，待改变用途时即可按照上述公式在改变用途的次月计算可抵扣进项税额。

财税〔2016〕36号文只是规定了进项税额转出的计算方法，财税〔2016〕14号公告则对其描述的内容予以补充，不仅规定了进项税额的转出方法，还补充了进项税额转出后又转进的计算方法。

五、可抵扣进项发票的取得

增值税发票可以分为增值税专用发票、增值税普通发票、二手车统一销售发票、机动车销售统一发票四类。如图1-1所示。

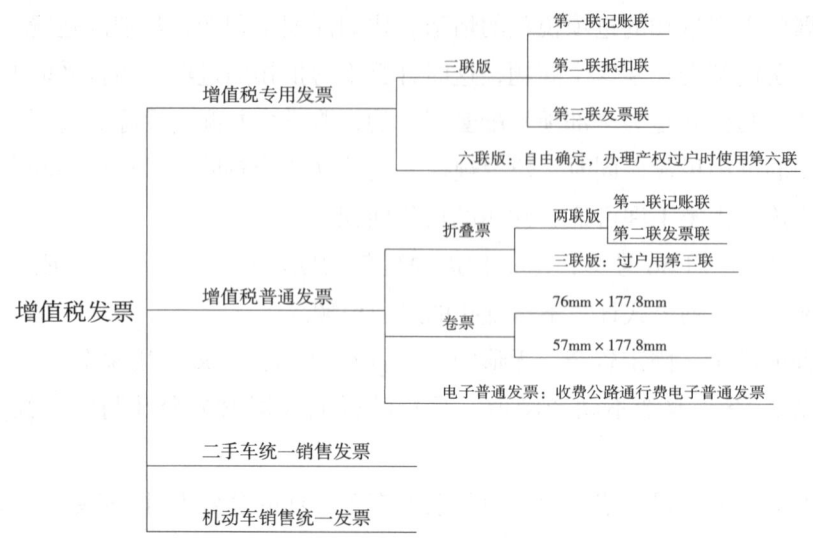

图 1-1 增值税发票

上述分类包括了经过增值税发票新系统开具的发票，没有通过新系统开具的通用机打发票、定额发票、铁路车票等未包括在内。可抵扣的增值税发票除了增值税专用发票之外，还包含部分增值税普通发票。可抵扣的增值税普通发票从广义上说，可以分为以下三类：

1. 增值税电子发票

增值税电子发票属于增值税普通发票的一种，它是根据《国家税务总局关于推行通过增值税电子发票系统开具的增值税电子普通发票有关问题的公告》（国家税务总局公告2015年第84号）规定，自2016年1月1日起使用增值税电子发票系统开具。增值税电子普通发票的开票方和受票方需要纸质发票的，可以自行打印增值税电子普通发票的版式文件，其法律效力、基本用途、基本使用规定等与税务机关监制的增值税普通发票相同。

电子普通发票用得最多的是电商、电信、快递、公用事业等行业。使用电子发票，对普通消费者来说主要有三个优点：一是方便保存，可以随时提供查询下载，不用担心丢失；二是维权保障，出现交易纠纷时，可以作为交易凭证；三是不用担心收到假发票，可以登录官网查验。电子发票的法律效力与增值税普通发票相同，可作为售后、维权凭据，在办理退换货时用户无需退回电子发票。

目前可抵扣的增值税电子发票主要包括通行费电子普通发票和购进国内旅客运输服务取得的增值税电子普通发票。

（1）收费公路通行费电子普通发票（见图1-2）。2018年1月1日以后使用ETC卡或用户卡交纳的通行费，以及ETC卡充值费可以开具通行费电子发票，不再开具纸质票据。

收费公路通行费电子普通发票左上角标识"通行费"字样，且税率栏次显示适用税率或征收率，在增值税发票选择确认平台勾选抵扣增值税。注意，如所取得的通行费电子发票左上角没有"通行费"字样、"税率"栏显示"不征税""税额"、不显示金额，属于不征税发票，不得申报抵扣。

（2）购进国内旅客运输服务取得增值税电子普通发票的，其进项税额为发票上注明的税额。

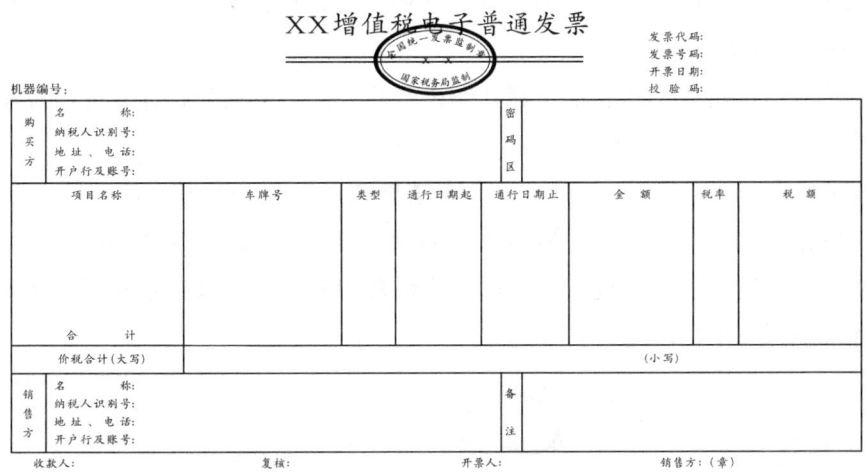

图 1-2 增值税电子普通发票票样

2. 税控普通发票

可抵扣进项税额的主要有农产品收购发票或者销售发票。农产品收购发票与销售发票票面都是农业生产者销售自产农产品,区别在于收购发票是由买方开具,发票左上角打印"收购"二字。销售发票是指农业生产者销售自产农产品适用免征增值税政策而开具的普通发票,由卖方开具,不打印"收购"二字,主要是农场、农村合作社销售农产品时开具和农业生产者个人销售自产农产品时到税务机关代开的免税普通发票。

从按照简易计税方法依照 3% 征收率计算缴纳增值税的小规模纳税人取得增值税专用发票的,以增值税专用发票上注明的金额和 9% 的扣除率计算进项税额。

取得(开具)农产品销售发票或收购发票的,以农产品销售发票或收购发票上注明的农产品买价和 9% 的扣除率计算进项税额。

纳税人购进用于生产销售或委托受托加工 13% 税率货物的农产品,按照 10% 的扣除率计算进项税额。

纳税人购进农产品既用于生产销售或委托受托加工 13% 税率货物又用于生产销售其他货物服务的,应当分别核算用于生产销售或委托受托加工 13% 税率货物和其他货物服务的农产品进项税额。未分别核算的,统一以增值税专用发票或海关进口增值税专用缴款书上注明的增值税额为进项税额,或以农产品收购发票或销售发票上注明的农产品买价和 9% 的扣除率计算进项税额。

3. 其他普通发票

如果将除增值税专用发票、海关进口增值税专用缴款书和完税凭证以外的其他扣税凭证也称作"普通发票",可抵扣的"普通发票"还包括:桥、闸通行费发票,购进国内旅客服务取得的票据和机动车销售统一发票。

(1)桥、闸通行费发票。桥、闸通行费以通行费发票为抵扣凭证,计算抵扣增值税。桥、闸通行费可抵扣进项税额 = 桥、闸通行费发票上注明的金额 ÷(1+5%)× 5%。

(2)购进国内旅客服务取得的票据。取得注明旅客身份信息的航空运输电子客票行程单的,按照下列公式计算进项税额:航空旅客运输进项税额 =(票价 + 燃油附加费)÷(1+9%)× 9%;

取得注明旅客身份信息的铁路车票的，按照下列公式计算进项税额：铁路旅客运输进项税额 = 票面金额 ÷（1+9%）× 9%；

取得注明旅客身份信息的公路、水路等其他客票的，按照下列公式计算进项税额：公路、水路等其他旅客运输进项税额 = 票面金额 ÷（1+3%）× 3%。

（3）机动车销售统一发票（图1-3）。机动车销售统一发票一共有六联，第一联和第二联是给购货方的，第三联给车购税征收单位，第四联给车辆登记单位，最后两联是销售方自己的。开具时应使用机动车销售统一发票税控系统。在盖章中该票有特殊规定，抵扣联和报税联不得加盖印章，注册登记联一律加盖开票单位印章。

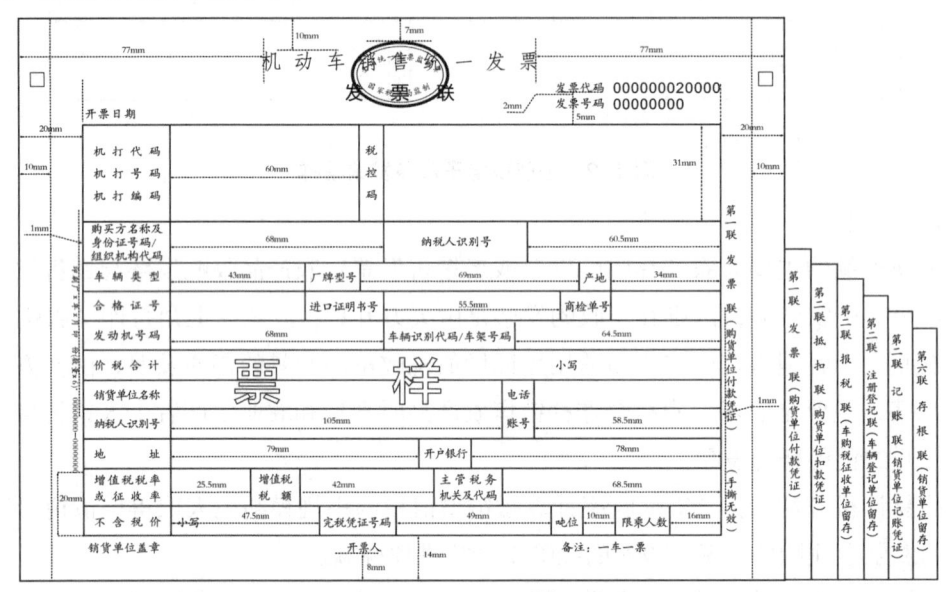

图1-3 机动车销售统一发票

综上，电子普通发票是增值税普通发票的一种，并非所有的电子普通发票都可以抵扣进项，其他普通发票也并非都不得抵扣进项。可抵扣的电子普通发票主要指收费公路通行费电子普通发票和购进国内旅客运输服务取得增值税电子普通发票；税控普通发票中可抵扣进项税额的主要包括农产品收购发票或者销售发票；其他普通发票可抵扣的有桥、闸通行费发票，购进国内旅客服务取得的票据和机动车销售统一发票。

六、房地产进项发票取得类型及属性分析

房地产企业由于其自身的特殊性，涉及上游产业面广，进项发票种类繁多，现对进项发票按照会计核算准则分类总结如表1-2～表1-9所示。

表1-2 土地征用及拆迁补偿费

序号	项目	能否抵扣	抵扣凭据	税率	备注
1	土地出让金	能	财政票据		可抵扣含税销售额
2	拆迁补偿费	能	拆迁协议、支付凭证等		可抵扣含税销售额

(续上表)

序号	项目	能否抵扣	抵扣凭据	税率	备注
3	大市政配套费	否			
4	契税	否			
5	土地转让费	否			
6	交易佣金	否			
7	其他规费	否			

备注：根据国家税务总局2016年第18号文件规定，支付的土地价款，在计算缴纳增值税时，允许在计算销售额时从全部价款和价外费用中扣除；财税〔2016〕140号文已经明确，允许扣除的土地价款包含四部分：向政府部门支付的征地和拆迁补偿费用、土地前期开发费用、土地出让收益以及向其他单位或个人支付的拆迁补偿费用。

表1-3 前期开发费

序号	项目	能否抵扣	抵扣凭据	税率	备注
1	工程勘探勘测费	能	增值税专用发票	6%	
2	设计费	能	增值税专用发票	6%	
3	围挡工程费	能	增值税专用发票	9%	
4	板房购置费	能	增值税专用发票	13%	
5	场地平整费	能	增值税专用发票	9%	
6	地质勘察费	能	增值税专用发票	6%	
7	消防服务费	能	增值税专用发票	6%	
8	防雷检测费	能	增值税专用发票	6%	
9	施工图审查费	能	增值税专用发票	6%	
10	制图晒图费	能	增值税专用发票	6%	
11	招标代理费	能	增值税专用发票	6%	
12	人防易地建设费	否			
13	报批报建费	否			

说明：1.房地产项目开发前期工程费中，主要项目的增值税抵扣情况如上表。
2.人防费用，如自建，其建设工程取得的材料、建筑劳务等进项税额可以抵扣；如不建设人防设施，缴纳的人防易地建设费，不能进行增值税进项税额抵扣。
3.向政府部门缴纳的报批报建费，一般能够取得行政事业单位的收费凭证，无法取得增值税专用发票，不能进行增值税进项税额抵扣。

表1-4 建筑安装工程

序号	项目	能否抵扣	抵扣凭据	税率	备注
一、基础工程					
1	桩基工程费	能	增值税专用发票	9%	
2	桩基检测费	能	增值税专用发票	6%	
3	主体工程费	能	增值税专用发票	9%	
二、建安工程材料					
1	混凝土	能	增值税专用发票	13%	
2	钢筋	能	增值税专用发票	13%	
3	水泥	能	增值税专用发票	13%	
4	木材	能	增值税专用发票	13%	
5	装饰材料	能	增值税专用发票	13%	
6	电气材料	能	增值税专用发票	13%	
7	给排水材料	能	增值税专用发票	13%	
三、专业分包工程					
1	门窗工程	能	增值税专用发票	13%、9%	
2	公共部位装修	能	增值税专用发票	13%、9%	
3	室内装修	能	增值税专用发票	13%、9%	
4	室内电气工程	能	增值税专用发票	9%	
5	室内设备安装费	能	增值税专用发票	13%、9%	
6	弱电系统安装费	能	增值税专用发票	9%	
7	营销设施建造费	能	增值税专用发票	9%	

说明：1.如果基础工程和主体工程采取甲供材模式，则可取得3%的进项税额发票。
2.门窗、电梯、空调、玻璃幕墙等工程，一般属于混合销售行为，如果供应商以生产、批发、零售为主，则应取得13%的增值税专用发票；如果以安装服务、施工为主，则应取得9%的增值税专用发票；如果分别签订供货和安装两份合同，则供货合同取得13%的发票，安装取得9%的发票。
3.公共部位装修和室内装修，装修工程取得9%的增值税专用发票；装饰材料单独签订购买合同，则应取得13%的增值税专用发票。

表1-5 基础设施费

序号	项目	能否抵扣	抵扣凭据	税率	备注
1	室外给排水系统	能	增值税专用发票	9%	
2	室外供电工程	能	增值税专用发票	9%	
3	室外采暖系统	能	增值税专用发票	9%	
4	室外燃气系统	能	增值税专用发票	9%	

（续上表）

序号	项目	能否抵扣	抵扣凭据	税率	备注
5	室外消防系统	能	增值税专用发票	9%	
6	室外智能化系统	能	增值税专用发票	9%	
7	室外通信工程	能	增值税专用发票	9%	
8	排水排污工程	能	增值税专用发票	9%	
9	室外照明工程	能	增值税专用发票	9%	
10	园林景观工程	能	增值税专用发票	9%	
11	楼体夜景照明	能	增值税专用发票	9%	
12	标识系统	能	增值税专用发票	9%	
13	建筑小品	能	增值税专用发票	9%	
14	小区道路工程	能	增值税专用发票	9%	
15	围墙建造费	能	增值税专用发票	9%	
16	环卫设施工程	能	增值税专用发票	9%	
17	室外零星工程	能	增值税专用发票	9%	

说明：如果存在甲供材料，甲供材料部分一般能够取得13%的增值税专用发票。

表1-6　公共配套设施费

序号	项目	能否抵扣	抵扣凭据	税率	备注
1	独立车库	能	增值税专用发票	9%	
2	物业、设备用房	能	增值税专用发票	9%	
3	配套设施	能	增值税专用发票	13%、9%	

说明：公共配套设施属于工程建筑的，应取得9%的增值税专用发票；属于购买材料设备的，应取得13%的增值税专用发票。

表1-7　期间费用

序号	项目	能否抵扣	抵扣凭据	税率	备注
1	职工薪酬	否			
2	福利费	否			
3	社会保险费	否			
4	办公设备	能	增值税专用发票	13%	
5	差旅费	能	增值税专用发票	9%、6%、3%	
6	业务招待费	否			
7	车辆修理费、油料费	能	增值税专用发票	13%	
8	车辆保险费	能	增值税专用发票	6%	

（续上表）

序号	项目	能否抵扣	抵扣凭据	税率	备注
9	车辆路桥费	能	通行费发票	5%、3%	
10	停车费	能	增值税专用发票	9%、5%	
11	通信费	能	电子普通发票	9%、6%	
12	折旧费	否			
13	工会经费	否			
14	物业管理费	能	增值税专用发票	6%	
15	水电费	能	增值税专用发票	13%、9%、3%	
16	会议费	能	增值税专用发票	13%、6%	
17	文印费	能	增值税专用发票	13%	
18	报刊订阅费	能	增值税专用发票	9%	
19	图书资料费	能	增值税专用发票	9%	
20	广告宣传费	能	增值税专用发票	13%、6%	
21	审计费	能	增值税专用发票	6%	
22	财务法律咨询费	能	增值税专用发票	6%	

说明：1. 差旅费包括差旅人员的吃、住、行费用。其中，餐饮费用属于交际应酬费不得抵扣；机票、船票、车票等属于旅客服务费用，从2019年4月1日起允许按9%和3%抵扣；住宿费允许按照6%抵扣进项税额。

2. 车辆维修费和油料费的进项税额允许按照13%抵扣。

3. 车辆过路过桥费，暂凭取得的通行费发票上注明的收费金额按照下列公式计算可抵扣的进项税额：

高速公路通行费可抵扣进项税额 = 高速公路通行费发票上注明的金额 ÷（1+3%）× 3%

一级公路、二级公路、桥、闸通行费可抵扣进项税额 = 一级公路、二级公路、桥、闸通行费发票上注明的金额 ÷（1+5%）× 5%

4. 停车费，属于不动产租赁服务，一般纳税人出租其2016年4月30日后取得的不动产，选择适用一般计税方法，其进项税额允许按照9%进行抵扣；属于不动产租赁服务，一般纳税人出租其2016年4月30日前取得的不动产，可以选择适用简易计税方法，按照5%的征收率计算应纳税额，允许增值税额按照5%抵扣。

5. 通信费，包括办公电话、网络使用服务费、传真收发费。其中基础电信服务的进项税额允许按照9%抵扣，增值电信服务的进项税额允许按照6%抵扣。

6. 水电费，其中从自来水公司取得增值税专用发票，只能抵扣3%的进项税；从其他水厂购买水，取得增值税专用发票，可抵扣9%的进项税；电网公司直接开具的电费，其增值税进项税额允许按照13%抵扣。

7. 会议费包括会场租赁费、会场办公用品、住宿餐饮费。其中会场租赁费允许按照6%进行抵扣；会场办公用品允许按照13%进行抵扣；住宿费允许按照6%进行抵扣；餐饮费不得抵扣。

8. 广告宣传费包括印刷、广告费、宣传费、展览费、条幅展示牌等材料费用、广告制作代理费。印刷的进项税额允许按照13%进行抵扣；广告宣传费的进项税额允许按照6%进行抵扣；广告制作代理的进项税额允许按照6%进行抵扣；条幅、展示牌、礼品、纪念品等材料费用，进项税额允许按照13%进行抵扣。

表1-8 借款费用

序号	项目	能否抵扣	抵扣凭据	税率	备注
1	利息支出	否			
2	与借款相关的手续费、咨询费和顾问费	否			

(续上表)

序号	项目	能否抵扣	抵扣凭据	税率	备注
3	银行手续费	能	增值税专用发票	6%	
4	保函手续费	能	增值税专用发票	6%	
5	开户手续费	能	增值税专用发票	6%	
6	账户管理费	能	增值税专用发票	6%	
7	网银管理费	能	增值税专用发票	6%	

说明：转账汇款手续费也可以抵扣，需向银行索取增值税专用发票。

表1-9 资产购置

序号	项目	能否抵扣	抵扣凭据	税率	备注
1	房屋建筑物	能	增值税专用发票	9%	
2	增值税税控系统	能	增值税专用发票	全额	全额抵扣
3	办公固定资产	能	增值税专用发票	13%	
4	软件	能	增值税专用发票	13%	

说明：1. 房地产开发企业涉及的固定资产、无形资产，凡专用于简易计税项目、免税项目、集体福利或个人消费项目的，其进项税额不允许抵扣；兼用于应税项目和不允许抵扣项目的，该进项税额准予全部抵扣。
2. 增值税税控系统，允许按照购买金额全额从应纳增值税中扣除。

第四节 增量留抵退税

增值税的管理政策一直沿用"销项大于进项就交税、进项大于销项就留抵"的基本思路。对于房地产行业来讲，由于增值税纳税义务发生时间后移到房产交付时点，交楼的时候才计算销项税额，这样在交楼之前就会积累大量的进项税额，对房地产企业的资金周转形成压力。增量留抵退税政策是深化增值税改革、推进实质性减税的一项重要举措。其实在2018年我国已经开始对部分行业试点退还部分增值税留抵退税。2019年3月20日，为了进一步落实国务院减税降费工作的决策部署，财政部、国家税务总局、海关总署联合发布了《财政部 税务总局 海关总署关于深化增值税改革有关政策的公告》（财政部 税务总局 海关总署公告2019年第39号文）。该公告规定，自2019年4月1日起，我国开始全面试行留抵退税制度，不再区分行业，只要增值税一般纳税人符合规定的条件，都可以申请退还增值税增量留抵税额。为方便纳税人办理留抵退税业务，国家税务总局发布了《国家税务总局关于办理增值税期末留抵税额退税有关事项的公告》（国家税务总局公告2019年第20号文），就留抵退税政策实施过程中涉及的相关征管事项进一步予以明确。

这项政策对于房地产行业来讲确实是一大福音。由于行业自身的特殊性，房地产企业在竣工交楼确认增值税收入之前都会积累大量的留抵税额,实行留抵退税将会减小房地产企业的资金周转压力。既然名字叫"增量留抵退税",那就是说并不是所有的留抵税额都可以退税,退税是有条件的。

一、增量留抵退税基数的确定

根据政策规定留抵退税基数以 2019 年 3 月所属期留抵税额为准,具体分为三种情况:一是在 2019 年 3 月及以前成立的公司,其中包括在 3 月所属期为一般纳税人,进行一般人转小后销售额超标又重新转为一般纳税人的企业,留抵退税基数以 3 月份所属期留抵税额为准;二是在 2019 年 4 月以后成立或是转为一般纳税人的公司,留抵退税基数为 0;三是纳税人在实现留抵退税后再次申请退税时留抵退税基数不变,但要求增量的连续区间不得重复计算。

二、增量留抵退税的条件要求

根据国家税务总局公告 2019 年第 20 号文规定,同时符合以下五个条件的纳税人,可以向主管税务机关申请退还增量留抵税额:

①自 2019 年 4 月税款所属期起,连续六个月(按季纳税的,连续两个季度)增量留抵税额均大于零,且第六个月增量留抵税额不低于 50 万元;
②纳税信用等级为 A 级或者 B 级;
③申请退税前 36 个月未发生骗取留抵退税、出口退税或虚开增值税专用发票情形的;
④申请退税前 36 个月未因偷税被税务机关处罚两次及以上的;
⑤自 2019 年 4 月 1 日起未享受即征即退、先征后返(退)政策的。
上述五个条件必须同时满足,缺一不可。

三、可退税额的计算

纳税人当期允许退还的增量留抵税额,按照以下公式计算:
允许退还的增量留抵税额 = 增量留抵税额 × 进项构成比例 × 60%
进项构成比例是指 2019 年 4 月至申请退税前一税款所属期内已抵扣的增值税专用发票(含税控机动车销售统一发票)、海关进口增值税专用缴款书、解缴税款完税凭证注明的增值税额占同期全部已抵扣进项税额的比重。

计算进项构成比例时,农产品收购发票、购进国内旅客运输服务取得的电子普通发票等并不在退税的范围之内,但由于退税采用公式计算,因而上述进项税额并非直接排除在留抵退税的范围之外,而是通过增加分母比重的形式进行排除。

对于房地产企业来讲,取得的增值税法定扣除凭证可能包括如下类型:
①增值税专用发票;
②海关进口增值税专用缴款书;

③农产品收购发票或者销售发票；

④接受境外单位或者个人提供的应税服务，从税务机关或者境内代理人取得的解缴税款的完税凭证；

⑤机动车销售统一发票；

⑥收费公路通行费增值税电子普通发票；

⑦增值税一般纳税人支付的桥、闸通行费，取得的通行费发票（不含财政票据）；

⑧购进国内旅客运输服务取得的电子普通发票，注明旅客身份信息的航空运输电子客票行程，铁路车票，公路、水路等其他客票。

从以上规定可以看出，允许退还留抵的进项是①、②、④、⑤项抵扣凭证，同时需要注意，计算进项构成比重的分子是上述①、②、④、⑤项已抵扣的凭证，分母是期间计入进项税额的总额。

四、会计核算

由于"应交增值税"明细账内没有设置"留抵退税"专栏，参照财税〔2011〕107号文第三条第二项规定，企业收到退税款项的当月，应将退税额从增值税进项税额中转出。收到退还的期末留抵时：

借：银行存款
　　贷：应交税费——应交增值税（进项税额转出）

五、其他注意要点

（1）税务机关根据纳税人申请留抵退税当期的纳税信用等级来判断其是否符合规定条件。如果在申请时符合规定条件，后来等级被调整为C、D级，税务机关不追缴已退税款。但纳税人再次申请留抵退税时，如果信用等级为C、D级，则不能再次享受该政策。

（2）从流程上来讲，留抵退税必须在申报期内提出申请，因为留抵税额是一个时点数，会随着增值税一般纳税人每一期的申报情况发生变化，因而提交留抵退税申请必须在申报期内完成，以免对退税数额计算和后续核算产生影响。

（3）增值税期末留抵退税也适用《财政部 税务总局关于增值税期末留抵退税有关城市维护建设税教育费附加和地方教育附加政策的通知》（财税〔2018〕80号文）规定，即对实行增值税期末留抵退税的纳税人，允许其从城市维护建设税、教育费附加和地方教育附加的计税（征）依据中扣除退还的增值税税额。

（4）取消不动产进项分期抵扣后，一次性转入的进项税额在计算进项构成比例时，视同取得专用发票抵扣的进项税额参与计算。

第五节　发票管理

一、增值税发票的种类

（一）增值税专用发票

增值税专用发票由基本联次或者基本联次附加其他联次构成，分为三联版和六联版两种。基本联次为三联：第一联为记账联，是销售方记账凭证；第二联为抵扣联，是购买方扣税凭证；第三联为发票联，是购买方记账凭证。其他联次用途，由纳税人自行确定。纳税人办理产权过户手续需要使用发票的，可以使用增值税专用发票第六联。

（二）增值税普通发票

1. 增值税普通发票（折叠票）

增值税普通发票（折叠票）由基本联次或者基本联次附加其他联次构成，分为两联版和五联版两种。基本联次为两联：第一联为记账联，是销售方记账凭证；第二联为发票联，是购买方记账凭证。其他联次用途，由纳税人自行确定。纳税人办理产权过户手续需要使用发票的，可以使用增值税普通发票第三联。

根据国家税务总局公告2017年第44号，增值税普通发票（折叠票）的发票代码调整为12位。其编码规则：第1位为0，第2～5位代表省、自治区、直辖市和计划单列市，第6～7位代表年度，第8～10位代表批次，第11～12位代表票种和联次，其中04代表二联增值税普通发票（折叠票）、05代表五联增值税普通发票（折叠票）。

税务机关库存和纳税人尚未使用的发票代码为10位的增值税普通发票（折叠票）可以继续使用。

纳税人可按照《中华人民共和国发票管理办法》及其实施细则规定，书面向国税机关要求使用印有本单位名称的增值税普通发票（折叠票），国税机关按规定确认印有该单位名称发票的种类和数量。纳税人通过增值税发票管理新系统开具印有本单位名称的增值税普通发票（折叠票）。

印有本单位名称的增值税普通发票（折叠票），由税务总局统一招标采购的增值税普通发票（折叠票）中标厂商印制，其式样、规格、联次和防伪措施等与税务机关统一印制的增值税普通发票（折叠票）一致，并加印企业发票专用章。

2. 增值税普通发票（卷票）

增值税普通发票（卷票）分为两种规格：57mm×177.8mm、76mm×177.8mm，均为单联。

自2017年7月1日起，纳税人可按照《中华人民共和国发票管理办法》及其实施细则要求，书面向税务机关要求使用印有本单位名称的增值税普通发票（卷票），税务机关按规定确认印有该单位名称发票的种类和数量。纳税人通过新系统开具印有本单位名称的增值税普通发票（卷票）。

印有本单位名称的增值税普通发票（卷票），由税务总局统一招标采购的增值税普通发票（卷票）

中标厂商印制，其式样、规格、联次和防伪措施等与原有增值税普通发票（卷票）一致，并加印企业发票专用章。使用印有本单位名称的增值税普通发票（卷票）的企业，按照《国家税务总局 财政部关于冠名发票印制费结算问题的通知》（税总发〔2013〕53号文）规定，与发票印制企业直接结算印制费用。

（三）增值税电子普通发票

增值税电子普通发票的开票方和受票方需要纸质发票的，可以自行打印增值税电子普通发票的版式文件，其法律效力、基本用途、基本使用规定等与税务机关监制的增值税普通发票相同。

（四）机动车销售统一发票

从事机动车零售业务的单位和个人，在销售机动车（不包括销售旧机动车）收取款项时，开具机动车销售统一发票。机动车销售统一发票为电脑六联式发票：第一联为发票联，是购货单位付款凭证；第二联为抵扣联，是购货单位扣税凭证；第三联为报税联，车购税征收单位留存；第四联为注册登记联，车辆登记单位留存；第五联为记账联，销货单位记账凭证；第六联为存根联，销货单位留存。

（五）二手车销售统一发票

自2018年4月1日起，二手车交易市场、二手车经销企业、经纪机构和拍卖企业应当通过增值税发票管理新系统开具二手车销售统一发票。

二手车销售统一发票"车价合计"栏次仅注明车辆价款。二手车交易市场、二手车经销企业、经纪机构和拍卖企业在办理过户手续过程中收取的其他费用，应当单独开具增值税发票。

二、发票开具基本规定

（一）使用新系统

1. 新系统的应用范围

增值税一般纳税人销售货物、提供加工修理修配劳务和发生应税行为，使用新系统开具增值税专用发票、增值税普通发票、机动车销售统一发票、二手车销售统一发票、增值税电子普通发票。

纳入新系统推行范围的小规模纳税人，使用新系统开具增值税普通发票、机动车销售统一发票、二手车销售统一发票、增值税电子普通发票。

纳入自开增值税专用发票试点的小规模纳税人需要开具增值税专用发票的，可以通过新系统自行开具，主管税务机关不再为其代开。纳入自开增值税专用发票试点的小规模纳税人销售其取得的不动产，需要开具增值税专用发票的，须向税务机关申请代开。

2. 税收分类与编码

税务总局编写了《商品和服务税收分类与编码（试行）》，并在新系统中增加了商品和服务税收分类与编码相关功能。使用新系统的增值税纳税人，应使用新系统选择相应的商品和服务税收分类与编码开具增值税发票。

自 2018 年 1 月 1 日起，纳税人通过增值税发票管理新系统开具增值税发票时，商品和服务税收分类编码对应的简称会自动显示并打印在发票票面"货物或应税劳务、服务名称"或"项目"栏次中。

3. 在线与离线开具

纳税人应在互联网连接状态下在线使用新系统开具增值税发票，新系统可自动上传已开具的发票明细数据。

纳税人因网络故障等原因无法在线开票的，在税务机关设定的离线开票时限和离线开票发票总金额范围内仍可开票，超限将无法开具发票。纳税人开具发票次月仍未连通网络上传已开具发票明细数据的，也无法开具发票。纳税人连通网络上传发票数据后方可开票。若仍无法连通网络的，携带专用设备到税务机关进行征期报税或非征期报税后方可开票。

纳税人已开具未上传的增值税发票为离线发票。离线开票时限是指自第一份离线发票开具时间开始可离线开具的最长时限。离线开票总金额是指可开具离线发票的累计不含税总金额，离线开票总金额按不同票种分别计算。

纳税人离线开票时限和离线开票总金额的设定标准及方法由各省、自治区、直辖市和计划单列市国家税务局确定。

按照有关规定不使用网络办税或不具备网络条件的特定纳税人，以离线方式开具发票，不受离线开票时限和离线开票总金额的限制。

（二）开票方开票规定

销售商品、提供服务以及从事其他经营活动的单位和个人，对外发生经营业务收取款项，收款方应当向付款方开具发票；特殊情况下，由付款方向收款方开具发票。

销售方开具增值税发票时，发票内容应按照实际销售情况如实开具，不得根据购买方要求填开与实际交易不符的内容。销售方开具发票时，通过销售平台系统与增值税发票税控系统后台对接，导入相关信息开票的，系统导入的开票数据内容应与实际交易相符，如不相符应及时修改完善。

所有单位和从事生产、经营活动的个人在购买商品、接受服务以及从事其他经营活动支付款项时，应当向收款方取得发票。取得发票时，不得要求变更品名和金额。

品名和金额不得变更，比如娱乐不能开成餐饮，衣服不能开成日用品。这对于企业报销非常重要，具体细化的品类和编码使得企业的成本费用更加明细清晰，也使得发票的业务内容与企业经营业务的相关性更加清晰。

同时，含糊笼统的品类名称不能再继续使用，如果只单独开办公用品肯定是无法报销的，需要注明具体细则，比如笔、剪刀、订书机等。销售方开具发票时，如果不能细化，可以在票面其他地方备注商品明细，方便企业报销入账。大类名称发票不能作为报销凭证，购物发票不能再开"食品""办公用品""礼品"等大类，需要购物明细清单。

任何单位和个人不得有下列虚开发票行为：

①为他人、为自己开具与实际经营业务情况不符的发票；

②让他人为自己开具与实际经营业务情况不符的发票；
③介绍他人开具与实际经营业务情况不符的发票。
不符合规定的发票，不得作为税收凭证用于办理涉税业务，如计税、退税、抵免等。

（三）购买方受票规定

增值税纳税人购买货物、劳务、服务、无形资产或不动产，索取增值税专用发票时，须向销售方提供购买方名称（不得为自然人）、纳税人识别号或统一社会信用代码、地址电话、开户行及账号信息，不需要提供营业执照、税务登记证、组织机构代码证、开户许可证、增值税一般纳税人资格登记表等相关证件或其他证明材料。

自2017年7月1日起，购买方为企业（包括公司、非公司制企业法人、企业分支机构、个人独资企业、合伙企业和其他企业）的，索取增值税普通发票时，应向销售方提供纳税人识别号或统一社会信用代码；销售方为其开具增值税普通发票时，应在"购买方纳税人识别号"栏填写购买方的纳税人识别号或统一社会信用代码。

个人消费者购买货物、劳务、服务、无形资产或不动产，索取增值税普通发票时，不需要向销售方提供纳税人识别号、地址电话、开户行及账号信息，也不需要提供相关证件或其他证明材料。

（四）发票开具要求

纳税人应在发生增值税纳税义务时开具发票，单位和个人在开具发票时，必须做到按照号码顺序填开、填写项目齐全、内容真实、字迹清楚、全部联次一次打印、内容完全一致，并在发票联和抵扣联加盖发票专用章。开具发票应当使用中文，民族自治地方可以同时使用当地通用的一种民族文字。

增值税专用发票的开具应符合以下要求：
①项目齐全，与实际交易相符；
②字迹清楚，不得压线、错格；
③发票联和抵扣联加盖发票专用章；
④按照增值税纳税义务的发生时间开具。
不符合上列要求的增值税专用发票，购买方有权拒收。

一般纳税人销售货物、提供加工修理修配劳务和发生应税行为可汇总开具增值税专用发票。汇总开具增值税专用发票的，同时使用新系统开具《销售货物或者提供应税劳务清单》，并加盖发票专用章。

（五）不得开具专用发票的情形

属于下列情形之一的，不得开具增值税专用发票：
（1）向消费者个人销售货物、提供应税劳务或者发生应税行为的。
（2）销售货物、提供应税劳务或者发生应税行为适用增值税免税规定的，法律、法规及国家税务总局另有规定的除外。

（3）纳税人销售旧货，按简易办法依3%征收率减按2%征收增值税的，应开具普通发票，不得自行开具或者由税务机关代开增值税专用发票。

根据财政部和税务总局公告2020年第17号文规定，自2020年5月1日至2023年12月31日，从事二手车经销的纳税人销售其收购的二手车，由原按照简易办法依3%征收率减按2%征收增值税，改为减按0.5%征收增值税。

（4）一般纳税人销售自己使用过的固定资产，根据《财政部、国家税务总局关于全国实施增值税转型改革若干问题的通知》（财税〔2008〕170号文）和财税〔2009〕9号文等规定，适用简易办法依3%征收率减按2%征收增值税的，应开具普通发票，不得开具增值税专用发票。

纳税人销售自己使用过的固定资产，适用简易办法依照3%征收率减按2%征收增值税政策的，可以放弃减税，按照简易办法依照3%征收率缴纳增值税，并可以开具增值税专用发票（税总公告2015年第90号文）。

（5）经纪代理服务，以取得的全部价款和价外费用，扣除向委托方收取并代为支付的政府性基金或者行政事业性收费后的余额为销售额。向委托方收取的政府性基金或者行政事业性收费，不得开具增值税专用发票。

（6）试点纳税人提供旅游服务，可以选择以取得的全部价款和价外费用，扣除向旅游服务购买方收取并支付给其他单位或者个人的住宿费、餐饮费、交通费、签证费、门票费和支付给其他接团旅游企业的旅游费用后的余额为销售额。选择上述办法计算销售额的试点纳税人，向旅游服务购买方收取并支付的上述费用，不得开具增值税专用发票，可以开具普通发票。

（7）金融商品转让，不得开具增值税专用发票。

（8）试点纳税人提供有形动产融资性售后回租服务，向承租方收取的有形动产价款本金，不得开具增值税专用发票，可以开具普通发票。

（9）劳务派遣服务，选择差额纳税的纳税人，向用工单位收取用于支付给劳务派遣员工工资、福利和为其办理社会保险及住房公积金的费用，不得开具增值税专用发票，可以开具普通发票。

（10）纳税人提供人力资源外包服务，按照经纪代理服务缴纳增值税，其销售额不包括受客户单位委托代为向客户单位员工发放的工资和代理缴纳的社会保险、住房公积金。向委托方收取并代为发放的工资和代理缴纳的社会保险、住房公积金，不得开具增值税专用发票，可以开具普通发票。

（11）增值税一般纳税人的单采血浆站销售非临床用人体血液，可以按照简易办法依照3%征收率计算应纳税额，但不得对外开具增值税专用发票。

（12）法律、法规及国家税务总局规定的其他情形。

（六）作废发票

纳税人在开具增值税专用发票当月，发生销货退回、开票有误等情形，收到退回的发票联、抵扣联符合作废条件的，按作废处理；开具时发现有误的，可即时作废。

作废增值税专用发票须在新系统中将相应的数据电文按"作废"处理，在纸质增值税专用发票（含未打印的增值税专用发票）各联次上注明"作废"字样，全联次留存。同时具有下列情形的，即为本条所称的作废条件：

①收到退回的发票联、抵扣联，且时间未超过销售方开票当月；

②销售方未抄税且未记账；

③购买方未认证，或者认证结果为"纳税人识别号认证不符""增值税专用发票代码、号码认证不符"。

（七）红字发票

纳税人开具增值税专用发票后，发生销货退回、开票有误、应税服务中止等情形但不符合发票作废条件，或者因销货部分退回及发生销售折让，需要开具红字增值税专用发票的，按以下方法处理：

（1）购买方取得增值税专用发票已用于申报抵扣的，购买方可在新系统中填开并上传《开具红字增值税专用发票信息表》（以下简称《信息表》），在填开《信息表》时不填写相对应的蓝字增值税专用发票信息，应暂依《信息表》所列增值税税额从当期进项税额中转出，待取得销售方开具的红字增值税专用发票后，与《信息表》一并作为记账凭证。

购买方取得增值税专用发票未用于申报抵扣、但发票联或抵扣联无法退回的，购买方填开《信息表》时应填写相对应的蓝字增值税专用发票信息。

销售方开具增值税专用发票尚未交付购买方，以及购买方未用于申报抵扣并将发票联及抵扣联退回的，销售方可在新系统中填开并上传《信息表》。销售方填开《信息表》时应填写相对应的蓝字增值税专用发票信息。

（2）主管税务机关通过网络接收纳税人上传的《信息表》，系统自动校验通过后，生成带有"红字发票信息表编号"的《信息表》，并将信息同步至纳税人端系统中。

（3）销售方凭税务机关系统校验通过的《信息表》开具红字增值税专用发票，在新系统中以销项负数开具。红字增值税专用发票应与《信息表》一一对应。

（4）纳税人也可凭《信息表》电子信息或纸质资料到税务机关对《信息表》内容进行系统校验。

纳税人开具增值税普通发票后，如发生销货退回、开票有误、应税服务中止等情形但不符合发票作废条件的，或者因销货部分退回及发生销售折让，需要开具红字发票的，应收回原发票并注明"作废"字样或取得对方有效证明。

纳税人需要开具红字增值税普通发票的，可以在所对应的蓝字发票金额范围内开具多份红字发票。红字机动车销售统一发票需与原蓝字机动车销售统一发票一一对应。

三、代开发票基本规定

（一）代开发票范围

（1）已办理税务登记的小规模纳税人（包括个体工商户）以及国家税务总局确定的其他可予代开增值税专用发票的纳税人，发生增值税应税行为，可以申请代开增值税专用发票。

（2）有下列情形之一的，可以向税务机关申请代开增值税普通发票。

①被税务机关依法收缴发票或者停止发售发票的纳税人，取得经营收入需要开具增值税普通发票的；

②正在申请办理税务登记的单位和个人，对其自领取营业执照之日起至取得税务登记证件期间发生的业务收入需要开具增值税普通发票的；

③应办理税务登记而未办理的单位和个人，在主管税务机关依法予以处理，并补办税务登记手续后，对其自领取营业执照之日起至取得税务登记证件期间发生的业务收入需要开具增值税普通发票的；

④依法不需要办理税务登记的单位和个人，临时取得收入，需要开具增值税普通发票的；

（二）代开发票种类

税务机关使用新系统代开增值税专用发票和增值税普通发票。代开增值税专用发票使用六联票，代开增值税普通发票使用五联票。

纳税人销售其取得的不动产和其他个人出租不动产申请代开增值税专用发票，第四联由代开发票岗位留存，以备发票扫描补录；第五联交征收岗位留存，用于代开发票与征收税款的定期核对；其他联次交纳税人。纳税人因其他业务申请代开增值税专用发票的，第五联由代开发票岗位留存，以备发票的扫描补录；第六联交税款征收岗位，用于代开发票税额与征收税款的定期核对；其他联次交增值税纳税人。

税务机关代开发票部门通过新系统代开增值税发票，系统会自动在发票上打印"代开"字样。

（三）代开发票办理流程

（1）提交《代开增值税发票缴纳税款申报单》。

（2）自然人申请代开发票，提交身份证件及复印件；其他纳税人申请代开发票，提交加载统一社会信用代码的营业执照（或税务登记证、组织机构代码证）、经办人身份证件及复印件。

（3）申报缴纳增值税等有关税费。

（4）领取发票。

（四）税务机关代开发票具体规定

1.税务机关代开发票岗位应按下列要求填开增值税发票

（1）"单价"和"金额"栏分别填写不含增值税税额的单价和销售额。

（2）"税率"栏填写增值税征收率。

（3）"销售方名称"栏填写代开税务机关名称。

（4）"销售方纳税人识别号"栏填写代开税务机关的统一代码。

（5）"销售方开户行及账号"栏填写税收完税凭证字轨及号码或系统税票号码（免税代开增值税普通发票可不填写）。

（6）备注栏：

①备注栏内注明纳税人名称和纳税人识别号；

②税务机关为跨县（市、区）提供不动产经营租赁服务、建筑服务的小规模纳税人（不包括其他个人）代开增值税发票时，在发票备注栏中自动打印"代开"字样；

③税务机关为纳税人代开建筑服务发票时，应在发票的备注栏注明建筑服务发生地的县（市、区）名称及项目名称；

④税务机关为个人保险代理人汇总代开增值税发票时，应在备注栏内注明"个人保险代理人汇总代开"字样；

⑤税务机关为出售或出租不动产代开发票时应在备注栏注明不动产的详细地址。

（7）代开增值税普通发票的，购买方为自然人或符合下列4项条件之一的单位（机构），纳税人识别号可不填写：

①我国在境外设立的组织机构；

②非常设组织机构；

③组织机构的内设机构；

④军队、武警部队的序列单位等。

2. 印章加盖

增值税纳税人应在代开增值税专用发票的备注栏上，加盖本单位的发票专用章（为其他个人代开的特殊情况除外）。税务机关在代开增值税普通发票以及为其他个人代开增值税专用发票的备注栏上，加盖税务机关代开发票专用章。

3. 增值税小规模纳税人代开增值税专用发票税款的有关问题

增值税小规模纳税人月销售额不超过10万元（按季纳税30万元）的，当期因代开增值税专用发票已经缴纳的税款，在增值税专用发票全部联次追回或者按规定开具红字增值税专用发票后，可以向主管税务机关申请退还。

（五）纳税人销售其取得的不动产以及其他个人出租不动产代开发票

（1）增值税小规模纳税人销售其取得的不动产以及其他个人出租不动产，购买方或承租方不属于其他个人的，纳税人缴纳增值税后可以向税务机关申请代开增值税专用发票。不能自开增值税普通发票的小规模纳税人销售其取得的不动产，以及其他个人出租不动产，可以向税务机关申请代开增值税普通发票。

（2）其他个人委托房屋中介、住房租赁企业等单位出租不动产，需要向承租方开具增值税发票的，可以由受托单位代其向主管税务机关按规定申请代开增值税发票。

（3）税务机关代开发票岗位应按下列要求填开增值税发票：

①"税率"栏填写增值税征收率。免税、差额征税以及其他个人出租其取得的不动产适用优惠政策减按1.5%征收的，"税率"栏自动打印"***"；

②"销售方名称"栏填写代开税务局名称；

③"销售方纳税人识别号"栏填写代开发票税务局代码；

④"销售方开户行及账号"栏填写税收完税凭证字轨及号码（免税代开增值税普通发票可不

填写）；

⑤备注栏填写销售或出租不动产纳税人的名称、纳税人识别号（或者组织机构代码）、不动产的详细地址；

⑥差额征税代开发票，通过系统中差额征税开票功能，录入含税销售额（或含税评估额）和扣除额、系统自动计算税额和金额，备注栏自动打印"差额征税"字样；

⑦纳税人销售其取得的不动产代开发票，"货物或应税劳务、服务名称"栏填写不动产名称及房屋产权证书号码，"单位"栏填写面积单位；

⑧按照核定计税价格征税的，"金额"栏填写不含税计税价；

⑨其他项目按照增值税发票填开的有关规定填写；

⑩代开发票部门应在代开增值税发票的备注栏上，加盖税务机关代开发票专用章。

（六）货物运输业小规模纳税人在非税务登记地申请代开增值税专用发票

（1）自2018年1月1日起，纳税人在境内提供公路或内河货物运输服务，需要开具增值税专用发票的，可在税务登记地、货物起运地、货物到达地或运输业务承揽地（含互联网物流平台所在地）中任何一地，就近向税务机关申请代开增值税专用发票。

（2）申请在非税务登记地税务机关代开增值税专用发票的纳税人，应同时具备以下条件：

①在中华人民共和国境内提供公路或内河货物运输服务，并办理了工商登记和税务登记；

②提供公路货物运输服务的，取得《中华人民共和国道路运输经营许可证》和《中华人民共和国道路运输证》；提供内河货物运输服务的，取得《中华人民共和国水路运输经营许可证》和《中华人民共和国水路运输证》；

③在税务登记地主管税务机关按增值税小规模纳税人管理。

（3）纳税人将营运资质和营运机动车、船舶信息向主管税务机关进行备案后，可向非税务登记地税务机关申请代开增值税专用发票，并向代开单位提供以下资料：

①《货物运输业代开增值税专用发票缴纳税款申报单》；

②加载统一社会信用代码的营业执照（或税务登记证或组织机构代码证）复印件；

③经办人身份证件及复印件。

纳税人申请代开增值税专用发票时，应按机动车号牌或船舶登记号码分别填写《申报单》，挂车应单独填写《申报单》。《申报单》中填写的运输工具相关信息，必须与其向主管税务机关备案的信息一致。

（4）纳税人申请代开增值税专用发票时，应按照所代开增值税专用发票上注明的税额向代开单位全额缴纳增值税。

（5）纳税人代开专用发票后，如发生服务中止、折让、开票有误等情形，需要作废增值税专用发票、开具增值税红字专用发票、重新代开增值税专用发票、办理退税等事宜的，应由原代开单位按照现行规定予以受理。

四、特殊行业的特殊规定

（一）建筑服务

1. 建筑服务发票开具基本规定

提供建筑服务，纳税人自行开具或者税务机关代开增值税发票时，应在发票的备注栏注明建筑服务发生地县（市、区）名称及项目名称。

2. 小规模纳税人提供建筑服务发票开具规定

小规模纳税人提供建筑服务，应以取得的全部价款和价外费用扣除支付的分包款后的余额为销售额，按照3%的征收率计算应纳税额。

发票开具：小规模纳税人跨县（市、区）提供建筑服务，不能自行开具增值税发票的，可向建筑服务发生地主管税务机关按照其取得的全部价款和价外费用申请代开增值税发票。

（二）销售不动产

1. 销售不动产发票开具的基本规定

销售不动产纳税人自行开具或者税务机关代开增值税发票时，应在发票"货物或应税劳务、服务名称"栏填写不动产名称及房屋产权证书号码（无房屋产权证书的可不填写），"单位"栏填写面积单位，备注栏注明不动产的详细地址。

2. 房地产开发企业销售自行开发的房地产项目的发票开具规定

（1）房地产开发企业中的一般纳税人销售其自行开发的房地产项目（选择简易计税方法的房地产老项目除外），以取得的全部价款和价外费用，扣除受让土地时向政府部门支付的土地价款、在取得土地时向其他单位或个人支付的拆迁补偿费用后的余额为销售额。

房地产开发企业中的一般纳税人销售自行开发的房地产老项目，可以选择适用简易计税方法，以取得的全部价款和价外费用为销售额，不得扣除对应的土地价款。

一般纳税人销售自行开发的房地产项目，自行开具增值税发票。一般纳税人销售自行开发的房地产项目，其2016年4月30日前收取并已向原主管地税机关申报缴纳营业税的预收款，未开具营业税发票的，可以开具增值税普通发票，不得开具增值税专用发票，本条规定并无开具增值税普通发票的时间限制。一般纳税人向其他个人销售自行开发的房地产项目，不得开具增值税专用发票。

（2）房地产开发企业中的小规模纳税人，销售自行开发的房地产项目，按照5%的征收率计税。

小规模纳税人销售自行开发的房地产项目，自行开具增值税普通发票。购买方需要增值税专用发票的，小规模纳税人向主管税务机关申请代开。小规模纳税人销售自行开发的房地产项目，其2016年4月30日前收取并已向原主管地税机关申报缴纳营业税的预收款，未开具营业税发票的，可以开具增值税普通发票，不得申请代开增值税专用发票，本条规定并无开具增值税普通发票的时间限制。小规模纳税人向其他个人销售自行开发的房地产项目，不得申请代开增值税专用发票。

（三）金融服务

1. 金融商品转让业务发票开具规定

金融商品转让，按照卖出价扣除买入价后的余额为销售额。金融商品转让，不得开具增值税专用发票。

2. 贴现、转贴现业务发票开具规定

自 2018 年 1 月 1 日起，金融机构开展贴现、转贴现业务需要就贴现利息开具发票的，由贴现机构按照票据贴现利息全额向贴现人开具增值税普通发票，转贴现机构按照转贴现利息全额向贴现机构开具增值税普通发票。

3. 汇总纳税的金融机构发票开具规定

采取汇总纳税的金融机构，省、自治区所辖地市以下分支机构可以使用地市级机构统一领取的增值税专用发票、增值税普通发票、增值税电子普通发票；直辖市、计划单列市所辖区县及以下分支机构可以使用直辖市、计划单列市机构统一领取的增值税专用发票、增值税普通发票、增值税电子普通发票。

4. 保险服务发票开具规定

（1）保险机构作为车船税扣缴义务人，在代收车船税并开具增值税发票时，应在增值税发票备注栏中注明代收车船税税款信息。具体包括：保险单号、税款所属期（详细至月）、代收车船税金额、滞纳金金额、金额合计等。该增值税发票可作为纳税人缴纳车船税及滞纳金的会计核算原始凭证。

（2）为自然人提供的保险服务不得开具增值税专用发票，可以开具增值税普通发票。

5. 个人代理人汇总代开具体规定

（1）接受税务机关委托代征税款的保险企业，向个人保险代理人支付佣金费用后，可代个人保险代理人统一向主管税务机关申请汇总代开增值税普通发票或增值税专用发票。

（2）保险企业代个人保险代理人申请汇总代开增值税发票时，应向主管税务机关出具个人保险代理人的姓名、身份证号码、联系方式、付款时间、付款金额、代征税款的详细清单。

保险企业应将个人保险代理人的详细信息，作为代开增值税发票的清单，随发票入账。

（3）主管税务机关为个人保险代理人汇总代开增值税发票时，应在备注栏内注明"个人保险代理人汇总代开"字样。

（4）证券经纪人、信用卡和旅游等行业的个人代理人比照上述规定执行。

（四）生活服务业

1. 旅游服务发票开具规定

全面推开营业税改征增值税试点纳税人提供旅游服务，可以选择以取得的全部价款和价外费用，扣除向旅游服务购买方收取并支付给其他单位或者个人的住宿费、餐饮费、交通费、签证费、门票费和支付给其他接团旅游企业的旅游费用后的余额为销售额。

发票开具：选择上述办法计算销售额的试点纳税人，向旅游服务购买方收取并支付的上述费用，不得开具增值税专用发票，可以开具增值税普通发票。

2. 教育辅助服务发票开具规定

境外单位通过教育部考试中心及其直属单位在境内开展考试，教育部考试中心及其直属单位应以取得的考试费收入扣除支付给境外单位考试费后的余额为销售额，按提供"教育辅助服务"缴纳增值税；代为收取并支付给境外单位的考试费统一扣缴增值税。

教育部考试中心及其直属单位代为收取并支付给境外单位的考试费，不得开具增值税专用发票，可以开具增值税普通发票。

（五）部分现代服务

1. 不动产租赁业务发票开具规定

个人出租住房，应按照 5% 的征收率减按 1.5% 计算应纳税额。

纳税人自行开具或者税务机关代开增值税发票时，通过新系统中征收率减按 1.5% 征收开票功能，录入含税销售额，系统自动计算税额和不含税金额，发票开具不应与其他应税行为混开。

2. 物业管理服务发票开具规定

提供物业管理服务的纳税人，向服务接受方收取的自来水水费，以扣除其对外支付的自来水水费后的余额为销售额，按照简易计税办法依 3% 的征收率计算缴纳增值税。

发票开具：纳税人可以按 3% 向服务接受方开具增值税专用发票或增值税普通发票。

3. 劳务派遣服务发票开具规定

（1）一般纳税人提供劳务派遣服务，可以选择差额纳税，以取得的全部价款和价外费用，扣除代用工单位支付给劳务派遣员工的工资、福利和为其办理社会保险及住房公积金后的余额为销售额，按照简易计税方法依 5% 的征收率计算缴纳增值税。

（2）小规模纳税人提供劳务派遣服务，可以选择差额纳税，以取得的全部价款和价外费用，扣除代用工单位支付给劳务派遣员工的工资、福利和为其办理社会保险及住房公积金后的余额为销售额，按照简易计税方法依 5% 的征收率计算缴纳增值税。

纳税人提供劳务派遣服务，选择差额纳税的，向用工单位收取用于支付给劳务派遣员工工资、福利和为其办理社会保险及住房公积金的费用，不得开具增值税专用发票，可以开具增值税普通发票。

纳税人提供安全保护服务，比照劳务派遣服务政策执行。

4. 人力资源外包服务发票开具规定

纳税人提供人力资源外包服务，按照经纪代理服务缴纳增值税，其销售额不包括受客户单位委托代为向客户单位员工发放的工资和代理缴纳的社会保险、住房公积金。

纳税人提供人力资源外包服务，向委托方收取并代为发放的工资和代理缴纳的社会保险、住房公积金，不得开具增值税专用发票，可以开具增值税普通发票。

5. 经纪代理服务发票开具规定

（1）经纪代理服务，以取得的全部价款和价外费用，扣除向委托方收取并代为支付的政府性基金或者行政事业性收费后的余额为销售额。

向委托方收取并代为支付的政府性基金或者行政事业性收费不得开具增值税专用发票，但可以开具增值税普通发票。

（2）纳税人提供签证代理服务，以取得的全部价款和价外费用，扣除向服务接受方收取并代为支付给外交部和外国驻华使（领）馆的签证费、认证费后的余额为销售额。

纳税人向服务接受方收取并代为支付的签证费、认证费，不得开具增值税专用发票，可以开具增值税普通发票。

（3）纳税人代理进口按规定免征进口增值税的货物，其销售额不包括向委托方收取并代为支付的货款。

向委托方收取并代为支付的款项，不得开具增值税专用发票，可以开具增值税普通发票。

（六）交通运输服务

1. 货物运输服务发票开具基本规定

纳税人提供货物运输服务，使用增值税专用发票和增值税普通发票，开具发票时应将起运地、到达地、车种车号以及运输货物信息等内容填写在发票备注栏中，如内容较多可另附清单。

2. 铁路运输企业发票开具规定

铁路运输企业受托代征的印花税款信息，可填写在发票备注栏中。中国铁路总公司及其所属运输企业（含分支机构）提供货物运输服务，自2015年11月1日起可使用增值税专用发票和增值税普通发票，所开具的铁路货票、运费杂费收据可作为发票清单使用。

3. 互联网物流平台企业代开增值税专用发票试点

（1）经省局批准，互联网物流平台企业可以为同时符合以下条件的货物运输业小规模纳税人代开增值税专用发票，并代办相关涉税事项。

①在中华人民共和国境内（以下简称"境内"）提供公路或内河货物运输服务，并办理了工商登记和税务登记。

②提供公路货物运输服务的，取得《中华人民共和国道路运输经营许可证》和《中华人民共和国道路运输证》；提供内河货物运输服务的，取得《中华人民共和国水路运输经营许可证》和《中华人民共和国水路运输证》。

③在税务登记地主管税务机关按增值税小规模纳税人管理。

④注册为该平台会员。

（2）纳入试点范围的互联网物流平台企业，应当具备以下条件。

①为国务院交通运输主管部门公布的无车承运人试点企业，且试点资格和无车承运人经营资质在有效期内；

②平台应实现会员管理、交易撮合、运输管理等相关系统功能，具备物流信息全流程跟踪、记录、存储、分析能力。

（3）试点企业按照以下规定代开增值税专用发票。

①试点企业仅限于为符合条件的会员，通过本平台承揽的货物运输业务代开专用发票；

②试点企业应与会员签订委托代开专用发票协议，协议范本由省局统一制定；

③试点企业使用自有专用发票开票系统，按照3%的征收率代开专用发票，并在发票备注栏注明会员的纳税人名称和统一社会信用代码（或税务登记证号码或组织机构代码）；货物运输服务接受方以试点企业代开的专用发票作为增值税扣税凭证，抵扣进项税额；

④试点企业代开的专用发票，相关栏次内容应与会员通过本平台承揽的运输业务，以及本平台记录的物流信息保持一致；平台记录的交易、资金、物流等相关信息应统一存储，以备核查；

⑤试点企业接受会员提供的货物运输服务，不得为会员代开专用发票，试点企业可以代会员向试点企业主管税务机关申请代开专用发票，并据此抵扣进项税额；

⑥试点企业代开专用发票不得收取任何费用。

（七）小规模纳税人自开增值税专用发票试点

1. 住宿业

自 2016 年 8 月 1 日起，月销售额超过 3 万元（或季销售额超过 9 万元）的住宿业增值税小规模纳税人，提供住宿服务、销售货物或发生其他应税行为，需要开具增值税专用发票的，通过新系统自行开具，主管税务机关不再为其代开；销售其取得的不动产，需要开具增值税专用发票的，仍须向税务机关申请代开。

2. 鉴证咨询业

自 2017 年 3 月 1 日起，月销售额超过 3 万元（或季销售额超过 9 万元）的鉴证咨询业增值税小规模纳税人提供认证服务、鉴证服务、咨询服务、销售货物或发生其他增值税应税行为，需要开具增值税专用发票的，可以通过新系统自行开具，主管税务机关不再为其代开；销售其取得的不动产，需要开具增值税专用发票的，仍须向税务机关申请代开。

3. 建筑业

自 2017 年 6 月 1 日起，月销售额超过 3 万元（或季销售额超过 9 万元）的建筑业增值税小规模纳税人提供建筑服务、销售货物或发生其他增值税应税行为，需要开具增值税专用发票的，通过增值税发票管理新系统自行开具；销售其取得的不动产，需要开具增值税专用发票的，仍须向税务机关申请代开。

4. 工业以及信息传输、软件和信息技术服务业

自 2018 年 2 月 1 日起，月销售额超过 3 万元（或季销售额超过 9 万元）的工业以及信息传输、软件和信息技术服务业增值税小规模纳税人（以下简称"试点纳税人"）发生增值税应税行为，需要开具增值税专用发票的，可以通过增值税发票管理新系统自行开具；销售其取得的不动产，需要开具增值税专用发票的，应当按照有关规定向税务机关申请代开。

五、其他发票开具规定

（一）差额征税发票开具规定

纳税人或者税务机关通过新系统中差额征税开票功能开具增值税发票时，录入含税销售额（或含税评估额）和扣除额，系统自动计算税额和不含税金额，备注栏自动打印"差额征税"字样，发票开具不应与其他应税行为混开。

（二）电子发票开具规定

（1）使用增值税电子普通发票的纳税人应通过增值税电子发票系统开具。

（2）增值税电子普通发票的开票方和受票方需要纸质发票的，可以自行打印增值税电子普通发票的版式文件，其法律效力、基本用途、基本使用规定等与税务机关监制的增值税普通发票相同。

（三）机动车销售统一发票开具规定

（1）纳税人从事机动车（旧机动车除外）零售业务须开具机动车销售统一发票。

（2）"纳税人识别号"栏内打印购买方纳税人识别号，如购买方需要抵扣增值税税款，该栏必须填写。

（3）填写"购买方名称及身份证号码/组织机构代码"栏时，"身份证号码/组织机构代码"应换行打印在"购买方名称"的下方。

（4）"完税凭证号码"栏内打印代开机动车销售统一发票时对应开具的增值税完税证号码，自开机动车销售统一发票时此栏为空。

（5）纳税人销售免征增值税的机动车，通过新系统开具时应在机动车销售统一发票"增值税税率或征收率"栏选填"免税"；机动车销售统一发票"增值税税率或征收率"栏自动打印显示"免税"，"增值税税额"栏自动打印显示"***"；机动车销售统一发票票面"不含税价"栏和"价税合计"栏填写金额相等。

（6）如发生退货的，应在价税合计的大写金额第一个字前加"负数"字，在小写金额前加"-"号。

（7）纳税人丢失机动车销售统一发票的，如在办理车辆登记和缴纳车辆购置税手续前丢失的，应先按照以下程序办理补开机动车销售统一发票的手续，再按已丢失发票存根联的信息开红字发票。

补开机动车销售统一发票的具体程序为：①丢失机动车销售统一发票的消费者到机动车销售单位取得机动车销售统一发票存根联复印件（加盖销售单位发票专用章）；

②到机动车销售方所在地主管税务机关盖章确认并登记备案；

③由机动车销售单位重新开具与原机动车销售统一发票存根联内容一致的机动车销售统一发票。

（四）收购业务发票开具规定

纳税人通过新系统使用增值税普通发票开具收购发票，系统在发票左上角自动打印"收购"字样。

（五）稀土企业发票开具规定

（1）从事稀土产品生产、商贸流通的增值税一般纳税人必须通过新系统开具增值税专用发票和增值税普通发票。

（2）销售稀土产品必须开具增值税专用发票，增值税专用发票的"货物或应税劳务"栏内容通过系统中的稀土产品目录库选择,"单位"栏选择公斤或吨,"数量"栏按照折氧化物计量填写,系统在发票左上角自动打印"XT"字样。

(3)销售稀土产品以及其他货物或应税劳务,应当分别开具发票。销售稀土矿产品和稀土冶炼分离产品也应当分别开具发票,不得在同一张发票上混开。

(4)不得汇总开具增值税专用发票。

(六)预付卡业务发票开具规定

(1)单用途商业预付卡(以下简称"单用途卡")业务按照以下规定执行:

①单用途卡发卡企业或者售卡企业(以下统称"售卡方")销售单用途卡,或者接受单用途卡持卡人充值取得的预收资金,不缴纳增值税。售卡方可按照规定,向购卡人、充值人开具增值税普通发票,不得开具增值税专用发票。

②持卡人使用单用途卡购买货物或服务时,货物或者服务的销售方应按照现行规定缴纳增值税,且不得向持卡人开具增值税发票。

③销售方与售卡方不是同一个纳税人的,销售方在收到售卡方结算的销售款时,应向售卡方开具增值税普通发票,并在备注栏注明"收到预付卡结算款",不得开具增值税专用发票;售卡方从销售方取得的增值税普通发票,作为其销售单用途卡或接受单用途卡充值取得预收资金不缴纳增值税的凭证,留存备查。

(2)支付机构预付卡(以下简称"多用途卡")业务按照以下规定执行:

①支付机构销售多用途卡取得的等值人民币资金,或者接受多用途卡持卡人充值取得的充值资金,不缴纳增值税。支付机构可按照规定,向购卡人、充值人开具增值税普通发票,不得开具增值税专用发票。

②持卡人使用多用途卡,向与支付机构签署合作协议的特约商户购买货物或服务,特约商户应按照现行规定缴纳增值税,且不得向持卡人开具增值税发票。

③特约商户收到支付机构结算的销售款时,应向支付机构开具增值税普通发票,并在备注栏注明"收到预付卡结算款",不得开具增值税专用发票;支付机构从特约商户取得的增值税普通发票,作为其销售多用途卡或接受多用途卡充值取得预收资金不缴纳增值税的凭证,留存备查。

(3)发售加油卡、加油凭证销售成品油的纳税人(以下简称"预售单位")在售卖加油卡、加油凭证时,应按预收账款方法作相关账务处理,不征收增值税。

预售单位在发售加油卡或加油凭证时可开具普通发票,如购油单位要求开具增值税专用发票,待用户凭加油卡或加油凭证加油后,根据加油卡或加油凭证回笼记录,向购油单位开具增值税专用发票。接受加油卡或加油凭证销售成品油的单位与预售单位结算油款时,接受加油卡或加油凭证销售成品油的单位根据实际结算的油款向预售单位开具增值税专用发票。

(七)不征收增值税项目发票开具规定

商品和服务税收分类与编码"6"开头的"未发生销售行为的不征税项目",应用于纳税人收取款项但未发生销售货物、应税劳务、服务、无形资产或不动产的情形。

"未发生销售行为的不征税项目"明细科目共 12 个，具体设置如下：

601 预付卡销售和充值

602 销售自行开发的房地产项目预收款

603 已申报缴纳营业税未开票补开票

604 代收印花税

605 代收车船税

606 融资性售后回租业务中承租方出售资产

607 资产重组涉及的房屋等不动产

608 资产重组涉及的土地使用权

609 代理进口免税货物货款

610 有奖发票奖金支付

611 不征税自来水

612 建筑服务预收款

使用"未发生销售行为的不征税项目"编码，发票税率栏应填写"不征税"，不得开具增值税专用发票。

六、查验、丢失及违章处理

（一）发票查验

取得增值税发票的单位和个人可登陆全国增值税发票查验平台（https://inv-veri.chinatax.gov.cn），对新系统开具的增值税专用发票、增值税普通发票、机动车销售统一发票、二手车销售统一发票和增值税电子普通发票的发票信息进行查验。单位和个人通过网页浏览器首次登录平台时，应下载安装根证书文件，查看平台提供的发票查验操作说明。

（二）发票丢失处理

纳税人丢失增值税专用发票的，按以下方法处理：

（1）一般纳税人丢失已开具增值税专用发票的抵扣联，如果丢失前已认证相符的，可使用增值税专用发票发票联复印件留存备查；如果丢失前未认证的，可使用增值税专用发票发票联认证，增值税专用发票发票联复印件留存备查。

（2）一般纳税人丢失已开具增值税专用发票的发票联，可将增值税专用发票抵扣联作为记账凭证，增值税专用发票抵扣联复印件留存备查。

（3）一般纳税人丢失已开具增值税专用发票的发票联和抵扣联，如果丢失前已认证相符的，购买方可凭销售方提供的相应增值税专用发票记账联复印件及销售方主管税务机关出具的《丢失增值税专用发票已报税证明单》（以下统称《证明单》），作为增值税进项税额的抵扣凭证；如果丢失前未认证的，购买方凭销售方提供的相应增值税专用发票记账联复印件进行认证，认证相符的可凭增值税专用发票记账联复印件及销售方主管税务机关出具的《证明单》，作为增值税进项税额的抵扣凭证。增值税专用发票记账联复印件和《证明单》留存备查。

（三）发票违章处理

（1）违反《中华人民共和国发票管理办法》的规定，有下列情形之一的，由税务机关责令改正，可以处1万元以下的罚款；有违法所得的予以没收。

①应当开具而未开具发票，或者未按照规定的时限、顺序、栏目，全部联次一次性开具发票，或者未加盖发票专用章的；

②使用税控装置开具发票，未按期向主管税务机关报送开具发票的数据的；

③扩大发票使用范围的；

④以其他凭证代替发票使用的；

⑤跨规定区域开具发票的；

⑥未按照规定缴销发票的；

⑦未按照规定存放和保管发票的。

（2）跨规定的使用区域携带、邮寄、运输空白发票，以及携带、邮寄或者运输空白发票出入境的，由税务机关责令改正，可以处1万元以下的罚款；情节严重的，处1万元以上3万元以下的罚款；有违法所得的予以没收。

丢失发票或者擅自损毁发票的，依照前款规定处罚。

（3）违反《中华人民共和国发票管理办法》第二十二条第二款的规定虚开发票的，由税务机关没收违法所得；虚开金额在1万元以下的，可以并处5万元以下的罚款；虚开金额超过1万元的，并处5万元以上50万元以下的罚款；构成犯罪的，依法追究刑事责任。

非法代开发票的，依照前款规定处罚。

（4）有下列情形之一的，由税务机关处1万元以上5万元以下的罚款；情节严重的，处5万元以上50万元以下的罚款；有违法所得的予以没收：

①转借、转让、介绍他人转让发票、发票监制章和发票防伪专用品的；

②知道或者应当知道是私自印制、伪造、变造、非法取得或者废止的发票而受让、开具、存放、携带、邮寄、运输的。

（5）对违反发票管理法规情节严重构成犯罪的，税务机关应当依法移送司法机关处理。

（6）一般纳税人有下列情形之一的，不得使用增值税专用发票：

①会计核算不健全，不能向税务机关准确提供增值税销项税额、进项税额、应纳税额数据及其他有关增值税税务资料的。上列其他有关增值税税务资料的内容，由省、自治区、直辖市和计划单列市国家税务局确定；

②应当办理一般纳税人资格登记而未办理的；

③有《中华人民共和国税收征收管理法》规定的税收违法行为，拒不接受税务机关处理的；

④有下列行为之一，经税务机关责令限期改正而仍未改正的：

a. 虚开增值税专用发票；

b. 私自印制增值税专用发票；

c. 向税务机关以外的单位和个人买取增值税专用发票；

d. 借用他人增值税专用发票；

e. 未按《增值税专用发票使用规定》第十一条开具增值税专用发票；

f. 未按规定保管增值税专用发票和专用设备；

g. 未按规定申请办理防伪税控系统变更发行；

h. 未按规定接受税务机关检查。

有上列情形的，如已领取增值税专用发票，主管税务机关应暂扣其结存的增值税专用发票和税控专用设备。

七、房地产企业发票开具

（一）预收款发票开具

根据《国家税务总局关于营改增试点若干征管问题的公告》（国家税务总局公告2016年第53号）第九条第（十一）款规定，增加编码"6"开头的"未发生销售行为的不征税项目"，用于纳税人收取款项但未发生销售货物、应税劳务、服务、无形资产或不动产的情形。"未发生销售行为的不征税项目"下设"601 预付卡销售和充值"、"602 销售自行开发的房地产项目预收款"、"603 已申报缴纳营业税未开票补开票"。房地产企业预收款开具未发生销售行为的不征税增值税普通发票，商品与服务税收类别选择"602 销售自行开发的房地产项目预收款"。602是房地产行业的特色，收到预收款时只能开具602发票。

预收款所开具的不征税发票相当于收据功能，在达到纳税义务发生时间时不需要再开具红字发票冲销，只需在交楼时直接开具正式发票即可。

预收款在发票备注栏上列明合同约定面积、价格、房屋全价，同时注明"预收款，不作为产权交易凭据"。在开具发票次月申报期内，通过《增值税预缴税款表》进行申报，按照规定预缴增值税。预收款所开发票金额不在申报表附表（一）中反映。在交楼时，按所售不动产全款开具增值税发票。购房者需要增值税专用发票的，可按规定开具全额的增值税专用发票。

房地产企业预收款环节预缴税款及发票开具见表1-10：

表1-10 房地产开发企业预缴税款及发票开具要求表

纳税人类型	计税方式		预缴依据	预征率	发票开具
一般纳税人	老项目	简易计税	含税价÷（1+5%）	3%	按照602开具不征税普通发票
		一般计税	含税价÷（1+9%）	3%	按照602开具不征税普通发票
	新项目	一般计税	含税价÷（1+9%）	3%	按照602开具不征税普通发票
小规模纳税人	简易计税		含税价÷（1+5%）	3%	按照602开具不征税普通发票

（二）纳税义务发生时间正式发票开具

根据《国家税务总局关于全面推开营业税改征增值税试点有关税收征收管理事项的公告》（国

家税务总局公告 2016 年第 23 号）规定，销售不动产，纳税人自行开具或者税务机关代开增值税发票时，应在发票"货物或应税劳务、服务名称"栏填写不动产名称及房屋产权证书号码（无房屋产权证书的可不填写），"单位"栏填写面积单位，备注栏注明不动产的详细地址。

根据以上规定，自 2016 年 5 月 1 日起，纳税人销售不动产开具增值税发票时，需要注意以下三点：

（1）发票"货物或应税劳务、服务名称"栏必须填写不动产名称及房屋产权证书号码（无房屋产权证书的可不填写）。

（2）"单位"栏必须填写面积单位。

（3）备注栏注明不动产的详细地址。

房地产企业纳税义务发生时间纳税申报及发票开具见表 1-11。

表 1-11 房地产开发企业申报缴税及发票开具要求表

纳税人类型	计税方式		申报依据	税率或征收率	发票开具
一般纳税人	老项目	简易计税	全额申报，不许抵扣进项，可扣减预缴	5%	自行开具普票或专票
		一般计税	扣除当期配比的土地价款后差额申报，允许抵扣进项，可扣减预缴	9%	自行开具普票或专票
一般纳税人	新项目	一般计税	扣除当期配比的土地价款后差额申报，允许抵扣进项，可扣减预缴	9%	自行开具普票或专票
小规模纳税人		简易计税	全额申报，不许抵扣进项，可扣减预缴	5%	自行开具普票或专票

第六节 会计核算

一、会计科目及专栏设置

增值税一般纳税人应在"应交税费"一级科目下设置"应交增值税""未交增值税""预缴增值税""待抵扣进项税额""待认证进项税额""待转销项税额""增值税留抵税额""简易计税""转让金融商品应交增值税""代扣代交增值税"等二级明细科目。

对于房地产企业，二级科目主要涉及到"应交增值税""未交增值税""预缴增值税"三个科目。

增值税一般纳税人应在"应交增值税"二级科目下设置"进项税额""销项税额抵减""已交税金""转出未交增值税""减免税款""出口抵减内销产品应纳税额""销项税额""出口退税""进项税额转出""转出多交增值税"等三级科目。

三级科目主要涉及到"进项税额""销项税额抵减""转出未交增值税""销项税额""进项税

额转出"五个科目。

增值税会计科目设置明细如表 1-12 所示。

表 1-12　增值税会计科目明细表

一级科目	二级科目	三级科目
应交税费	未交增值税	
	预缴增值税	
	待抵扣进项税额	
	待认证进项税额	
	待转销项税额	
	增值税留抵税额	
	简易计税	
	转让金融商品应交增值税	
	代扣代交增值税	
	应交增值税	进项税额
		销项税额抵减
		已交税金
		转出未交增值税
		减免税额
		出口抵减内销产品应纳税额
		销项税额
		出口退税
		转出多交增值税

（一）应交增值税明细科目

（1）"进项税额"专栏，记录一般纳税人购进货物、加工修理修配劳务、服务、无形资产或不动产而支付或负担的、准予从当期销项税额中抵扣的增值税额；这是增值税一般计税企业的通用科目，房地产企业也一样，所有当期取得认证相符的发票都要通过这个科目进行归集，并反映在"增值税纳税申报表附列资料表二"中。

（2）"销项税额抵减"专栏，记录一般纳税人按照现行增值税制度规定因扣减销售额而减少的销项税额。房地产企业采取一般计税方法时，可扣除的土地价款和拆迁补偿费所抵减的销项税额计入这个科目，这是房地产的特色，而且是到了纳税义务发生时间才会动用这个科目。

（3）"已交税金"专栏，记录一般纳税人当月已交纳的应交增值税额；房地产企业一般不用。

（4）"转出未交增值税"和"转出多交增值税"专栏，分别记录一般纳税人月度终了转出当月应交未交或多交的增值税额；与二级科目"未交增值税"相对应。

（5）"减免税款"专栏，记录一般纳税人按现行增值税制度规定准予减免的增值税额；房地产企业一般不用。

（6）"出口抵减内销产品应纳税额"专栏，记录实行"免、抵、退"办法的一般纳税人按规定计算的出口货物的进项税抵减内销产品的应纳税额；房地产企业一般不用。

（7）"销项税额"专栏，记录一般纳税人销售货物、加工修理修配劳务、服务、无形资产或不动产应收取的增值税额；房地产企业在达到纳税义务发生时间后，按照不含税收入计算完整的销项税额计入该科目，抵减的销项税额通过"销项税额抵减"科目核算，申报表反映的是抵减后的余额。

（8）"出口退税"专栏，记录一般纳税人出口货物、加工修理修配劳务、服务、无形资产按规定退回的增值税额；房地产企业不用。

（9）"进项税额转出"专栏，记录一般纳税人购进货物、加工修理修配劳务、服务、无形资产或不动产等发生非正常损失以及其他原因而不应从销项税额中抵扣、按规定转出的进项税额；房地产企业兼营一般计税和简易计税项目时，需要用"建设规模比例法"计算不得抵扣的共同进项税额，计入该科目。

（二）"未交增值税"明细科目

核算一般纳税人月度终了从"应交增值税"或"预交增值税"明细科目转入当月应交未交、多交或预缴的增值税额，以及当月交纳以前期间未交的增值税额。该科目的贷方反映最终要交的增值税。

（三）"预交增值税"明细科目

核算一般纳税人转让不动产、提供不动产经营租赁服务、提供建筑服务、采用预收款方式销售自行开发的房地产项目等，以及其他按现行增值税制度规定应预缴的增值税额。房地产企业在达到纳税义务发生时间后，该科目的税款需归集转入"未交增值税"科目的借方。

（四）"待抵扣进项税额"明细科目

核算一般纳税人已取得增值税扣税凭证并经税务机关认证，按照现行增值税制度规定准予以后期间从销项税额中抵扣的进项税额。该科目之前多用于购入固定资产分次抵扣或处在纳税辅导期尚未稽核比对的进项发票情形，现已基本不用。

（五）"待认证进项税额"明细科目

核算一般纳税人由于未经税务机关认证而不得从当期销项税额中抵扣的进项税额。包括：一般纳税人已取得增值税扣税凭证、按照现行增值税制度规定准予从销项税额中抵扣，但尚未经税务机关认证的进项税额；一般纳税人已申请稽核但尚未取得稽核相符结果的海关缴款书进项税额。当月拿票当月认证的不需使用该科目。

（六）"待转销项税额"明细科目

核算一般纳税人销售货物、加工修理修配劳务、服务、无形资产或不动产，已确认相关收入（或利得）但尚未发生增值税纳税义务而需于以后期间确认为销项税额的增值税额。这是一个用来调配税会差异的过渡性科目，具体到房地产企业，纳税人采用价税分离记账时就会用到。

（七）"增值税留抵税额"明细科目

核算兼有销售服务、无形资产或者不动产的原增值税一般纳税人，截止到纳入营改增试点之日前的增值税期末留抵税额按照现行增值税制度规定不得从销售服务、无形资产或不动产的销项税额中抵扣的增值税留抵税额。该科目已完成其过渡科目的历史使命，目前已经不用了。

（八）"简易计税"明细科目

核算一般纳税人采用简易计税方法发生的增值税计提、扣减、预缴、缴纳等业务。简易计税方法的专用科目。

（九）"转让金融商品应交增值税"明细科目

核算增值税纳税人转让金融商品发生的增值税额。房地产企业如果不购买金融理财产品，一般不用此科目。

（十）"代扣代交增值税"明细科目

核算纳税人购进在境内未设经营机构的境外单位或个人在境内的应税行为代扣代缴的增值税。只涉及境外代扣代缴的，主要是委托境外建筑设计、园林设计等业务才会涉及此科目，属于中间过渡性科目，期末应无余额。

小规模纳税人只需在"应交税费"科目下设置"应交增值税"明细科目，不需要设置上述专栏及除"转让金融商品应交增值税""代扣代交增值税"外的明细科目（见表1-13）。

表1-13 小规模纳税人增值税会计科目明细表

一级科目	二级科目
应交税费	应交增值税
	转让金融商品应交增值税
	代扣代交增值税

二、账务处理

（一）取得资产或接受劳务等业务的账务处理

1. 采购等业务进项税额允许抵扣的账务处理

一般纳税人购进货物、加工修理修配劳务、服务、无形资产或不动产，按应计入相关成本费用或资产的金额，借记"在途物资""原材料""库存商品""生产成本""无形资产""固定资产""管理费用"等科目；按当月已认证的可抵扣增值税额，借记"应交税费—应交增值税（进项税额）"科目；按当月未认证的可抵扣增值税额，借记"应交税费—待认证进项税额"科目；按应付或实际支付的金额，贷记"应付账款""应付票据""银行存款"等科目。发生退货的，如原增值税专用发票已作认证，应根据税务机关开具的红字增值税专用发票做相反的会计分录；如原增值税专用发票未做认证，应将发票退回并做相反的会计分录。

2. 采购等业务进项税额不得抵扣的账务处理

一般纳税人购进货物、加工修理修配劳务、服务、无形资产或不动产，用于简易计税方法计税项目、免征增值税项目、集体福利或个人消费等，其进项税额按照现行增值税制度规定不得从销项税额中抵扣的，取得增值税专用发票时，应借记相关成本费用或资产科目，借记"应交税费—待认证进项税额"科目，贷记"银行存款""应付账款"等科目；经税务机关认证后，借记"应交税费—进项税额"科目，贷记"应交税费—待认证进项税额"科目；确定用于不得抵扣项目时，应借记相关成本费用或资产科目，贷记"应交税费—应交增值税（进项税额转出）"科目。

3. 货物等已验收入库但尚未取得增值税扣税凭证的账务处理

一般纳税人购进的货物等已到达并验收入库，但尚未收到增值税扣税凭证并未付款的，应在月末按货物清单或相关合同协议上的价格暂估入账，不需要将增值税的进项税额暂估入账。下月初，用红字冲销原暂估入账金额，待取得相关增值税扣税凭证并经认证后，按应计入相关成本费用或资产的金额，借记"原材料""库存商品""固定资产""无形资产"等科目；按可抵扣的增值税额，借记"应交税费—应交增值税（进项税额）"科目；按应付金额，贷记"应付账款"等科目。

4. 小规模纳税人采购等业务的账务处理

小规模纳税人购买物资、服务、无形资产或不动产，取得增值税专用发票上注明的增值税应计入相关成本费用或资产，不通过"应交税费—应交增值税"科目核算。

5. 购买方作为扣缴义务人的账务处理

按照现行增值税制度规定，境外单位或个人在境内发生应税行为，在境内未设有经营机构的，以购买方为增值税扣缴义务人。境内一般纳税人购进服务、无形资产或不动产，按应计入相关成本费用或资产的金额，借记"生产成本""无形资产""固定资产""管理费用"等科目；按可抵扣的增值税额，借记"应交税费—进项税额"科目（小规模纳税人应借记相关成本费用或资产科目）；按应付或实际支付的金额，贷记"应付账款"等科目；按应代扣代缴的增值税额，贷记"应交税费—代扣代交增值税"科目。实际缴纳代扣代缴增值税时，按代扣代缴的增值税额，借记"应交税费—代扣代交增值税"科目，贷记"银行存款"科目。

（二）销售等业务的账务处理

1. 销售业务的账务处理

企业销售货物、加工修理修配劳务、服务、无形资产或不动产，应当按应收或已收的金额，借记"应收账款""应收票据""银行存款"等科目；按取得的收入金额，贷记"主营业务收入""其他业务收入""固定资产清理""工程结算"等科目；按现行增值税制度规定计算的销项税额（或采用简易计税方法计算的应纳增值税额），贷记"应交税费—应交增值税（销项税额）"或"应交税费—简易计税"科目（小规模纳税人应贷记"应交税费—应交增值税"科目）。发生销售退回的，应根据按规定开具的红字增值税专用发票做相反的会计分录。

按照国家统一的会计制度确认收入或利得的时点早于按照增值税制度确认增值税纳税义务发生时点的，应将相关销项税额计入"应交税费—待转销项税额"科目，待实际发生纳税义务时再转入"应交税费—应交增值税（销项税额）"或"应交税费—简易计税"科目。

按照增值税制度确认增值税纳税义务发生时点早于按照国家统一的会计制度确认收入或利得的时点的，应将应纳增值税额，借记"应收账款"科目，贷记"应交税费—应交增值税（销项税额）"或"应交税费—简易计税"科目，按照国家统一的会计制度确认收入或利得时，应按扣除增值税销项税额后的金额确认收入。

2. 视同销售的账务处理

企业发生税法上视同销售的行为，应当按照企业会计准则制度相关规定进行相应的会计处理，并按照现行增值税制度规定计算的销项税额（或采用简易计税方法计算的应纳增值税额），借记"应付职工薪酬""利润分配"等科目，贷记"应交税费—应交增值税（销项税额）"或"应交税费—简易计税"科目（小规模纳税人应计入"应交税费—应交增值税"科目）。

3. 全面试行营业税改征增值税前已确认收入，此后产生增值税纳税义务的账务处理

企业营业税改征增值税前已确认收入，但因未产生营业税纳税义务而未计提营业税的，在达到增值税纳税义务时点时，企业应在确认应交增值税销项税额的同时冲减当期收入；已经计提营业税且未缴纳的，在达到增值税纳税义务时点时，应借记"应交税费—应交营业税""应交税费—应交城市维护建设税""应交税费—应交教育费附加"等科目，贷记"主营业务收入"科目，并根据调整后的收入计算确定计入"应交税费—待转销项税额"科目的金额，同时冲减收入。

全面试行营业税改征增值税后，"营业税金及附加"科目名称调整为"税金及附加"科目，该科目核算企业经营活动发生的消费税、城市维护建设税、资源税、教育费附加及房产税、土地使用税、车船使用税、印花税等相关税费；利润表中的"营业税金及附加"项目调整为"税金及附加"项目。

（三）差额征税的账务处理

1. 企业发生相关成本费用允许扣减销售额的账务处理

按现行增值税制度规定企业发生相关成本费用允许扣减销售额的，发生成本费用时，按应付或实际支付的金额，借记"主营业务成本""存货""工程施工"等科目，贷记"应付账款""应付票据""银行存款"等科目。待取得合规增值税扣税凭证且纳税义务发生时，按照允许抵扣的税额，借记"应交税费—应交增值税（销项税额抵减）"或"应交税费—简易计税"科目（小规模纳税人应借记"应交税费—应交增值税"科目），贷记"主营业务成本""存货""工程施工"等科目。

2. 金融商品转让按规定以盈亏相抵后的余额作为销售额的账务处理

金融商品实际转让月末，如产生转让收益，则按应纳税额借记"投资收益"等科目，贷记"应交税费—转让金融商品应交增值税"科目；如产生转让损失，则按可结转下月抵扣税额，借记"应

交税费—转让金融商品应交增值税"科目，贷记"投资收益"等科目。交纳增值税时，应借记"应交税费—转让金融商品应交增值税"科目，贷记"银行存款"科目。年末，本科目如有借方余额，则借记"投资收益"等科目，贷记"应交税费—转让金融商品应交增值税"科目。

（四）进项税额抵扣情况发生改变的账务处理

因发生非正常损失或改变用途等，原已计入进项税额、待抵扣进项税额或待认证进项税额，但按现行增值税制度规定不得从销项税额中抵扣的，借记"待处理财产损溢""应付职工薪酬""固定资产""无形资产"等科目，贷记"应交税费—应交增值税（进项税额转出）""应交税费—待抵扣进项税额"或"应交税费—待认证进项税额"科目；原不得抵扣且未抵扣进项税额的固定资产、无形资产等，因改变用途等用于允许抵扣进项税额的应税项目的，应按允许抵扣的进项税额，借记"应交税费—应交增值税（进项税额）"科目，贷记"固定资产""无形资产"等科目。固定资产、无形资产等经上述调整后，应按调整后的账面价值在剩余尚可使用寿命内计提折旧或摊销。

一般纳税人购进时已全额计提进项税额的货物或服务等转用于不动产在建工程的，对于结转以后期间的进项税额，应借记"应交税费—待抵扣进项税额"科目，贷记"应交税费—应交增值税（进项税额转出）"科目。

（五）月末转出多交增值税和未交增值税的账务处理

月度终了，企业应当将当月应交未交或多交的增值税自"应交增值税"明细科目转入"未交增值税"明细科目。对于当月应交未交的增值税，借记"应交税费—应交增值税（转出未交增值税）"科目，贷记"应交税费—未交增值税"科目；对于当月多交的增值税，借记"应交税费—未交增值税"科目，贷记"应交税费—应交增值税（转出多交增值税）"科目。

（六）交纳增值税的账务处理

1. 交纳当月应交增值税的账务处理

企业交纳当月应交的增值税，借记"应交税费—应交增值税（已交税金）"科目（小规模纳税人应借记"应交税费—应交增值税"科目），贷记"银行存款"科目。

2. 交纳以前期间未交增值税的账务处理

企业交纳以前期间未交的增值税，借记"应交税费—未交增值税"科目，贷记"银行存款"科目。

3. 预缴增值税的账务处理

企业预缴增值税时，借记"应交税费—预交增值税"科目，贷记"银行存款"科目。月末，企业应将"预交增值税"明细科目余额转入"未交增值税"明细科目，借记"应交税费—未交增值税"科目，贷记"应交税费—预交增值税"科目。房地产开发企业等在预缴增值税后，应直至纳税义务发生时方可从"应交税费—预交增值税"科目结转至"应交税费——未交增值税"科目。

4. 减免增值税的账务处理

对于当期直接减免的增值税，借记"应交税金—应交增值税（减免税款）"科目，贷记损益类相关科目。

（七）增值税期末留抵税额的账务处理

纳入营改增试点当月月初，原增值税一般纳税人应按不得从销售服务、无形资产或不动产的销项税额中抵扣的增值税留抵税额，借记"应交税费—增值税留抵税额"科目，贷记"应交税费—应交增值税（进项税额转出）"科目。待以后期间允许抵扣时，按允许抵扣的金额，借记"应交税费——应交增值税（进项税额）"科目，贷记"应交税费——增值税留抵税额"科目。

（八）增值税税控系统专用设备和技术维护费用抵减增值税额的账务处理

按现行增值税制度规定，企业初次购买增值税税控系统专用设备支付的费用以及缴纳的技术维护费允许在增值税应纳税额中全额抵减的，按规定抵减的增值税应纳税额，借记"应交税费—应交增值税（减免税款）"科目（小规模纳税人应借记"应交税费—应交增值税"科目），贷记"管理费用"等科目。

三、财务报表相关项目列示

"应交税费"科目下的"应交增值税""未交增值税""待抵扣进项税额""待认证进项税额""增值税留抵税额"等明细科目期末借方余额应根据情况，在资产负债表中的"其他流动资产"或"其他非流动资产"项目列示；"应交税费——待转销项税额"等科目期末贷方余额应根据情况，在资产负债表中的"其他流动负债"或"其他非流动负债"项目列示；"应交税费"科目下的"未交增值税""简易计税""转让金融商品应交增值税""代扣代交增值税"等科目期末贷方余额应在资产负债表中的"应交税费"项目列示。

四、房地产企业增值税账务处理

（一）开发成本

取得土地成本时，按照财政票据的总额借记"开发成本—土地征用及拆迁补偿费（土地出让金等）"科目，贷记"银行存款""应付账款"等科目；待达到纳税义务发生时间时，按照已售比例计算允许扣减土地价款的销项税额的抵减额，借记"应交税费—应交增值税（销项税额抵减）"科目，贷记"主营业务成本"科目。

例：2019年6月10日，A房地产开发公司，与国土局签订出让合同，支付土地出让金8720万元，取得合法财政票据，则会计处理如下（单位：万元）：

借：开发成本—土地征用及拆迁补偿费（土地出让金等）　　8720
　　贷：银行存款　　8720
交楼计销项税额时：
借：应交税费—应交增值税（销项税额抵减）　　720

贷：主营业务成本　　　　　　　　　　　　　　　　　　　　　720

取得其他开发成本时，借记"开发成本—建筑安装工程等""应交税费—应交增值税（进项税额）"科目，贷记"银行存款""应付账款"等科目。

（二）税金及附加

全面试行营业税改征增值税后，"营业税金及附加"科目名称调整为"税金及附加"科目，该科目核算企业经营活动发生的消费税、城市维护建设税、资源税、教育费附加及房产税、土地使用税、车船使用税、印花税等相关税费；利润表中的"营业税金及附加"项目调整为"税金及附加"项目。

对于房地产企业而言，该科目除了继续核算之前的城建税、教育费附加、土地增值税之外，还要核算原来计入管理费用的房产税、土地使用税、车船使用税、印花税等税费，把之前计入管理费用的四小税种一并拉到"税金及附加"科目统一核算，这样处理显得"税金及附加"科目的核算更加全面，更加规范，更加科学。

营改增后，由于增值税的特殊性，增值税与收入不再存在直接配比关系，相应税金及附加与收入也不存在配比关系，而且从"税金及附加"科目的核算内容来看，该科目期间费用的属性越来越明显。国税发〔2009〕31号文就规定预缴的土地增值税和各类附加税允许在所得税季度预缴时税前扣除，为简化会计核算的工作量，减少税会差异，避免年度汇算出现退税，"税金及附加"科目核算的各项税种在实际预缴或缴纳时，应同时计提到"税金及附加"科目，从而进入利润表实现季度预缴税前扣除，和期间费用一样。

例：某房地产开发企业2019年1月份实现预售收入3270万元，当月需预缴增值税3270÷（1+9%）×3%=90万元，城建税90×7%=6.3万元，教育费附加90×3%=2.7万元，地方教育费附加90×2%=1.8万元，需预缴土地增值税（3270-90）×3%=95.4万元，其税金及附加科目的会计分录为（单位：万元）：

　　借：税金及附加　　　　　　　　　　　　　　　　　　　　　106.2
　　　　贷：应交税费—城建税　　　　　　　　　　　　　　　　　6.3
　　　　　　应交税费—教育费附加　　　　　　　　　　　　　　　2.7
　　　　　　应交税费—地方教育费附加　　　　　　　　　　　　　1.8
　　　　　　应交税费—土地增值税　　　　　　　　　　　　　　　95.4

实际缴纳时：

　　借：应交税费—预缴增值税　　　　　　　　　　　　　　　　　90
　　　　应交税费—城建税　　　　　　　　　　　　　　　　　　　6.3
　　　　应交税费—教育费附加　　　　　　　　　　　　　　　　　2.7
　　　　应交税费—地方教育费附加　　　　　　　　　　　　　　　1.8
　　　　应交税费—土地增值税　　　　　　　　　　　　　　　　　95.4
　　　　贷：银行存款　　　　　　　　　　　　　　　　　　　　　196.2

期末结转时：

借：利润分配——本年利润　　　　　　　　　　　　　　　　　　106.2
　　　贷：税金及附加　　　　　　　　　　　　　　　　　　　　　　106.2

上述做法是一种比较简化的做法，对于有些严格执行企业会计准则的企业来讲，还是需要做到利润表中税金及附加与收入的配比，即税金及附加不做预提。在实际缴纳时，借记"应交税费"科目，贷记"银行存款"科目；待会计结转收入时，借记"税金及附加"科目，贷记"应交税费"科目。

（三）销售收入

房地产企业销售未完工开发的产品取得的预售收入会计上作为一种负债，通过"预收账款"科目来核算，等到完工产品交付时会计上确认收入，由"预收账款"科目转入"主营业务收入"科目。由于会计确认收入时点和增值税纳税义务发生时间不一定一致，也就是说，会计确认主营业务收入和税收确认销项税额的时间可能会不一致，主营业务收入是不含税价，预收账款是含税价，因此有必要将不含税价和销项税额从含税价中剥离出来，预收账款科目的二级科目有必要设置为含税和不含税两种（见表1-14）。

表1-14　预收账款会计科目明细表

一级科目	二级科目	三级科目
预收账款	预收账款（含税）	预收账款（含税）9%
		预收账款（含税）5%
	预收账款（不含税）	预收账款（不含税）9%
		预收账款（不含税）5%

例：某房地产开发企业2019年1月份实现预售收入3270万元，当月需预缴增值税3270÷（1+9%）×3%=90万元，其预售收入的会计分录为（单位：万元）：

借：银行存款　　　　　　　　　　　　　　　　　　　　　　　　3270
　　　贷：预收账款——含税（9%）　　　　　　　　　　　　　　　　3270
借：应交税费——预缴增值税　　　　　　　　　　　　　　　　　　90
　　　贷：银行存款　　　　　　　　　　　　　　　　　　　　　　　　90

假如完工产品交付时会计确认收入，同时达到增值税纳税义务发生时间需要确认销项税额：

借：预收账款——含税（9%）　　　　　　　　　　　　　　　　　3270
　　　贷：主营业务收入　　　　　　　　　　　　　　　　　　　　　3000
　　　　　应交税费——应交增值税（销项税额）　　　　　　　　　　270

假如先达到增值税纳税义务发生时间，会计还无法确认收入：

借：预收账款——含税（9%）　　　　　　　　　　　　　　　　　3270
　　　贷：预收账款——不含税（9%）　　　　　　　　　　　　　　　3000
　　　　　应交税费——应交增值税（销项税额）　　　　　　　　　　270

会计确认收入时：
借：预收账款——不含税（9%）　　　　　　　　　　　　　　　　3000
　　贷：主营业务收入　　　　　　　　　　　　　　　　　　　　3000
假如会计提前确认收入，还未达到纳税义务发生时间：
借：预收账款——含税（9%）　　　　　　　　　　　　　　　　　3000
　　贷：预收账款——不含税（9%）　　　　　　　　　　　　　　3000
借：预收账款——不含税（9%）　　　　　　　　　　　　　　　　3000
　　贷：主营业务收入　　　　　　　　　　　　　　　　　　　　3000
达到纳税义务发生时间时：
借：预收账款——含税（9%）　　　　　　　　　　　　　　　　　 270
　　贷：应交税费——应交增值税（销项税额）　　　　　　　　　　270

第七节　案例

甲房地产开发公司是一般纳税人，2015年通过招拍挂拿地，土地面积10万平方，容积率3.0，支付地价款40 000万元，支付原居民拆迁补偿款20 000万元，缴纳契税1800万元，另外支付拍卖佣金等手续费、评估费1200万元。

该公司对土地总体立项、总体规划，分两期开发，分别是A、B两个项目。A项目占地4万平方米，B项目占地6万平方米，A项目施工许可证上注明的合同开工日期是2016年3月，建设规模12万平方米，其中2万平方米是不计容的地下车位，公司选用简易计税；B项目施工许可证上注明合同开工日期是2018年5月，建设规模20万平方米。A、B项目都采用甲供材方式出包。

公司开发业务如下：

第一部分：2019年3月支付设计费，合同设计面积32万平方米，支付1696万，进项96万；支付A项目材料款2320万，进项320万；支付A项目清包工程款12 360万，进项360万；开始预售，收款42 000万。

（一）2019年3月财税处理

1. 预缴增值税（单位：万元）

借：银行存款　　　　　　　　　　　　　　　　　　　　　　　42 000
　　贷：预收账款——A项目　　　　　　　　　　　　　　　　 42 000
借：应交税费——简易计税【42 000÷（1+5%）3%】　　　　　　 1200
　　贷：其他应付款——应预缴税款（A项目）　　　　　　　　　 1200
借：其他应付款——应预缴税款（A项目）——2019年4月　　　　 1200
　　贷：银行存款　　　　　　　　　　　　　　　　　　　　　　1200

国家税务总局2016年第18号公告规定，一般纳税人采取预收款方式销售自行开发的房地产项目，应在收到预收款时按照3%的预征率预缴增值税，应预缴税款=预收款÷（1+适用税率或征收率）×3%，一般纳税人应在取得预收款的次月纳税申报期向主管税务机关预缴税款。

国家税务总局2016年第22号文规定，"简易计税"明细科目，核算一般纳税人采用简易计税方法发生的增值税计提、扣减、预缴、缴纳等业务。

在《增值税税款预缴表》第2栏"销售不动产"的第1列"销售额"（注意：填报要求含税的预收款）填写42 000万，第2列"扣除金额"不填写，第3列"预征率"填写3%，第4列"预征税额"填写1200万。

在《增值税纳税申报表附列资料（四）》第4行"销售不动产预征缴纳税款"的第1列"期初余额"填写0，第2列"本期发生额"填写1200万，第3列"本期应抵减税额"填写1200万，第4列"本期实际抵减税额"填写0，第5列"期末余额"填写1200万。

2. 申报抵扣进项税额（单位：万元）

  借：开发成本——前期工程费（设计费）   1600
    应交税费——应交增值税（进项税额——专用发票） 96
    贷：银行存款   1696
  借：原材料——工程材料   2000
    应交税费——应交增值税（进项税额——专用发票） 320
    贷：银行存款   2320
  借：开发成本——A项目（建筑安装工程费）   12 000
    应交税费——应交增值税（进项税额——专用发票） 360
    贷：银行存款   12 360

国家税务总局2020年第1号公告规定，纳税人取得增值税专用发票、机动车销售统一发票、收费公路通行费增值税电子普通发票后，如需用于申报抵扣增值税进项税额，应当登录增值税发票综合服务平台确认发票用途。

在《增值税纳税申报表附列资料（二）》第1栏"认证相符的增值税专用发票"和第2栏"本期认证相符且本期申报抵扣"的税额填写776万（96+320+360），第12栏"当期申报抵扣进项税额合计"的税额填写776万。

在《增值税纳税申报表（一般纳税人适用）》第12栏"进项税额"的一般项目本月数填写776万、本年累计数填写776万。

3. 进项税额转出（单位：万元）

  借：开发成本——A项目（前期工程费——设计费）   36
    贷：应交税费——应交增值税（进项税额转出）【96×12（12+20）】36
  借：开发成本——A项目（建筑安装工程费）   2320
    贷：原材料——工程材料   2000
      应交税费——应交增值税（进项税额转出）   320
  借：开发成本——A项目（建筑安装工程费）   360

贷：应交税费——应交增值税（进项税额转出）　　　　　　360

增值税暂行条例规定，用于简易计税方法计税项目、免征增值税项目、集体福利或者个人消费的购进货物、劳务、服务、无形资产和不动产的进项税额不得从销项税额中抵扣。

国家税务总局2016年第18号公告规定，一般纳税人销售自行开发的房地产项目，兼有一般计税方法计税、简易计税方法计税、免征增值税的房地产项目而无法划分不得抵扣的进项税额的，应以《建筑工程施工许可证》注明的"建设规模"为依据进行划分。

不得抵扣的进项税额 = 当期无法划分的全部进项税额 ×（简易计税、免税房地产项目建设规模 ÷ 房地产项目总建设规模）

在《增值税纳税申报表附列资料（二）》第13栏"本期进项税额转出额"的税额填写716万（36+320+360），第17栏"简易计税方法征收项目用"的税额填写716万。

在《增值税纳税申报表（一般纳税人适用）》第14栏"进项税额转出"的一般项目本月数填写716万、本年累计数填写716万，第17栏"应抵扣税额合计"的一般项目本月数填写60万（776-716）。

4. 应交增值税期末余款 =（96+320+360）-（36+360）=60；余额在借方，形成留抵税额，不作账务处理。

在《增值税纳税申报表（一般纳税人适用）》第20栏"期末留抵税额"的本月数填写60万。

5. 报表填写

（1）2019年3月的预缴申报（见表1-15）。

表1-15　增值税预缴申报表

税款所属时间： 年 月 日 至 年 月 日					
税人识别号：□□□□□□□□□□□□□□□□□□□□				是否适用于一般计税　是□　否☑	
纳税人名称：（公章）				金额单位：元（列至角分）	
项目编号			项目名称	A项目	
项目地址					
预征项目和栏次		销售额	扣除金额	预征率	预征税额
		1	2	3	4
建筑服务	1				
销售不动产	2	420 000 000.00		3.00%	12 000 000.00
出租不动产	3				
合计		420 000 000.00			12 000 000.00

（续上表）

授权声明	如果你已委托代理人填报，请填写下列资料； 为代理一切税务事宜，现授权（地址）　　　　　为本次纳税人的代理填报人，任何与本表有关的往来文件，都可寄予此人。 授权人签字：	填表人申明	以上内容是真实的、可靠的、完整的。 纳税人签字：

（2）2019年3月增值税纳税申报（见表1-16~表1-18）。

表1-16　增值税纳税申报表附列资料（四）

税额抵减情况表

税款所属时间：　年　月　日至　年　月　日

纳税人名称：（公章）　　　　　　　　　　　　　　　　　　　　　　　　　　金额单位：元至角分

一、税额抵减情况					
序号	抵减项目	初期余额	本期发生额	本期应抵减税额	本期实际抵减税额	期末余额
		1	2	3=1+2	4≤3	5=3-4
1	增值税税控系统专用设备费及技术维护费					
2	分支机构预征缴纳税款					
3	建筑服务预征缴纳税款					
4	销售不动产预征缴纳税款	0.00	12 000 000.00	12 000 000.00	0.00	12 000 000.00
5	出租不动产预征缴纳税款					

二、加计抵减情况					
序号	加计抵减项目	初期余额	本期发生额	本期调减额	本期可抵减额	本期实际抵减额
		1	2	3	4=1+2-3	5
6	一般项目加计抵减额计算					
7	即征即退项目加计抵减额计算					
8	合计					

表1-17 增值税纳税申报表附列资料（二）

本期进项税额明细				
税款所属时间： 年 月 日至 年 月 日				
纳税人名称：（公章）				金额单位：元至角分
一、申报抵扣的进项税额				
项目	栏次	份数	金额	税额
（一）认证相符的增值税专用发票	1=2+3			7 760 000.00
其中：本期认证相符且本期申报抵扣	2			7 760 000.00
前期认证相符且本期申报抵扣	3			
（二）其他扣税凭证	4=5+6+7+8a+8b			
其中：海关进口增值税专用缴款书	5			
农产品收购发票或者销售发票	6			
代扣代缴税收缴款凭证	7		——	
加计扣除农产品进项税额	8a	——	——	
其他	8b			
（三）本期用于购建不动产的扣税凭证	9			
（四）本期用于抵扣的旅客运输服务扣税凭证	10			
（五）外贸企业进项税额抵扣证明	11	——	——	
当期申报抵扣进项税额合计	12=1+4+11			7 760 000.00
二、进项税额转出额				
项目	栏次		税额	
本期进项税额转出额	13=14至23之和		7 160 000.00	
其中：免税项目用	14			
集体福利、个人消费	15			
非正常损失	16			
简易计税方法征税项目用	17		7 160 000.00	
免抵退税办法不得抵扣的进项税额	18			
纳税检查调减进项税额	19			
红字专用发票信息表注明的进项税额	20			
上期留抵税额抵减欠税	21			
上期留抵税额退税	22			
其他应作进项税额转出的情形	23			

表1-18 增值税纳税申报表（一般纳税人适用）

根据国家税收法律法规及增值税相关规定制定本表。纳税人不论有无销售额，均应按税务机关核定的纳税期限填写本表

纳税所属时间：自 年 月 日至 年 月 日　　　　填表日期： 年 月 日

纳税人识别号□□□□□□□□□□□□□□□□□□□				所属行业	
纳税人名称	（公章）	法定代表人姓名		注册地址	
开户银行及账号				登记注册类型	

项目		栏次	一般项目	
			本月数	本年累计
销售额	（一）按适用税率计税销售额	1		
	其中：应税货物销售额	2		
	应税劳务销售额	3		
销售额	纳税检查调整销售额	4		
	（二）按简易办法计税销售额	5		
	其中：纳税检查调整的销售额	6		
	（三）免、抵、退办法出口销售额	7		
	（四）免税销售额	8		
	其中：免税货物销售额	9		
	免税劳务销售额	10		
税款计算	销项税额	11	0.00	
	进项税额	12	7 760 000.00	7 760 000.00
	上期留抵税额	13	0.00	
	进项税额转出	14	7 160 000.00	7 160 000.00
	免、抵、退应退税额	15		
	按适用税率计算的纳税检查应补缴税额	16		
	应抵扣税额合计	17=12+13-14-15+16	600 000.00	——
	实际抵扣税额	18（如17＜11，则为17，否则为11）	0.00	
	应纳税额	19=11-18	0.00	
	期末留抵税额	20=17-18	600 000.00	
	简易计税办法计算的应征税额	21		
	简易计税办法计算的纳税检查应补缴税额	22		
	应纳税额减征额	23		
	应纳税额合计	24=19+21-23		

第二部分：2019年4月至8月，每月支出管理部门、销售部门费用300万，其中共同进项20万，合计100万；同时支付材料款4520万，进项520万，已入库。

（二）2019年4至8月的合计财税处理（单位：万元）

借：期间费用	1400
应交税费——应交增值税（进项税额——专用发票）	100
贷：银行存款	1500
借：原材料	4000
应交税费——应交增值税（进项税额——专用发票）	520
贷：银行存款	4520
借：期间费用	37.5
贷：应交税费——应交增值税（进项税额转出）【100×12÷（12+20）】	37.5

应交增值税期末余款 =（100+520）-37.5+60=642.5；余额在借方，形成留抵税额，不作账务处理。

注：2019年4月至8月的申报表略，但2019年9月申报表的数据会延续8月份的数据。

第三部分：2019年9月，支出管理部门、销售部门费用300万，其中共同进项20万；领用上月买进的25%材料用于A项目；支付B项目清包工程款30 900万，进项900万；购入花草苗木，是从农业生产者购入，用于两个项目园林绿化工程，支付5000万。本月销售情况，A项目取得预收款42 000万，B项目开始预售，收款109 000万。

（三）2019年9月的财税处理

1. 预交增值税（单位：万元）

借：银行存款	42 000
贷：预收账款——A项目	42 000
借：银行存款	109 000
贷：预收账款——B项目	109 000
借：应交税费——简易计税【42000÷（1+5%）×3%】	1200
贷：其他应付款——应预缴税款（A项目）	1200
借：应交税费——预交增值税【109000÷（1+9%）×3%】	3000
贷：其他应付款——应预缴税款（B项目）	3000
借：其他应付款——应预缴税款（A项目）——2019年10月	1200
其他应付款——应预缴税款（B项目）	3000
贷：银行存款	4200

国家税务局2016年第22号文规定，房地产开发企业等在预缴增值税后，应直至纳税义务发生时方可从"应交税费——预交增值税"科目结转至"应交税费——未交增值税"科目。

2. 申报抵扣进项税额（单位：万元）

借：期间费用	280
应交税费——应交增值税（进项税额——专用发票）	20

  贷：银行存款   300
 借：开发成本——B项目（建筑安装工程费） 30 000
   应交税费——应交增值税（进项税额——专用发票） 900
  贷：银行存款   30 900
 借：原材料——花草苗木   4550
   应交税费——应交增值税（进项税额——农产品发票）【5000×9%】 450
  贷：银行存款   5000

增值税暂行条例规定，购进农产品，除取得增值税专用发票或者海关进口增值税专用缴款书外，按照农产品收购发票或者销售发票上注明的农产品买价和11%的扣除率计算的进项税额，国务院另有规定的除外。进项税额计算公式为"进项税额＝买价×扣除率"，准予抵扣的项目和扣除率的调整，由国务院决定。

3.进项税额转出（单位：万元）

 借：期间费用   7.5
  贷：应交税费——应交增值税（进项税额转出）【20×12÷（12+20）】 7.5
 借：开发成本——A项目（建筑安装工程费） 1130
  贷：原材料——工程材料   1000
   应交税费——应交增值税（进项税额转出）【520×25%】 130
 借：开发成本——基础设施配套费   4550
   开发成本——A项目（基础设施配套费） 168.75
  贷：原材料——花草苗木   4550
   应交税费——应交增值税（进项税额转出）【450×12÷（12+20）】 168.75

4.计算未交增值税（单位：万元）

  应交增值税期末余款＝（20+900+450）－（7.5+130+168.75）+642.5=1706.25；余额在借方，形成留抵税额，不作账务处理。

5.报表填写：

2019年9月增值税纳税申报表见表1-19～表1-21。

表1-19　增值税纳税申报表附列资料（四）

（税额抵减情况表）					
税款所属时间：　　年　月　日至　　年　月　日					
纳税人名称：（公章）　　　　　　　　　　　　　　　　　　　　　　　　金额单位：元至角分					
一、税额抵减情况					
序号	抵减项目	初期余额	本期发生额	本期应抵减税额	本期实际抵减税额	期末余额
		1	2	3=1+2	4≤3	5=3-4
1	增值税税控系统专用设备费及技术维护费					

（续上表）

序号	抵减项目	初期余额	本期发生额	本期应抵减税额	本期实际抵减税额	期末余额
		1	2	3=1+2	4≤3	5=3-4
2	分支机构预征缴纳税款					
3	建筑服务预征缴纳税款					
4	销售不动产预征缴纳税款	12 000 000.00	42 000 000.00	54 000 000.00	0.00	54 000 000.00
5	出租不动产预征缴纳税款					
二、加计抵减情况							

序号	加计抵减项目	期初余额	本期发生额	本期调减额	本期可抵减额	本期实际抵减额
		1	2	3	4=1+2-3	5
6	一般项目加计抵减额计算					
7	即征即退项目加计抵减额计算					
8	合计					

表 1-20 增值税纳税申报表附列资料（二）

（本期进项税额明细）					
税款所属时间： 年 月 日至 年 月 日					
纳税人名称（公章）					金额单位：元至角分
一、申报抵扣的进项税额					
项 目	栏 次	份数	金额	税额	
（一）认证相符的增值税专用发票	1=2+3			9 200 000.00	
其中：本期认证相符且本期申报抵扣	2			9 200 000.00	
前期认证相符且本期申报抵扣	3				
（二）其他扣税凭证	4=5+6+7+8a+8b			4 500 000.00	
其中：海关进口增值税专用缴款书	5				
农产品收购发票或者销售发票	6			4 500 000.00	
代扣代缴税收缴款凭证	7			——	
加计扣除农产品进项税额	8a		——	——	
其他	8b				
（三）本期用于购建不动产的扣税凭证	9				
（四）本期用于抵扣的旅客运输服务扣税凭证	10				
（五）外贸企业进项税额抵扣证明	11		——	——	

（续上表）

（本期进项税额明细）			
税款所属时间： 年 月 日至 年 月 日			
纳税人名称（公章）			金额单位：元至角分
当期申报抵扣进项税额合计	12=1+4+11		18 700 000.00
二、进项税额转出额			
项　　目	栏　次	税　　额	
本期进项税额转出额	13=14至23之和	3 062 500.00	
其中：免税项目用	14		
集体福利、个人消费	15		
非正常损失	16		
简易计税方法征税项目用	17	3 062 500.00	
免抵退税办法不得抵扣的进项税额	18		
纳税检查调减进项税额	19		
红字专用发票信息表注明的进项税额	20		
上期留抵税额抵减欠税	21		
上期留抵税额退税	22		
其他应作进项税额转出的情形	23		

表1-21　增值税纳税申报表（一般纳税人适用）

根据国家税收法律法规及增值税相关规定制定本表。纳税人不论有无销售额，均应按税务机关核定的纳税期限填写本表。

纳税所属时间：　年　月　日至　年　月　日　　　　填表日期：　年　月　日

纳税人识别号□□□□□□□□□□□□□□□□□□□□			所属行业		
纳税人名称	（公章）	法定代表人姓名		注册地址	
开户银行及账号				登记注册类型	
项　　目		栏　次	一般项目		
			本月数	本年累计	
销售额	（一）按适用税率计税销售额	1			
	其中：应税货物销售额	2			
	应税劳务销售额	3			
	纳税检查调整销售额	4			
	（二）按简易办法计税销售额	5			
	其中：纳税检查调整的销售额	6			
	（三）免、抵、退办法出口销售额	7			

(续上表)

项 目		栏 次	一般项目	
			本月数	本年累计
销售额	（四）免税销售额	8		
	其中：免税货物销售额	9		
	免税劳务销售额	10		
税款计算	销项税额	11	0.00	
	进项税额	12	13 700 000.00	27 660 000.00
	上期留抵税额	13	6 425 000.00	
	进项税额转出	14	3 062 500.00	10 597 500.00
	免、抵、退应退税额	15		
	按适用税率计算的纳税检查应补缴税额	16		
	应抵扣税额合计	17=12+13-14-15+16	17 062 500.00	——
	实际抵扣税额	18（如17＜11，则为17，否则为11）	0.00	
税款计算	应纳税额	19=11-18	0.00	
	期末留抵税额	20=17-18	17 062 500.00	
	简易计税办法计算的应纳税额	21		
	按简易计税办法计算的纳税检查应补缴税额	22		
	应纳税额减征额	23		
	应纳税额合计	24=19+21-23		

第四部分：2019年10月，成功申请退还764万的增量留抵税额。

（四）2019年10月的财税处理

1.账务处理

收到税务机关准予留抵退税的《税务事项通知书》时（单位：万元）：

借：其他应收款——留抵退税　　　　　　　　　　764
　　贷：应交税费——应交增值税（进项税额转出）　764

2.政策依据

（1）国家税务总局关于办理增值税期末留抵税额退税有关事项的公告（国家税务总局公告2019年第20号）

（2）《财政部 税务总局 海关总署关于深化增值税改革有关政策的公告》（财政部 税务总局 海关总署公告2019年第39号文）规定，自2019年4月1日起，试行增值税期末留抵税额退税（以下称"留抵退税"）制度。

纳税人申请办理留抵退税，应于符合留抵退税条件的次月起，在增值税纳税申报期（以下

"申报期")内,完成本期增值税纳税申报后,通过电子税务局或办税服务厅提交《退(抵)税申请表》(见附件)。

纳税人应在收到税务机关准予留抵退税的《税务事项通知书》当期,以税务机关核准的允许退还的增量留抵税额冲减期末留抵税额,并在办理增值税纳税申报时,相应填写《增值税纳税申报表附列资料(二)(本期进项税额明细)》第22栏"上期留抵税额退税"。

3. 数据计算:

9月增量留抵税额=1706.25-60=1646.25万

进项构成比例=(620+920)÷(620+1370)=1540÷1990=77.3869%

允许退还的增量留抵税额=1646.25×77.3869%×60%=764.3894万

10月成功申请退还764万的增量留抵税额。

4. 退税申请:

2019年10月退(抵)税申请表如表1-22所示。

表1-22 退(抵)税申请表

金额单位:元至角分

申请人名称			纳税人□ 扣缴义务人□		
纳税人名称			统一社会信用代码 (纳税人识别号)		
联系人姓名			联系电话		
申请退税类型			汇算结算退税□ 误收退税□ 留抵退税☑		
一、汇算结算、误收税款退税					
原完税情况	税种	品目名称	税款所属时期	税票号码	实缴金额
	合计(小写)				
申请退税金额(小写)					
二、留抵退税					
增量留抵税额大于零,且申请退税前连续12个月(或实际经营期至少3个月)生产并销售非金属矿物制品、通用设备、专用设备及计算机、通信和其他电子设备销售额占全部销售额的比重超过50%					是□ 否□
年 月至 年 月生产并销售非金属矿物制品、通用设备、专用设备及计算机、通信和其他电子设备销售额 ,同期全部销售额 ,占比 %。			连续六个月(按季纳税的,连续两个季度)增量留抵税额均大于零的起止时间: 年 月至 年 月		
申请退税前36个月未发生骗取留抵退税、出口退税或虚开增值税专用发票情形					是☑ 否□

（续上表）

申请人名称			纳税人☐ 扣缴义务人☐	
纳税人名称		统一社会信用代码（纳税人识别号）		
联系人姓名		联系电话		
申请退税类型		汇算结算退税☐ 误收退税☐ 留抵退税☑		
二、留抵退税				
申请退税前36个月未因偷税被税务机关处罚两次及以上				是☑ 否☐
自2019年4月1日起未享受即征即退、先征后返（退）政策				是☑ 否☐
出口货物劳务、发生跨境应税行为，适用免抵退税办法				是☐ 否☑
本期已申报免抵退税应退税额				
2019年4月至申请退税前一税款所属期已抵扣的增值税专用发票（含税控机动车销售统一发票）注明的增值税额				15 400 000.00
2019年4月至申请退税前一税款所属期已抵扣的海关进口增值税专用缴款书注明的增值税额				
2019年4月至申请退税前一税款所属期已抵扣的解缴税款完税凭证注明的增值税额				
2019年4月至申请退税前一税款所属期全部已抵扣的进项税额				19 900 000.00
本期申请退还的增量留抵税额				7 640 000.00
退税申请理由	我司符合《国家税务总局公告2019年第20号》的留抵退税条件，现申请退还增量留抵税额7 640 000.00元。 经办人：　　　　　　　　　　（公章） 　　　　　　　　　　　　　　　　　　　　　　年　月　日			
二、留抵退税				
授权声明	如果你已委托代理人申请，请填写下列资料： 　为代理相关税务事宜，现授权（地址）　　　　为本纳税人的代理申请人，任何与本申请有关的往来文件，都可寄予此人。 授权人签章：		声明	此表是根据国家税收法律法规及相关规定填写的，对填报内容（及附带资料)的真实性、可靠性、完整性负责。 申请人签章：
以下由税务机关填写				
受理情况			受理人： 　　　　　　　年　月　日	
核实部门意见： 退还方式：退库☐ 抵扣欠税☐ 退税类型：汇算结算退税☐ 　　　　　误收退税☐ 　　　　　留抵退税☐ 退税发起方式：纳税人自行申请☐ 　　　　　　　税务机关发现并通知☐ 退（抵）税金额： 经办人：　　　负责人： 　　　　　　　　　　　年　月　日			税务机关负责人意见： 签字 　　　　　　年　月　日（公章）	

第五部分：2020年1月，A、B两个项目开始交楼。A项目交楼面积7万平方米，会计上预收款转回7.35亿；B项目交楼面积8万平方米，会计上预收款8.72亿。

（五）2020年1月的财税处理

1. 应交增值税（单位：万元）：

借：预收账款——A项目　　　　　　　　　　　　　　　　　73 500
　　贷：主营业务收入　　　　　　　　　　　　　　　　　　70 000
　　　　应交税费——简易计税【73500÷（1+5%）×5%】　　3500

借：预收账款——B项目　　　　　　　　　　　　　　　　　87 200
　　贷：主营业务收入　　　　　　　　　　　　　　　　　　80 000
　　　　应交税费——应交增值税（销项税额）【87200÷（1+9%）9%】　7200

借：应交税费——应交增值税（销项税额抵减）【14400÷（1+9%）×9%】
　　　　　　　　　　　　　　　　　　　　　　　　　　1188.990 826
　　贷：主营业务成本　　　　　　　　　　　　　　　　　1188.990 826

财政部2016年第18号公告规定，房地产开发企业中的一般纳税人（以下简称"一般纳税人"）销售自行开发的房地产项目，适用一般计税方法计税，按照取得的全部价款和价外费用，扣除当期销售房地产项目对应的土地价款后的余额计算销售额。销售额=（全部价款和价外费用-当期允许扣除的土地价款）÷（1+11%）。当期允许扣除的土地价款=（当期销售房地产项目建筑面积÷房地产项目可供销售建筑面积）×支付的土地价款【8÷20×60000×6÷10=14400】。一般纳税人应建立台账登记土地价款的扣除情况，扣除的土地价款不得超过纳税人实际支付的土地价款。

财政部2016年第22号文规定，按现行增值税制度规定企业发生相关成本费用允许扣减销售额的，发生成本费用时，按应付或实际支付的金额，借记"主营业务成本""存货""工程施工"等科目，贷记"应付账款""应付票据""银行存款"等科目。待取得合规增值税扣税凭证且纳税义务发生时，按照允许抵扣的税额，借记"应交税费——应交增值税（销项税额抵减）"或"应交税费——简易计税"科目（小规模纳税人应借记"应交税费——应交增值税"科目），贷记"主营业务成本""存货""工程施工"等科目。

在《增值税纳税申报表附列资料（一）》第4栏"9%税率的服务、不动产和无形资产"的第3、9列填写80 000万，第4、10列填写7200万，第11列填写87 200万，第12列填写14 400万，第13列填写72 800万，第14列填写6011.009 174万；第9b栏"5%征收率的服务、不动产和无形资产"的第3、9列填写70 000万，第4、10列填写3500万，第11列填写73 500万。

在《增值税纳税申报表附列资料（三）》第2栏"9%税率的项目"的第1列填写87 200万，第3、4、5列填写14 400万，第2、6列填写0。

2. 计算未交增值税（单位：万元）

借：应交税费——应交增值税（转出未交增值税）　　　　　5068.579174万
　　贷：应交税费——未交增值税　　　　　　　　　　　　601.009174万

借：应交税费——未交增值税　　　　　　　　　　　　　　3000

贷：应交税费——预交增值税　　　　　　　　　　　　　　　　　　3000

在《增值税纳税申报表附列资料（四）》第4行的第1、4列填写5400万，第2、5列填写0。

在《增值税纳税申报表（一般纳税人适用）》第1栏"（一）按适用税率计税销售额"的一般项目本月数和本年累计填写80 000万，第5栏"（二）按简易办法计税销售额"的一般项目本月数和本年累计填写70 000万，第11栏"销项税额"的一般项目本月数和本年累计填写6011.009 174万，第13栏"上期留抵税额"的一般项目本月数填写942.25万，第17栏"应抵扣税额合计"的一般项目本月数填写942.25万，第18栏"实际抵扣税额"的一般项目本月数填写942.25万，第19栏"应纳税额"的一般项目本月数和本年累计填写5068.759 174万，第21栏"简易计税办法计算的应纳税额"的一般项目本月数和本年累计填写3500万，第24栏"应纳税额合计"的一般项目本月数和本年累计填写8568.759 174万，第27栏"本期已缴税额"和第28栏"①分次预缴税额"的一般项目本月数填写5400万，第34栏"本期应补（退）税额"的一般项目本月数填写3168.759 174万。

3. 计提附加税费（单位：万元）

借：税金及附加　　　　　　　　　　　　　　　　　　　　　288.571 101
　　贷：应交税费——应交城市维护建设税　　　　　　　　　　168.333 142
　　　　应交税费——应交教育费附加　　　　　　　　　　　　72.142 775
　　　　应交税费——应交地方教育附加　　　　　　　　　　　48.095 183

财税〔2018〕80号规定，对实行增值税期末留抵退税的纳税人，允许其从城市维护建设税、教育费附加和地方教育附加的计税（征）依据中扣除退还的增值税税额。2020年1月附加税费计税依据＝3168.759174-764=2404.759174万。

4. 报表填写

详见表1-23～表1-27：

表1-23　增值税纳税申报表（一般纳税人适用）

根据国家税收法律法规及增值税相关规定制定本表。纳税人不论有无销售额，均应按税务机关核定的纳税期限填写本表，并向当地税务机关申报。

纳税所属时间：　　年　月　日至　　年　月　日　　填表日期：　　年　月　日　　　　金额单位：元至角分

纳税人识别号□□□□□□□□□□□□□□□□□□□□			所属行业：	
纳税人名称	（公章）	法定代表人姓名	注册地址	生产经营地址
开户银行及账号		登记注册类型		电话号码

项目		栏次	一般项目		即征即退项目	
			本月数	本年累计	本月数	本年累计
销售额	（一）按适用税率计税销售额	1	800 000 000.00	800 000 000.00		
	其中：应税货物销售额	2				
	应税劳务销售额	3				

(续上表)

项目		栏次	一般项目		即征即退项目	
			本月数	本年累计	本月数	本年累计
销售额	纳税检查调整的销售额	4				
	（二）按简易办法计税销售额	5	700 000 000.00	700 000 000.00		
	其中：纳税检查调整的销售额	6				
	（三）免、抵、退办法出口销售额	7			——	——
	（四）免税销售额	8			——	——
	其中：免税货物销售额	9			——	——
	免税劳务销售额	10			——	——
税款计算	销项税额	11	60 110 091.74	60 110 091.74		
	进项税额	12	0.00			
	上期留抵税额	13	9 422 500.00		——	——
	进项税额转出	14	0.00			
	免、抵、退应退税额	15			——	——
	按适用税率计算的纳税检查应补缴税额	16			——	——
	应抵扣税额合计	17=12+13−14−15+16	9 422 500.00		——	——
	实际抵扣税额	18（如17<11，则为17，否则为11）	9 422 500.00			
	应纳税额	19=11−18	50 687 591.74	50 687 591.74		
	期末留抵税额	20=17−18	0.00		——	——
	简易计税办法计算的应纳税额	21	35 000 000.00	35 000 000.00		
	按简易计税办法计算的纳税检查应补缴税额	22				
	应纳税额减征额	23				
	应纳税额合计	24=19+21−23	85 687 591.74	85 687 591.74		
税款缴纳	期初未缴税额（多缴为负数）	25			——	——
	实收出口开具专用缴款书退税额	26			——	——
	本期已缴税额	27=28+29+30+31	54 000 000.00			
	①分次预缴税额	28	54 000 000.00	——		——
	②出口开具专用缴款书预缴税额	29		——	——	——
	③本期缴纳上期应纳税额	30				

(续上表)

项目		栏次	一般项目		即征即退项目	
			本月数	本年累计	本月数	本年累计
税款缴纳	④本期缴纳欠缴税额	31				
	期末未缴税额（多缴为负数）	32=24+25+26-27				
	其中：欠缴税额（≥0）	33=25+26-27		——		——
	本期应补（退）税额	34=24-28-29	31 687 591.74	——	——	
	即征即退实际退税额	35	——	——		
	期初未缴查补税额	36			——	
	本期入库查补税额	37			——	
	期末未缴查补税额	38=16+22+36-37			——	
授权声明	如果你已委托代理人申报，请填写下列资料： 为代理一切税务事宜，现授权 （地址）　　　　　　　　为本纳税人的代理申报人，任何与本申报表有关的往来文件，都可寄予此人。 授权人签字：			申报人声明	本纳税申报表是根据国家税收法律法规及相关规定填报的，我确定它是真实的、可靠的、完整的。 声明人签字：	

主管税务机关：　　　　　　　　　接收人：　　　　　　　　　接收日期：

表 1-24 增值税纳税申报表附表资料（一）

本期销售情况明细

纳税人名称：（公章）　　　　　　税款所属时间：　　年　月　日 至　　年　月　日

金额单位：元至角分

项目及栏次			开具增值税专用发票		开具其他发票		未开具发票		纳税检查调整		合计			服务、不动产和无形资产扣除项目本期实际扣除金额	扣除后	
			销售额	销项（应纳）税额	销售额	销项（应纳）税额	销售额	销项（应纳）税额	销售额	销项（应纳）税额	销售额	销项（应纳）税额	价税合计		含税（免税）销售额	销项（应纳）税额
			1	2	3	4	5	6	7	8	9=1+3+5+7	10=2+4+6+8	11=9+10	12	13=11-12	14=13÷(100%+税率或征收率)×税率或征收率
一般计税方法计税	全部征税项目	13%税率的货物及加工修理修配劳务 1														
		13%税率的服务、不动产和无形资产 2														
		9%税率的货物及加工修理修配劳务 3														
		9%税率的服务、不动产和无形资产 4			800 000.00	72 000.00					800 000.00	72 000.00	872 000.00	144 000.00	728 000.00	60 110 091.74
		6%税率 5													—	—
	其中：即征即退项目	即征即退货物及加工修理修配劳务 6													—	—
		即征即退服务、不动产和无形资产 7													—	—

（续上表）

本期销售情况明细

纳税人名称：（公章）　　　　税款所属时间：　年　月　日至　年　月　日　　　　金额单位：元至角分

	6%征收率	8	—	—	—	—	—	—	—
	5%征收率的货物加工修理修配劳务	9a	—	—	—	—	—	—	—
	5%征收率的货物加工修理修配劳务	9b	700 000 000.00	35 000 000.00	—	700 000 000.00	35 000 000.00	735 000 000.00	—
	4%征收率	10	—	—	—	—	—	—	—
二、简易计税方法计税 全部征税项目	3%征收率的货物加工修理修配劳务	11	—	—	—	—	—	—	—
	3%征收率的服务、不动产和无形资产	12	—	—	+	—	—	—	—
其中：即征即退项目	预征率 %	13a	—	—	—	—	—	—	—
	预征率 %	13b	—	—	—	—	—	—	—
	预征率 %	13c	—	—	—	—	—	—	—
	即征即退货物加工修理修配劳务	14	—	—	—	—	—	—	—
	即征即退服务、不动产和无形资产	15	—	—	—	—	—	—	—
三、免抵退税	货物及加工修理修配劳务	16	—	—	—	—	—	—	—
	服务、不动产和无形资产	17	—	—	—	—	—	—	—
四、免税	货物及加工修理修配劳务	18	—	—	—	—	—	—	—
	服务、不动产和无形资产	19	—	—	—	—	—	—	—

表 1-25　增值税纳税申报表附列资料（二）

(本期进项税额明细)				
税款所属时间：　年　月　日至　年　月　日				
纳税人名称：（公章）				金额单位：元至角分
一、申报抵扣的进项税额				
项　目	栏　次	份数	金额	税　额
（一）认证相符的增值税专用发票	1=2+3			
其中：本期认证相符且本期申报抵扣	2			
前期认证相符且本期申报抵扣	3			
（二）其他扣税凭证	4=5+6+7+8a+8b			
其中：海关进口增值税专用缴款书	5			
农产品收购发票或者销售发票	6			
代扣代缴税收缴款凭证	7		——	
加计扣除农产品进项税额	8a	——	——	
其他	8b			
（三）本期用于购建不动产的扣税凭证	9			
（四）本期用于抵扣的旅客运输服务扣税凭证	10			
（五）外贸企业进项税额抵扣证明	11	——	——	
当期申报抵扣进项税额合计	12=1+4+11			
二、进项税额转出额				
项　目	栏　次	税　额		
本期进项税额转出额	13=14 至 23 之和			
其中：免税项目用	14			
集体福利、个人消费	15			
非正常损失	16			
简易计税方法征税项目用	17			
免抵退税办法不得抵扣的进项税额	18			
纳税检查调减进项税额	19			
红字专用发票信息表注明的进项税额	20			
上期留抵税额抵减欠税	21			
上期留抵税额退税	22			
其他应作进项税额转出的情形	23			
三、待抵扣进项税额				
项　目	栏　次	份数	金额	税　额

(续上表)

(本期进项税额明细)				
税款所属时间： 年 月 日至 年 月 日				
纳税人名称：(公章)				金额单位：元至角分
(一)认证相符的增值税专用发票	24	——	——	——
期初已认证相符但未申报抵扣	25			
本期认证相符且本期未申报抵扣	26			
期末已认证相符但未申报抵扣	27			
其中：按照税法规定不允许抵扣	28			
(二)其他扣税凭证	29=30至33之和			
其中：海关进口增值税专用缴款书	30			
农产品收购发票或者销售发票	31			
代扣代缴税收缴款凭证	32			——
其他	33			
	34			
四、其他				
项 目	栏 次	份数	金 额	税 额
本期认证相符的增值税专用发票	35		——	——
代扣代缴税额	36			

表1-26 增值税纳税申报表附列资料（三）

(服务、不动产和无形资产扣除项目明细)							
税款所属时间： 年 月 日至 年 月 日							
纳税人名称：(公章)							金额单位：元至角分
项目及栏次		本期服务、不动产和无形资产价税合计额（免税销售额）	服务、不动产和无形资产扣除项目				
			期初余额	本期发生额	本期应扣除金额	本期实际扣除金额	期末余额
		1	2	3	4=2+3	5（5≤1且5≤4）	6=4-5
13%税率的项目	1						
9%税率的项目	2	872 000 000.00	0.00	144 000 000.00	144 000 000.00	144 000 000.00	0.00
6%税率的项目（不含金融商品转让）	3						
6%税率的金融商品转让项目	4						
5%征收率的项目	5						

（续上表）

（服务、不动产和无形资产扣除项目明细）					
税款所属时间：　　年　　月　　日至　　年　　月　　日					
纳税人名称：（公章）　　　　　　　　　　　　　　　　　　　　　　　　　　　金额单位：元至角分					
3%征收率的项目	6				
免抵退税的项目	7				
免税的项目	8				

表 1-27　增值税纳税申报表附列资料（四）

（税额抵减情况表）						
税款所属时间：　　年　　月　　日至　　年　　月　　日						
纳税人名称：（公章）　　　　　　　　　　　　　　　　　　　　　　　　金额单位：元至角分						
一、税额抵减情况						
序号	抵减项目	期初余额	本期发生额	本期应扣减税额	本期实际扣减税额	期末余额
		1	2	3=1+2	4≤3	5=3-4
1	增值税税控系统专用设备费及技术维护费					
2	分支机构预征缴纳税款					
3	建筑服务预征缴纳税款					
4	销售不动产预征缴纳税款	54 000 000.00	0.00	54 000 000.00	54 000 000.00	0.00
5	出租不动产预征缴纳税款					
二、加计抵减情况						
序号	加计抵减项目	期初余额	本期发生额	本期调减额	本期可抵减额	本期实际扣除金额	期末余额
		1	2	3	4=1+2-3	5	6=4-5
6	一般项目加计抵减额计算						
7	即征即退项目加计抵减额计算						
8	合计						

表 1-28 整个案例增值税申报表的填报数据

	销项税额	销项税额抵减	进项税额	进项税额转出	期末留抵	简易税额	预缴 A	预缴 B	应补（退）
2019 年 3 月			7 760 000.00	7 160 000.00	600 000.00		12 000 000.00		
2019 年 4-8 月			6 200 000.00	375 000.00	6 425 000.00				
2019 年 9 月			13 700 000.00	3 062 500.00	17 062 500.00		12 000 000.00	30 000 000.00	
2019 年 10 月				7 640 000.00	9 422 500.00				
2021 年 1 月	72 000 000.00	11 889 908.26				35 000 000.00			31 687 591.74

表 1-29 与填报数据有关的会计科目

	应交增值税借方（发生额）				应交增值税贷方（发生额）			（期末余额）		
	进项税额	销项税额抵减	转出未交增值税	销项税额	进项税额转出	转出多交增值税	未交增值税	预交增值税	简易计税
2019 年 3 月	7 760 000.00				7 160 000.00	600 000.00	600 000.00		12 000 000.00
2019 年 4-8 月	6 200 000.00				375 000.00	5 825 000.00	6 425 000.00		12 000 000.00
2019 年 9 月	13 700 000.00				3 062 500.00	10 637 500.00	17 062 500.00	300 000.00	24 000 000.00
2019 年 10 月			7 640 000.00		7 640 000.00		9 422 500.00	300 000.00	24 000 000.00
2021 年 1 月		11 889 908.26	60 687 591.74	72 000 000.00			-20 687 591.74		-11 000 000.00

至此，房企该用到的增值税会计科目已基本全部用上。

第二章 企业所得税篇

第一节 收入

企业房地产开发经营业务包括土地的开发，建造、销售住宅和商业用房以及其他建筑物、附着物、配套设施等开发产品。开发产品是房地产企业税收体系中非常重要的一个概念，也是房地产行业企业所得税处理的基本主线。对于一个房地产开发项目来讲，对开发产品进行定性是进行所得税会计核算的基本前提。

通常来讲，一个房地产项目涉及的产品类型繁多，某一种产品或者具体某一个建筑物是否需要定性为可售产品非常重要，需要结合相关资料进行仔细甄别。如果定性错误，将会影响后期收入的确认和成本核算对象的确定，最终导致企业所得税处理错误。如某个房地产开发项目含有幼儿园，幼儿园的最终处理有很多种方式，有的无偿移交当地政府或教育部门，有的无偿移交第三方办学机构，有的出租给民间办学机构开设幼儿园，有的自营开设幼儿园，有的直接出售，不同处理方式使得企业所得税的处理均不同。究其内因，其实还是幼儿园的定性问题，即幼儿园需要定性为可售产品还是公共配套设施的问题。在房地产企业所得税处理中，作为可售产品是一种处理方式，作为公共配套设施则是另外一种处理方式。

因此在房地产企业所得税处理中，可售产品是基本主线，其基本思路：可售产品—成本核算对象—独立成本—对应收入。

一、税收收入

在房地产企业所得税范畴，税收收入分为未完工收入和完工收入，两种收入转化的时间节点是完工，完工之前确认的收入为未完工收入，完工之后未完工收入转化为完工收入。房地产企业所得税范畴没有预售收入的概念，这一点区别于会计核算、增值税和土地增值税。结合房地产行业的特殊性，从收入的本质来讲，未完工收入还不能算作真正的收入，因为完工之前没有真正的成本与之匹配，未完工收入只是用来计算预计毛利额的依据起点，完工收入才能算作真正的收入。从这一点来看，企业所得税的未完工收入就对标了会计核算、增值税和土地增值税中的预售收入，只是两者的内涵并未完全对等。

（一）税收收入的范围

开发产品销售收入的范围是销售开发产品过程中取得的全部价款，包括现金、现金等价物等其他的经济利益。这就意味着在销售开发产品过程中收取延期付款的违约金、利息，更换房子的更名费等，都是所得税收入的范围。税收上考量的收入是全部的经济利益，只要是销售房产自身的收益，都是税收上的收入。

但是代收代付费用我们就要区别对待了。如企业代有关部门单位收取的各种基金费用，如果企业纳入价内由企业去开具发票的，那么要确认为收入；如果没有纳入开发产品的价内，由其他单位去开具发票，虽然房地产企业收了款，但它其实是一种代收代付的性质，不属于所得税的收入。

（二）税收收入的确认

根据国税发〔2009〕31号文《房地产开发经营业务企业所得税处理办法》第六条之规定，企业通过正式签订《房地产销售合同》或《房地产预售合同》所取得的收入，应确认为销售收入的实现，具体按以下规定确认：

（1）采取一次性全额收款方式销售开发产品的，应于实际收讫价款或取得索取价款凭据（权利）之日，确认收入的实现。这种销售方式确认收入的时点和一般的商业企业、工业企业几乎是一模一样，但实务中一次性交足房款的情况不多。

（2）采取分期收款方式销售开发产品的，应按销售合同或协议约定的价款和付款日确认收入的实现。付款方提前付款的，在实际付款日确认收入的实现。实际上它已经突破了企业所得税法实施条例的规定，是房地产行业的例外之处。

（3）采取银行按揭方式销售开发产品的，应按销售合同或协议约定的价款确定收入额，其首付款应于实际收到日确认收入的实现，余款在银行按揭贷款办理转账之日确认收入的实现。这是目前房地产企业最为规范、最为常见的一种收入确认模式。

（4）采取委托方式销售开发产品的，总体来讲是遵循孰高原则，从税收的角度来讲是为了避免房地产企业人为拆分收入，具体应按以下原则确认收入的实现：

①采取支付手续费方式委托销售开发产品的，应按销售合同或协议中约定的价款并于收到受托方已销开发产品清单之日确认收入的实现。

②采取视同买断方式委托销售开发产品的，属于企业与购买方签订销售合同或协议，或企业、受托方、购买方三方共同签订销售合同或协议的，如果销售合同或协议中约定的价格高于买断价格，则应按销售合同或协议中约定价格所计算的价款，并于收到受托方已销开发产品清单之日确认收入的实现；如果属于前两种情况中销售合同或协议中约定的价格低于买断价格，以及属于受托方与购买方签订销售合同或协议的，则应按买断价格所计算的价款，并于收到受托方已销开发产品清单之日确认收入的实现。

③采取基价（保底价）并实行超基价双方分成方式委托销售开发产品的，属于由企业与购买方

签订销售合同或协议，或企业、受托方、购买方三方共同签订销售合同或协议的，如果销售合同或协议中约定的价格高于基价，则应按销售合同或协议中约定的价格计算的价款，并于收到受托方已销开发产品清单之日确认收入的实现，企业按规定支付受托方的分成额，不得直接从销售收入中减除；如果销售合同或协议约定的价格低于基价的，则应按基价计算的价款，并于收到受托方已销开发产品清单之日确认收入的实现。属于由受托方与购买方直接签订销售合同的，则应按基价加上按规定取得的分成额，并于收到受托方已销开发产品清单之日确认收入的实现。

④采取包销方式委托销售开发产品的，包销期内可根据包销合同的有关约定，参照上述①至③项规定确认收入的实现；包销期满后尚未出售的开发产品，企业应根据包销合同或协议约定的价款和付款方式确认收入的实现。

同时需要重点关注是否有手续费、代理费分成这些名目来冲减收入的情况。企业应按照不同的委托方式来确认收入的金额、收入的时点。受托方收取的代理费用要由受托方开具经纪代理服务发票来作为企业的支付合法手续。

（三）未完工收入与完工收入

我们国家房地产实行预售制度，即房子还没有竣工验收，拿到预售证就可以开始销售。针对这种经营特色，国家出台了房地产开发经营业务企业所得税处理办法，也就是著名的国税发〔2009〕31号文。根据文件的规定，房地产销售开发产品的收入包括完工前和完工后的收入，完工前的收入要按照预计毛利率来计算应税所得额，而完工之后要按照实际的毛利额来计算应税所得额。

完工前和完工后要采取两种截然不同的处理方法，所以开发产品的完工标准就显得非常重要了。它实际上已经成了判断企业是按照预计毛利率来计算应税所得额，还是按照计税成本来计算应税所得额的一个分水岭。

根据国税发〔2009〕31号文《房地产开发经营业务企业所得税处理办法》第三条之规定，企业房地产开发经营业务包括土地的开发，建造、销售住宅、商业用房以及其他建筑物、附着物、配套设施等开发产品。除土地开发之外，其他开发产品符合下列条件之一的，应视为已经完工：

1. 开发产品竣工证明材料已报房地产管理部门备案

竣工备案是指企业在规划、设计、消防等单项验收过关之后向建设局提交的综合竣工验收备案。综合竣工验收一旦通过，企业就可以拿到大产权证，有了大产权证（开发商开发的房地产项目竣工后，应到房地权属管理部门申请房地产权属登记，确认产权，办理房屋所有权证，俗称大产权证），企业就可以交楼了。开发产品竣工证明材料已报房地产管理部门备案的条件在我们实务操作中运用得最为广泛。比如说税务机关想了解企业是否完工，企业需不需要计算税收的收入和成本，需不需要按照实际毛利额来计算所得，一般都是去建设局找开发项目的竣工验收备案表。综合竣工验收备案表提交备案的时间就是开发项目的完工年度。

2. 开发产品已开始投入使用

正常情况下，投入使用的时间点肯定比竣工备案要迟，因为开发公司要综合竣工验收之后才能交楼，否则就是违法的。但实务操作中存在着没有经过综合竣工验收就可以交楼的情况，比如小产权房，没办法办理综合竣工验收。如果没有第二条的规定，那么税收上永远达不到完工条件，就没办法让这部分企业据实计算应税所得额了。

什么时候才算是开发产品已经开始投入使用了？国家税务总局〔2009〕342号文做了明确规定。文件指出，开发产品开始投入使用是指房地产开发企业开始办理开发产品的交付手续，包括入住手续，或者已经开始实际投入使用。简单地理解就是交楼即算开始投入使用，交楼即算完工，这是完工产品确认的第二个条件。

3. 开发产品已取得了初始产权证明

初始产权证明是房地产企业拿到的大产权证还是我们业主的产权证？答案是大产权证。其实第三个条件基本都用不上，因为要拿到大产权证，就必须经过综合竣工验收备案，验收合格了才可以办理产权证，但是这一条也有它的意义。比如说为国家或者政府开发的建筑物，不一定要经过综合竣工验收备案才可以办证。这一条规定可以避免让那些特殊的开发产品游离于所得税的监管范围之外。

开发产品只要符合上述条件之一的，房地产开发企业就应按规定及时结算开发产品计税成本并计算此前以预售方式销售开发产品所取得收入的实际毛利额，同时将开发产品实际毛利额与其对应的预计毛利额之间的差额，计入当年（完工年度）应纳税所得额。

从上述规定可以看出，开发产品完工的认定标准遵循竣工、交付使用、产权三个条件时点确认的孰先原则，只要满足任何一个条件，即可认定为完工产品。

2009年6月26日，国家税务总局下发了《关于房地产企业开发产品完工标准税务确认条件的批复》（国税函〔2009〕342号文），在《海南省国家税务局关于海南永生实业投资有限公司偷税案中如何认定开发产品已开始投入使用问题的请示》（琼国税发〔2009〕121号文）批复中，强调房地产开发企业建造、开发的开发产品无论工程质量是否通过验收合格，或是否办理完工（竣工）备案手续以及会计决算手续，其开发产品开始投入使用时均应视为已经完工，并解释"开发产品开始投入使用"是指房地产开发企业开始办理开发产品交付手续（包括入住手续）或已开始实际投入使用。

2010年，国家税务总局发布了《关于房地产开发企业开发产品完工条件确认问题的通知》（国税函〔2010〕201号文），再次重申了这一问题。通知规定，房地产开发企业建造、开发的开发产品，无论工程质量是否通过验收合格，或是否办理完工（竣工）备案手续以及会计决算手续，企业开始办理开发产品交付手续（包括入住手续）或已开始实际投入使用，即为开发产品开始投入使用，应视为开发产品已经完工。房地产开发企业应按规定及时结算开发产品计税成本，并计算企业当年度应纳税所得额。

完工收入的来源包含两部分：一部分是销售完工产品按照税法规定确认实现的所得税收入；另一部分是由于前期预售的未完工产品达到完工条件，而由前期实现的未完工收入结转而来。

（四）所得税处理

1. 基本处理思路

根据国税发〔2009〕31号文《房地产开发经营业务企业所得税处理办法》第八条和第九条之规定，企业销售未完工开发产品取得的收入，应先按预计计税毛利率分季（或月）计算出预计毛利额，计入当期应纳税所得额。开发产品完工后，企业应及时结算其计税成本并计算此前销售收入的实际毛利额，同时将其实际毛利额与其对应的预计毛利额之间的差额，计入当年度企业本项目与其他项目合并计算的应纳税所得额。在年度纳税申报时，企业须出具对该项开发产品实际毛利额与预计毛利额之间差异调整情况的报告以及税务机关需要的其他相关资料。

2. 成本专项报告

2014年1月28日，国务院发布《关于取消和下放一批行政审批项目的决定》（国发〔2014〕5号文），取消了房地产开发企业开发产品计税成本对象事先备案制度。根据国家税务总局公告2014年第35号文，房地产开发企业应依据计税成本对象确定原则确定已完工开发产品的成本对象，并就确定原则、依据，共同成本分配原则、方法，以及开发项目基本情况、开发计划等出具专项报告，在开发产品完工当年企业所得税年度纳税申报时，随同《企业所得税年度纳税申报表》一并报送主管税务机关。

房地产开发企业将已确定的成本对象报送主管税务机关后，不得随意调整或相互混淆。如确需调整成本对象的，应就调整的原因、依据和调整前后成本变化情况等出具专项报告，在调整当年企业所得税年度纳税申报时报送主管税务机关。

3. 预计毛利率

企业销售未完工开发产品的计税毛利率由各省、自治区、直辖市税务局按下列规定进行确定：

①开发项目位于省、自治区、直辖市和计划单列市人民政府所在地城市城区和郊区的，不得低于15%；

②开发项目位于地及地级市城区及郊区的，不得低于10%；

③开发项目位于其他地区的，不得低于5%；

④属于经济适用房、限价房和危改房的，不得低于3%。

税务机构改革后，为进一步优化税收营商环境，规范从事房地产开发经营业务企业的税收征收管理，2018年12月29日，国家税务总局广东省税务局重新明确从事房地产开发经营业务企业销售未完工开发产品的计税毛利率，特制定了《国家税务总局广东省税务局关于明确广东省房地产开发企业销售未完工开发产品计税毛利率的公告》，确定了全省（不含深圳市）从事房地产开发经营业务企业销售未完工开发产品的计税毛利率，具体标准：

①开发项目位于广州市城区和郊区的，计税毛利率为15%。

②开发项目位于除广州市以外的其他地级市城区和郊区的，计税毛利率为10%。

③开发项目位于其他地区的，计税毛利率为5%。

④属于经济适用房、限价房和危改房的，计税毛利率为3%。

该公告自2019年1月1日起施行，适用于所属期2019年及以后年度的企业所得税申报。

对比其他地方，目前广东省的预计毛利率政策是比较宽松的。

4. 税收收入分类的原理

同样是税收收入为什么还要分未完工收入和完工收入？这个就比较清晰了，因为两者计入所得税应纳税所得额的方式不同，未完工收入是按照预计毛利率计算的预计毛利额计入应纳税所得额，而完工收入是按照完工收入减去完工产品对应的实际成本后的差额（即实际毛利）计入应纳税所得额的。

这样新的问题又出现了，由于完工收入由两部分组成，其中一部分是由未完工收入结转而来，由完工收入和完工成本计算的实际毛利额在计入应纳税所得额时，必须将结转而来的那部分未完工收入对应的预计毛利额调减，这样才能确保不会重复征税。

也可以这样理解，未完工收入在税收上确认为收入，同时税收上会给一个预计成本与之对应，这个预计成本就是未完工收入与预计毛利额的差额。比如当地的预计毛利率为15%时，预计成本就是未完工收入的85%，等到未完工收入转完工收入时，有了真实的成本，这时就可以用实际成本去计算实际毛利，实际利润计入当期应纳税所得额的同时，将原来的预计毛利额调减。

其实所得税的征收原理很简单，但是由于会计确认收入时点的差异和所得税季度预缴申报表、所得税年度汇算清缴申报表的设置并不是完全适配房地产行业，导致整个房地产开发周期内的所得税申报工作极其复杂。如何化繁为简，确保在整个房地产开发周期内的所得税申报保持一个清晰的思路，将在本篇一一论述。

二、会计收入

根据《企业会计准则第14号——收入》第四条规定，销售商品收入同时满足下列条件的，才能予以确认：

①企业已将商品所有权上的主要风险和报酬转移给购货方；
②企业既没有保留通常与所有权相联系的继续管理权，也没有对已售出的商品实施有效控制；
③收入的金额能够可靠地计量；
④相关的经济利益很可能流入企业；
⑤相关的已发生或将发生的成本能够可靠地计量。

根据财会〔2017〕22号文《财政部关于修订印发〈企业会计准则第14号——收入〉的通知》，以控制权转移替代风险报酬转移作为收入确认时点的判断标准，新收入准则打破商品和劳务的界限，要求企业在履行合同的义务时，即客户取得相关商品（或服务）控制权时确认收入，从而能够更加科学合理地反映企业的收入确认过程。

对于房地产企业来讲，新收入准则要求其将开发产品的控制权转移给业主时才能确认收入，即房地产企业开发产品已竣工验收，开发产品交付业主使用即可确认收入。

很明显，会计收入的确认比税收收入（未完工收入和完工收入）要迟，这种收入确认时间节点的差异给纳税申报表的填写带来较大麻烦。首先是未完工收入按照预计毛利率计算预计毛利额计入应纳税所得额，完工后要结转成完工收入，在完工年度汇算清缴前按税收口径的收入与成本计算出实际毛利额计入应纳税所得额，同时调减对应的预计毛利额，会计确认收入时税收不作收入，需要反方向调整税会差异。具体的税会差异分析和纳税申报表的填写将在后面的章节进行详细解析。

三、其他业务收入

(一) 视同销售收入

根据国税发〔2009〕31号文《房地产开发经营业务企业所得税处理办法》第七条的规定，企业将开发产品用于捐赠、赞助、职工福利、奖励、对外投资、分配给股东或投资人、抵偿债务、换取其他企事业单位和个人的非货币性资产等行为，应视同销售，于开发产品所有权或使用权转移，或于实际取得利益权利时确认收入（或利润）的实现。确认收入（或利润）的方法和顺序为：

①按本企业近期或本年度最近月份同类开发产品市场销售价格确定；

②由主管税务机关参照当地同类开发产品市场公允价值确定；

③按开发产品的成本利润率确定，开发产品的成本利润率不得低于15%，具体比例由主管税务机关确定。

其实视同销售收入在企业所得税的范畴是比较常见的，类似的政策文件都有对该方面的规定：

根据《中华人民共和国企业所得税法实施条例》第二十五条规定，企业发生非货币性资产交换，以及将货物、财产、劳务用于捐赠、偿债、赞助、集资、广告、样品、职工福利或者利润分配等用途的，应当视同销售货物、转让财产或者提供劳务，但国务院财政、税务主管部门另有规定的除外。

根据国家税务总局公告2010年第19号《关于企业取得财产转让等所得企业所得税处理问题的公告》，企业发生非货币性资产交换所得，以及视同销售所得，除另有规定外，均应一次性计入确认收入的年度计算缴纳企业所得税。

根据《国家税务总局关于企业处置资产所得税处理问题的通知》（国税函〔2008〕828号），企业将资产移送他人的下列情形，因资产所有权属已发生改变而不属于内部处置资产，应按规定视同销售确定收入：

①用于市场推广或销售；

②用于交际应酬；

③用于职工奖励或福利；

④用于股息分配；

⑤用于对外捐赠；

⑥其他改变资产所有权属的用途。

企业发生本条规定情形的，除另有规定外，应按照被移送资产的公允价值确定销售收入。

需要注意的是，税收上视同销售即意味着企业在执行企业会计准则的情况下，会计上是不做收入的，而税收上要作为收入来处理。比如说房地产企业将开发产品捐赠给某某公司或者某某明星，这是无偿捐赠行为。会计上作为营业外支出处理，而税收上要视同销售收入来调增应纳税所得额，同时捐赠的房产对应的成本视同销售成本。其实这一行为在房地产行业中还是比较普遍，常见的有把房子作为利润分配给股东、抵偿债务、抵偿工程款，用作拆迁户的安置房等等。

（二）财产转让收入

根据国家税务总局公告2010年第19号文《关于企业取得财产转让等所得企业所得税处理问题的公告》，对财产转让收入、债务重组收入、接受捐赠收入、无法偿付的应付款收入等，不论是以货币形式还是非货币形式体现，除另有规定外，均应一次性计入确认收入的年度计算缴纳企业所得税。

根据国税函〔2010〕79号文《国家税务总局关于贯彻落实企业所得税法若干税收问题的通知》之规定，各类财产转让收入确认时间规定如下：

（1）企业发生债务重组，应在债务重组合同或协议生效时确认收入的实现。

（2）企业转让股权收入，应于转让协议生效且完成股权变更手续时，确认收入的实现。转让股权收入扣除为取得该股权所发生的成本后，为股权转让所得。企业在计算股权转让所得时，不得扣除被投资企业未分配利润等股东留存收益中按该项股权所可能分配的金额。

（3）企业权益性投资取得股息、红利等收入，应以被投资企业股东会或股东大会作出利润分配或转股决定的日期，确定收入的实现。

（4）被投资企业将股权（票）溢价所形成的资本公积金转为股本的，不作为投资方企业的股息、红利收入，投资方企业也不得增加该项长期投资的计税基础。

（三）租金收入

根据国税函〔2010〕79号文《国家税务总局关于贯彻落实企业所得税法若干税收问题的通知》第一条之规定，根据《企业所得税实施条例》第十九条的规定，企业提供固定资产、包装物或者其他有形资产的使用权取得的租金收入，应按交易合同或协议规定的承租人应付租金的日期确认收入的实现。其中，如果交易合同或协议中规定的租赁期限跨年度，且租金提前一次性支付的，根据《实施条例》第九条规定的收入与费用配比原则，出租人可对上述已确认的收入，在租赁期内分期均匀计入相关年度收入。

根据《企业会计准则第3号——投资性房地产》第五条，投资性房地产的租金收入和售后租回，适用《企业会计准则第21号——租赁》；根据《企业会计准则第21号——租赁》第二十六条，对于经营租赁的租金，出租人应当在租赁期内各个期间按照直线法确认为当期损益。

可见，79号文给了纳税人选择的权利，纳税人可以选择将一次性收取的租金收入在租赁期内均匀计入相关年度应税收入，这样可与企业会计准则的规定保持一致，所得税汇算清缴时无需再作调整。

（四）融资性售后回租业务收入

根据国家税务总局公告2010年第13号文《关于融资性售后回租业务中承租方出售资产行为有关税收问题》之规定，融资性售后回租业务是指承租方以融资为目的将资产出售给经批准从事融资租赁业务的企业后，又将该项资产从该融资租赁企业租回的行为。融资性售后回租业务中承租方出售资产时，资产所有权以及与资产所有权有关的全部报酬和风险并未完全转移。

根据现行企业所得税法及有关收入确定规定，融资性售后回租业务中，承租人出售资产的行为，不确认为销售收入，对融资性租赁的资产，仍按承租人出售前原账面价值作为计税基础计提折旧。租赁期间，承租人支付的属于融资利息的部分，作为企业财务费用在税前扣除。

第二节 成本

一、成本归集的重要性

房地产三大税种都跟成本密不可分，成本能否正确归集核算是三大主体税种能否正确计算的核心。对房地产企业来讲，扣除较收入重要，尤其是成本的扣除。

因为受各方面的监管，房地产企业的收入一般难以作假，而在成本的扣除上，除税务机关外，外部监管基本空白，再加上成本核算的复杂性，房地产企业的日常税务筹划和会计核算容易出错的地方都集中在成本方面，房地产行业最大的涉税风险问题也多与成本有关。

二、成本核算的政策依据

会计有产品成本的核算方法，所得税有开发产品扣除成本的计算方法和步骤，土地增值税也有扣除项目成本扣除的方法和逻辑。三者虽说都是成本问题，基本内容和核算原理也类似，但由于三者依据的政策不同，核算的处理仍然存在一定的差异。

从会计角度来讲，成本核算的主要依据是财会〔2013〕17号文；从所得税的税务处理来讲，成本扣除的主要依据是国税发〔2009〕31号文；从土地增值税的处理来讲，项目成本扣除的主要依据是土地增值税暂行条例实施细则，以及国税发〔2006〕187号文、国税函〔2010〕220号文、土地增值税方面的其他单行文和各地方土地增值税清算规程等。

本章节我们主要探讨所得税的计税成本，因此主要依据国税发〔2009〕31号文的规定来解析。从会计核算的角度来看，企业的成本核算主要依据财会〔2013〕17号文，但17号文是一个全行业的产品成本会计核算的文件，只有一个框架性的规定，特别是对于房地产行业来讲，没有一个操作性强的操作细则。房地产企业的所得税处理是依据国税发〔2009〕31号文，它历时十多年仍然是房地产行业所得税处理的中流砥柱，其整体架构合理、内容丰富、体系严谨，至今仍为行业内人士所称道。特别是对计税成本的规定，其不但明确了计税成本的详细内容，还明确了成本核算对象确定的原则、成本核算的一般程序和成本分摊的几种方法，简直就是一部房地产行业成本核算的宝典。因此大部分房地产企业的会计科目设置和会计核算政策都遵从和依照31号文的规定。

三、计税成本概述

计税成本是指企业在开发、建造开发产品（包括固定资产，下同）过程中所发生的按照税收规定进行核算与计量的应归入某项成本对象的各项费用。

企业在进行成本、费用的核算与扣除时，必须按规定区分期间费用和开发产品计税成本、已销开发产品计税成本与未销开发产品计税成本。

企业发生的期间费用、已销开发产品计税成本、税金及附加、土地增值税准予当期按规定扣除。

已销开发产品的计税成本，按当期已实现销售的可售面积和可售面积单位工程成本确认。可售面积单位工程成本和已销开发产品的计税成本按下列公式计算确定：

可售面积单位工程成本 = 成本对象总成本 ÷ 成本对象总可售面积

已销开发产品的计税成本 = 已实现销售的可售面积 × 可售面积单位工程成本

四、四种关系的明确区分

（一）期间费用与开发成本

国税发〔2009〕31号文明确指出，房地产开发企业成本核算按照制造成本法核算，即在生产经营中明确区分期间费用和开发成本。

实务中，房地产企业经常将期间费用当成开发成本核算。这种操作，只是让当期的企业所得税增多，以后期间的企业所得税减少，对企业所得税来说只是时间性差异，影响不大。但对土地增值税影响是巨大的。由于土增税的开发费用和加计扣除是按照土地成本与开发成本之和的30%计算，假如企业将100万的期间费用列作开发成本，则扣除项目增加130万，按最低税率30%计算，则少交土地增值税39万。

如职工薪酬，凡是为公司的工程部、项目部服务的人员，对应的职工薪酬全部计入到开发成本、开发间接费用；但总部派过来的管理人员，企业的销售部、财务部、管理部门的人员产生的职工薪酬，应计入期间费用。税务人员在进行土地增值税清算审核时，可以通过了解公司架构、企业人员的分工以及职责范围，确定其职工薪酬的归集是否合理合规。

又如土地使用税，2016年之前，土地使用税计入管理费用作为期间费用性质的支出进行核算；2016年之后，土地使用税计入税金及附加科目。从企业所得税的角度来讲，两种处理方式都可在当期税前扣除，没有差别。但有些房地产企业将土地使用税计入土地征用及拆迁补偿费科目，错将其作为成本类支出核算。对于企业所得税，企业必须要在开发产品销售后才能结转这部分支出至主营业务成本；对于土地增值税，则必须要在开发成本中剔除。

（二）已完工产品和在建未建产品

完工年度需要及时结算已完工产品的计税成本，已完工产品已售部分的成本允许在完工年度税前扣除，已完工产品未售部分的成本只能留在开发成本的账面不得税前扣除，而在建、未建产品对应的成本就更不得在完工年度税前扣除。如 A 产品已经完工，B 产品正在施工，而 A 产品对应的成本不够，不能将 B 产品的成本发票作为 A 产品的成本进行扣除。这是房地产企业多个项目滚动开发时常见的不合法的处理方式之一，即混淆了已完工产品的成本和在建与未建产品的成本。

（三）已售产品成本和未售产品成本

已经销售的完工产品，必须要在完工当期结转收入和成本。实务中，部分房地产企业在交楼后不结转收入和成本，尤其是实际毛利率比预计毛利率高很多或有巨额成本发票未及时取回的企业，可能采取这种不合法的处理方式来达到延迟缴纳企业所得税的目的，其实质是故意混淆了已售产品的成本和未售产品的成本。

（四）会计成本和计税成本

同样的经济业务，会计与税收的处理有可能不一致。对于房地产企业来讲，这种会计与税收差异实在是太多了，因为会计处理依据的是企业会计准则，而税收处理是依据税法，两者的差异形成了会计成本和计税成本。从企业所得税的角度来讲，会计成本与计税成本不一致的地方在年度汇算清缴时需做纳税调整。

五、成本核算的基本思路

成本核算的基本思路如下：

（1）对当期实际发生的各项支出，按其性质、经济用途及发生的地点、时间去进行整理、归类，并将其区分为应计入成本对象的成本和应在当期税前扣除的期间费用。同时还应按规定对有关预提费用和待摊费用进行计量与确认。

（2）对应计入成本对象中的各项实际支出、预提费用、待摊费用等合理地划分为直接成本、间接成本和共同成本，并按规定将其合理地归集、分配至已完工成本对象、在建成本对象和未建成本对象。

（3）对前期已完工成本对象应负担的成本费用按已销开发产品、未销开发产品和固定资产进行分配，其中应由已销开发产品负担的部分，在当期纳税申报时进行扣除，未销开发产品应负担的成本费用待其实际销售时再予扣除。

（4）对本期已完工成本对象分类为开发产品和固定资产并对其计税成本进行结算。其中属于开发产品的，应按可售面积计算其单位工程成本，据此再计算已销开发产品计税成本和未销开发产品计税成本。对本期已销开发产品的计税成本准予在当期扣除，未销开发产品计税成本待其实际销售时再予扣除。

（5）对本期未完工和尚未建造的成本对象应当负担的成本费用，分别建立明细台帐，待开发产品完工后再予结算。

六、成本核算七步法

（一）计税成本对象的确定

成本对象是指为了归集和分配开发建造过程中的各项耗费而确定的应该承担的成本对象。房地产企业成本对象的确定就相当于一个建章建制的过程，每个成本对象对应一个成本账，每个成本账都应设置六大成本会计科目。成本对象的确定是为了配比收入。同一个成本对象中，产品的单位成本都一样，一个成本对象中有一部分完工了，那么整个成本对象的产品都要视同为完工产品。从房地产行业来看，所得税计税成本对象的划分、土地增值税的清算单位的划分和增值税的新旧项目的划分，在三大税种的税务处理中都是非常重要的一个环节。

会计上对成本对象的划分并不严格，根据财会〔2013〕17号文，只是要求企业兼顾项目开发周期以及产品的类别进行合理的划分。

1. 计税成本对象确定的原则

在税收方面，国税发〔2009〕31号文对房地产企业的成本对象划分规定了六个原则：

（1）可否销售原则。

开发产品能够对外进行销售的，应该作为独立的成本对象进行成本核算，不能对外销售的先作为过渡成本对象进行归集，然后将过渡成本摊入可以对外销售的成本对象中去。即能够对外销售、租赁的要做成本对象。如公共配套设施，是不用单独核算的，其成本支出，在成本对象对外销售、租赁时按照规定进行分配。

（2）分类归集原则。

对同一开发地点、竣工时间相近、产品结构类型没有明显差异的群体开发项目，可以作为一个成本对象进行核算。假设企业有10栋楼，同时开工、同时竣工，结构又基本一样，就可以把这10栋楼作为同一个成本对象进行核算，对应一本账。

（3）功能区分原则。

开发项目相对独立，且具有不同使用功能的要求，应作为独立的成本对象进行核算。比如同一小区的住宅和铺位，它们的使用功能完全不一样，应该划分为两个不同的成本对象进行核算。

（4）定价差异原则。

开发产品因其产品类型或功能不同等而导致其预期售价存在较大差异的，应分别作为不同的成本对象进行核算。

（5）成本差异原则。

成本差异较大的，需作为独立的成本对象进行核算。如别墅和高层住宅，别墅的占地面积大，土地成本较高，整体建筑成本跟高层住宅不一样，两者的售价亦大为不同，因而要将别墅与高层住宅划分为不同的成本对象。

（6）权益区分原则。

开发项目属于受托代建的或多方合作开发的，应结合上述原则分别划分成本对象进行核算。比如企业建造20栋楼，其中10栋是自建的，另外10栋是代建的，须将这20栋楼分成不同成本对象进行核算。

2.计税成本对象确定的方法

（1）能一期开发完的项目，按住宅、别墅、独立商业、公寓、写字楼等不同可售产品类型划分成本核算对象。以上开发产品内含有无偿移交的公共配套设施（非独立建筑），如卫生站、居委会、警务室等，含在所属开发产品中一起核算。

（2）不能一期开发完的项目，分期分别进行核算，在此基础上再按以上方法确定成本核算对象。

（3）酒店、商业街、文娱场所、综合楼、剧院等配套物业，应分别划分成本核算对象。

（4）中小学、幼儿园以及无偿移交政府的公共配套设施是指建筑造价较高的独立建筑物如煤气站、消防站、垃圾站、派出所等，单独作为过渡性成本核算对象；对于建筑造价较低的独立公共配套设施，并入"归集待分摊—基础配套"核算，不单独作为成本核算对象。

（5）单独建造的停车场所应作为单独成本核算对象；非单独建造的停车场所不单独设置成本核算对象，含在所属开发产品中核算。

（6）由整个项目受益及暂时无法明确受益对象的成本，先在"归集待分摊"项目核算，如整个小区的道路、管网、小区电力设施及通信网络，小区公共区域的园艺景观建筑、假山、人工湖与喷泉、大门等基础配套。

计税成本对象设置架构图见图2-1。

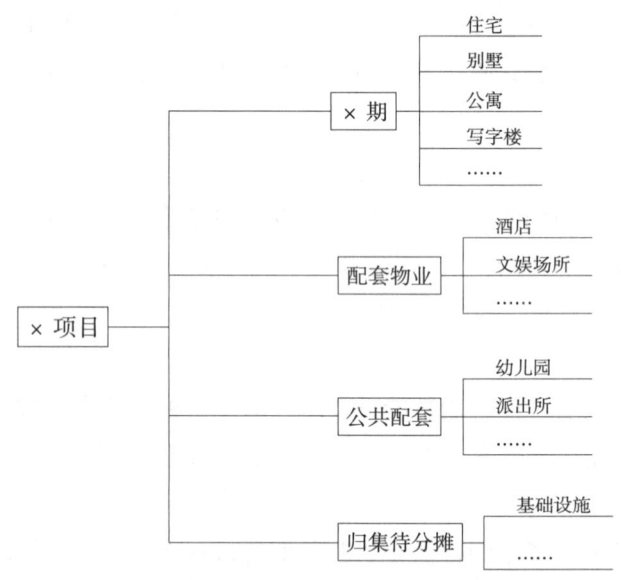

图2-1 计税成本对象设置架构图

根据国家税务总局〔2014〕35号公告，取消原本成本对象事先备案制度，改为要求企业在开发产品完工、进行汇算清缴时，向主管税务机关报送成本对象专项报告，且报送后不得随意调整，确实需要调整的需重新出具专项报告。成本对象的划分既反映财务人员的专业水平，还直接影响到企业后续的财务核算工作的效率和准确率。优秀的财务负责人在确定成本对象时，既要考虑到会计核算的信息要求，又要兼顾税收政策的规定，既要有效率，又要能避免纳税调整不到位带来的税收风险。

(二)归集开发成本

开发成本分为实际发生的成本、预提成本和待摊成本。

1. 实际发生的成本

一般分为六个会计科目,分别是土地征用及拆迁补偿费、前期工程费、基础设施建筑费、建筑安装工程费、公共配套设施费、开发间接费,少部分企业增设利息资本化科目。

其实按照房地产企业成本核算的制度,还要设置一个利息资本化科目,总共七个科目,但是很多企业将利息资本化核算的内容归类到开发间接费用这个科目里面。把利息单独用一个科目去核算,是财会〔2013〕17号文的规定,但是企业所得税并没有这个要求,因此很多企业为了会计跟税收科目的统一,基本上都是按照六个科目设置。这样做既可以减少会计核算的工作量,又可以减少税会差异和纳税调整。

在会计处理和所得税处理上,均是用以上六个科目归集成本,内容差异不大;而在土地增值税的处理上,土地征用及拆迁补偿费项目归集的只是拆迁补偿,不包括地价,地价在"取得土地使用权所支付的金额"项目下进行归集。下面对成本核算的六大成本进行简单解析:

(1)土地征用及拆迁补偿费是指取得土地使用权而发生的各项费用。主要包括:

①土地的买价(发票)或者出让金(财政票据)。买价跟出让金有什么区别呢?买价是二手市场交易,从单位或个人名下买过来,房地产企业拿到的是发票;出让金是一级市场交易,土地来源是国土资源局,是财政票据。

②大市政配套费。有一些地方大市政配套费是在国土局交费,有一些地方是在建设局交费,但在哪里交费都一样,都是财政票据,都是契税的计税依据,都是土地及拆迁补偿费的构成部分。

③契税。房地产企业拿地产生总支出经济利益的是契税的计税依据,而缴纳的契税也会形成土地征用及拆迁补偿费的核算内容之一。

④耕地占用税和土地闲置费。并不是每个房地产企业都会有耕地占用税,如果政府招拍挂的价格中包含了,那么就没有这一项。企业如果按照约定的时间去开发,那么也不会有土地闲置费。

⑤因土地变更用途和超面积而补交的地价及相关税费。这种情况是指房地产企业出现工转商住或调整容积率所要补缴的出让金,这种支出一般很少发生。

⑥拆迁补偿支出。随着拿地方式的多样化,拆迁补偿的情形越来越多。在发达城市的拿地实务中,拆迁补偿的金额庞大,往往占到全部土地成本的70%以上,主要存在于三旧改造、毛地出让等情形。拆迁补偿中发生的视同销售收入,同时应作为土地征用及拆迁补偿费的构成部分。财会〔2013〕17号文和国税发〔2009〕31号文关于土地征用及拆迁补偿费的归集内容,两者完全一致,没有任何税会差异。

(2)前期工程费是指在开发项目开发之前发生的,包括水文地质的勘察、室外规划设计、可行性的研究、土地平整等前期支出。会计上的规定还多了一个政府许可的规费,虽然国税发〔2009〕31号文在所得税方面没有相关表述,但是在实务操作中,各个地方的税基都是允许这一项支出的,因此两者也是没有差异。

(3)建筑安装工程费是指开发项目开发过程中发生的各项建筑安装费用。主要包括开发项目建筑工程费和开发项目安装工程费等。会计上归集的内容包括了装修工程费,虽然国税发〔2009〕31

号文的表述里没有装修费，但是实务操作中，如果房地产销售合同约定的交楼条件是带装修的，那装修成本在税收上是允许扣除的。

（4）基础设施建设费。会计跟企业所得税的内容完全一致，基础设施建设费是指开发项目在开发过程中所发生的各项基础设施的支出，主要包括开发项目内的道路、供水、供电、供气、排污、排洪等这些社区管网、绿化工程、园林工程的支出。

（5）公共配套设施费是指开发项目内发生的独立的、非营利性的，且产权归全体业主所有的，或者说无偿赠予地方政府、地方公共事业单位的公共配套设施的支出。两者都强调是小区内建造的，因此开发小区外建造的公共配套设施，即使是归全体业主所有，即使是无偿移交给政府的，也不属于公共配套。

（6）开发间接费。类似于工业企业的制造费用，开发间接费是指企业为了直接组织和管理开发项目所发生的，但不能将其归属到特定成本对象的成本费用的支出，主要包括项目部管理人员的工资、职工福利、资金费、修理费、办公费、水电费、劳动力的保护费、工程管理费、周转房的摊销以及项目营销设施建造费等。

对比会计和税收的规定，税收多了一个营销设施建造费，而会计按照受益原则，营销设施建造费一般作为长期待摊费用，在不低于三年的时间进行摊销，摊销的方向是销售费用，土地增值税也是遵循这个逻辑，因此所得税在这点上比较特殊。在房地产企业会计核算实务中，开发间接费用和期间费用的核算比较容易混淆。其实把它视为工业企业的制造费用就相对容易理解，当它没办法直接归属到某一个成本对象，但又属于成本类，而且又不属于上述开发成本里其他五项的，这时就可以将其计入开发间接费用。除此之外已经非常明确是属于管理费用、财务费用和销售费用的，就不要将其再计入开发间接费。

按照财会〔2013〕17号文第二十六条规定，还应单独设置借款费用会计科目，但多数企业为了简化核算直接将该科目所核算的内容（资本化利息）并入开发间接费核算。这种做法在实务核算中完全可行。

2. 预提成本

根据国税发〔2009〕31号文，三项预提成本可在税前扣除。

（1）出包工程未最终办理结算而未取得全额发票的，在证明资料充分的前提下，其发票不足金额可以预提，但最高不得超过合同总金额的10%。

（2）公共配套设施尚未建造或尚未完工的，可按预算造价合理预提建造费用。此类公共配套设施必须符合已在售房合同、协议，或广告、模型中明确承诺建造且不可撤销，或按照法律法规规定必须配套建造的条件。

（3）应向政府上交但尚未上交的报批报建费用、物业完善费用可以按规定预提。物业完善费用是指按规定应由企业承担的物业管理基金、公建维修基金或其他专项基金。

除了国税发〔2009〕31号文规定的三项成本预提之外，还有一种特殊情形可以预提，就是一二级联动土地开发与房地产开发同时进行。企业一次性拿地、分期开发，整体土地成本无法完全确认，这时可先按预算成本分配，等到土地整体开发完毕，再作调整。这就是常说的房地产"3+1"预提。注意，企业若要采用这种方法预提，必须事前经过税务机关的同意。

会计上的预提要完全遵照企业会计制度或者企业会计准则。预提成本在什么时候预提？当然是完工年度。因为完工之前还不需要考量成本，这时预提没有意义；但是到了完工年度，如果不预提未来发生的成本，如果未来没有利润，企业就会形成前期盈利、后期亏损的状况。因此，所有的预提都是为了解决前期盈利、后期亏损的成本配比问题。

3. 待摊成本

待摊成本是指前期形成的成本，应由各期开发产品共同承担，不能在某一期开发产品成本中一次性摊掉。如房企某楼盘分两期开发，假设两期的建筑面积一样，一期开发的同时建了一个幼儿园，这个幼儿园既为一期服务，又为二期服务，全部费用1000万在二期项目未建造时已经全部支出，则税法不允许这1000万在一期全部扣除，要按照建筑面积法来分配共同成本，即一期扣除500万，待摊成本是500万。

（三）分配共同成本

房地产开发成本分为两大类：一是直接成本和能够分清成本对象的间接成本；二是共同成本和不能分清负担对象的间接成本。

其中，直接成本和能够分清成本对象的间接成本，直接计入成本对象。如商住一体的建筑主体中，商业外墙砌大理石墙砖（或玻璃幕墙），住宅外墙粉刷涂料，因此大理石外墙（或玻璃幕墙）成本直接归属于商业，住宅粉刷成本归属于住宅；商城使用的是扶梯和直通商业部分的直梯，住宅使用的是直梯，两部分的电梯成本可以清晰分开，因此，分别归属于商城和住宅的电梯成本。

共同成本和不能分清负担对象的间接成本，应按受益的原则和配比的原则分配至各成本对象。如基础设施中的人工湖、道路、绿化等支出，无法直接归属于某个具体的成本对象，需要作为共同成本分摊至各个成本对象。

共同成本和不能分清负担对象的间接成本的分配有四种方法，分别是占地面积法、建筑面积法、直接成本法和预算造价法（见表2-1）。

1. 占地面积法

占地面积法是指按照已经动工开发成本对象的占地面积占开发用地的总面积的比例进行分配。

如果是一次性开发的，按照成本对象的占地面积占全部成本对象的占地面积的比例进行分配。

如果是分期开发的，首先按照本期全部成本对象的占地面积占开发用地总的占地面积的比例先来分一次，然后按照期内某一成本对象占地面积占全部成本对象的占地面积再来分一次。

如某房企建设用地30 000 ㎡，支付地价3亿，分两期开发，一期占地10 000 ㎡，二期占地20 000 ㎡。一期建有A、B两栋楼，作为两个成本对象，A楼占地4000 ㎡，建造10 000 ㎡的开发产品；B楼占地3000 ㎡，也建造10 000 ㎡的开发产品；剩余3000 ㎡为公共绿化用地。请计算A楼的土地成本。

（1）第一种方法，不完全按照占地面积法分配。

一期占地10 000 ㎡，因此对应总地价3亿的1/3，即1亿。

一期内，按照占地面积，绿地：A楼：B楼=3∶4∶3。则绿地、A楼、B楼应分配的土地成本为3000万、4000万和3000万。

绿地分配的3000万地价作为共同成本，需要在一期A、B两栋楼之间分摊，一期建筑面积是20 000㎡，A和B楼的建筑面积各为10 000㎡，因此A和B各应分配共同成本1500万。因此A楼作为成本对象应分配的总土地成本=4000+1500=5500万，每平米的土地成本为5500元；同理可计算B成本对象应分配的总土地成本为4500万，每平米的土地成本是4500元。

（2）第二种方法，完全按照占地面积法分配。

在一期项目中，A楼占地应分配土地成本4000万，B楼占地应分配土地成本3000万，绿地面积不计算入内，则一期项目按对应的1亿总地价进行分配，A楼应分配的土地成本=1亿×4÷7=5714.28万，即A楼作为成本对象，每平米要分担的土地成本是5714.28元。

2. 建筑面积法

建筑面积法是指按已动工开发成本对象建筑面积占开发用地的总建筑面积的比例进行分配。一次性开发的，按某一成本对象建筑面积占全部成本对象建筑面积的比例进行分配；分期开发的，首先按期内成本对象建筑面积占开发用地计划建筑面积的比例进行分配，然后再按某一成本对象的建筑面积占期内成本对象总建筑面积的比例进行分配。

建筑面积法在实务过程中运用最多。接上例，A楼应分配土地成本=1亿÷2×1=5000万，其中，"1亿"是一期的地价，"2"是一期项目总建筑面积2万平方米，"1"就是A楼的建筑面积1万平方米。

3. 直接成本法

直接成本法是指按期内某一成本对象的直接开发成本占期内全部成本对象直接开发成本的比例进行分配。

直接成本法的应用需要等到各个成本对象的直接成本已经确认，属于一种后置的共同成本分配方法，一般情况下不常用。

4. 预算造价法

预算造价法是指按期内某一成本对象预算造价占期内全部成本对象预算造价的比例进行分配。

预算造价法主要适用于未建或未竣工的公共配套和基础设施、应付未付拆迁补偿款、资本化利息等情形。

如某房企有两栋商品房，招标合同价款是9000万。一号商品房预算造价5500万，二号商品房预算造价4500万。假设最终招标合同的结算价是9000万，按照该分配方法计算两栋商品房的实际建筑安装工程费。

一号商品房预算造价占总预算造价比例=5500÷（5500+4500）=55%；

二号商品房预算造价占总预算造价比例=4500÷（5500+4500）=45%；

即一号商品房应分配共同成本=9000×55%=4950万；

二号商品房应分配共同成本=9000×45%=4050万。

5. 分配方法的运用

税法规定，土地及拆迁补偿费只能用占地面积法，如果要采用其他的方法，需要税务机关同意；公共配套设施费用只能用建筑面积法；借款费用可以用直接成本法，也可用预算造价法，二选其一；除此之外的由企业自行选择并确定。

如某房企在一期项目中建造小公园，小公园既为一期服务，又为二期服务，作为共同成本，请问应该选择哪一种方法分配小公园的成本？

这种情况属于没有特殊规定的情形，该房企会选择对自身最有利的方法：

如一期项目占地面积最大，那就用占地面积法；一期项目建筑面积最多，就用建筑面积法；一期项目投入成本多，选择直接成本最好；一期项目预算造价高，就用预算造价法。一期项目分配得越多，缴纳的企业所得税就越少，对企业就越有利。

确定共同成本的分配方法，必须按照财政部2014年第35号文的规定，在完工年度进行企业所得税汇算清缴时，在专项报告里面作披露并报送给税务机关。

综上所述，房地产企业各项成本可选择的分摊方法如表2-1所示。

表2-1 房地产六大成本分摊计算方法

项目	成本分摊计算方法
土地成本	采用占地面积法，经税务机关同意可采用其他方法
公共配套费	建筑面积法
借款费用	直接成本法或预算造价法
其他	四选一，企业可选择有利的任一方法

（四）计算总成本

在完工年度就需要计算完工产品的成本对象的总成本，房地产企业经过前期三个步骤，已经将确定好的计税成本对象归集为三大成本，共同成本也分配完毕，此时全部成本都进入开发成本的六大会计科目，也就是说开发成本已经完整了，完工年度可以将归集起来的成本由开发成本科目转到开发产品科目了。这样完工开发产品的总成本就计算完成了。

（五）计算单位工程成本

根据前项可计算出来的成本对象的总成本，除以可售面积，就是成本对象每平方米的单位成本。

（六）计算销售成本

单位成本×已售的面积=已售成本。

（七）后续成本的二次分摊

简单来说，后续成本的二次分摊就是在已经确认了完工产品的单位成本后，又发生了影响原计税成本的业务，继而影响了完工成本的单位工程成本，所以需要对这部分新发生的成本进行二次分配，从而计算出企业的正确利润。

根据国税发〔2009〕31号文第28条，对前期已完工成本对象应负担的成本费用按已销开发产品、未销开发产品和固定资产进行分配。其中应由已销开发产品负担的部分，在当期纳税申报时进行扣除。也就是说已售开发产品要负担的后续成本不作追溯，应调整以前年度的销售成本并在当期直接扣除，作为当期的损益反映。未售开发产品要负担的那部分后续成本如何处理？文件规定，未销开发产品应负担的成本费用待实际销售时予以扣除。也就是说，未售开发产品应负担的那部分后续成本要等到将来销售时按比例税前扣除。

案例：某开发公司开发一楼盘，划分两个成本对象，分别为甲和乙，面积相同均为1万平方米。面积相同，说明共同成本如果用建筑面积法分配，两个成本对象每平方米应分担的共同成本一样。甲成本对象2017年完工，截止到2017年发生成本2000万，甲每平方米的成本就是2000元，2017年甲已售3000平方米，因此可结转成本为600万，2018年又销售4000平方米，又结转成本800万。

2018年，小区业主集体反映小区人工湖安全隐患非常大，强烈要求开发商进行改造。于是开发公司在人工湖的周边做了防护工程，成本400万元。企业把这400万连同当年销售的800万元全部作为销售成本，一次性税前扣除，这样处理是否正确？这种做法完全错误。因为企业既混淆了直接成本与共同成本的概念，又混淆了完工成本与未完工成本的概念，还混淆了已售成本跟未售成本的概念。

实际上，后期发生的400万元就属于成本对象的二次成本，需要按照国税发〔2009〕31号文的第28条规定的方法进行二次分摊。具体分摊思路如下：

首先，这400万元的支出属于开发成本六项构成的基础设施费，它属于基础设施里面的园林工程，并不是甲成本对象的直接成本，是属于甲和乙两个成本对象的共同成本，应在甲和乙两个成本对象里按照共同成本分配方法的四个方法之一进行分配。开发公司采用建筑面积法分配，分到甲和乙两个成本对象，各自200万元。

其次，由于甲是完工产品，需要增加完工开发产品的成本；而乙还是在建产品，应计入开发成本科目。两者成本归集的科目不一样，一个是完工产品，一个是未完工产品。

再次，甲分配的200万共同成本能不能在当期和销售的800万元成本一起作为当期的销售成本扣除？也不行，必须把这200万共同成本在已售开发产品和未售开发产品之间进行分配。

2017年甲已售3000平方米，应分配60万元；2018年甲销售4000平方米，应分配80万元。而2017年已经结转收入成本了，如果追溯调整2017年的成本，那就意味着2017年要退税，会非常麻烦。

因此国税发〔2009〕31号文就规定了已售开发产品负担的部分在当期纳税申报时进行扣除。从2018年的角度来看，年度已售既包括2017年的3000平方米，也包括2018年的4000平方米。这7000平方米分配的共同成本是140万元，既包括2017年的60万元，还包括2018年的80万元，一并在2018年扣除。因此2018年可以扣除的成本合计为800+140=940万元，它由三部分构成，一是2017年共同成本分配60万元，二是2018年共同成本分配80万元，三是2018年正常的销售成本800万元。200万通过这种方式结转了140万元，剩余60万元，除以未售的3000平方米，每平方需增加200元，以后销售多少就结转多少，这就是后续成本的二次分摊方法。

由上可以看出，后续成本的二次分摊分三步来操作。

第一步，后续成本应在已完工和未完工进行分摊，案例中甲已完工，乙未完工，后续发生的成本要先在甲乙之间进行分配，各自分配200万元。

第二步，甲分配的后续成本 200 万元应在已售和未售之间进行分配，已售的是 7000 平方米，未售的是 3000 平方米，已售的应分配 140 万元，未售的应分配 60 万元。

第三步，已售的当期扣除，未售的以后扣除。这里已售的概念既包括当年销售的，也包括以前年度销售的。该案例中，已售的包含 2017 年的 60 万元和 2018 年的 80 万元，两者之和 140 万元都在 2018 年度当期申报时进行扣除。如果进行追溯处理可能导致以前年度退税，为了简化计算的需要，同时减少征纳双方的工作量，不作追溯处理，直接在当期扣除。虽然这不符合配比原则，但这是例外。并不是每一项业务都追求严格配比，税法有规定的可以除外。

其实对于后续成本的二次分摊，并非都是调增成本，也有调减成本的。比如预提了公共配套幼儿园的成本，以前结转成本的时候就想着多扣点，能多提就多提。还是上述案例，把防护工程改为预提幼儿园的配套费，甲成本对象在 2017 年完工时点计算的 2000 万元成本中，已经包含了预提的幼儿园成本 400 万元（幼儿园的预算成本 800 万元，按照建筑面积法甲应分配 400 万元）。2018 年幼儿园完工，实际发生的成本只有 400 万元，原来按照预算造价预提的 800 万元跟实际发生的 400 万元的差额也是需要后续成本的二次分摊。

分配方法同上例一样，多预提的 400 万元一样要分三步来操作。

第一步，在完工产品与未完工产品之间进行分配，甲应分配 200 万元。

第二步，在已售和未售之间进行分配，甲已售面积 7000 平方米，未售面积 3000 平方米，因此已售的应分配 140 万元，未售的应分配 60 万元。

第三步，已售的调整当期销售成本，未售的调整开发产品的单位成本。跟上例的差异之处就在于，上例是调增销售成本，现在要反方向调减销售成本，但原理、方法、步骤完全一样。

2018 年最后可以扣除的销售成本是 660 万元，这 660 万由三部分构成：

第一部分是 2017 年由于多预提成本，销售的 3000 平方对应需要调减成本 60 万元；

第二部分是 2018 年当年销售的 4000 平方米，对应要调减成本 80 万元；

第三部分是 2018 年销售 4000 平方米，它的原始计税成本 800 万元，则 2018 年可税前扣除的销售成本：800-80-60=660 万元。

甲成本对象剩余的开发产品，其单位成本由原来的每平方 2000 元调整为每平方 1800 元，这就是后续成本调减的二次分摊方法。

第三节　税前扣除

收入和税前扣除是企业所得税的两大核心要素，两者相比较而言，税前扣除项目由于种类繁多、标准各异等原因而复杂很多。房地产企业跟其他企业一样，最终的支出都汇总成成本、费用、税金、损失和其他支出等大类反映在企业所得税申报表中。房地产企业的税前扣除项目既有和其他企业相同的部分，也有由于行业自身特点而导致的特殊扣除项目，这一点在房地产企业所得税实务操作中需要注意。

根据企业所得税法及实施条例，企业实际发生的与取得收入有关、合理的支出，包括成本、费用、税金、损失和其他支出，准予在计算应纳税所得额时扣除。

企业所得税法第八条所称有关的支出，是指与取得收入直接相关的支出。企业所得税法第八条所称合理的支出，是指符合生产经营活动常规，应当计入当期损益或者有关资产成本的必要和正常的支出。

企业发生的支出应当区分收益性支出和资本性支出。收益性支出在发生当期直接扣除；资本性支出应当分期扣除或者计入有关资产成本，不得在发生当期直接扣除；企业的不征税收入用于支出所形成的费用或者财产，不得扣除或者计算对应的折旧、摊销扣除；除企业所得税法和实施条例另有规定外，企业实际发生的成本、费用、税金、损失和其他支出，不得重复扣除。

成本，是指企业在生产经营活动中发生的销售成本、销货成本、业务支出以及其他耗费。

费用，是指企业在生产经营活动中发生的销售费用、管理费用和财务费用，已经计入成本的有关费用除外。

税金，是指企业发生的除企业所得税和允许抵扣的增值税以外的各项税金及其附加税。

损失，是指企业在生产经营活动中发生的固定资产和存货的盘亏、毁损、报废损失、转让财产损失、呆账损失、坏账损失、自然灾害等不可抗力因素造成的损失以及其他损失。企业发生的损失，减除责任人赔偿和保险赔款后的余额，依照国务院财政、税务主管部门的规定扣除。企业已经作为损失处理的资产，在以后纳税年度又全部收回或者部分收回时，应当计入当期收入。

其他支出，是指除成本、费用、税金、损失外，企业在生产经营活动中发生的与生产经营活动有关的、合理的支出。

一、税前扣除凭证的规定

2018年6月6日，国家税务总局发布了《企业所得税税前扣除凭证管理办法》（下称《办法》）的公告（国家税务总局公告2018年第28号），对税前扣除凭证做出系统规定和具体解释。《办法》从统一认识、易于判断、利于操作的角度出发，对税前扣除凭证的相关概念、适用范围、管理原则、种类、基本情形税务处理、特殊情形税务处理等予以明确；与此同时，《办法》始终贯穿了"放管结合，优化服务"的理念，对于深入贯彻税务系统"放管服"改革精神将起到积极促进作用。

一是《办法》明确收款凭证、内部凭证、分割单等也可以作为税前扣除凭证，减轻了纳税人的办税负担；

二是《办法》在税前扣除凭证的种类、填写内容、取得时间、补开、换开要求等方面进行了详细的规定，有利于企业加强自身财务管理和内控管理，减少税收风险；

三是针对企业未取得外部凭证或者取得不合规外部凭证的情形，《办法》规定了补救措施，保障了纳税人合法权益。

可以说，这个公告是对所得税凭证扣除解析得最为全面的一个规范性文件。这个文件出台之前，税务机关主要依赖企业所得税法、税收征管法、发票管理办法等零散文件规定进行税前扣除凭证管理。这个公告出台以后，对于税务机关加强管理规范执法提供了非常好的政策依据。

（一）凭证税前扣除的基本原则

根据《办法》第四条规定，税前扣除凭证在管理中遵循真实性、合法性、关联性原则。

真实性是指税前扣除凭证反映的经济业务真实，且支出已经实际发生；合法性是指税前扣除凭证的形式、来源符合国家法律、法规等相关规定；关联性是指税前扣除凭证与其反映的支出相关联且有证明力。

由于税前扣除凭证难以一一列示，通过明确管理原则，有利于消除争议，确保纳税人和税务机关共同遵循、规范处理。税前扣除凭证在管理中应当遵循真实性、合法性、关联性的原则。真实性是基础，若企业的经济业务及支出不具备真实性，自然就不涉及税前扣除的问题；合法性和关联性是核心，只有当税前扣除凭证的形式、来源符合法律、法规等相关规定，并与支出相关联且有证明力时，才能作为企业支出在税前扣除的证明资料。

房地产企业的业务相对复杂，某项业务是否能够税前扣除需要根据具体情况来判断。结合税前扣除凭证的三大基本原则可做如下界定：

1. 真实性：经济业务真实、支出实际发生

业务真实的凭证：①合同或协议，签订合同的差旅费，签订前的一些邀约、要约及备忘，正式文本，投标文件与定标文件；②工程预算书；③工程结算书及工程量清单；④工程形象进度表及图片资料；⑤工程进度款审批及支付单据；⑥第三方监理报告。

支出实际发生的凭证：合同、银行对账单、银行票据、收款收据、第三方支付记录等。

需要说明的是，支出实际发生不能等同于实际支付。按照《企业所得税法实施条例》第九条规定，企业应纳税所得额的计算，以权责发生制为原则，属于当期的收入和费用，不论款项是否收付，均作为当期的收入和费用；不属于当期的收入和费用，即使款项已经在当期收付，均不作为当期的收入和费用。本条例和国务院财政、税务主管部门另有规定的除外。也就是说，除特殊规定外，企业所得税税前扣除是依据权责发生制原则，支出实际发生与实际支付没有必然联系，支出实际发生且符合权责发生制原则，就足以构成该项业务真实性的满足要素。

当然房地产企业也有例外的情形，比如说三项预提成本，即使当期没有发生，但是也可以作为当期的成本计算扣除，这种预提成本属于税法的特殊规定。

2. 合法性：形式合法、来源合法

（1）形式合法：开具凭证的内容、时间、对象等。

如属于房地产企业应税项目的支出，要取得发票；属于政府性的支出，要取得财政票据；属于支付给个人的支出，要代扣代缴个人所得税；属于取得建筑安装发票，还必须在备注栏里面注明项目所在的县市区的名称以及项目的名称等。

（2）来源合法：发票是从税务机关领购的、从对方处取得的，对方有资格开具的等。

如虚构业务买回来的发票，就属于来源不合法，即使有合法票据，即使款项已支付也不能税前扣除。

3. 关联性：与支出关联且有证明力

要有关联且有证明力，就要有一组凭证互相印证。比如园林绿化的面积、所用苗木的种类大小数量等是否与整个绿化的工程造价相关联且能相互印证；如拆迁补偿费，如果成本中包含了拆迁补

偿费，相关联的必然是房地产企业要有拆迁补偿业务，就要有拆迁补偿合同、已支付的凭证等相关证明，只有这些关联性的证明支出才能确定它的成本中可以有拆迁补偿费的扣除。

（二）税前扣除凭证的种类

根据税前扣除凭证的取得来源，《办法》将其分为内部凭证和外部凭证。

内部凭证是指企业根据国家会计法律、法规等相关规定，在发生支出时，自行填制的用于核算支出的会计原始凭证。比如企业开发成本计算分配表、企业人员的工资表、企业材料的出仓单和入库单等会计原始凭证即为内部凭证，按凭证来源分类见表2-2。

表2-2 凭证分类表（按来源）

内部凭证	企业自制用于成本、费用、损失和其他支出会计核算的原始凭证				
外部凭证	发票	财政票据	完税凭证	分割单	其他

外部凭证是指企业发生经营活动和其他事项时，取得的发票、财政票据、完税凭证、分割单以及其他单位、个人出具的收款凭证等。其中，发票包括纸质发票和电子发票，也包括税务机关代开的发票，详见表2-3。

表2-3 凭证分类表（按是否应税）

地域分类	是否应税	应税对象	税前扣除凭证
境内支出	应税项目	已办理税务登记的增值税纳税人	以发票作为税前扣除凭证
		无需办理税务登记、小额零星经营业务	以税务机关代开的发票或者收款凭证作为税前扣除凭证，收款凭证应注明收款人姓名、身份证号、收款项目、收款金额等
		总局对应税项目开具发票另有规定的	以规定的发票或票据作为税前扣除凭证
	非应税项目	对方为单位的	以对方开具发票以外的外部凭证作为税前扣除凭证
		对方为个人的	以内部凭证作为税前扣除凭证
		总局规定可以开具发票的	以发票作为税前扣除凭证
境外支出	以发票或具有发票性质的收款凭证、相关税费缴纳凭证作为税前扣除凭证		

（三）取得税前扣除凭证的特殊性处理

企业应在支出发生时取得符合规定的税前扣除凭证，但是考虑到在某些情形下企业可能需要补开、换开符合规定的税前扣除凭证。《办法》规定了企业应在当年度企业所得税法规定的汇算清缴期结束前，取得符合规定的税前扣除凭证。

企业在规定期限内取得符合规定的发票、其他外部凭证的，相应支出可以税前扣除。应当取得而未取得发票、其他外部凭证或者取得不合规发票、不合规外部凭证的，可以按照以下规定处理。

1.汇算清缴期结束前的税务处理

房地产企业因其收入确认的特殊性，汇算年度应分为未完工年度和完工年度两种分别处理。

未完工年度的税收收入是按照预售收入依据预计毛利率算出预计毛利额计入应纳税所得额，其汇算清缴期结束前的税务处理可视同一般企业进行如下处理。

（1）能够补开、换开符合规定的发票、其他外部凭证的，相应支出可以税前扣除。

如房地产企业向园林公司支付绿化工程款，双方已经结算，12月底对方没有开具发票，企业的财务人员按照结算单支付的凭证作为成本。如果房地产企业在次年的5月31号之前收到园林公司开具的发票，则不需做任何税务处理；但如果5月31日之前还没有收到发票，则房地产企业就需要调增应税所得。

（2）因对方注销、撤销、依法被吊销营业执照，被税务机关认定为非正常户等特殊原因无法补开、换开符合规定的发票、其他外部凭证的，凭这些相关资料证实支出真实性后，相应支出可以税前扣除。

①无法补开、换开发票、其他外部凭证原因的证明资料（包括工商注销、机构撤销、列入非正常经营户、破产公告等证明资料）；

②相关业务活动的合同或者协议；

③采用非现金方式支付的付款凭证；

④货物运输的证明资料；

⑤货物入库、出库的内部凭证；

⑥企业会计核算记录以及其他资料。

前款①至③为必备资料。

比如房地产企业和园林绿化公司有真实的业务，对方做完工程并收齐款项，发票尚未开具就注销了，房地产企业没有合法凭据作为入账的依据，如何让这项支出能够合法地税前扣除呢？

这种情况下，企业需要拿到无法补开发票的证明：

一是去工商局打印对方已经注销的记录来证明对方确实已经注销；

二是提供证明双方有真实业务的施工合同；

三是采用非现金方式支付对方工程款项，如支付给对方款项的银行汇款单，如果是现金形式支付的话，则不能税前扣除；

四是货物运输的证明材料，这项规定主要针对购买材料的情形，如果该项工程包工包料，则一至三项的证明材料就可以证明该项业务的真实性；如果该项工程采取甲方供材的方式，房地产企业自行购买材料，则除了货物的运输证明之外，还必须有货物入库、出库的内部记录，还要有房地产企业会计核算记录以及其他资料来证明其真实性。

这项补救措施是该文件的一个亮点，对企业真实发生业务款项也已支付但由于对方的原因无法拿到合法票据的，给予税前扣除。但需要视情况提供上述六项资料予以证明，其中①到③项是必备资料，包括证明、合同、付款；④到⑥项是辅助资料，如果①到⑥项资料全部齐全，就更能够说明问题了。

（3）未能补开、换开符合规定的发票、其他外部凭证且未能凭相关资料证实支出真实性的，相应支出不得在发生年度税前扣除。

完工年度的税收收入相对比较复杂，一部分是前期未完工产品预售收入结转而来的收入，一部分是完工产品的销售收入，还有一部分是当期未完工产品的预售收入。除了预售收入使用预计毛利之外，完工产品的收入需要对应真实的销售成本来计算毛利额，这对房地产成本凭证的取得提出了很高的要求。由于房地产开发周期长、成本项目多、付款结算流程长、成本核算过程复杂，成本凭证在短时间内很难全部到位，因此在完工年度汇算清缴期结束前除了上述三项操作之外，还应进行如下税务处理。

（1）三项成本预提。国税发〔2009〕31号文件第三十二条明确规定，企业在当年度企业所得税法规定的汇算清缴期结束前尚未取得发票的，以下三项成本可以预提：

①出包工程未最终办理结算而未取得全额发票的，在证明资料充分的前提下，其发票不足金额可以预提，但最高不得超过合同总金额的10%。

②公共配套设施尚未建造或尚未完工的，可按预算造价合理预提建造费用。此类公共配套设施必须符合已在售房合同、协议或广告、模型中明确承诺建造且不可撤销，或按照法律法规规定必须配套建造的条件。

③应向政府上交但尚未上交的报批报建费用、物业完善费用可以按规定预提。物业完善费用指按规定应由企业承担的物业管理基金、公建维修基金或其他专项基金。

（2）其他预提。按照权责发生制的原则，完工产品收入对应的是完工产品的完全成本，除了上述三项预提成本之外，肯定还会有其他缺失成本。因此我们建议，对于缺失成本也应该按照谨慎性原则进行预提，能准确结算的，按照差额预提成本，不能准确结算的，按照合同预提成本。只有成本预提充分，后面才不会出现取得发票进行追溯调整而导致退税的情形。退一步来讲，预提后不调整，检查期发现仍未取得发票，还有60天的拿票缓冲期。因此，完全成本的充分预提符合企业所得税法权责发生制的要求，同时也符合国家税务总局2018年第28号文的文件精神。

2. 汇算清缴期结束后的税务处理

（1）由于某种原因（如购销合同、工程项目纠纷等），企业在规定的期限内未能取得符合规定的发票、其他外部凭证，或者取得不合规发票、不合规其他外部凭证，企业主动没有进行税前扣除的，待以后年度取得符合规定的发票、其他外部凭证后，相应支出可以追补至该支出发生年度扣除，追补扣除年限不得超过5年。其中，因对方注销、撤销、依法被吊销营业执照，被税务机关认定为非正常户等特殊原因无法补开、换开符合规定的发票、其他外部凭证的，企业在以后年度凭相关资料证实支出真实性后，相应支出也可以追补至该支出发生年度扣除，追补扣除年限不得超过5年。

假如该笔园林绿化工程费在房地产企业年度汇算清缴时未取得合法发票、未做扣除，企业也进行了纳税调整，5年之内又收到了园林绿化公司的发票，则允许扣除。但不是在该发票取得的年度进行扣除，而是要追溯到这项业务发生的年度去扣除，追补期限只限5年，假如超过5年之后才收到这张发票，则由于超过期限无法扣除。

（2）税务机关发现企业应当取得而未取得发票、其他外部凭证或者取得不合规发票、不合规其他外部凭证，企业自被告知之日起60日内补开、换开符合规定的发票、其他外部凭证或者按照

《办法》第十四条规定凭相关资料证实支出真实性后，相应支出可以在发生年度税前扣除。否则，该支出不得在发生年度税前扣除，也不得在以后年度追补扣除。

假如该笔园林绿化工程费在房地产企业年度汇算清缴时已经扣除，但未取得合法发票，税务机关检查发现这个问题，应告知房地产企业，房地产企业在自收到税务机关告知之日起60日内向园林公司要求补开发票，如果房地产企业在规定时间内拿回发票，则不用纳税调整，不用补税。

（四）房地产业务税前扣除的特殊性

房地产项目业务复杂，取得的外部凭证种类繁多，其包括但不限于发票（纸质发票和电子发票）、财政票据、完税凭证、收款凭证和分割单等。结合31号文的相关规定，房地产企业的税前扣除凭证需要特别关注以下各种情形：

（1）向政府部门支付的土地价款，包括土地受让人向政府部门支付的征地和拆迁补偿费用、土地前期开发费用和土地出让收益等，应以取得的财政收据作为税前扣除凭证。

（2）房地产开发企业在取得土地时向其他单位或个人支付的拆迁补偿费用，应以政府文件、拆迁协议、拆迁双方支付和取得拆迁补偿费用凭证等能够证明拆迁补偿费用真实性的材料作为税前扣除凭证。不属于政策性的拆迁而属于商业性拆迁的，属于应税项目，按规定属于增值税应税项目的，应以增值税发票作为税前扣除凭证。

（3）房地产企业用建造的本项目房地产安置回迁户的，安置用房视同销售处理，并同时将视同销售收入确认为房地产开发项目的拆迁补偿费，此时确认的拆迁补偿费可自制内部凭证作为税前扣除凭证。

（4）营改增前接受国有土地使用权、地上的建筑物及其附着物（以下称"房地产"）投资入股，如果投资入股环节已经按照评估价值进行所得税确认，则应以投资协议、房地产评估证明作为税前扣除凭证。若营改增后接受房地产投资入股，则应以增值税发票作为税前扣除凭证。

（5）法院判决书、裁定书、调解书，以及仲裁裁决书、公证债权文书等可作为税前扣除凭证。例如，A公司经营不善濒临破产倒闭，经法院裁定该公司房地产归B公司所有，A公司无法出具发票，此时法院裁定书即可作为税前扣除凭证。

（6）企业与其他企业（包括关联企业）、个人在境内共同接受应纳增值税劳务（以下简称"应税劳务"）发生的支出，采取分摊方式的应当按照独立交易原则分摊，企业以发票和分割单作为税前扣除凭证，共同接受应税劳务的其他企业以企业开具的分割单作为税前扣除凭证。

企业与其他企业、个人在境内共同接受非应税劳务发生的支出，采取分摊方式的企业以发票外的其他外部凭证和分割单作为税前扣除凭证，共同接受非应税劳务的其他企业以企业开具的分割单作为税前扣除凭证。

（7）房地产开发企业租用（包括企业作为单一承租方租用）办公、生产用房等资产发生的水、电、燃气、冷气、暖气、通信线路、有线电视和网络等费用，出租方作为应税项目开具发票的，企业以发票作为税前扣除凭证；出租方采取分摊方式的，房地产开发企业可以以出租方开具的其他外部凭证作为税前扣除凭证。

（8）房地产开发企业支付业主违约金，需要代扣代缴个人所得税的，应以费用支付及完税证明作为税前扣除凭证；无须代扣代缴个人所得税的，费用支付证明及收款人身份证明作为税前扣除凭证。

（9）房地产开发企业逾期开发缴纳的土地闲置费，土地增值税计算时不得扣除，但是可以作为企业所得税税前扣除凭证。

二、允许税前扣除的项目

允许税前扣除的项目包括：
①工资薪金支出；
②职工福利费；
③职工教育经费；
④工会经费；
⑤社会保险费；
⑥住房公积金；
⑦为特殊工种职工支付的人身安全保险费；
⑧税务部门允许扣除的商业保险费；
⑨企业财产保险费；
⑩业务招待费；
⑪广告费和业务宣传费；
⑫无需资本化的借款费用；
⑬以经营租赁方式租入固定资产发生的租赁费；
⑭以融资租赁方式租入固定资产提取的折旧费用；
⑮劳保支出；
⑯公益性捐赠支出；
⑰其他允许扣除的支出。

三、不允许税前扣除的项目

不允许税前扣除的项目有：
①向投资者支付的股息、红利等权益性投资收益款项；
②企业所得税税款；
③税收滞纳金；
④罚金、罚款和被没收财物的损失；
⑤《企业所得税法》第九条规定以外的捐赠支出；
⑥赞助支出；
⑦未经核定的准备金支出；

⑧与取得收入无关的其他支出。

下列固定资产不得计算折旧扣除：

①房屋、建筑物以外未投入使用的固定资产；

②以经营租赁方式租入的固定资产；

③以融资租赁方式租出的固定资产；

④已足额提取折旧仍继续使用的固定资产；

⑤与经营活动无关的固定资产；

⑥单独估价作为固定资产入账的土地；

⑦其他不得计算折旧扣除的固定资产。

下列无形资产不得计算摊销费用扣除：

①自行开发的支出已在计算应纳税所得额时扣除的无形资产；

②自创商誉；

③与经营活动无关的无形资产；

④其他不得计算摊销费用扣除的无形资产。

四、常规性扣除项目规定

（一）工资薪金支出

企业发生的合理的工资薪金支出，准予扣除。前款所称工资薪金，是指企业每一纳税年度支付给在本企业任职或者受雇的员工的所有现金形式或者非现金形式的劳动报酬，包括基本工资、奖金、津贴、补贴、年终加薪、加班工资，以及与员工任职或者受雇有关的其他支出。

根据《国家税务总局关于企业工资薪金及职工福利费扣除问题的通知》（国税函〔2009〕3号）之规定，《实施条例》第三十四条所称的"合理工资薪金"，是指企业按照股东大会、董事会、薪酬委员会或相关管理机构制订的工资薪金制度规定实际发放给员工的工资薪金。税务机关在对工资薪金进行合理性确认时，可按以下原则掌握：

①企业制订了较为规范的员工工资薪金制度；

②企业所制订的工资薪金制度符合行业及地区水平；

③企业在一定时期所发放的工资薪金是相对固定的，工资薪金的调整是有序进行的；

④企业对实际发放的工资薪金，已依法履行了代扣代缴个人所得税义务；

⑤有关工资薪金的安排，不以减少或逃避税款为目的。

工资薪金总额，是指企业按规定实际发放的工资薪金总和，不包括企业的职工福利费、职工教育经费、工会经费以及养老保险费、医疗保险费、失业保险费、工伤保险费、生育保险费等社会保险费和住房公积金。对于工资薪金的合理性，主要从两个方面进行把握：一是雇员真实提供了劳务；二是综合业务量和工作的复杂程度，工资薪金支出与同行业同期工资水平相适应。在实务操作中，工资薪金代扣代缴个人所得税是税务机关关注的焦点。工资薪金要合法地税前扣除，就必须履行代扣代缴义务，这是一个强制性规定，如果企业没有代扣代缴个人所得税，则相应的工资薪金不允许税前扣除。

根据《国家税务总局关于企业所得税应纳税所得额若干税务处理问题的公告》（国家税务总局公告 2012 年第 15 号）之规定，企业因雇用季节工、临时工、实习生、返聘离退休人员所实际发生的费用，应区分为工资薪金支出和职工福利费支出，并按《企业所得税法》规定在企业所得税前扣除。其中属于工资薪金支出的，准予计入企业工资薪金总额的基数，作为计算其他各项相关费用扣除的依据。

根据《国家税务总局关于企业工资薪金和职工福利费等支出税前扣除问题的公告》（国家税务总局公告 2015 年第 34 号）之规定，列入企业员工工资薪金制度、固定与工资薪金一起发放的福利性补贴，符合《国家税务总局关于企业工资薪金及职工福利费扣除问题的通知》（国税函〔2009〕3号）第一条规定的，可作为企业发生的工资薪金支出，按规定在税前扣除。

不同时符合上述条件的福利性补贴，应作为国税函〔2009〕3号文件第三条规定的职工福利费，按规定计算限额税前扣除。

企业在年度汇算清缴结束前向员工实际支付的已预提汇缴年度工资薪金，准予在汇缴年度按规定扣除。如企业在 2019 年 12 月计提了员工的年度奖金，一旦计提自然就进入成本，只要在汇算清缴前实际发放，即在 2020 年的 5 月 31 号之前实际发放，就可以税前扣除。

企业接受外部劳务派遣用工所实际发生的费用，应分两种情况按规定在税前扣除：按照协议（合同）约定直接支付给劳务派遣公司的费用，应作为劳务费支出；直接支付给员工个人的费用，应作为工资薪金支出和职工福利费支出。其中属于工资薪金支出的费用，准予计入企业工资薪金总额的基数，作为计算其他各项相关费用扣除的依据。

（二）职工福利费

根据《国家税务总局关于企业工资薪金及职工福利费扣除问题的通知》（国税函〔2009〕3号）之规定，企业职工福利费包括以下内容：

（1）尚未实行分离社会职能的企业，其内设福利部门所发生的设备、设施和人员费用，包括职工食堂、职工浴室、理发室、医务所、托儿所、疗养院等集体福利部门的设备、设施及维修保养费用，及福利部门工作人员的工资薪金、社会保险费、住房公积金、劳务费等。

（2）为职工卫生保健、生活、住房、交通等所发放的各项补贴和非货币性福利，包括企业向职工发放的因公外地就医费用、未实行医疗统筹企业职工医疗费用、职工供养直系亲属医疗补贴、供暖费补贴、职工防暑降温费、职工困难补贴、救济费、职工食堂经费补贴、职工交通补贴等。

（3）按照其他规定发生的其他职工福利费，包括丧葬补助费、抚恤费、安家费、探亲假路费等。

企业发生的职工福利费，应该单独设置账册，进行准确核算。没有单独设置账册准确核算的，税务机关应责令企业在规定的期限内进行改正。逾期仍未改正的，税务机关可对企业发生的职工福利费进行合理的核定。

根据《企业所得税法实施条例》第四十条，企业发生的职工福利费支出，不超过工资薪金总额 14% 的部分准予扣除。

（三）职工教育经费

根据《关于企业职工教育经费税前扣除政策的通知》（财税〔2018〕51号）之规定，企业发生的职工教育经费需要与企业生产经营相关，且取得符合税收法规规定的有效凭证，其具体税前列支范围如下：

①上岗和转岗培训；

②各类岗位适应性培训；

③岗位培训、职业技术等级培训、高技能人才培训；

④专业技术人员继续教育；

⑤特种作业人员培训；

⑥企业组织的职工外送培训的经费支出（包括外出培训的住宿费、伙食费等）；

⑦职工参加的职业技能鉴定、职业资格认证等经费支出；

⑧购置教学设备与设施；

⑨职工岗位自学成才奖励费用；

⑩职工教育培训管理费用；

⑪经单位批准或按国家和省、市规定必须到本单位之外接受培训的职工有关培训费用；

⑫矿山和建筑企业等聘用外来农民工较多的企业，以及在城市化进程中接受农村转移劳动力较多的企业，对农民工和农村转移劳动力培训的费用；

⑬有关职工教育的其他开支。

注：职工教育培训经费的60%以上应用于企业一线职工的教育和培训。

但税前列支范围不包括：

①职工参加社会上的学历教育以及个人为取得学位而参加的在职教育费用；

②高层管理人境外培训和考察中一次性单项支出较高的费用。

自2018年1月1日起，企业发生的职工教育经费支出，不超过工资薪金总额8%的部分，可以税前扣除；超过部分，可以结转以后年度扣除。

实务操作需要注意两个方面：

①超8%限额结转以后年度。对当期实际发生数超过扣除限额的职工教育经费，在进行企业所得税申报时需做纳税调增，该部分可结转至以后年度限额内税前扣除。

②计算扣除限额的工资薪金总额。是企业所得税前可以扣除的工资薪金总额，即《职工薪酬纳税调整明细表》第一行的税收金额，包括基本工资、奖金、津贴、补贴、年终加薪、加班工资，以及与员工任职或者受雇有关的现金或者非现金形式的劳动报酬。

（四）工会经费

根据《国家税务总局关于工会经费企业所得税税前扣除凭据问题的公告》（国家税务总局公告2010年第24号）之规定，全国总工会决定从2010年7月1日起，启用财政部统一印制并套印财政部票据监制章的《工会经费收入专用收据》，同时废止《工会经费拨缴款专用收据》。

自2010年7月1日起，企业拨缴的职工工会经费，不超过工资薪金总额2%的部分，凭工会组织开具的《工会经费收入专用收据》在企业所得税税前扣除。

根据《关于税务机关代收工会经费企业所得税税前扣除凭据问题的公告》（国家税务总局公告2011年第30号）之规定，自2010年1月1日起，在委托税务机关代收工会经费的地区，企业拨缴的工会经费也可凭合法、有效的工会经费代收凭据依法在税前扣除。

（五）社会保险费

根据《企业所得税法实施条例》第三十五条之规定，企业依照国务院有关主管部门或者省级人民政府规定的范围和标准为职工缴纳的基本养老保险费、基本医疗保险费、失业保险费、工伤保险费、生育保险费等基本社会保险费和住房公积金，准予扣除。企业为投资者或者职工支付的补充养老保险费、补充医疗保险费，在国务院财政、税务主管部门规定的范围和标准内，准予扣除。

根据《财政部 国家税务总局关于补充养老保险费、补充医疗保险费有关企业所得税政策问题的通知》（财税〔2009〕27号文）之规定，自2008年1月1日起，企业根据国家有关政策规定，为在本企业任职或者受雇的全体员工支付的补充养老保险费、补充医疗保险费，分别在职工工资总额5%标准内的部分，在计算应纳税所得额时准予扣除；超过的部分，不予扣除。

除企业依照国家有关规定为特殊工种职工支付的人身安全保险费和国务院财政、税务主管部门规定可以扣除的其他商业保险费外，企业为投资者或者职工支付的商业保险费，不得扣除。

（六）住房公积金

住房公积金，是指国家机关、国有企业、城镇集体企业、外商投资企业、城镇私营企业及其他城镇企业、事业单位、民办非企业单位、社会团体（以下统称"单位"）及其在职职工缴存的长期住房储金。职工个人缴存的住房公积金和职工所在单位为职工缴存的住房公积金，属于职工个人所有。职工住房公积金的月缴存额为职工本人上一年度月平均工资乘以职工住房公积金缴存比例；单位为职工缴存的住房公积金的月缴存额为职工本人上一年度月平均工资乘以单位住房公积金缴存比例；职工和单位住房公积金的缴存比例均不得低于职工上一年度月平均工资的5%；有条件的城市，可以适当提高缴存比例。具体缴存比例由住房公积金管理委员会拟订，经本级人民政府审核后，报省、自治区、直辖市人民政府批准。

单位应当于每月发放职工工资之日起5日内将单位缴存和为职工代缴的住房公积金汇缴到住房公积金专户内，由受委托银行计入职工住房公积金账户。

对缴存住房公积金确有困难的单位，经本单位职工代表大会或者工会讨论通过，并经住房公积金管理中心审核，报住房公积金管理委员会批准后，可以降低缴存比例或者缓缴；待单位经济效益好转后，再提高缴存比例或者补缴缓缴。

（七）企业租用个人车辆

企业由于业务经营的需要，租赁员工个人车辆用于经营是被允许的，而要做到税前扣除需要注意三个要点：

①公司与员工签订了车辆租赁合同；

②合同约定支付给员工合理的车辆租金；
③需要取得个人去税局代开的租金发票。

私车公用的情况下，企业可以与车主签订汽车租赁协议，协议中约定汽车在使用过程中发生的费用由企业承担，则相关的以公司的名称开具发票的汽车油费、过路费、修理费可以报销并在税前扣除，但以个人名义开具发票的费用，如保险费、车船使用税等不得在税前扣除。

（八）业务招待费

业务招待费是指企业为生产、经营业务的合理需要而支付的应酬费用。它是企业生产经营中所发生的实实在在、必需的费用支出，是企业进行正常经营活动必要的一项成本费用。由于商业接待和个人消费难以区分，因此税法对其税前扣除有限定，仅允许按一定标准扣除。

一般情况下企业的业务招待费包括两部分：

①日常性业务招待费支出，如餐饮费、住宿费、交通费等；

②重要客户的业务招待费，即除前述支出外，还包括赠送给客户的礼品费、正常的娱乐活动费、安排客户旅游的费用等。

根据《企业所得税法实施条例》第四十三条之规定，企业发生的与生产经营活动有关的业务招待费支出，按照发生额的60%扣除，但最高不得超过当年销售（营业）收入的5‰。

由于商业招待和个人消费之间难以区分，业务招待费扣除采用"双限额"和"孰小原则"，而且超过部分不能在以后的年度来结转扣除。

业务接待费扣除限额的计算基数为销售（营业）收入，而销售（营业）收入=主营业务收入+其他业务收入+视同销售收入。

企业在筹建期间发生的与筹办活动有关的业务招待费支出，可按实际发生额的60%计入企业筹办费，并按有关规定在税前扣除。即企业按实际发生额60%计入筹办费的业务招待费在扣除时不受当年销售（营业）收入的5‰的限制。

（九）广告费和业务宣传费

根据《企业所得税法实施条例》第四十四条之规定，企业发生的符合条件的广告费和业务宣传费支出，除国务院财政、税务主管部门另有规定外，不超过当年销售（营业）收入15%的部分，准予扣除；超过部分，准予在以后纳税年度结转扣除。

广告费指企业为激发消费者的购买欲望，通过一定媒介和形式介绍商品或所提供的服务，而支付给广告经营者、发布者的费用；业务宣传费指企业开展业务宣传活动所支付的费用，主要指未通过广告发布者传播的广告性支出，包括企业发放的印有企业标志的礼品、纪念品等。二者的根本性区别为是否取得"广告服务"的增值税发票。

广告费与业务宣传费都是为了达到促销之目的而支付的费用，既有共同属性也有区别。由于现行税法对广告费与业务宣传费实行合并扣除，因此再从属性上对二者进行区分已没有任何实质意义。企业无论是通过广告公司宣传（发布、播映、宣传、展示广告），还是通过各类印刷、制作单位制作如购物袋、遮阳伞、各类纪念品等印有企业标志的宣传物品，所支付的费用均可合并在规定比例内予以扣除。

企业在筹建期间发生的广告费和业务宣传费，可按实际发生额计入企业筹办费，并按有关规定在税前扣除。

根据《关于广告费和业务宣传费支出税前扣除政策的通知》（财税〔2017〕41号文）之规定，对签订广告费和业务宣传费分摊协议（以下简称"分摊协议"）的关联企业，其中一方发生的在当年销售（营业）收入税前扣除限额比例内的广告费和业务宣传费支出可以在本企业扣除，也可以将其中的部分或全部按照分摊协议归集至另一方扣除。另一方在计算本企业广告费和业务宣传费支出的税前扣除限额时，可不将按照上述办法归集至本企业的广告费和业务宣传费计算在内。

执行该条规定应注意以下几点：

（1）根据税法规定，关联企业指有下列关系之一的公司、企业和其他经济组织：

在资金、经营、购销等方面，存在直接或者间接的拥有或者控制关系；直接或者间接地同为第三者所拥有或者控制；在利益上具有相关联的其他关系。

（2）关联企业之间应签订有广告费和业务宣传费分摊协议，可根据分摊协议自由选择是在本企业扣除或归集至另一方扣除。

（3）总体扣除限额不得超出规定标准。归集到另一方扣除的广告费和业务宣传费只能是企业依法可扣除限额内的部分或者全部，而不是实际发生额。

一般企业应先按销售（营业）收入的15%，计算出本年可扣除限额。

（4）接受归集扣除的关联企业不占用本企业原扣除限额。即本企业可扣除的广告费和业务宣传费按规定照常计算扣除限额，另外还可以将关联企业未扣除而归集来的广告费和业务宣传费在本企业扣除。

该条规定是财税〔2012〕48号文相关政策的延续，也是该项政策的重大亮点。对于关联企业来说，特别是关联企业较多的大型企业集团是重大利好。

（十）捐赠支出

2017年2月24日第十二届全国人民代表大会常务委员会第二十六次会议《关于修改〈中华人民共和国企业所得税法〉的决定》第一次修正。

【修改前】第九条　企业发生的公益性捐赠支出，在年度利润总额12%以内的部分，准予在计算应纳税所得额时扣除。

【修改后】第九条　企业发生的公益性捐赠支出，在年度利润总额12%以内的部分，准予在计算应纳税所得额时扣除；超过年度利润总额12%的部分，准予结转以后三年内在计算应纳税所得额时扣除。

2019年4月23日，中华人民共和国国务院令（第714号）公布，对《中华人民共和国企业所得税法实施条例》进行了部分修改，自公布之日起实施。

【修改前】第五十一条　企业所得税法第九条所称公益性捐赠，是指企业通过公益性社会团体或者县级以上人民政府及其部门，用于《中华人民共和国公益事业捐赠法》规定的公益事业的捐赠。

【修改后】第五十一条　企业所得税法第九条所称公益性捐赠,是指企业通过公益性社会组织或者县级以上人民政府及其部门,用于符合法律规定的慈善活动、公益事业的捐赠。

【修改前】第五十二条　本条例第五十一条所称公益性社会团体,是指同时符合下列条件的基金会、慈善组织等社会团体:

(一)依法登记,具有法人资格;

(二)以发展公益事业为宗旨,且不以营利为目的;

(三)全部资产及其增值为该法人所有;

(四)收益和营运结余主要用于符合该法人设立目的的事业;

(五)终止后的剩余财产不归属任何个人或者营利组织;

(六)不经营与其设立目的无关的业务;

(七)有健全的财务会计制度;

(八)捐赠者不以任何形式参与社会团体财产的分配;

(九)国务院财政、税务主管部门会同国务院民政部门等登记管理部门规定的其他条件。

【修改后】第五十二条　本条例第五十一条所称公益性社会组织,是指同时符合下列条件的慈善组织以及其他社会组织:

(一)依法登记,具有法人资格;

(二)以发展公益事业为宗旨,且不以营利为目的;

(三)全部资产及其增值为该法人所有;

(四)收益和营运结余主要用于符合该法人设立目的的事业;

(五)终止后的剩余财产不归属任何个人或者营利组织;

(六)不经营与其设立目的无关的业务;

(七)有健全的财务会计制度;

(八)捐赠者不以任何形式参与该法人财产的分配;

(九)国务院财政、税务主管部门会同国务院民政部门等登记管理部门规定的其他条件。

【修改前】第五十三条　企业发生的公益性捐赠支出,不超过年度利润总额12%的部分,准予扣除。

年度利润总额,是指企业依照国家统一会计制度的规定计算的年度会计利润。

【修改后】第五十三条　企业当年发生以及以前年度结转的公益性捐赠支出,不超过年度利润总额12%的部分,准予扣除。

年度利润总额,是指企业依照国家统一会计制度的规定计算的年度会计利润。

(十一)销售佣金

根据《财政部 国家税务总局关于企业手续费及佣金支出税前扣除政策的通知》(财税〔2009〕29号)规定如下:

①除保险企业之外的其他企业发生的与生产经营有关的手续费及佣金支出,按与具有合法经营资格中介服务机构或个人(不含交易双方及其雇员、代理人和代表人等)所签订服务协议或合同确

认的收入金额的5%计算限额，不超过该限额的部分，准予扣除；超过部分，不得扣除。

②企业应与具有合法经营资格中介服务企业或个人签订代办协议或合同，并按国家有关规定支付手续费及佣金。除委托个人代理外，企业以现金等非转账方式支付的手续费及佣金不得在税前扣除。企业为发行权益性证券支付给有关证券承销机构的手续费及佣金不得在税前扣除。

③企业不得将手续费及佣金支出计入回扣、业务提成、返利、进场费等费用。

④企业已计入固定资产、无形资产等相关资产的手续费及佣金支出，应当通过折旧、摊销等方式分期扣除，不得在发生当期直接扣除。

⑤企业支付的手续费及佣金不得直接冲减服务协议或合同金额，且要如实入账。也就是说，销售房款的收入要全额入账，不得以佣金支出冲减销售收入。

⑥企业应当如实向当地主管税务机关提供当年手续费及佣金计算分配表和其他相关资料，并依法取得合法真实凭证。

另根据国税发〔2009〕31号第二十条，企业委托境外机构销售开发产品的，其支付境外机构的销售费用（含佣金或手续费）不超过委托销售收入10%的部分，准予据实扣除。

（十二）固定资产折旧

根据《企业所得税实施条例》第五十九条，固定资产按照直线法计算的折旧，准予扣除。企业应当自固定资产投入使用月份的次月起计算折旧；停止使用的固定资产，应当自停止使用月份的次月起停止计算折旧。企业应当根据固定资产的性质和使用情况，合理确定固定资产的预计净残值。固定资产的预计净残值一经确定，不得变更。

根据第六十条，除国务院财政、税务主管部门另有规定外，固定资产计算折旧的最低年限如下：（一）房屋、建筑物，为20年；（二）飞机、火车、轮船、机器、机械和其他生产设备，为10年；（三）与生产经营活动有关的器具、工具、家具等，为5年；（四）飞机、火车、轮船以外的运输工具，为4年；（五）电子设备，为3年。

根据《国家税务总局关于设备器具扣除有关企业所得税政策执行问题的公告》（国家税务总局公告2018年第46号），企业在2018年1月1日至2020年12月31日期间新购进的设备、器具，单位价值不超过500万元的，允许一次性计入当期成本费用在计算应纳税所得额时扣除，不再分年度计算折旧。该政策的税务应用需要注意以下要点：

（1）公告所称设备、器具，是指除房屋、建筑物以外的固定资产。

（2）购进是指包括以货币形式购进或自行建造，其中以货币形式购进的固定资产包括购进的使用过的固定资产；不包括融资租入、捐赠、投资、非货币性资产交换、债务重组等方式。

此处需要注意：①取得固定资产包括外购、自行建造、融资租入、捐赠、投资、非货币性资产交换、债务重组等多种方式。公告明确"购进"包括以货币形式购进或自行建造两种形式。将自行建造也纳入享受优惠的范围内，主要是考虑到自行建造固定资产所使用的材料实际上也是购进的，因此把自行建造的固定资产看作是"购进"的；

②"新购进"中的"新"字，只是区别于原已购进的固定资产，不是规定非要购进全新的固定资产，因此公告明确以货币形式购进的固定资产包括企业购进的使用过的固定资产。

（3）单位价值的计算方法与企业所得税法实施条例第五十八条规定的固定资产计税基础的计算方法保持一致：

①以货币形式购进的固定资产，以购买价款和支付的相关税费以及直接归属于使该资产达到预定用途而发生的其他支出确定单位价值；

②自行建造的固定资产，以竣工结算前发生的支出确定单位价值。

（4）设备、器具一次性税前扣除政策的执行时间为2018年1月1日至2020年12月31日，因此，需要依据设备、器具的购进时点确定其是否属于可享受优惠政策的范围：

①以货币形式购进的固定资产，除采取分期付款或赊销方式购进外，按发票开具时间确认；

②以分期付款或赊销方式购进的固定资产，按固定资产到货时间确认（考虑到分期付款可能会分批开具发票，赊销方式会在销售方取得货款后才开具发票的特殊情况）；

③自行建造的固定资产，按竣工结算时间确认。

（5）"允许一次性计入当期成本费用在计算应纳税所得额时扣除"中的"当期"是指固定资产在投入使用月份的次月所属年度。企业所得税法实施条例规定，企业应当自固定资产投入使用月份的次月起计算折旧。固定资产一次性税前扣除政策仅仅是固定资产税前扣除的一种特殊方式，因此，其税前扣除的时点应与固定资产计算折旧的处理原则保持一致。公告对此进行了相应规定。比如，某企业于2018年12月购进了一项单位价值为300万元的设备并于当月投入使用，则该设备可在2019年一次性税前扣除。

（6）企业选择享受一次性税前扣除政策的，其资产的税务处理可与会计处理不一致。即企业会计处理上是按照企业会计准则的要求分期计提折旧，但税法规定企业可享受一次性税前扣除政策，这就形成了税会上的时间性差异，而且这种差异在折旧期内长期存在，同时需要在折旧期内分次进行所得税纳税调增。

五、利息支出

（一）利息支出的税务处理

房地产企业具有开发周期长、资金需求量大、利息支出高等特点，利息支出的会计税务处理成为影响企业所得税的关键一环。根据《房地产开发经营业务企业所得税处理办法》（国税发〔2009〕31号文）第二十一条第（一）项规定：企业为建造开发产品借入资金而发生的符合税收规定的借款费用，可按企业会计准则的规定进行归集和分配，其中属于财务费用性质的借款费用，可直接在税前扣除。

可见，税收对利息资本化无特殊性的规定，完全遵循会计的处理原则，只是对于利息作为共同成本需要分摊时提供了两种方法（直接成本法和预算造价法）。也就是说，房地产企业对于利息支出的处理在税务和会计上是一致的，都是依据《企业会计准则第17号—借款费用》。

根据《企业会计准则第17号—借款费用》之规定，企业发生的借款费用，可直接归属于符合资本化条件的资产的购建或者生产的，应当予以资本化，计入相关资产成本；其他借款费用，应当在发生时根据其发生额确认为费用，计入当期损益。符合资本化条件的资产，是指需要经过相当长时间的购建或者生产活动才能达到预定可使用或者可销售状态的固定资产、投资性房地产和存货等资产。

借款费用同时满足下列条件的，才能开始资本化。

①资产支出已经发生，资产支出包括为购建或者生产符合资本化条件的资产而以支付现金、转移非现金资产或者承担带息债务形式发生的支出；

②借款费用已经发生；

③为使资产达到预定可使用或者可销售状态所必要的购建或者生产活动已经开始。

在资本化期间内，每一会计期间的利息资本化金额，应当按照下列规定确定。

（1）为购建或者生产符合资本化条件的资产而借入专门借款的，应当以专门借款当期实际发生的利息费用，减去将尚未动用的借款资金存入银行取得的利息收入或进行暂时性投资取得的投资收益后的金额确定。

专门借款，是指为购建或者生产符合资本化条件的资产而专门借入的款项。

（2）为购建或者生产符合资本化条件的资产而占用了一般借款的，企业应当根据累计资产支出超过专门借款部分的资产支出加权平均数乘以所占用一般借款的资本化率，计算确定一般借款应予资本化的利息金额。资本化率应当根据一般借款加权平均利率计算确定。

资本化期间，是指从借款费用开始资本化时点到停止资本化时点的期间，借款费用暂停资本化的期间不包括在内。

专门借款发生的辅助费用，在所购建或者生产的符合资本化条件的资产达到预定可使用或者可销售状态之前发生的，应当在发生时根据其发生额予以资本化，计入符合资本化条件的资产的成本；在所购建或者生产的符合资本化条件的资产达到预定可使用或者可销售状态之后发生的，应当在发生时根据其发生额确认为费用，计入当期损益。

一般借款发生的辅助费用，应当在发生时根据其发生额确认为费用，计入当期损益。

符合资本化条件的资产在购建或者生产过程中发生非正常中断且中断时间连续超过3个月的，应当暂停借款费用的资本化。在中断期间发生的借款费用应当确认为费用，计入当期损益，直至资产的购建或者生产活动重新开始。如果中断是所购建或者生产的符合资本化条件的资产达到预定可使用或者可销售状态必要的程序，借款费用的资本化应当继续进行。

购建或者生产符合资本化条件的资产达到预定可使用或者可销售状态时，借款费用应当停止资本化。在符合资本化条件的资产达到预定可使用或者可销售状态之后所发生的借款费用，应当在发生时根据其发生额确认为费用，计入当期损益。

购建或者生产符合资本化条件的资产是否达到预定可使用或者可销售状态，可从下列几个方面进行判断：

①符合资本化条件资产的实体建造（包括安装）或者生产工作已经全部完成或者实质上已经完成；

②所购建或者生产的符合资本化条件的资产与设计要求、合同规定或者生产要求相符或者基本相符，即使有极个别不相符的地方，也不影响其正常使用或者销售；

③继续发生在所购建或生产的符合资本化条件的资产上的支出金额很少或者几乎不再发生。

购建或者生产的符合资本化条件的资产需要试生产或者试运行的，在试生产结果表明资产能够正常生产出合格产品或者试运行结果表明资产能够正常运转或者营业时，应当认为该资产已经达到预定可使用或者可销售状态。

购建或者生产的符合资本化条件的资产其各部分分别完工，且每部分在其他部分继续建造的过程中可供使用或者可对外销售，且为使该部分资产达到预定可使用或可销售状态所必要的购建或者生产活动实质上已经完成的，应当停止与该部分资产相关的借款费用的资本化。

购建或者生产的符合资本化条件资产的各部分分别完工，但必须等到整体完工后才可使用或者可对外销售的，应当在该资产整体完工时停止借款费用的资本化。

从上述企业会计准则对利息支出的一般性规定可以看出，房地产开发企业符合资本化条件的资产包括计入存货核算的开发产品、在建投资性房地产和固定资产。房地产开发企业借款费用资本化开始的时间，应当是从取得开发项目开始，发生的利息支出先在"开发成本—借款费用"中归集，也可简化处理，在"开发成本—开发间接费"中归集，然后再按照房地产成本分摊方式分配到各成本核算对象，利息资本化的截止时间应当在开发项目竣工验收日。

（二）非关联方借款利息支出

根据《国家税务总局关于企业所得税若干问题的公告》（国家税务总局公告2011年第34号）和《企业所得税实施条例》第三十八条的规定，非金融企业向非金融企业借款的利息支出，不超过按照金融企业同期同类贷款利率计算的数额的部分，准予税前扣除。鉴于目前我国对金融企业利率要求的具体情况，企业在按照合同要求首次支付利息并进行税前扣除时，应提供"金融企业的同期同类贷款利率情况说明"，以证明其利息支出的合理性。

"金融企业的同期同类贷款利率情况说明"应包括在签订该借款合同时，本省任何一家金融企业提供同期同类贷款利率情况。该金融企业应为经政府有关部门批准成立的可以从事贷款业务的企业，包括银行、财务公司、信托公司等金融机构。"同期同类贷款利率"是指在贷款期限、贷款金额、贷款担保以及企业信誉等条件基本相同的情况下，金融企业提供贷款的利率。既可以是金融企业公布的同期同类平均利率，也可以是金融企业对某些企业提供的实际贷款利率。

利率参考标准包括了"信托公司、财务公司"等金融机构，对于极速扩张的中小房地产企业而言，信托贷款是家常便饭，而信托公司的利率在业界内明显偏高，因此企业在本省范围内找到一家这样的参考标准并非难事。这样的规定也意味着，只要企业支付的利息不离谱，基本上就可以按照"实际支付的利息"扣除。当然，《国家税务总局关于企业所得税若干问题的公告》的规定，也防止了"高利贷"在企业所得税税前扣除的可能性，制定得比较科学有效。

（三）关联方借款利息支出

根据《企业所得税法》第四十一条，企业与其关联方之间的业务往来，不符合独立交易原则而减少企业或者其关联方应纳税收入或者所得额的，税务机关有权按照合理方法调整。

第四十六条，企业从其关联方接受的债权性投资与权益性投资的比例超过规定标准而发生的利息支出，不得在计算应纳税所得额时扣除。

根据《企业所得税法实施条例》第一百一十九条，企业所得税法第四十六条所称债权性投资，是指企业直接或者间接从关联方获得的，需要偿还本金和支付利息或者需要以其他具有支付利息性质的方式予以补偿的融资。企业间接从关联方获得的债权性投资，包括：

①关联方通过无关联第三方提供的债权性投资；

②无关联第三方提供的、由关联方担保且负有连带责任的债权性投资；

③其他间接从关联方获得的具有负债实质的债权性投资。

企业所得税法第四十六条所称权益性投资，是指企业接受的不需要偿还本金和支付利息，投资人对企业净资产拥有所有权的投资。企业所得税法第四十六条所称标准，由国务院财政、税务主管部门另行规定。

根据《财政部、国家税务总局关于企业关联方利息支出税前扣除标准有关税收政策问题的通知》（财税〔2008〕121号）之规定，在计算应纳税所得额时，企业实际支付给关联方的利息支出，不超过以下规定比例和税法及其实施条例有关规定计算的部分，准予扣除，超过的部分不得在发生当期和以后年度扣除。

企业实际支付给关联方的利息支出，除符合本通知第二条规定外，其接受关联方债权性投资与其权益性投资比例为：

①金融企业，为5：1；

②其他企业，为2：1。

如开发公司接受关联方的投资，其中债权性的投资5个亿，权益性的投资是1个亿，总共是6个亿。开发公司支付的这5个亿所产生的利息，只能在税前扣除2/5，超过债资比2：1的3个亿所支付的利息，所得税前不允许扣除。

企业如果能够按照税法及其实施条例的有关规定提供相关资料，并证明相关交易活动符合独立交易原则的，或者该企业的实际税负不高于境内关联方的，其实际支付给境内关联方的利息支出，在计算应纳税所得额时准予扣除。

企业同时从事金融业务和非金融业务，其实际支付给关联方的利息支出，应按照合理方法分开计算；没有按照合理方法分开计算的，一律按本通知第一条有关其他企业的比例计算准予税前扣除的利息支出。

企业自关联方取得的不符合规定的利息收入应按照有关规定缴纳企业所得税。

上述政策规定实际上是作为反对"资本弱化"的反避税手段之一，能够有效防止资本弱化对国家企业所得税税基的侵蚀，同时也可以促进企业更好地健康良性发展，这也是目前国际上主流的通用做法。

根据《国家税务总局关于企业向自然人借款的利息支出企业所得税税前扣除问题的通知》（国税函〔2009〕777号文）之规定，企业向股东或其他与企业有关联关系的自然人借款的利息支出，应根据《中华人民共和国企业所得税法》（以下简称所得税法）第四十六条及《财政部、国家税务总局关于企业关联方利息支出税前扣除标准有关税收政策问题的通知》（财税〔2008〕121号）规定的条件，计算企业所得税扣除额。

企业向除第一条规定以外的内部职工或其他人员借款的利息支出，其借款情况同时符合以下条件的，其利息支出在不超过按照金融企业同期同类贷款利率计算的数额的部分，根据所得税法第八条和所得税法实施条例第二十七条规定，准予扣除。即没有资本弱化的限制。

①企业与个人之间的借贷是真实、合法、有效的，并且不具有非法集资目的或其他违反法律、法规的行为；

②企业与个人之间签订了借款合同。

根据国家税务总局关于印发《特别纳税调整实施办法［试行］》的通知（国税发〔2009〕2号）第九章资本弱化管理的相关规定，所得税法第四十六条所称不得在计算应纳税所得额时扣除的利息支出应按以下公式计算：

不得扣除利息支出 = 年度实际支付的全部关联方利息 ×（1- 标准比例/关联债资比例）

标准比例是指《财政部国家税务总局关于企业关联方利息支出税前扣除标准有关税收政策问题的通知》（财税〔2008〕121号）规定的比例。

关联债资比例是指根据所得税法第四十六条及所得税法实施条例第一百一十九的规定，企业从其全部关联方接受的债权性投资（以下简称"关联债权投资"）占企业接受的权益性投资（以下简称"权益投资"）的比例，关联债权投资包括关联方以各种形式提供担保的债权性投资。

关联债资比例的具体计算方法如下：

关联债资比例 = 年度各月平均关联债权投资之和/年度各月平均权益投资之和

各月平均关联债权投资 =（关联债权投资月初账面余额 + 月末账面余额）/2

各月平均权益投资 =（权益投资月初账面余额 + 月末账面余额）/2

权益投资为企业资产负债表所列示的所有者权益金额。如果所有者权益小于实收资本（股本）与资本公积之和，则权益投资为实收资本（股本）与资本公积之和；如果实收资本（股本）与资本公积之和小于实收资本（股本）金额，则权益投资为实收资本（股本）金额。

所得税法第四十六条所称的利息支出包括直接或间接关联债权投资实际支付的利息、担保费、抵押费和其他具有利息性质的费用。

所得税法第四十六条规定不得在计算应纳税所得额时扣除的利息支出，不得结转到以后纳税年度；应按照实际支付给各关联方利息占关联方利息总额的比例，在各关联方之间进行分配，其中，分配给实际税负高于企业的境内关联方的利息准予扣除；直接或间接实际支付给境外关联方的利息应视同分配的股息，按照股息和利息分别适用的所得税税率差补征企业所得税，如已扣缴的所得税税款多于按股息计算应征所得税税款，多出的部分不予退税。

企业未按规定准备、保存和提供同期资料证明关联债权投资金额、利率、期限、融资条件以及债资比例等符合独立交易原则的，其超过标准比例的关联方利息支出，不得在计算应纳税所得额时扣除。

本章所称"实际支付利息"是指企业按照权责发生制原则计入相关成本、费用的利息。权责发生制是指按照税法要求先作一般纳税调整，已扣除一般纳税调整后的金额再作特别纳税调整。

（四）投资未到位利息支出

根据《国家税务总局关于企业投资者投资未到位而发生的利息支出企业所得税前扣除问题的批

复》(国税函〔2009〕312号)之规定:关于企业由于投资者投资未到位而发生的利息支出扣除问题,根据《中华人民共和国企业所得税法实施条例》第二十七条规定,凡企业投资者在规定期限内未缴足其应缴资本额的,该企业对外借款所发生的利息,相当于投资者实缴资本额与在规定期限内应缴资本额的差额应计付的利息,其不属于企业合理的支出,应由企业投资者负担,不得在计算企业应纳税所得额时扣除。

具体计算不得扣除的利息,应以企业一个年度内每一账面实收资本与借款余额保持不变的期间作为一个计算期,每一计算期内不得扣除的借款利息按该期间借款利息发生额乘以该期间企业未缴足的注册资本占借款总额的比例计算,公式为:

企业每一计算期不得扣除的借款利息 = 该期间借款利息额 × 该期间未缴足注册资本额 ÷ 该期间借款额。

企业一个年度内不得扣除的借款利息总额为该年度内每一计算期不得扣除的借款利息额之和。

举个简单例子,应缴的资本金是1亿元,股东只缴了5000万元,这时企业又对外进行借款1亿元,那么企业支付1.5亿元所产生的利息,只能在税前扣除1亿元所产生的利息。税法认为股东没有缴足资本金,这5000万元所产生的利息支出应该由投资者负担,不能在所得税税前扣除。

(五)集团统借统还利息支出

统借统还业务是指企业集团或者企业集团中的核心企业向金融机构借款或对外发行债券取得资金后,将所借资金分拨给下属单位(包括独立核算单位和非独立核算单位,下同),并向下属单位收取用于归还金融机构或债券购买方本息的业务。

有下属财务公司的企业集团向金融机构借款或对外发行债券取得资金后,由集团所属财务公司与企业集团或者集团内下属单位签订统借统还贷款合同并分拨资金,并向企业集团或者集团内下属单位收取本息,再转付企业集团,由企业集团统一归还金融机构或债券购买方。

企业在生产经营活动中发生的非金融企业向非金融企业借款的利息支出,不超过按照金融企业同期同类贷款利率计算的数额的部分,准予在企业所得税税前扣除。

因此,对实行统借统还办法的企业集团,支付利息方向统借方支付的利息支出,不超过按照金融企业同期同类贷款利率计算的数额的部分,准予在企业所得税税前扣除。

根据《财政部 国家税务总局关于全面推开营业税改征增值税试点的通知》(财税〔2016〕36号文)附件3《营业税改征增值税试点过渡政策的规定》将"统借统还"归属于免征增值税项目,因此统借方取得统还利息收入免征增值税应开具增值税普通发票,对实行统借统还办法的企业集团,支付利息方向统借方支付的利息支出,凭统借方开具的利息发票准予在企业所得税税前扣除。

六、房地产企业三项费用扣除计算基数

(一)三项费用扣除基数表中取数的逻辑

根据国税函〔2009〕202号文,业务招待费、广告费和业务宣传费的计算基数是营业收入,而营业收入是由主营业务收入、其他业务收入和视同销售收入三部分构成。这三部分的数据并不是企

业所得税年终汇算清缴主表中营业收入的金额，因为营业收入的金额包括了主营业务收入和其他业务收入，并没有包含视同销售收入。因此取数的时候不但要取主表营业收入的金额，还要加上《视同销售和房地产开发企业特定业务纳税调整明细表》（A105010），下文简称"A105010表"的视同销售收入的金额。

视同销售收入是指按照企业会计准则无需确认收入，而税收上要求确认销售收入的实现。有些资产处置收入在会计上确认为营业外收入，但税收上仍然会要求按照视同销售处理。也就是说，无论会计上如何处理，只要满足税收上规定的视同销售的情形，就要在税收上按照视同销售处理，作为三项费用扣除计算基数。

由于房地产行业的特殊性，房地产企业会计上销售房款的预收账款，并不是企业会计上的收入。根据国税发〔2009〕31号文的相关规定，企业通过正式签订房地产销售合同或者房地产预售合同所取得的收入，应确认为销售收入的实现。因此作为预收账款的销售房款，会计上没做收入，而税收上已经可以将其作为计算三项费用基数的依据。

那么这个时候如何调整？我们还得通过A105010表进行调整。在计算三项费用基数时，需要加上第23行销售未完工产品的收入额，也就是说把税收上可以作为三项费用基数的预售收入包含进来。但这样又产生了新的问题，那就是未完工产品收入转为完工产品收入时需要将其调减出来，如何调减？

如果完工年度已经交楼，会计上已经同步确认收入，则通过A105010表的第27行销售未完工产品转完工产品确认的销售收入进行调减。

如果完工年度未交楼，会计上不确认收入，未完工产品收入转为完工产品收入对应的预计毛利额通常在A105000表第30行进行纳税调减，这样三项费用扣除基数就无法在各个申报表中直接取数。

分析到这里我们就清楚了，为什么在设计时汇算清缴申报表，通过A105010表将视同销售和房地产特定业务纳税调整这两个看似互不相关的业务放在一张表上，其实就是为了计算三项费用扣除基数。

通过以上分析可以看出，如果完工年度已经交楼，会计上已经同步确认收入，则房地产企业三项费用扣除基数表中取数的逻辑就是：汇算清缴主表第一行营业收入+A105010表第1行视同销售收入+第23行销售未完工产品的收入－第27行销售未完工产品转完工产品确认的销售收入。

如果完工年度未交楼，会计上不确认收入，三项费用扣除基数就无法在各个申报表中直接取数，需要具体分析。

（二）三项费用扣除基数的计算公式

根据《国家税务总局关于查增应纳税所得额弥补以前年度亏损处理问题的公告》（国家税务总局公告2010年第20号），税务机关对企业以前年度纳税情况进行检查时调增的应纳税所得额，凡企业以前年度发生亏损且该亏损属于企业所得税法规定允许弥补的，应允许调增的应纳税所得额弥补该亏损。弥补该亏损后仍有余额的，按照企业所得税法规定计算缴纳企业所得税。对检查调增的应纳税所得额应根据其情节，依照《中华人民共和国税收征收管理法》有关规定进行处理或处罚。

这也意味着税务机关的查补收入是可以作为三项费用税前扣除计算基数的。

房地产企业由于税收收入确认的特殊性，其业务招待费、广告费和业务宣传费三项费用的扣除计算基数要分未完工年度和完工年度，具体如下：

未完工年度三项费用扣除计算基数＝未完工产品预售收入＋其他业务收入＋视同销售收入＋该年度税务机关查补收入；

完工年度三项费用扣除计算基数＝完工产品收入＋其他业务收入＋视同销售收入＋未完工产品预售收入＋该年度税务机关查补收入－未完工产品收入结转已完工产品收入。

七、税金及附加

根据财政部《增值税会计处理规定》（财会〔2016〕22号）的通知，营改增后"营业税金及附加"科目调整为"税金及附加"科目，该科目核算企业经营活动发生的消费税（房地产企业不涉及）、城市维护建设税、资源税、教育费附加及房产税、土地使用税、车船使用税、印花税等相关税费；利润表中的"营业税金及附加"项目调整为"税金及附加"项目。

从上可知，该科目发生了两大变化：一是删除了"营业"二字，二是并入了四小税种。就房地产企业而言，该科目除了继续核算之前的城建税、教育费附加、土地增值税之外，还要核算原来计入管理费用的房产税、土地使用税、车船使用税、印花税等税费，把之前计入管理费用的四小税种并入"税金及附加"科目统一核算，这样处理显得"税金及附加"科目的核算更加全面，更加规范，更加科学。

目前税金及附加的处理方式有两种：一是按照权责发生制原则，在办理产权移交手续的时候，再依照结转的收入做配比扣除；二是直接在发生当期扣除。

营改增后，由于增值税的特殊性，增值税与收入不再存在直接配比关系，相应税金及附加与收入也不存在配比关系，而且从"税金及附加"科目的核算内容来看，该科目期间费用的属性越来越明显。许多资料都强调汇算清缴主表第三行税金及附加填写时与收入和成本的配比性，笔者认为这完全没有必要，只要是企业当年度实际已交的税金，都应计入年度会计报表的"税金及附加"科目，体现在年度汇算清缴主表第3行。理由如下：

一是税金及附加的定性应为期间费用，按照《企业会计准则》的规定，费用的处理可以对象化，也可以期间化。对象化的费用构成产品成本，期间化的费用计入当期损益。从这点来看，税金及附加显然不会构成开发产品的成本，因此税金及附加的定性为期间费用，没有必要同收入与成本配比。

二是从国际会计准则的实践来看，税金及附加也更加符合期间费用的概念。

三是全国会计专业资格考试大纲明确成本费用总额包含营业成本、税金及附加、管理费用、销售费用、财务费用。很显然，税金及附加不归属于营业成本，而属于和三大费用并列的期间费用。

通过上述对税金及附加定性的分析，可以得出如下结论：

一是只要是企业当年度已交的税金及附加，都应计入年度会计报表的税金及附加，体现在年度汇算清缴主表第三行，不需要和收入成本相配比。根据国税发〔2009〕31号文第十二条，企业发生的期间费用、已销开发产品计税成本、营业税金及附加、土地增值税准予当期按规定扣除。因此这样处理完全符合该文件第十二条的精神。

二是在计算销售未完工产品和未完工产品结转完工产品纳税调整时，只需要调整预计毛利，不需要匹配税金及附加。即是说，填写《视同销售和房地产开发企业特定业务纳税调整明细表》时，第25行"3.实际发生的税金及附加、土地增值税"不需要填写，第29行"3.转回实际发生的税金及附加、土地增值税"也不需要填写，由此减少了工作量。具体见表2-4：

表2-4 《视同销售和房地产开发企业特定业务纳税调整明细表》（A105010）

行次	项目	税收金额	纳税调整金额
		1	2
21	三、房地产开发企业待定业务计算的纳税调整额（22-29）		
22	（一）房地产企业销售未完工开发产品待定业务计算的纳税调整额（23-25）		
23	1.销售未完工产品的收入		*
24	2.销售未完工产品预计毛利额		
25	3.实际发生的税金及附加、土地增值税	不填	不填
26	（二）房地产企业销售的未完工产品转完工产品待定业务计算的纳税调整额（27-29）		
27	1.销售未完工产品转完工产品确认的销售收入		*
28	2.转回的销售未完工产品预计毛利额		
29	3.转回实际发生的税金及附加、土地增值税	不填	不填

三是季度所得税预缴时，凡是当季度已交的税金及附加同三大费用一样在会计报表列示，计算利润总额并填写第3行，填写第4行"特定业务应纳税所得额"时则无需再考虑税金及附加，这样可以避免房地产企业因期间费用不均衡导致某季度提前预缴所得税，占用企业现金流。具体见下表2-5：

表2-5 《中华人民共和国企业所得税月（季）度预缴纳税申报表（A类）》（A200000）

预缴税款计算		
行次	项目	本年累计金额
1	营业收入	
2	营业成本	
3	利润总额	已含税金及附加
4	加：待定业务计算的应纳税所得额	无需再扣减税金及附加
5	减：不征税收入	

实际上税金及附加的会计处理采取哪种方式对税收的影响只是时间性差异。我们在实务操作中一定要思路清晰。实际缴纳的税金及附加当期所得税是允许扣除的，即使会计上按照权责发生制未

计入税金及附加处理，税收上也要调减应税所得额；相反，如果会计上按照权责发生制计入的税金及附加当期没有实际缴纳，也必须作纳税调整。

如说上市公司执行会计准则严格实行配比，在交楼确认会计收入时会预提一笔土地增值税清算准备金。如果不预提，将来清算的时候要补税，就会导致收入跟税金不配比。

假设交楼金额10亿，而原来预缴2000万土地增值税，在交楼结转收入的时点，按照税法计算出来还需补交3000万，这时会计就会计提3000万进入税金及附加科目，之前预缴的2000万也会同时转到税金及附加，这5000万就形成了当年利润的减项在税前扣除了。

这种做法完全符合会计的权责发生制，符合会计的谨慎性原则，但是这预提的3000万能不能扣除呢？显然不行。这不符合税前扣除的实际发生原则，因此所得税汇算清缴时要做纳税调整。所以我们在看房地产上市公司财务报告的时候，经常都会看到税金及附加科目有预提的土地增值税，同时也会看到按照预提金额25%计算出来的递延所得税资产存在，这是非常规范的会计税收处理方法。这种规范的做法并不是每一家上市公司都能够做到的。

如2015年，某市国税局第五稽查局检查国内在香港上市的某知名房地产开发公司。该公司在某市开发一个楼盘，税金及附加中的土地增值税5.9亿，其中预缴的不到0.9亿，也就是说预提的有5亿。正确的税务处理，应该把这5亿作为纳税调整，但该企业未作调整。某市第五稽查局要求按照25%的税率补税1.25亿，企业不服，一纸诉状诉至某市中级人民法院。

最终当然是税局胜诉。企业认为，按照所得税权责发生制的原则，预提的5亿完全符合税法的规定，应予以税前扣除。税局认为，企业所得税法明确规定，企业实际发生的合理的与本企业生产经营相关的支出，允许扣除。这就是所得税法里面的三大原则：实际发生原则、合理性原则和关联性原则。而预提的5亿根本没有实际发生，怎么能税前扣除呢？双方争议的焦点就是权责发生制原则和实际发生原则。

企业认为按照权责发生制是可以扣除的，税局认为只有实际发生了才能扣除。究竟这两个原则谁重要，谁要服从谁呢？法院的观点是实际发生的原则是税前扣除的首要原则，实际发生了才能考虑权责发生制和收付实现制。所以最终的结果是企业败诉，补缴1.25亿企业所得税和2000多万滞纳金。

通过这个案例我们可以清楚地知道，只有当期缴纳的税金计入税金及附加科目才允许税前扣除，否则要作纳税调整。

八、三项成本预提

房地产企业由于成本核算的过程比较复杂，成本凭证很难在短时间内全部到位。因此在完工年度汇算清缴时，税收上允许有三项成本的预提。国税发〔2009〕31号文第三十二条明确规定，企业在当年度企业所得税法规定的汇算清缴期结束前尚未取得发票的，以下三项成本可以预提：

（1）出包工程未最终办理结算而未取得全额发票的，在证明资料充分的前提下，其发票不足金额可以预提，但最高不得超过合同总金额的10%。

（2）公共配套设施尚未建造或尚未完工的，可按预算造价合理预提建造费用。此类公共配套设施必须符合已在售房合同、协议或广告、模型中明确承诺建造且不可撤销,或按照法律法规规定必须配套建造的条件。

(3)应向政府上交但尚未上交的报批报建费用、物业完善费用可以按规定预提。物业完善费用指按规定应由企业承担的物业管理基金、公建维修基金或其他专项基金。

可以说预提成本是我们税收上针对房地产行业的特殊性作出的特殊扣除规定,其他工业企业、商业企业根本没有这种待遇。

房地产企业完整的税收成本,除了这三项预提之外,其他都要有合法的凭证。而会计上的成本是按照权责发生制的原则,除了上述三项预提之外,对其他缺失的成本也要按照谨慎性原则进行预提,这样才能准确反映会计上的完整成本。因此会计的成本跟税收上的成本两者存在着重大的差异,要进行纳税调整。

在实务操作中,我们要注意三项预提成本的正确税务处理,对出包工程预提工程款要有正式的出包合同、完工的证明和竣工验收备案。这些证明材料的预提金额不能超过合同总金额的10%。

如某企业某个成本对象已完工,当年要结算税收成本,合同金额1亿,企业进度款已付6000万,取得对应发票。完工年度结算成本时,企业依据工程合同预提4000万成本,这样其完整成本为1亿。而税收上只能认定6000万合法票据的成本,加上预提的按照税收规定合同金额的10%(1000万),合计税收成本是7000万,因此要对3000万进行纳税调整。

预提公共配套设施的成本,必须是在合同、协议、广告或者政府文件中标明要建造的公共配套设施,而且只能是按照预算造价金额来确定预提的金额。企业进行预提要有预提造价的依据,成本部门或者预算部门需要提供对应公共配套预算成本的依据给财务核算人员,预算造价一定要合理。实务操作中,房地产企业在完工年度预提公共配套设施成本时,由于没有凭借发票、合同,更多是依赖企业的内部成本资料,经常没有合法的预算造价来源,导致预提的成本很不合理,甚至极度放大。这里需要注意,对于后期公共配套设施的实际结算成本比预提成本小的部分,企业需要进行后续成本的二次调整。

对于报批报建费用和物业完善费的预提,需要依据政府的文件,而且是要在印证还没有上交的前提下才可以预提。

另外还有一项比较特殊的成本,必须经过税务机关同意才能预提,那就是房地产企业一二级联动进行土地开发。一次拿地分期开发,在土地的前期金额没办法完全确定的情况下,经过税务机关同意,可以先按照土地的整体预算来分配土地成本,等到土地整体开发完毕,再来进行调整。

这种做法需要事先征得税务机关的同意,因此房地产行业的成本预提,有些称之为三项成本预提,有些称之为"3+1"成本预提,"1"指的就是土地成本的预提。

九、公共配套设施

国税发〔2009〕31号文对公共配套设施的税务处理有明确表述。企业在开发小区内建造的会所、物业管理场所、电站、热力站、水厂、文体场馆、幼儿园等配套设施,这样进行税务处理:属于非营利性且产权属于全体业主的,或无偿赠与地方政府、公用事业单位的,可将其视为公共配套设施，其建造费用按公共配套设施费的有关规定进行处理。这样的表述就说明有两种产品可以作为公共配套设施。

第一种是归全体业主所有的，第二种是无偿赠与地方政府、公用事业单位的。这两种税收上作为公共配套设施处理，意味着在处理税务的时候，它们不用独立做成本对象，它们的成本由可售产品分摊。

第一种产品，如会所，如果会所产权归全体业主所有，而且是非盈利性的，相当于会所由全体业主共同出资购买。业主在交房款的时候，其实已经包含了会所的价格，因此会所不能做可售面积，其成本也只能由可售产品分摊，相当于每位购房者每平方房产的买价中既包含了房子的成本，还包含了会所的成本。

第二种产品是无偿移交给地方政府或者公共事业单位的。如小区规划要建一个小学，根据规划的条件，小学建好之后必须无偿移交教育局。无偿移交就意味着政府不会给钱，那小学的成本由谁负担？同样是由全体业主负担，相当于全体业主所购买的房子要分担的成本，既包括房子本身的成本，还包括全体业主所有的会所的成本，还包括无偿移交给教育局的小学的成本，这是税法公共配套的处理方式。

根据31号文规定，属于盈利性的或者产权归企业所有的，或者说未明确产权归属的，或者说无偿赠予地方政府公共事业单位之外的其他单位的，要单独核算它的成本。也就是说税收只承认全体业主所有的和无偿赠与地方政府或公共事业单位的这两种是公共配套设施。除此之外，属于盈利性的，产权归业主所有的，需要单独核算成本，其成本不能由可售产品来分摊。

如房地产企业建了一个会所，没说给全体业主，也没说是归企业所有，税法规定是产权未定的暂时保留成本。等到产权明确了，要视不同的情况分别处理。如果产权移交全体业主，成本由可售产品分摊；如果产权归开发商所有，就转为固定资产计提折旧；如果销售，就转为开发产品。这是对产权未定的处理方式。对那些无偿赠与地方政府公共事业单位以外其他单位的对应的成本，会计做营业外支出，税收做视同销售，对应的成本做视同成本。

小区规划建造的公共配套设施共有五个去向：一是归全体业主所有；二是无偿捐赠给政府或者公共事业单位，这两种是税法意义上真正的公共配套设施，其成本由全体业主负担，其面积不做可售面积；三是产权归开发商所有，作为固定资产处理，对应的成本变为固定资产的成本；四是产权未定的，其对应的成本就暂时搁置等将来明确了再作处理；五是对政府公共事业单位以外单位的捐赠，其成本作营业外支出处理，税收上按照视同销售进行纳税调整。

公共配套设施的处理，除了以上情形之外，还有很重要的一种情形，即将利用地下的基础设施形成的停车场所，作为公共配套设施进行处理。也就是说，地下车位有产权也好，无产权也罢，都可以不计可售面积，其成本由可售产品去分摊。如果按照这种方式处理，后期销售有产权地下车位时，就只有收入没有成本，无法配比。

但实务操作中有产权的一般都要按照收入配比成本，而无产权的在所得税的角度就完全没有争议了，可以将其作为公共配套设施处理。因此我们完整的公共配套设施包括三部分：第一，归全体业主所有的；第二，无偿移交给政府或者事业单位的；第三，地下车位，当然执行起来只是无产权的地下车位。

十、资产损失的税前扣除

（一）资产损失的分类

资产是指企业拥有或者控制的、用于经营管理活动相关的资产，包括现金、银行存款、应收及预付款项（包括应收票据、各类垫款、企业之间往来款项）等货币性资产，存货、固定资产、无形资产、在建工程、生产性生物资产等非货币性资产，以及债权性投资和股权（权益）性投资。

资产损失指企业在生产经营活动中实际发生的、与取得应税收入有关的资产损失，包括现金损失、存款损失、坏账损失、贷款损失、股权投资损失，固定资产和存货的盘亏、毁损、报废、被盗损失，自然灾害等不可抗力因素造成的损失以及其他损失。

根据《国家税务总局关于发布〈企业资产损失所得税税前扣除管理办法〉的公告》（2011年第25号）规定，资产损失分为实际资产损失和法定资产损失。实际资产损失是指企业实际处置、转让资产发生的合理的损失，具有损失金额永久性、损失金额确定性和损失年度固定性等三大特征；法定资产损失是指符合法定条件的资产损失，具有损失金额暂时性、损失金额不确定性和损失年度不固定性等三大特征。

判断实际资产损失和法定资产损失的关键是是否有实际处置。实际处置后发生的损失即为实际资产损失；企业虽未实际处置、转让资产，但符合税法规定条件计算确认的损失为法定资产损失。

（二）资产损失的税前扣除

实际资产损失于损失实际发生且会计上进行年度扣除处理；法定资产损失应当在相关证据资料证明该项资产已符合法定资产损失确认条件，且会计上已作损失处理的年度申报扣除。

无论是实际资产损失还是法定资产损失，其税前扣除除了要依法进行申报外，还要进行会计处理，否则不得在税前扣除。换句话说，资产损失的会计处理是税前扣除的前提条件，不进行会计处理，不允许在税前扣除。只有纳税申报和会计处理两个条件同时具备，方能在税前扣除。

"会计上已作损失处理"是指按企业会计准则规定进行正确的会计处理，未正确处理的可按准则规定进行差错更正。如实际工作中资产已损坏不能使用，但因为公司内部管理制度审批程序较长，资产实际损坏与会计核算结转损益科目不在同一纳税年度，甚至跨几个纳税年度，这种还未进行会计处理的情况，资产损失就无法在税前扣除。

（三）资产损失的申报方法

资产损失的申报方法包括清单申报和专项申报两种，资产损失的申报方法与资产损失的类型没有必然联系，哪种类型的资产损失采取哪种申报方法需要根据企业的具体资产损失情况判断。

根据国家税务总局2011年第25号公告第九条规定，下列资产损失，应以清单申报的方式向税务机关申报扣除：

①企业在正常经营管理活动中，按照公允价格销售、转让、变卖非货币资产的损失；
②企业各项存货发生的正常损耗；
③企业固定资产达到或超过使用年限而正常报废清理的损失；

④企业生产性生物资产达到或超过使用年限而正常死亡发生的资产损失；

⑤企业按照市场公平交易原则，通过各种交易场所、市场等买卖债券、股票、期货、基金以及金融衍生产品等发生的损失。

上述以外的资产损失，应以专项申报的方式向税务机关申报扣除。企业无法准确判别是否属于清单申报扣除的资产损失，可以采取专项申报的形式申报扣除。

从上可以看出，采取清单申报的方式进行申报，除此之外其他情形均适用专项申报。

采取清单申报的，企业应按照会计核算科目进行归类、汇总，留存备查会计核算资料及相关纳税资料；采取专项申报的，企业应逐项留存备查会计核算资料及相关纳税资料。

（四）资产损失税前扣除的追补

企业在以前年度发生的资产损失未能在当年税前扣除的，可以向税务机关说明并进行专项申报扣除。其中，属于实际资产损失，准予追补至该项损失发生年度扣除，其追补确认期限一般不得超过五年，但计划经济体制转轨过程中遗留、企业重组上市过程中因权属不清出现争议而未能及时扣除、因承担国家政策性任务以及政策定性不明确等特殊原因形成的资产损失，其追补确认期限经国家税务总局批准后可适当延长。属于法定资产损失，应在申报年度扣除，不存在追补扣除的问题。

企业因以前年度实际资产损失未在税前扣除而多缴的企业所得税税款，可在追补确认年度企业所得税应纳税款中予以抵扣，不足抵扣的，向以后年度递延抵扣。

企业实际资产损失发生年度扣除追补确认的损失后出现亏损的，应先调整资产损失发生年度的亏损额，再按弥补亏损的原则计算以后年度多缴的企业所得税税款，并按前款办法进行税务处理。

（五）具体申报扣除流程

根据国家税务总局2018年第15号公告，企业向税务机关申报扣除资产损失，仅需填报企业所得税年度纳税申报表《资产损失税前扣除及纳税调整明细表》（简称A105090表），不再报送资产损失相关资料。相关资料由企业留存备查。企业应当完整保存资产损失相关资料，保证资料的真实性、合法性。

即现在取消了备案及资料报送，企业发生了实际损失且会计上进行了损失处理，在年度申报时填写了A105090表，表明企业已经进行了所得税前扣除。如果发生损失当年，企业由于资料未齐全等原因，通过填写A105090表把会计上已进行处理的损失，进行了纳税调整，没有在当年所得税前扣除，以后年度资料齐全时，可在规定期限内追补至损失年度扣除。

由备案报送改为留存备查，简化了纳税人的申报流程，但同时对纳税人的资料整理和保管提出了更高要求：

（1）留存备查不代表不申报，申报仍按规定进行，资料也并没有简化，只是资料不再报送给税务机关，由企业自行留存10年备查，因此需要特别关注备查资料和内容是否符合税收上的规定和要求。

（2）对纳税人的财务资料的管理要求更高，特别是在会计交接的情况下，备查资料的移交显得更重要，如不慎遗失重要证明资料，后续税务检查有可能被判断为违规税前扣除。

（3）要完整保存资产损失相关资料（根据征管法实施细则规定，有关涉税资料保管期为10年），保证资料的真实性、合法性。

（4）企业应当建立健全资产损失内部核销管理制度，及时收集、整理、编制、审核、申报、保存资产损失税前扣除证据材料，方便税务机关检查。

（5）对于有些资产损失确实难以收集齐全或者难以收集到足够清晰的证据证明事实的真实性时，有必要找有相关资质的中介机构进行辅导，尽可能减少后期税务检查的税务风险。

（6）纳税人对资产损失相关资料搜集、分类、保管，应按清单申报和专项申报类别分类处理，不用报送资料并不意味着不用分类申报，纳税人在办理所得税年度申报填写 A105090 表时应区分清单申报及专项申报，并按对应项目填列。

（7）取消资料报送改为留存备查后，并不会降低对资产损失所需证据材料的要求，根据总局 2011 年第 25 号文，对部分资产损失规定必须出具专项鉴证报告。

（六）证据资料的内容与要求

企业资产损失相关的证据包括具有法律效力的外部证据和特定事项的企业内部证据。

具有法律效力的外部证据，是指司法机关、行政机关、专业技术鉴定部门等依法出具的与本企业资产损失相关的具有法律效力的书面文件，主要包括：

①司法机关的判决书或者裁定书；
②公安机关的立案结案证明、回复；
③工商部门出具的注销、吊销及停业证明；
④企业的破产清算公告或清偿文件；
⑤行政机关的公文；
⑥专业技术部门的鉴定报告；
⑦具有法定资质的中介机构的经济鉴定证明；
⑧仲裁机构的仲裁文书；
⑨保险公司对投保资产出具的出险调查单、理赔计算单等保险单据；
⑩符合法律规定的其他证据。

特定事项的企业内部证据，是指会计核算制度健全、内部控制制度完善的企业，对各项资产发生毁损、报废、盘亏、死亡、变质等内部证明或承担责任的声明，主要包括：

①有关会计核算资料和原始凭证；
②资产盘点表；
③相关经济行为的业务合同；
④企业内部技术鉴定部门的鉴定文件或资料；
⑤企业内部核批文件及有关情况说明；
⑥对责任人由于经营管理责任造成损失的责任认定及赔偿情况说明；
⑦法定代表人、企业负责人和企业财务负责人对特定事项真实性承担法律责任的声明。

(七)需要出具外部鉴证报告的情形

（1）应收款项，企业逾期三年以上的应收款项在会计上已作损失处理的，可以作为坏账损失，但应说明情况，并出具专项报告；企业逾期一年以上，单笔数额不超过五万或者不超过企业年度收入总额万分之一的应收款项，会计上已经作损失处理的，可以作为坏账损失，但应说明情况，并出具专项报告。

（2）存货报废、毁损或变质损失数额较大的（指占企业该类资产计税成本10%以上，或减少当年应纳税所得、增加亏损10%以上），应有专业技术鉴定意见或法定资质中介机构出具的专项报告等；固定资产报废、毁损损失金额较大的或自然灾害等不可抗力原因造成固定资产毁损、报废的，应有专业技术鉴定意见或法定资质中介机构出具的专项报告等。

（3）在建工程因质量原因停建、报废的工程项目和因自然灾害与意外事故停建、报废的工程项目，应出具专业技术鉴定意见和责任认定、赔偿情况的说明等。

（4）企业按独立交易原则向关联企业转让资产而发生的损失，或向关联企业提供借款、担保而形成的债权损失，准予扣除，但企业应作专项说明，同时出具中介机构出具的专项报告及其相关的证明材料。

（5）生产性生物资产损失金额较大的，企业应有专业技术鉴定意见和责任认定、赔偿情况的说明等；因森林病虫害、疫情、死亡而产生的生产性生物资产损失金额较大的，应有专业技术鉴定意见。

(八)房地产企业资产损失

下面对房地产企业可能涉及的资产损失的内容及每种损失所需的证据材料进行简单的介绍。

1. 货币性资产损失

货币性资产损失包括现金损失、银行存款损失和应收及预付款项损失等。

（1）现金损失应依据以下证据材料确认：

①现金保管人确认的现金盘点表（包括倒推至基准日的记录）；

②现金保管人对于短缺的说明及相关核准文件；

③对责任人由于管理责任造成损失的责任认定及赔偿情况的说明；

④涉及刑事犯罪的，应有司法机关出具的相关材料；

⑤金融机构出具的假币收缴证明。

（2）企业因金融机构清算而发生的存款类资产损失应依据以下证据材料确认：

①企业存款类资产的原始凭据；

②金融机构破产、清算的法律文件；

③金融机构清算后剩余资产分配情况资料。

金融机构应清算而未清算超过三年的，企业可将该款项确认为资产损失，但应有法院或破产清算管理人出具的未完成清算证明。

（3）企业应收及预付款项坏账损失依据以下相关证据材料确认：

①相关事项合同、协议或说明；

②属于债务人破产清算的,应有人民法院的破产、清算公告;

③属于诉讼案件的,应出具人民法院的判决书或裁决书或仲裁机构的仲裁书,或者被法院裁定终(中)止执行的法律文书;

④属于债务人停止营业的,应有工商部门注销、吊销营业执照证明;

⑤属于债务人死亡、失踪的,应有公安机关等有关部门对债务人个人的死亡、失踪证明;

⑥属于债务重组的,应有债务重组协议及其债务人重组收益纳税情况说明;

⑦属于因自然灾害、战争等不可抗力而无法收回的,应有债务人受灾情况说明以及放弃债权申明。

企业逾期一年以上,单笔数额不超过五万或者不超过企业年度收入总额万分之一的应收款项,会计上已经作为损失处理的,可以作为坏账损失,但应说明情况,并出具专项报告。

企业逾期三年以上的应收款项在会计上已作为损失处理的,可以作为坏账损失,但应说明情况,并出具专项报告。

企业对外提供与本企业生产经营活动有关的担保,因被担保人不能按期偿还债务而承担连带责任,经追索,被担保人无偿还能力,对无法追回的金额,比照应收款项损失进行处理。

2.非货币性资产损失

非货币性资产损失包括固定资产损失,在建工程停建、报废损失。

(1)固定资产盘亏、丢失损失其账面净值为扣除责任人赔偿后的余额,应依据以下证据材料确认:

①企业内部有关责任认定和核销资料;

②固定资产盘点表;

③固定资产的计税基础相关资料;

④固定资产盘亏、丢失情况说明;

⑤损失金额较大的,应有专业技术鉴定报告或法定资质中介机构出具的专项报告等。

固定资产报废、毁损损失,其账面为净值扣除残值和责任人赔偿后的余额,应依据以下证据材料确认:

①固定资产的计税基础相关资料;

②企业内部有关责任认定和核销资料;

③企业内部有关部门出具的鉴定材料;

④涉及责任赔偿的,应当有赔偿情况的说明;

⑤损失金额较大的或自然灾害等不可抗力原因造成固定资产毁损、报废的,应有专业技术鉴定意见或法定资质中介机构出具的专项报告等。

固定资产被盗损失,其账面净值为扣除责任人赔偿后的余额,应依据以下证据材料确认:

①固定资产计税基础相关资料;

②公安机关的报案记录,公安机关立案、破案和结案的证明材料;

③涉及责任赔偿的,应有赔偿责任的认定及赔偿情况的说明等。

(2)在建工程停建、报废损失其工程项目投资账面价值为扣除残值后的余额,应依据以下证据材料确认：

①工程项目投资账面价值确定依据；

②工程项目停建原因说明及相关；

③因质量原因停建、报废的工程项目和因自然灾害和意外事故停建、报废的工程项目，应出具专业技术鉴定意见和责任认定、赔偿情况的说明等。

3. 债权性投资损失

企业债权投资损失应依据投资的原始凭证、合同或协议、会计核算资料等相关证据材料确认。下列情况债权投资损失的，还应出具相关证据材料。

（1）债务人或担保人依法被宣告破产、关闭、被解散或撤销、被吊销营业执照、失踪或者死亡等，应出具资产清偿证明或者遗产清偿证明。无法出具资产清偿证明或者遗产清偿证明，且上述事项超过三年以上的，或债权投资（包括信用卡透支和助学贷款）余额在三百万元以下的，应出具对应的债务人和担保人破产、关闭、解散证明、撤销文件、工商行政管理部门注销证明或查询证明以及追索记录等（包括司法追索、电话追索、信件追索和上门追索等原始记录）。

（2）债务人遭受重大自然灾害或意外事故，企业对其资产进行清偿和对担保人进行追偿后，未能收回的债权，应出具债务人遭受重大自然灾害或意外事故证明、保险赔偿证明、资产清偿证明等。

（3）债务人因承担法律责任，其资产不足归还所借债务，又无其他债务承担者的，应出具法院裁定证明和资产清偿证明。

（4）债务人和担保人不能偿还到期债务，企业提出诉讼或仲裁的，经人民法院对债务人和担保人强制执行，债务人和担保人均无资产可执行，人民法院裁定终结或终止（中止）执行的，应出具人民法院裁定文书。

（5）债务人和担保人不能偿还到期债务，企业提出诉讼后被驳回起诉的、人民法院不予受理或不予支持的，或经仲裁机构裁决免除（或部分免除）债务人责任，经追偿后无法收回的债权，应提交法院驳回起诉的证明，或法院不予受理或不予支持证明，或仲裁机构裁决免除债务人责任的文书。

（6）经国务院专案批准核销的债权，应提供国务院批准文件或经国务院同意后由国务院有关部门批准的文件。

4. 企业股权投资损失

企业股权投资损失应依据以下相关证据材料确认：

①股权投资计税基础证明材料；

②被投资企业破产公告、破产清偿文件；

③工商行政管理部门注销、吊销被投资单位营业执照文件；

④政府有关部门对被投资单位的行政处理决定文件；

⑤被投资企业终止经营、停止交易的法律或其他证明文件；

⑥被投资企业资产处置方案、成交及入账材料；

⑦企业法定代表人、主要负责人和财务负责人签章证实有关投资（权益）性损失的书面申明；

⑧会计核算资料等其他相关证据材料。

以上被投资企业依法宣告破产、关闭、解散或撤销、吊销营业执照、停止生产经营活动、失踪等，应出具资产清偿证明或者遗产清偿证明。上述事项超过三年以上且未能完成清算的，应出具被投资企业破产、关闭、解散或撤销、吊销等的证明以及附上不能清算的原因说明。

第四节　土增税清算涉及所得税退税

长期以来，房地产企业受到因土增税清算补缴税款，导致年度所得税汇算清缴时出现亏损这一问题的困扰。特别是土增税清算后没有后续可开发项目的房地产企业，因补缴土地增值税而形成的亏损无法得到有效弥补。

其实很早之前就有相关的政策试图解决这一房地产行业的难题。2010年国家税务总局发布第29号公告《国家税务总局关于房地产开发企业注销前有关企业所得税处理问题的公告》，公告规定，房地产开发企业由于土地增值税清算造成的亏损，在企业注销税务登记时还没有弥补的，企业可在注销前提出申请，税务机关将多缴的企业所得税予以退税。

应该说，这一政策的出发点是好的，但却忽视了房地产行业的特性，设置的门槛太高，导致许多房地产企业无法享受到这一特惠政策。一般来讲，房地产开发企业在开发产品销售完成后，由于自持物业或投资性房地产业务等原因，短期内根本无法注销，注销这一前提条件成了该项政策的致命伤，导致多缴的企业所得税无法申请退税。

为了解决房地产行业普遍存在的这一难题，国家税务总局结合房地产开发企业和开发项目的特点，于2016年发布了81号公告《关于房地产开发企业土地增值税清算涉及企业所得税退税有关问题的公告》，以此公告取代了之前2010年第29号公告，对房地产开发企业土地增值税清算涉及的企业所得税退税政策进行了完善。

一、申请退税的时间

国家税务总局81号公告将房地产开发企业可以申请退税的时间规定为所有开发项目清算后，即房地产开发企业按规定对开发项目进行土地增值税清算后，如土地增值税清算当年汇算清缴出现亏损，且没有后续开发项目的，可申请退税。后续开发项目，包括正在开发以及中标的项目。

申请所得税退税的先决条件是没有后续开发项目。如果有后续开发项目，土增税清算当年企业所得税汇算清缴出现的亏损应按照税法规定向以后年度结转，用以后年度的应纳税所得来弥补，这种情况下不能申请退税；如果没有后续开发项目，则可以申请退税。这里后续开发的关键词是"正在开发"和"中标"，也就是只要当年度没有正在开发的项目，不管以后年度有没有开发项目，均可以申请退税。

二、多缴企业所得税款的计算方法

国家税务总局相关文件规定退税的方法完全颠覆了我们之前所得税向后弥补亏损的概念，改为向前追溯调整，退前年度的所得税，但向前追溯退所得税只限于由于土地增值税清算导致的亏损。那么如何从诸多的亏损原因中剥离出属于土地增值税清算导致的亏损？其实相关文件已经明确了，就是销售收入比例追溯调整法。多缴企业所得税款的计算应按如下步骤进行。

1. 土地增值税总额按开发年度分摊

该项目缴纳的土地增值税总额，应按照该项目开发各年度实现的项目销售收入占整个项目销售收入总额的比例，在项目开发各年度进行分摊，具体按以下公式计算：

各年度应分摊的土地增值税＝土地增值税总额×（项目年度销售收入÷整个项目销售收入总额）

注意：这里的销售收入包括视同销售房地产的收入，但不包括企业销售的增值额未超过扣除项目金额20%的普通标准住宅的销售收入。

开发年度的概念是自开始预售年度起一直到清算年度止。

2. 当年应补充扣除的土地增值税，调整当年度应纳税所得额

该项目开发各年度应分摊的土地增值税减去该年度已经在企业所得税税前扣除的土地增值税后，余额属于当年应补充扣除的土地增值税；企业应调整当年度的应纳税所得额，并按规定计算当年度应退的企业所得税税款；当年度已缴纳的企业所得税税款不足退税的，应作为亏损向以后年度结转，并调整以后年度的应纳税所得额。

如某公司2017年销售3亿元，预缴土增税600万元，2018年销售2亿元，预缴土增税400万元，两年合计销售5亿元，预缴土增税1000万元，2019年进行土增税清算，清算结果是该项目总共应缴土增税1600万。

由于该公司2017年和2018年已经预缴了1000万元，因此2019年清算时补缴600万元。2019年没有销售，假设2019年留守人员工资200万元，则当年所得税汇算时，该公司的亏损就是人员工资200万元，加上补缴的土地增值税600万元，共计亏损800万元。这800万元的亏损并非全部可退所得税，只能退由于土地增值税补缴原因导致的亏损部分，也就是退600万元对应的所得税，但是不能用"600万元×25%"这样简单计算2019年应退的所得税，还需要考虑亏损的因素和弥补的因素。

首先，该公司2017年销售3亿元，占总收入5亿元的60%，因此它要分摊补缴600万元土增税的60%，即360万元。因此该公司2017年就增加了360万元的费用扣除。假设该公司2017年当年的盈利只有200万元，当年只交了50万元的企业所得税，增加的360万元费用扣除就只能追溯扣除200万元，即只能退当年已交所得税50万元，剩余160万元没有扣除，要顺延到2018年进行追溯扣除。

假设该公司2018年盈利1000万元，已交250万元企业所得税，2018年销售2亿元，占总销售额的40%，应分摊补缴土地增值税240万元，同时还有2017年未追溯扣除的160万元，因此2018年可以追溯扣除=240+160=400万元，2018年的可退税额=400×25%=100万元，两年合计可退所得税=50+100=150万元。

通过上述销售收入比例向前追溯调整的方法，该公司补缴的 600 万元土增税所对应的所得税就可全部退回。具体退税方法是 2017 年退 50 万元，2018 年退 100 万元，调整完之后，2019 年的亏损额剩余 200 万元，只能在以后年度进行弥补。

假如该公司 2019 年除了补缴土地增值税之外，还有其他的盈利，则 2019 年亏损额就会小于 600 万元，企业还应按 600 万元去调整，退以前年度的所得税，调整完之后，当年有所得额的要补缴企业所得税。

接上例来说，该公司 2019 年除了补缴 600 万元土地增值税之外，企业还有盈利 100 万元，那就意味着企业年底亏损额为 500 万元，但该公司还是应该按照原来的做法退 2017 年的 50 万元和 2018 年的 100 万元，调整之后，2019 年的最终结果是盈利 100 万元，则 2019 年应交的所得税是 25 万元。

三、结果评估

按照上述方法进行土地增值税分摊调整后，相应年度应纳税所得额出现正数的，应按规定计算缴纳企业所得税。企业按上述方法计算的累计退税额，不得超过其在该项目开发各年度累计实际缴纳的企业所得税；超过部分作为项目清算年度产生的亏损，向以后年度结转。

四、资料报送

企业在申请退税时，应向主管税务机关提供书面材料说明应退企业所得税款的计算过程，包括该项目缴纳的土地增值税总额、项目销售收入总额、项目年度销售收入额、各年度应分摊的土地增值税和已经税前扣除的土地增值税、各年度的适用税率，以及是否存在后续开发项目等情况。

五、追溯适用

国家税务总局 81 号公告发布之前，凡已经对土地增值税进行清算且没有后续开发项目的企业，在该公告发布后仍存在尚未弥补的因土地增值税清算导致的亏损，可按照该公告规定的方法计算多缴企业所得税税款，并申请退税。

第五节 税会差异分析及申报填写

房地产企业相对其他企业来讲比较特殊，其在所得税季度预缴和年度汇算清缴时除了注意一般常规的纳税调整之外，还涉及销售未完工产品以及未完工产品结转完工产品的纳税调整，同时由于税法和会计在确认收入的时点不同，同样给季度预缴和年度汇算清缴的填报增加了难度。下面对房地产企业税会差异及季度预缴、年度汇算清缴的申报填写进行分析。

一、税会差异

（一）未完工产品预售收入引起的税会差异

根据国税发〔2009〕31号文《房地产开发经营业务企业所得税处理办法》第六条之规定，企业通过正式签订《房地产销售合同》或《房地产预售合同》所取得的收入，应确认为销售收入的实现。从所得税的角度看，只要签订正式合同，即可确认税收的收入，这就抛弃了会计上"预收账款"的概念。所得税要求确认收入却没有成本与之匹配，因此31号文引入了预计毛利率的概念，给确认的收入匹配一块虚拟的成本，即收入与预计毛利额的差额。这里的原理就是，虚拟一块收入同时虚拟一块成本，得出一块虚拟的利润，属于典型的所得税纳税调整。对于预计毛利率高于实际毛利率而造成的多缴税款，由于这是纳税调整所造成的，并不是真正意义上税收预缴，因此多缴税款部分不能退税。而此环节会计上并不确认收入，因而形成第一个税会差异。

根据国税发〔2009〕31号文《房地产开发经营业务企业所得税处理办法》第八条和第九条之规定，企业销售未完工开发产品取得的收入，应先按预计计税毛利率分季（或月）计算出预计毛利额，计入当期应纳税所得额。因此，未完工产品的预售收入是通过预计毛利额进行季度预缴和所得税汇算清缴的纳税调整。

季度预缴时，预计毛利额的纳税调整在《中华人民共和国企业所得税月（季）度预缴纳税申报表（A类）》（A200000）中第4行填写，见表2-6：

表2-6 《中华人民共和国企业所得税月（季）度预缴纳税申报表（A类）》（A200000）

预缴税款计算		
行　次	项　　目	本年累计金额
1	营业收入	
2	营业成本	
3	利润总额	
4	加：待定业务计算的应纳税所得额	
5	减：不征税收入	
6	减：免税收入、减计收入、所得减免优惠金额（填写）	

年度汇算清缴时，预计毛利额的纳税调整在附表《视同销售和房地产开发企业特定业务纳税调整明细表》（A105010）中第24行填写，见表2-7：

表 2-7 《视同销售和房地产开发企业特定业务纳税调整明细表》(A105010)

行次	项目	税收金额	纳税调整金额
		1	2
21	三、房地产开发企业待定业务计算的纳税调整额（22-26）		
22	（一）房地产企业销售未完工开发产品待定业务计算的纳税调整额（24-25）		
23	1.销售未完工产品的收入		*
24	2.销售未完工产品预计毛利额		
25	3.实际发生的税金及附加、土地增值税		
26	（二）房地产企业销售的未完工产品转完工产品待定业务计算的纳税调整额（28-29）		
27	1.销售未完工产品转完工产品确认的销售收入		
28	2.转回的销售未完工产品预计毛利额		
29	3.转回实际发生的税金及附加、土地增值税		

（二）完工产品收入引起的税会差异

根据国税发〔2009〕31号文《房地产开发经营业务企业所得税处理办法》第八条和第九条之规定，开发产品完工后，企业应及时结算其计税成本并计算此前销售收入的实际毛利额，同时将其实际毛利额与其对应的预计毛利额之间的差额，计入当年度企业本项目与其他项目合并计算的应纳税所得额。也就是说，完工后，税收上要计收入计成本，同时需要调减前期已确认的毛利额。

税收规定开发产品完工后需要结转实际收入与成本，而在此环节因未交楼会计依然不会确认收入，因而形成第二个税会差异。

1.开发产品完工后结转收入的时点选择

根据31号文第三十五条规定，开发产品完工以后，企业可在完工年度企业所得税汇算清缴前选择确定计税成本核算的终止日，但不得滞后。

也就是说，税局只是要求"及时"结转，并没有规定具体时间期限，所以企业可以选择确定计税成本核算的终止日，只要在年度汇算清缴前即可。因此在季度预缴时不需按照销售完工产品的时间进行收入与成本的结转。

2.税收与会计的协调处理

根据《企业会计准则》第14号，会计确认收入的时点是交楼。也就是说，如果竣工年度已竣工已交楼，则税收确认完工产品收入的时点与会计同步，即税务和会计处理是一致的；如果竣工年度已竣工未交楼，则会产生处理差异，会计确认收入将滞后于税收确认收入。

在实践操作中，如果出现完工产品收入的税会差异，对季度申报影响不大，但对汇算清缴申报影响就非常大，会使得汇算清缴申报填写非常麻烦，故建议尽可能协调两者使其一致，实现同步处理。

二、申报填写

（一）季度申报

根据《国家税务总局关于修订 2018 年版企业所得税预缴纳税申报表部分表单及填报说明的公告》（国家税务总局公告 2019 年第 23 号），调整了《中华人民共和国企业所得税月（季）度预缴纳税申报表（A 类 2018 版）》（A200000）第 4 行"特定业务计算的应纳税所得额"填报口径。

调整前，在《〈中华人民共和国企业所得税月（季）度预缴纳税申报表（A 类）〉填报说明》（国家税务总局公告 2018 年第 26 号发布）中，第 4 行"特定业务计算的应纳税所得额"填报说明：从事房地产开发等特定业务的纳税人，填报按照税收规定计算的特定业务的应纳税所得额。房地产开发企业销售未完工开发产品取得的预售收入，按照税收规定的预计计税毛利率计算的预计毛利额填入此行，企业开发产品完工后，其未完工预售环节按照税收规定的预计计税毛利率计算的预计毛利额在汇算清缴时调整，月（季）度预缴纳税申报时不调整。本行填报金额不得小于本年上期申报金额。

调整后，第 4 行"特定业务计算的应纳税所得额"填报说明：从事房地产开发等特定业务的纳税人，填报按照税收规定计算的特定业务的应纳税所得额。房地产开发企业销售未完工开发产品取得的预售收入，按照税收规定的预计计税毛利率计算出预计毛利额填入此行。

可以看出，本次调整之后有效地避免了房地产企业在预缴环节可能出现的重复征税和提前缴税。允许在第 4 行调减未完工产品结转完工产品之前已计入应纳税所得额的预计毛利额，不再强制规定本期填报金额不得小于上期申报金额，给予纳税人相应的调整空间，使得整个申报体系更加完善，更加科学，也更加符合 31 号文的文件精神。

这样，季度申报可以分为三种情形：

（1）当季只有未完工产品预售收入。

①预售收入预缴的土增税和附加税直接计入"税金及附加"科目在利润表体现；

②预计毛利额填入季度预缴申报表第 4 行。

（2）当季只有税收和会计确认收入。

一般来讲，会计确认收入比税收确认收入要滞后，但由于税收确认收入时点的灵活性，我们要求两者尽可能同步。只要竣工验收和交楼属于同一纳税年度，我们就默认两者确认收入同步进行。

①税收和会计同时确认收入成本，进入利润表；

②未完工产品收入结转成完工产品收入后对应的预计毛利额以负数的形式填入季度预缴申报表第 4 行。

（3）当季既有未完工产品预售收入也有税收和会计确认收入。

①预售收入预缴的土增税和附加税直接计入"税金及附加"科目在利润表体现；

②税收和会计同时确认收入成本，进入利润表；

③未完工产品预售收入的预计毛利额减去未完工产品收入结转成完工产品收入后对应的预计毛利额的差额填入季度预缴申报表第 4 行，此时，第 4 行有可能是正数，也有可能是负数。

季度预缴的表格见表 2-8：

表 2-8 《中华人民共和国企业所得税月（季）度预缴纳税申报表（A类）》（A200000）

预 缴 税 款 计 算		
行 次	项 目	本 年 累 计 金 额
1	营业收入	
2	营业成本	
3	利润总额	按利润表填写
4	加：待定业务计算的应纳税所得额	未完工产品预售收入的预计毛利额减去未完工产品收入结转成完工产品收入后对应的预计毛利额的差额
5	减：不征税收入	

（二）汇算清缴申报

房地产企业汇算清缴最重要的是附表《视同销售和房地产开发企业特定业务纳税调整明细表》（A105010）的第三部分（房地产开发企业特定业务计算的纳税调整额），具体见表 2-7。

根据国家税务总局公告 2018 年第 57 号关于修订《中华人民共和国企业所得税年度纳税申报表（A类，2017年版）》部分表单样式及填报说明的公告，附表 A105010 的填报说明如下：

第 21 行"三、房地产开发企业特定业务计算的纳税调整额"：填报房地产企业发生销售未完工产品、未完工产品结转完工产品业务，按照税收规定计算的特定业务的纳税调整。第 1 列"税收金额"填报第 22 行第 1 列减去第 26 行第 1 列的余额；第 2 列"纳税调整金额"等于第 1 列"税收金额"。

第 22 行"（一）房地产企业销售未完工开发产品特定业务计算的纳税调整额"：填报房地产企业销售未完工开发产品取得销售收入，按税收规定计算的纳税调整额。第 1 列"税收金额"填报第 24 行第 1 列减去第 25 行第 1 列的余额；第 2 列"纳税调整金额"等于第 1 列"税收金额"。

第 23 行"1. 销售未完工产品的收入"：第 1 列"税收金额"填报房地产企业销售未完工开发产品，会计核算未进行收入确认的销售收入金额。

第 24 行"2. 销售未完工产品预计毛利额"：第 1 列"税收金额"填报房地产企业销售未完工产品取得的销售收入按税收规定预计计税毛利率计算的金额；第 2 列"纳税调整金额"等于第 1 列"税收金额"。

第 25 行"3. 实际发生的税金及附加、土地增值税"：第 1 列"税收金额"填报房地产企业销售未完工产品实际发生的税金及附加、土地增值税，且在会计核算中未计入当期损益的金额；第 2 列"纳税调整金额"等于第 1 列"税收金额"。

第 26 行"（二）房地产企业销售的未完工产品转完工产品特定业务计算的纳税调整额"：填报房地产企业销售的未完工产品转完工产品，按税收规定计算的纳税调整额。第 1 列"税收金额"填报第 28 行第 1 列减去第 29 行第 1 列的余额；第 2 列"纳税调整金额"等于第 1 列"税收金额"。

第 27 行"1. 销售未完工产品转完工产品确认的销售收入"：第 1 列"税收金额"填报房地产企业销售的未完工产品，此前年度已按预计毛利额征收所得税，本年度结转为完工产品，会计上符合收入确认条件,当年会计核算确认的销售收入金额。

第 28 行 "2.转回的销售未完工产品预计毛利额":第 1 列 "税收金额" 填报房地产企业销售的未完工产品,此前年度已按预计毛利额征收所得税,本年度结转为完工产品,会计核算确认为销售收入,转回原按税收规定预计计税毛利率计算的金额;第 2 列 "纳税调整金额" 等于第 1 列 "税收金额"。

第 29 行 "3.转回实际发生的税金及附加、土地增值税":填报房地产企业销售的未完工产品结转完工产品后,会计核算确认为销售收入,同时将对应实际发生的税金及附加、土地增值税转入当期损益的金额;第 2 列 "纳税调整金额" 等于第 1 列 "税收金额"。

根据税会差异的不同类型,汇算清缴的纳税调整分为以下几种情形:

(1)当年只有未完工产品预售收入。

①预售收入预缴的土增税和附加税直接计入 "税金及附加" 科目在利润表体现;

②预售收入填入附表 A105010 的第 23 行,预计毛利额填入附表 A105010 的第 24 行,由于预缴的土增税和附加税直接计入 "税金及附加" 科目,该表的第 25 行不填。

(2)当年只有税收和会计确认收入。

①税收和会计同时确认收入成本,进入利润表;

②未完工产品预售收入结转成完工产品的收入计入附表 A105010 的第 27 行,其对应的预计毛利额填入附表 A105010 的第 28 行,由于之前预缴的土增税和附加税直接计入 "税金及附加" 科目,附表 A105010 的第 29 行不填。

(3)当年既有未完工产品预售收入也有税收和会计确认收入。

①预售收入预缴的土增税和附加税直接计入 "税金及附加" 科目在利润表体现;

②税收和会计同时确认收入成本,进入利润表;

③预售收入填入附表 A105010 的第 23 行,预计毛利额填入附表 A105010 的第 24 行,由于预缴的土增税和附加税直接计入 "税金及附加" 科目,该表的第 25 行不填;

④未完工产品预售收入结转成完工产品的收入计入附表 A105010 的第 27 行,其对应的预计毛利额填入附表 A105010 的第 28 行,由于之前预缴的土增税和附加税直接计入 "税金及附加" 科目,附表 A105010 的第 29 行不填。

(4)当年既有未完工产品预售收入也有税收确认收入,但会计不确认收入。

这是比较特殊的一种情形,当年竣工验收但未交楼,这样税收需要确认收入成本,但会计不能确认收入成本。国家税务总局 2018 年第 57 号公告的填报说明里面并没有针对此种情形的具体的填报指南。参考目前国内大地产商的通用做法,可做如下填报:

①预售收入预缴的土增税和附加税直接计入 "税金及附加" 科目在利润表体现;

②预售收入填入附表 A105010 的第 23 行,预计毛利额填入附表 A105010 的第 24 行,由于预缴的土增税和附加税直接计入 "税金及附加" 科目,该表的第 25 行不填;

③由于会计没有确认收入,税收上确认的完工产品收入和成本无法进入利润表,而汇算清缴主表的 1~13 行是按照会计报表填写的,这样税收上确认的完工产品收入和成本就比较尴尬,不知道该填在哪里,目前许多企业的做法是税收上确认的完工产品收入填入附表 A105000 的第 11 行(其

他),完工产品成本填入附表 A105000 的第 30 行(其他);

④未完工产品预售收入结转成完工产品的税收收入对应的预计毛利额填入附表 A105000 的第 30 行。

汇算清缴 A105000 表格填写见表 2-9:

表 2-9 《纳税调整项目明细表》(A105000)

行次	项 目	账载金额	税收金额	调增金额	调减金额
		1	2	3	4
1	一、收入类调整项目(2+3+…8+10+11)	*	*		
2	(一)视同销售收入(填写 A105010)	*			*
3	(二)未按权责发生制原则确认的收入(填写 A105020)				
4	(三)投资收益(填写 A105030)				
5	(四)按权益法核算长期股权投资对初始投资成本调整确认收益	*	*	*	
6	(五)交易性金融资产初始投资调整	*	*		*
7	(六)公允价值变动净损益		*		
8	(七)不征税收入	*	*		
9	其中:专项用途财政性资金(填写 A105040)	*	*		
10	(八)销售折扣、折让和退回				
11	(九)其他		完工产品收入	完工产品收入	
12	二、扣除类调整项目(13+14+…24+26+27+28+29+30)	*	*		
13	(一)视同销售成本(填写 A105010)	*		*	
14	(二)职工薪酬(填写 A105050)				
15	(三)业务招待费支出				*
16	(四)广告费和业务宣传费支出(填写 A105060)	*	*		
17	(五)捐赠支出(填写 A105070)				
18	(六)利息支出				
19	(七)罚金、罚款和被没收财物的损失		*		*
20	(八)税收滞纳金、加收利息		*		*
21	(九)赞助支出		*		*
22	(十)与未实现融资收益相关在当期确认的财务费用				
23	(十一)佣金和手续费支出				*
24	(十二)不征税收入用于支出所形成的费用	*	*		*

(续上表)

行次	项目	账载金额	税收金额	调增金额	调减金额
		1	2	3	4
25	其中：专项用途财政性资金用于支出所形成的费用（填写A105040）	*	*		*
26	（十三）跨期扣除项目				
27	（十四）与取得收入无关的支出			*	*
28	（十五）境外所得分摊的共同支出	*	*		*
29	（十六）党组织工作经费				
30	（十七）其他			完工产品成本+未完工转完工对应预计毛利	完工产品成本+未完工转完工对应预计毛利

汇算清缴 A105010 表格填写见表 2-10：

2-10 《视同销售和房地产开发企业特定业务纳税调整明细表》（A105010）

行次	项目	税收金额	纳税调整金额
		1	2
21	三、房地产开发企业特定业务计算的纳税调整额（22-26）		
22	（一）房地产企业销售未完工开发产品特定业务计算的纳税调整额（24-25）		
23	1.销售未完工产品的收入	当年预售收入	*
24	2.销售未完工产品预计毛利额	当年预计毛利	当年预计毛利
25	3.实际发生的税金及附加、土地增值税		
26	（二）房地产企业销售的未完工产品转完工产品特定业务计算的纳税调整额（28-29）		
27	1.销售未完工产品转完工产品确认的销售收入		
28	2.转回的销售未完工产品预计毛利额		
29	3.转回实际发生的税金及附加、土地增值税		

注：国税发〔2009〕根据31号文，在年度纳税申报时，企业须出具对该项开发产品实际毛利额与预计毛利额之间差异调整情况的报告以及税务机关需要的其他相关资料。

根据国家税务总局公告2014年第35号文，房地产开发企业应依据计税成本对象确定原则确定已完工开发产品的成本对象，并就确定原则、依据，共同成本分配原则、方法，以及开发项目基本情况、开发计划等出具专项报告，在开发产品完工当年企业所得税年度纳税申报时，随同《企业所得税年度纳税申报表》一并报送主管税务机关。

房地产开发企业将已确定的成本对象报送主管税务机关后，不得随意调整或相互混淆。如确需调整成本对象的，应就调整的原因、依据和调整前后成本变化情况等出具专项报告，在调整当年企业所得税年度纳税申报时报送主管税务机关。

（三）总结

这样操作符合国税发〔2009〕31号文的文件精神，但在操作上非常麻烦。第二年交楼后会计确认收入计入利润表，季度预缴申报时又需要调减该部分收入对应的实际毛利，第二年汇算清缴时A105000表的第11行和第30行也要做负数处理，整个纳税调整业务周期战线拉得太长，增加了纳税申报方面的很多工作量。

因此，有些房地产企业直接按照会计确认收入的时点确认税收收入。如果竣工验收和交楼不在同一年度，那么在竣工验收年度暂不确认税收收入，等到交楼时同会计一起确认收入。因为一般情况下竣工验收和交楼时点不会相隔很长的时间，对税收的影响也只是很短暂的时间性差异，而且未完工产品也已经按照预计毛利交税，因而这种做法在实务操作上具备很强的可行性，既不会对国家税收造成很大影响，又能简化纳税调整的流程，节省纳税申报的工作量。但需要注意，这种做法目前并未被有些税务机关接纳，仍存在继续调整或调整不到位的风险。还有一种处理方式，完工年度未交楼，会计确认收入与成本，未交楼部分按照合同全额确认收入，这种做法从税收的角度来讲，会更稳妥、更安全。

三、其他税会差异

还有一种特殊情况是，有些公司为了追求会计报表的业绩，在未收齐款项的情况下就已经交楼，这样会计确认的收入要大于税收确认的收入。两者确认差异在应收账款科目反映，因此这部分需要做纳税调减。这部分纳税调减在哪里填写，也没有明确的文件规定。

四、税会差异收入与成本的计算

从上面的分析可以看出，税会差异不仅仅是收入确认时点引起的差异，还包括税收和会计确认收入金额的差异。如何计算税会差异引起的收入和成本的具体金额？收入很容易确定，直接按照销售台账统计出已竣工但未交楼部分的预收账款即可；与之匹配的成本应该按套来计算，首先计算已完工未交楼中每套已收款占合同总金额的比例，乘上该套房产的面积，计算出该部分预收账款应分摊的面积，再乘以单方成本即可算出该套房产预收款部分应分摊的成本。

第六节 案例

一、第一种思路

严格按照税法规定来做，竣工验收之前，未完工产品预收款按照预计毛利率计算预计毛利额，预缴的税金及附加计入"税金及附加"科目进入利润表（按税法规定，实际缴纳的税金及附加允许当期扣除，实际缴纳时直接进入利润表完全符合税法规定，如果纳税人会计核算时要求税金及附加与会计收入严格配比，纳税调整将会更加复杂，故本案例对税金及附加和会计收入不作配比）；开发产品竣工验收后，季度视同未完工产品处理，年度汇算时确认完工产品税收收入及成本，按照实际毛利额进行纳税调增，同时调减以前年度调增的预计毛利额；如果出现跨年度交楼，待开发产品交付后按照企业会计准则结转收入成本进入利润表，同时调减以前年度调增的实际毛利额。

第一种思路的收入数据及年度处理见表 2-11：

表 2-11 第一种思路相关数据明细表

季度/年度	未完工产品预售收入		完工产品销售收入		交楼结转营业收入	
	A	B	A	B	A	B
2016 第四季度	5000					
2016 汇算处理	5000					
2017 第一季度	8000	4000				
2017 第三季度	3000	5000	1000			
2017 第四季度		3000	2000	1000		
2017 汇算处理			19 000	13 000		
2018 第一季度			1000	2000	19 000	
2018 第二季度			4000	1000	15 000	
2018 第四季度						4000
2018 汇算处理					20 000	19 000

（一）案例分析

1.第一部分

假如某房地产企业开发某期项目，建造洋房、别墅两种产品，洋房总可售面积 20 000 平方米，确定成本对象为 A，别墅总可售面积 9500 平方米，确定成本对象为 B。2016 年第四季度开始销售 A 未完工产品，当季取得预售收入 5000 万元（不含税），假定预交土增税 150 万元，假定预交附加税 18 万元，假定每年每季度期间费用 100 万元，预计毛利率 15%。（注：由于本案例只讲企业所得税，其他税种的数据均为假设。)

(1) 2016第四季度预缴申报。

数据计算：当季度税金及附加 =150+18=168 万元

四个季度期间费用 =100×4=400 万元

会计报表利润总额 =-400-168=-568 万元

销售未完工产品预计毛利额 =5000×15%=750 万元

报表填写见表 2-12：

填写季度所得税申报表时，第 1 行"营业收入"按照会计报表填 0，第 2 行"营业成本"按照会计报表填 0，第 3 行"利润总额"按会计报表（-568 万）填写，第 4 行"特定业务计算的应纳税所得额"按照预计毛利额填写 750 万。

表 2-12 《中华人民共和国企业所得税月（季）度预缴纳税申报表（A 类）》(A200000)

预缴税款计算		
行 次	项 目	本年累计金额
1	营业收入	0.00
2	营业成本	0.00
3	利润总额	-5 680 000.00
4	加：特定业务计算的应纳税所得额	7 500 000.00
5	减：不征税收入	
6	减：免税收入、减计收入、所得减免等优惠金额（填写 A201010）	
7	减：固定资产加速折旧（扣除）调减额（填写 A201020）	
8	减：弥补以前年度亏损	
9	实际利润额（3+4-5-6-7-8）/按照上一纳税年度应纳税所得额平均额确定的应纳税所得额	1 820 000.00
10	税率（25%）	25.00%
11	应纳所得税额（9×10）	455 000.00

注意事项：

季度预缴申报表第 4 行"特定业务计算的应纳税所得额"填报说明：从事房地产开发等特定业务的纳税人，填报按照税收规定计算的特定业务的应纳税所得额。房地产开发企业销售未完工开发产品取得的预售收入，按照税收规定的预计计税毛利率计算出预计毛利额填入此行。

(2) 2016 年度汇算清缴。

数据计算：税金及附加 =150+18=168 万元

期间费用 =100×4=400 万元

会计报表利润总额 =-400-168=-568 万元

2016 年度销售未完工产品预售收入 =5000 万元

2016 年度销售未完工产品预计毛利额 =5000×15%=750 万元

报表填写见表2-13：

2016年度未完工产品预售收入5000万元计入A105010第23行；销售未完工产品预计毛利额750万元计入A105010第24行。

表2-13 《视同销售和房地产开发企业特定业务纳税调整明细表》（A105010）

行次	项目	税收金额	纳税调整金额
		1	2
21	三、房地产开发企业特定业务计算的纳税调整额（22-26）	7 500 000.00	7 500 000.00
22	（一）房地产企业销售未完工开发产品特定业务计算的纳税调整额（24-25）	7 500 000.00	75 000 000.00
23	1.销售未完工产品的收入	50 000 000.00	*
24	2.销售未完工产品预计毛利额	7 500 000.00	7 500 000.00
25	3.实际发生的税金及附加、土地增值税		
26	（二）房地产企业销售的未完工产品转完工产品特定业务计算的纳税调整额（28-29）		
27	1.销售未完工产品转完工产品确认的销售收入		*
28	2.转回的销售未完工产品预计毛利额		
29	3.转回实际发生的税金及附加、土地增值税		

二级附表A105010的数据会直接进入一级附表A105000，见表2-14：

见表2-15 《纳税调整项目明细表》（A105000）

行次	项目	账载金额	税收金额	调增金额	调减金额
		1	2	3	4
1	一、收入类调整项目（2+3…8+10+11）	*	*		
2	（一）视同销售收入（填写A105010）	*			*
3	（二）未按权责发生制原则确认的收入（填写A105020）				
4	（三）投资收益（填写A105030）				
5	（四）按权益法核算长期股权投资对初始投资成本调整确认收益	*	*	*	
6	（五）交易性金融资产初始投资调整	*	*		*
7	（六）公允价值变动净损益		*		
8	（七）不征税收入	*	*		
9	其中：专项用途财政性资金（填写A105040）	*	*		
10	（八）销售折扣、折让和退回				
11	（九）其他				

（续上表）

行次	项　目	账载金额	税收金额	调增金额	调减金额
		1	2	3	4
12	二、扣除类调整项目（13+14+…24+26+27+28+29+30）	*	*		
13	（一）视同销售成本（填写A105010）	*		*	
14	（二）职工薪酬（填写A105050）				
15	（三）业务招待费支出				*
16	（四）广告费和业务宣传费支出（填写A105060）	*	*		
17	（五）捐赠支出（填写A105070）				
18	（六）利息支出				
19	（七）罚金、罚款和被没收财物的损失		*		*
20	（八）税收滞纳金、加收利息		*		*
21	（九）赞助支出		*		*
22	（十）与未实现融资收益相关在当期确认的财务费用				
23	（十一）佣金和手续费支出				*
24	（十二）不征税收入用于支出所形成的费用	*	*		
25	其中：专项用途财政性资金用于支出所形成的费用（填写A105040）	*	*		*
26	（十三）跨期扣除项目				
27	（十四）与取得收入无关的支出		*		*
28	（十五）境外所得分摊的共同支出	*	*		*
29	（十六）党组织工作经费				
30	（十七）其他				
31	三、资产类调整项目（32+33+34+35）	*	*		
32	（一）资产折旧、摊销（填写A105080）				
33	（二）资产减值准备金		*		
34	（三）资产损失（填写A105090）				
35	（四）其他				
36	四、特殊事项调整项目（37+38+…+42）	*	*	7 500 000.00	
37	（一）企业重组及递延纳税事项（填写A105100）				
38	（二）政策性搬迁（填写A105110）	*	*		
39	（三）特殊行业准备金（填写A105120）				
40	（四）房地产开发企业特定业务计算的纳税调整额（填写A105010）	*	7 500 000.00	7 500 000.00	

(续上表)

行次	项 目	账载金额	税收金额	调增金额	调减金额
		1	2	3	4
41	（五）有限合伙企业法人合伙方应分得的应纳税所得额				
42	（六）其他	*	*		
43	五、特别纳税调整应税所得	*	*		
44	六、其他	*	*		
45	合计（1+12+31+36+43+44）	*	*	7 500 000.00	

税金及附加168万元计入主表A100000第3行；期间费用400万元计入主表A100000第4行；会计报表利润总额（-568万）元计入主表A100000第13行。

详见表2-15：

表2-15 《中华人民共和国企业所得税年度纳税申报表（A类）》（A100000）

行次	类别	项 目	金额
1	利润总额计算	一、营业收入（填写A101010/101020/103000）	
2		减：营业成本（填写A102010/102020/103000）	
3		减：税金及附加	1 680 000.00
4		减：销售费用（填写A104000）	4 000 000.00
5		减：管理费用（填写A104000）	
6		减：财务费用（填写A104000）	
7		减：资产减值损失	
8		加：公允价值变动收益	
9		加：投资收益	
10		二、营业利润（1-2-3-4-5-6-7+8+9）	-5 680 000.00
11	利润总额计算	加：营业外收入（填写A101010/101020/103000）	
12		减：营业外支出（填写A102010/102020/103000）	
13		三、利润总额（10+11-12）	-5 680 000.00
14	应纳税所得额计算	减：境外所得（填写A108010）	
15		加：纳税调整增加额（填写A105000）	7 500 000.00
16		减：纳税调整减少额（填写A105000）	
17		减：免税、减计收入及加计扣除（填写A107010）	
18		加：境外应税所得抵减境内亏损（填写A108000）	
19		四、纳税调整后所得（13-14+15-16-17+18）	1 820 000.00

注：对于未完工产品预售收入调增的预计毛利额，季度调整在预缴申报表第4行，年度调整在附表A105010第22行。

2. 第二部分

2017年第一季度销售A未完工产品取得预售收入8000万元（不含税），销售B未完工产品取得预售收入4000万元（不含税），预交土增税360万元，预交附加税43.2万元。

2017第一季度预缴申报的数据计算：

当季度税金及附加 =360+43.2=403.2万元

当季度期间费用 =100×1=100万元

会计报表利润总额 =-100-403.2=-503.2万元

销售未完工产品预计毛利额 =（8000+4000）×15%=1800万元

报表填写见表2-16：

填写季度所得税申报表时，第1行"营业收入"按照会计报表填0，第2行"营业成本"按照会计报表填0，第3行"利润总额"按会计报表（-503.2万）填写，第4行"特定业务计算的应纳税所得额"按照预计毛利额1800万元填写。

表2-16 中华人民共和国企业所得税月（季）度预缴纳税申报表（A类，2018年版）

预缴税款计算		
行次	项 目	本年累计金额
1	营业收入	0.00
2	营业成本	0.00
3	利润总额	-5 032 000.00
4	加：特定业务计算的应纳税所得额	18 000 000.00
5	减：不征税收入	
6	减：免税收入、减计收入、所得减免等优惠金额（填写A201010）	
7	减：固定资产加速折旧（扣除）调减额（填写A201020）	
8	减：弥补以前年度亏损	
9	实际利润额（3+4-5-6-7-8）\按照上一纳税年度应纳税所得额平均额确定的应纳税所得额	12 968 000.00
10	税率（25%）	25.00%
11	应纳所得税额（9×10）	3 242 000.00

3. 第三部分

2017年第三季度A竣工验收，第三季度销售A未完工产品取得预售收入3000万元（不含税），销售A已完工产品取得销售收入1000万元（不含税），销售B未完工产品取得预售收入5000万元（不含税），预交土增税270万元，预交附加税32.4万元。

2017第三季度预缴申报的数据计算：

当季度税金及附加 =270+32.4=302.4 万元

三个季度期间费用 =100×3=300 万元

三个季度税金及附加 =403.2+302.4=705.6 万元

会计报表利润总额 =-300-705.6=-1005.6 万元

当季度销售未完工产品预计毛利额 =（3000+1000+5000）×15%=1350 万元

当年累计预计毛利额 =1800+1350=3150 万元

2017 年第三季度 A 项目虽然已竣工验收，但根据国税发〔2009〕31 号文第三十五条，开发产品完工以后，企业可在完工年度企业所得税汇算清缴前选择确定计税成本核算的终止日，不得滞后。也就是说，文件只是要求"及时"结转，并没有规定"及时"的具体时间期限，所以企业可以选择确定计税成本核算的终止日，只要在年度汇算清缴前即可，因此在季度预缴时无需按照销售完工产品的时间进行收入与成本的结转。

报表填写见表 2-17：

填写季度所得税申报表时，第 1 行"营业收入"按照会计报表填 0，第 2 行"营业成本"按照会计报表填 0，第 3 行"利润总额"按会计报表（-1005.6 万）填写，第 4 行"特定业务计算的应纳税所得额"按照当年预计毛利额 3150 万元填写。

表 2-17　中华人民共和国企业所得税月（季）度预缴纳税申报表（A 类，2018 年版）

预缴税款计算		
行次	项　目	本年累计金额
1	营业收入	0.00
2	营业成本	0.00
3	利润总额	-10 056 000.00
4	加：特定业务计算的应纳税所得额	31 500 000.00
5	减：不征税收入	
6	减：免税收入、减计收入、所得减免等优惠金额（填写 A201010）	
7	减：固定资产加速折旧（扣除）调减额（填写 A201020）	
8	减：弥补以前年度亏损	
9	实际利润额（3+4-5-6-7-8）/按照上一纳税年度应纳税所得额平均额确定的应纳税所得额	21 444 000.00
10	税率（25%）	25.00%
11	应纳所得税额（9×10）	5 361 000.00
12	减：减免所得税额（填写 A201030）	
13	减：实际已缴纳所得税额	3 242 000.00
14	减：特定业务预缴（征）所得税额	
15	本期应补（退）所得税额（11-12-13-14）/税务机关确定的本期应纳所得税额	2 119 000.00

4. 第四部分

2017年第四季度B竣工验收，第四季度销售A已完工产品取得销售收入2000万元（不含税），销售B未完工产品取得预售收入3000万元（不含税），销售B已完工产品取得销售收入1000万元（不含税），预交土增税180万元，预交附加税21.6万元。至此，A已实现销售的可售面积19 000平方米，B已实现销售的可售面积6500平方米。成本核算确定A总成本14 000万元、单位工程成本0.7万元（14 000÷20 000），B总成本13 300万元、单位工程成本1.4万元（13 300÷9500）。

（1）2017第四季度预缴申报。

数据计算：

当季度税金及附加 =180+21.6=201.6万元

四个季度期间费用 =100×4=400万元

四个季度税金及附加 =705.6+201.6=907.2万元

会计报表利润总额 =−400−907.2=−1307.2万元

当季度销售未完工产品预计毛利额 =（2000+3000+1000）×15%=900万元

当年累计预计毛利额 =1800+1350+900=4050万元

报表填写见表2-18：

填写季度所得税申报表时，第1行"营业收入"按照会计报表填0，第2行"营业成本"按照会计报表填0，第3行"利润总额"按会计报表（−1307.2万）填写，第4行"特定业务计算的应纳税所得额"按照当年累计预计毛利额4050万元填写。

表2-18 中华人民共和国企业所得税月（季）度预缴纳税申报表（A类，2018年版）

\multicolumn{3}{c}{预缴税款计算}		
行次	项 目	本年累计金额
1	营业收入	0.00
2	营业成本	0.00
3	利润总额	−13 072 000.00
4	加：特定业务计算的应纳税所得额	40 500 000.00
5	减：不征税收入	
6	减：免税收入、减计收入、所得减免等优惠金额（填写A201010）	
7	减：固定资产加速折旧（扣除）调减额（填写A201020）	
8	减：弥补以前年度亏损	
9	实际利润额（3+4−5−6−7−8）/按照上一纳税年度应纳税所得额平均额确定的应纳税所得额	27 428 000.00
10	税率（25%）	25.00%
11	应纳所得税额（9×10）	6 857 000.00
12	减：减免所得税额（填写A201030）	

(续上表)

	预缴税款计算	
行次	项 目	本年累计金额
13	减：实际已缴纳所得税额	5 361 000.00
14	减：特定业务预缴（征）所得税额	
15	本期应补（退）所得税额（11-12-13-14）/ 税务机关确定的本期应纳所得税额	1 496 000.00

（2）2017汇算清缴。

数据计算：

税金及附加 =403.2+302.4+201.6=907.2万元

期间费用 =100×4=400万元

由于A、B均已竣工验收，按规定应在税收上确认A、B两个成本对象的完工产品收入及成本。需要注意，这里确认的完工产品收入不但包含2017年度销售的，也包含以前年度销售的。

2016年度A未完工产品预售收入 =5000万元

2017年度A、B未完工产品预售收入 =（8000+3000）+（4000+5000+3000）=23 000万元

2017年度A、B完工产品销售收入 =（1000+2000）+1000=4000万元

汇算清缴应确认完工产品税收收入 =5000+23000+4000=32 000万元

应确认税收成本 =19 000×0.7+6500×1.4=13 300+9100=22 400万元（如果存在未能按合同全额收取房款的情况，可按实收房款与合同价款的比例计算已实现销售的可售面积）

国税发〔2009〕31号文第十四条规定，已销开发产品的计税成本 =已实现销售的可售面积×可售面积单位工程成本。

应调减以前年度调增的预计毛利额 =5000×15%=750万元

报表填写见表2-19：

确认完工产品税收收入32 000万元计入A105000第11行；确认完工产品税收成本22 400万元计入A105000第30行；应调减以前年度调增预计毛利额750万元计入A105000第44行。

表2-19 《纳税调整项目明细表》（A105000）

行次	项 目	账载金额	税收金额	调增金额	调减金额
		1	2	3	4
1	一、收入类调整项目（2+3…8+10+11）	*	*	320 000 000.00	
2	（一）视同销售收入（填写A105010）			*	*
3	（二）未按权责发生制原则确认的收入（填写A105020）				
4	（三）投资收益（填写A105030）				
5	（四）按权益法核算长期股权投资对初始投资成本调整确认收益	*	*	*	

(续上表)

行次	项　目	账载金额	税收金额	调增金额	调减金额
		1	2	3	4
6	（五）交易性金融资产初始投资调整	*	*		*
7	（六）公允价值变动净损益		*		
8	（七）不征税收入	*	*		
9	其中：专项用途财政性资金（填写A105040）	*	*		
10	（八）销售折扣、折让和退回				
11	（九）其他			320 000 000.00	320 000 000.00
12	二、扣除类调整项目（13+14+…24+26+27+28+29+30）	*	*		224 000 000.00
13	（一）视同销售成本（填写A105010）	*		*	
14	（二）职工薪酬（填写A105050）				
15	（三）业务招待费支出				*
16	（四）广告费和业务宣传费支出（填写A105060）	*	*		
17	（五）捐赠支出（填写A105070）				
18	（六）利息支出				
19	（七）罚金、罚款和被没收财物的损失		*		*
20	（八）税收滞纳金、加收利息		*		*
21	（九）赞助支出		*		*
22	（十）与未实现融资收益相关在当期确认的财务费用				
23	（十一）佣金和手续费支出				*
24	（十二）不征税收入用于支出所形成的费用	*	*		*
25	其中：专项用途财政性资金用于支出所形成的费用（填写A105040）	*	*		*
26	（十三）跨期扣除项目				
27	（十四）与取得收入无关的支出		*		*
28	（十五）境外所得分摊的共同支出	*	*		
29	（十六）党组织工作经费				
30	（十七）其他		224 000 000.00		224 000 000.00
31	三、资产类调整项目（32+33+34+35）	*	*		
32	（一）资产折旧、摊销（填写A105080）				
33	（二）资产减值准备金		*		
34	（三）资产损失（填写A105090）				

(续上表)

行次	项　目	账载金额	税收金额	调增金额	调减金额
		1	2	3	4
35	（四）其他				
36	四、特殊事项调整项目（37+38+…+42）	*	*		
37	（一）企业重组及递延纳税事项（填写A105100）				
38	（二）政策性搬迁（填写A105110）	*	*		
39	（三）特殊行业准备金（填写A105120）				
40	（四）房地产开发企业特定业务计算的纳税调整额（填写A105010）	*			
41	（五）有限合伙企业法人合伙方应分得的应纳税所得额				
42	（六）其他	*	*		
43	五、特别纳税调整应税所得	*	*		
44	六、其他	*	*		7 500 000.00
45	合计（1+12+31+36+43+44）	*	*	320 000 000.00	231 500 000.00

税金及附加907.2万元计入主表A100000第3行；期间费用400万元计入主表A100000第4行；会计报表利润总额（-1307.2万）元计入主表A100000第13行。

详见表2-20：

表2-20 《中华人民共和国企业所得税年度纳税申报表（A类）》（A100000）

行次	类　别	项　目	金　额
1		一、营业收入（填写A101010\101020\103000）	
2	利润总额计算	减：营业成本（填写A102010\102020\103000）	
3		减：税金及附加	9 072 000.00
4		减：销售费用（填写A104000）	4 000 000.00
5		减：管理费用（填写A104000）	
6		减：财务费用（填写A104000）	
7		减：资产减值损失	
8		加：公允价值变动收益	
9	利润总额计算	加：投资收益	
10		二、营业利润（1-2-3-4-5-6-7+8+9）	-13 072 000.00
11		加：营业外收入（填写A101010\101020\103000）	
12		减：营业外支出（填写A102010\102020\103000）	
13		三、利润总额（10+11-12）	-13 072 000.00

（续上表）

行次	类别	项目	金额
14	应纳税所得额计算	减：境外所得（填写A108010）	
15		加：纳税调整增加额（填写A105000）	320 000 000.00
16		减：纳税调整减少额（填写A105000）	231 500 000.00
17		减：免税、减计收入及加计扣除（填写A107010）	
18		加：境外应税所得抵减境内亏损（填写A108000）	
19		四、纳税调整后所得（13-14+15-16-17+18）	75 428 000.00
20		减：所得减免（填写A107020）	
21		减：弥补以前年度亏损（填写A106000）	
22		减：抵扣应纳税所得额（填写A107030）	
23		五、应纳税所得额（19-20-21-22）	75 428 000.00
24	应纳税额计算	税率（25%）	25.00%
25		六、应纳所得税额（23×24）	18 857 000.00
26		减：减免所得税额（填写A107040）	
27		减：抵免所得税额（填写A107050）	
28		七、应纳税额（25-26-27）	18 857 000.00
29		加：境外所得应纳所得税额（填写A108000）	
30		减：境外所得抵免所得税额（填写A108000）	
31		八、实际应纳所得税额（28+29-30）	18 857 000.00
32	应纳税额计算	减：本年累计实际已缴纳的所得税额	6 857 000.00
33		九、本年应补（退）所得税额（31-32）	12 000 000.00
34		其中：总机构分摊本年应补（退）所得税额（填写A109000）	
35		财政集中分配本年应补（退）所得税额（填写A109000）	
36		总机构主体生产经营部门分摊本年应补（退）所得税额（填写A109000）	

注：完工年度汇算清缴时，以前年度、当年年度的未完工产品预售收入和完工产品销售收入，即使不符合会计确认收入的条件，也要按规定确认税收收入成本。

综观《中华人民共和国企业所得税年度纳税申报表（A类，2017年版）》表单及填报说明，最适合调增的收入调整在附表A105000第11行，调增的成本调整在附表A105000第30行，调减以前年度调增的预计毛利额调整在附表A105000第44行。

附表A105000填报说明：第11行"（九）其他"，填报其他因会计处理与税收规定有差异需纳税调整的收入类项目金额。第30行"（十七）其他"，填报其他因会计处理与税收规定有差异需纳税调整的扣除类项目金额。第44行"六、其他"，填报其他会计处理与税收规定存在差异需纳税调整的项目金额，包括企业执行《企业会计准则第14号——收入》（财会〔2017〕22号发布）产生的税会差异纳税调整金额。

5. 第五部分

2018年第一季度A交楼19 000平方米，应结转营业收入19 000万元，第一季度销售A已完工产品取得销售收入1000万元（不含税）；销售B已完工产品取得销售收入2000万元（不含税），预交土增税90万元，预交附加税10.8万元。

数据计算：

税金及附加 =90+10.8=100.8万元

期间费用 =100×1=100万元

会计结转营业收入 =5000+8000+3000+1000+2000=19 000万元

会计结转营业成本 =19 000×0.7=13 300万元

会计报表利润总额 =19 000-13 300-100.8-100=5499.2万元

应调减以前年度已确认税收实际毛利额 =19 000-19 000×0.7=5700万元

销售未完工产品预计毛利额 =（1000+2000）×15%=450万元

报表填写见表2-21：

填写季度所得税申报表时，第1行"营业收入"按照会计报表填19 000万元，第2行"营业成本"按照会计报表填13 300万元，第3行"利润总额"按会计报表利润总额5499.2万元填写，第4行"特定业务计算的应纳税所得额"按照预计毛利额减去以前年度已确认税收实际毛利额的差额450-5700=-5250万元填写。

表2-21　中华人民共和国企业所得税月（季）度预缴纳税申报表（A类，2018年版）

预缴税款计算		
行次	项　目	本年累计金额
1	营业收入	190 000 000.00
2	营业成本	133 000 000.00
3	利润总额	54 992 000.00
4	加：特定业务计算的应纳税所得额	-52 500 000.00
5	减：不征税收入	
6	减：免税收入、减计收入、所得减免等优惠金额（填写A201010）	
7	减：固定资产加速折旧（扣除）调减额（填写A201020）	
8	减：弥补以前年度亏损	
9	实际利润额（3+4-5-6-7-8）/按照上一纳税年度应纳税所得额平均额确定的应纳税所得额	2 492 000.00
10	税率（25%）	25.00%
11	应纳所得税额（9×10）	623 000.00

(续上表)

预缴税款计算		
行次	项　目	本年累计金额
12	减：减免所得税额（填写 A201030）	
13	减：实际已缴纳所得税额	
14	减：特定业务预缴（征）所得税额	
15	本期应补（退）所得税额（11-12-13-14）\税务机关确定的本期应纳所得税额	623 000.00

6. 第六部分

2018年第二季度A交楼1000平方米，应结转营业收入1000万元，B交楼7500平方米，应结转营业收入15 000万元；第二季度销售B已完工产品取得销售收入4000万元（不含税），预交土增税120万元，预交附加税14.4万元。

数据计算：

当季度税金及附加 =120+14.4=134.4 万元

当季度结转营业收入 =1000+15 000=16 000 万元

当季度结转营业成本 =1000×0.7+7500×1.4=11 200 万元

会计报表累计营业收入 =19 000+16 000=35 000 万元

会计报表累计营业成本 =13 300+11 200=24 500 万元

两个季度税金及附加 =100.8+134.4=235.2 万元

两个季度期间费用 =100×2=200 万元

会计报表利润总额 =35 000-24 500-235.2-200=10 064.8 万元

应调减以前年度已确认税收累计实际毛利额 =5700+（13000-6500×1.4）=9600 万元

销售未完工产品预计毛利额 =4000×15%=600 万元

报表填写见表2-22：

填写季度所得税申报表时，第1行"营业收入"按照会计报表填35 000万元，第2行"营业成本"按照会计报表填24 500万元，第3行"利润总额"按10 064.8万元填写，第4行"特定业务计算的应纳税所得额"按照当期预计毛利额减去当年第一季度未确认税收收入的预计毛利额，再减去以前年度已确认税收实际毛利的余额 600-9600=-9000 万元填写。

表2-22　中华人民共和国企业所得税月（季）度预缴纳税申报表（A类，2018年版）

预缴税款计算		
行次	项　目	本年累计金额
1	营业收入	350 000 000.00
2	营业成本	245 000 000.00
3	利润总额	100 648 000.00
4	加：特定业务计算的应纳税所得额	-90 000 000.00

(续上表)

预缴税款计算		
行次	项 目	本年累计金额
5	减：不征税收入	
6	减：免税收入、减计收入、所得减免等优惠金额（填写A201010）	
7	减：固定资产加速折旧（扣除）调减额（填写A201020）	
8	减：弥补以前年度亏损	
9	实际利润额（3+4-5-6-7-8）\按照上一纳税年度应纳税所得额平均额确定的应纳税所得额	10 648 000.00
10	税率（25%）	25.00%
11	应纳所得税额（9×10）	2 662 000.00
12	减：减免所得税额（填写A201030）	
13	减：实际已缴纳所得税额	623 000.00
14	减：特定业务预缴（征）所得税额	
15	本期应补（退）所得税额（11-12-13-14）\税务机关确定的本期应纳所得税额	2 039 000.00

7. 第七部分

2018年第四季度B交楼2000平方米，应结转营业收入4000万元，至此A、B已全部售完交楼。

数据计算：

当季度结转营业收入 =4000万元

当季度结转营业成本 =2000×1.4=2800万元

会计报表累计营业收入 =19 000+16 000+4000=39000万元

会计报表累计营业成本 =13 300+11 200+2800=27 300万元

四个季度税金及附加 =100.8+134.4=235.2万元

四个季度期间费用 =100×4=400万元

会计报表利润总额 =39 000-27 300-235.2-400=11 064.8万元

应调减以前年度已确认税收累计实际毛利额 =9600万元

报表填写见表2-23：

填写季度所得税申报表时，第1行"营业收入"按照会计报表填39 000万元，第2行"营业成本"按照会计报表填27 300万元，第3行"利润总额"按11 064.8万元填写，第4行"特定业务计算的应纳税所得额"按照当期预计毛利额减去当年第二季度未确认税收收入的预计毛利额，再减去以前年度已确认税收实际毛利额的余额0-9600=-9600万元填写。

表 2-23　中华人民共和国企业所得税月（季）度预缴纳税申报表（A 类，2018 年版）

\multicolumn{3}{c}{预缴税款计算}		
行次	项　目	本年累计金额
1	营业收入	390 000 000.00
2	营业成本	273 000 000.00
3	利润总额	110 648 000.00
4	加：特定业务计算的应纳税所得额	-96 000 000.00
5	减：不征税收入	
6	减：免税收入、减计收入、所得减免等优惠金额（填写 A201010）	
7	减：固定资产加速折旧（扣除）调减额（填写 A201020）	
8	减：弥补以前年度亏损	
9	实际利润额（3+4-5-6-7-8）\按照上一纳税年度应纳税所得额平均额确定的应纳税所得额	14 648 000.00
10	税率（25%）	25.00%
11	应纳所得税额（9×10）	3 662 000.00
12	减：减免所得税额（填写 A201030）	
13	减：实际已缴纳所得税额	2 662 000.00
14	减：特定业务预缴（征）所得税额	
15	本期应补（退）所得税额（11-12-13-14）\税务机关确定的本期应纳所得税额	1 000 000.00

2018 汇算清缴的数据计算：

营业收入 =19 000+16 000+4000=39 000 万元

营业成本 =20 000×0.7+9500×1.4=27 300 万元

税金及附加 =100.8+134.4=235.2 万元

期间费用 =100×4=400 万元

会计报表利润总额 =39 000-27 300-235.2-400=11 064.8 万元

应调减以前年度已确认税收累计实际毛利 =（19 000+13 000）-（19 000×0.7+6500×1.4）=32 000-22 400=9600 万元

报表填写见表 2-24：

应调减以前年度已确认税收收入 32 000 万元以负数计入 A105000 第 11 行；应调减以前年度已确认税收成本 22 400 万元以负数计入 A105000 第 30 行。

表 2-24 《纳税调整项目明细表》（A105000）

行次	项　目	账载金额	税收金额	调增金额	调减金额
		1	2	3	4
1	一、收入类调整项目（2+3…8+10+11）	*	*		−320 000 000.00
2	（一）视同销售收入（填写 A105010）	*			*
3	（二）未按权责发生制原则确认的收入（填写 A105020）				
4	（三）投资收益（填写 A105030）				
5	（四）按权益法核算长期股权投资对初始投资成本调整确认收益	*	*	*	
6	（五）交易性金融资产初始投资调整	*	*		*
7	（六）公允价值变动净损益		*		
8	（七）不征税收入	*	*		
9	其中：专项用途财政性资金（填写 A105040）	*	*		
10	（八）销售折扣、折让和退回				
11	（九）其他			−320 000 000.00	−320 000 000.00
12	二、扣除类调整项目（13+14+…24+26+27+28+29+30）	*	*		−224 000 000.00
13	（一）视同销售成本（填写 A105010）	*		*	
14	（二）职工薪酬（填写 A105050）				
15	（三）业务招待费支出				*
16	（四）广告费和业务宣传费支出（填写 A105060）	*	*		
17	（五）捐赠支出（填写 A105070）				
18	（六）利息支出				
19	（七）罚金、罚款和被没收财物的损失		*		*
20	（八）税收滞纳金、加收利息		*		*
21	（九）赞助支出				*
22	（十）与未实现融资收益相关在当期确认的财务费用				
23	（十一）佣金和手续费支出				*
24	（十二）不征税收入用于支出所形成的费用	*	*		*
25	其中：专项用途财政性资金用于支出所形成的费用（填写 A105040）	*	*		*
26	（十三）跨期扣除项目				
27	（十四）与取得收入无关的支出		*		*
28	（十五）境外所得分摊的共同支出	*	*		*

（续上表）

行次	项　目	账载金额	税收金额	调增金额	调减金额
		1	2	3	4
29	（十六）党组织工作经费				
30	（十七）其他		−224 000 000.00		−224 000 000.00
31	三、资产类调整项目（32+33+34+35）	*	*		
32	（一）资产折旧、摊销（填写A105080）				
33	（二）资产减值准备金		*		
34	（三）资产损失（填写A105090）				
35	（四）其他				
36	四、特殊事项调整项目（37+38+…+42）	*	*		
37	（一）企业重组及递延纳税事项（填写A105100）				
38	（二）政策性搬迁（填写A105110）	*	*		
39	（三）特殊行业准备金（填写A105120）				
40	（四）房地产开发企业特定业务计算的纳税调整额（填写A105010）				
41	（五）有限合伙企业法人合伙方应分得的应纳税所得额				
42	（六）其他	*	*		
43	五、特别纳税调整应税所得	*	*		
44	六、其他	*	*		
45	合计（1+12+31+36+43+44）	*	*	−320 000 000.00	−224 000 000.00

营业收入39 000万元计入主表A100000第1行；营业成本27 300万元计入主表A100000第2行；税金及附加235.2万元计入主表A100000第3行；期间费用400万元计入主表A100000第4行；会计报表利润总额11 064.8万元计入主表A100000第13行。

详见表2-25：

表2-25 《中华人民共和国企业所得税年度纳税申报表（A类）》（A100000）

行次	类　别	项　目	金　额
1	利润总额计算	一、营业收入（填写A101010\101020\103000）	390 000 000.00
2		减：营业成本（填写A102010\102020\103000）	273 000 000.00
3		减：税金及附加	2 352 000.00
4		减：销售费用（填写A104000）	4 000 000.00
5		减：管理费用（填写A104000）	

（续上表）

行次	类别	项 目	金 额
6	利润总额计算	减：财务费用（填写A104000）	
7		减：资产减值损失	
8		加：公允价值变动收益	
9		加：投资收益	
10		二、营业利润（1-2-3-4-5-6-7+8+9）	110 648 000.00
11		加：营业外收入（填写A101010\101020\103000）	
12		减：营业外支出（填写A102010\102020\103000）	
13		三、利润总额（10+11-12）	110 648 000.00
14	应纳税所得额计算	减：境外所得（填写A108010）	
15		加：纳税调整增加额（填写A105000）	-320 000 000.00
16		减：纳税调整减少额（填写A105000）	-224 000 000.00
17		减：免税、减计收入及加计扣除（填写A107010）	
18		加：境外应税所得抵减境内亏损（填写A108000）	
19		四、纳税调整后所得（13-14+15-16-17+18）	14 648 000.00
20		减：所得减免（填写A107020）	
21		减：弥补以前年度亏损（填写A106000）	
22		减：抵扣应纳税所得额（填写A107030）	
23		五、应纳税所得额（19-20-21-22）	
24	应纳税额计算	税率（25%）	25.00%
25		六、应纳所得税额（23×24）	3 662 000.00
26		减：减免所得税额（填写A107040）	
27		减：抵免所得税额（填写A107050）	
28		七、应纳税额（25-26-27）	3 662 000.00
29		加：境外所得应纳所得税额（填写A108000）	
30		减：境外所得抵免所得税额（填写A108000）	
31		八、实际应纳所得税额（28+29-30）	3 662 000.00
32		减：本年累计实际已缴纳的所得税额	3 662 000.00
33		九、本年应补（退）所得税额（31-32）	0.00
34	应纳税额计算	其中：总机构分摊本年应补（退）所得税额（填写A109000）	
35		财政集中分配本年应补（退）所得税额（填写A109000）	
36		总机构主体生产经营部门分摊本年应补（退）所得税额（填写A109000）	

注：符合会计确认收入时，以前年度调增的实际毛利额，季度调整在预缴申报表第 4 行，年度调整在附表 A105000 第 11 行和第 30 行。

二、第二种思路

开发产品交付使用前，无论是完工产品还是未完工产品预收款均按照预计毛利率计算预计毛利额，匹配的预缴土增税及附加税计入"税金及附加"科目进入利润表。开发产品竣工验收时暂不确认收入成本，待开发产品交付后按照企业会计准则结转收入成本，计算出实际毛利额，同时调减以前年度调增的预计毛利额。

第二种思路的收入数据及年度处理见表 2-26：

表 2-26 第二种思路相关数据明细表

季度/年度	未完工产品预售收入		完工产品销售收入		交楼结转营业收入	
	A	B	A	B	A	B
2016 第四季度	5000					
2016 汇算处理	5000					
2017 第一季度	8000	4000				
2017 第三季度	3000	5000	1000			
2017 第四季度		3000	2000	1000		
2017 汇算处理	14 000	13 000				
2018 第一季度			1000	2000	19 000	
2018 第二季度			4000	1000		15 000
2018 第四季度						4000
2018 汇算处理					20 000	19 000

（一）案例分析

1. 第一部分

假如某房地产企业开发某期项目，建造洋房、别墅两种产品，洋房总可售面积 20 000 平方米，确定成本对象为 A，别墅总可售面积 9500 平方米，确定成本对象为 B。2016 年第四季度开始销售 A 未完工产品，当季取得预售收入 5000 万元（不含税），假定预交土增税 150 万元，假定预交附加税 18 万元，假定每年每季度期间费用 100 万元，预计毛利率 15%。

（1）2016 第四季度预缴申报。

数据计算：当季度税金及附加 =150+18=168 万元

四个季度期间费用 =100×4=400 万元

会计报表利润总额 =-400-168=-568 万元

销售未完工产品预计毛利额 =5000×15%=750 万元

报表填写见表 2-27：

填写季度所得税申报表时，第 1 行"营业收入"按照会计报表填 0，第 2 行"营业成本"按照会计报表填 0，第 3 行"利润总额"按会计报表（-568 万）填写，第 4 行"特定业务计算的应纳税所得额"按照预计毛利额填写 750 万。

表 2-27　中华人民共和国企业所得税月（季）度预缴纳税申报表（A 类，2018 年版）

预 缴 税 款 计 算		
行　次	项　　目	本年累计金额
1	营业收入	0.00
2	营业成本	0.00
3	利润总额	-5 680 000.00
4	加：特定业务计算的应纳税所得额	7 500 000.00
5	减：不征税收入	
6	减：免税收入、减计收入、所得减免等优惠金额（填写 A201010）	
7	减：固定资产加速折旧（扣除）调减额（填写 A201020）	
8	减：弥补以前年度亏损	
9	实际利润额（3+4-5-6-7-8）\按照上一纳税年度应纳税所得额平均额确定的应纳税所得额	1 820 000.00
10	税率（25%）	25.00%
11	应纳所得税额（9×10）	455 000.00

注意事项：

季度预缴申报表第 4 行"特定业务计算的应纳税所得额"填报说明：从事房地产开发等特定业务的纳税人，填报按照税收规定计算的特定业务的应纳税所得额。房地产开发企业销售未完工开发产品取得的预售收入，按照税收规定的预计计税毛利率计算出预计毛利额填入此行。

（2）2016 年度汇算清缴。

数据计算：税金及附加 =150+18=168 万元

期间费用 =100×4=400 万元

会计报表利润总额 =-400-168=-568 万元

2016 年度销售未完工产品预售收入 =5000 万元

2016 年度销售未完工产品预计毛利额 =5000×15%=750 万元

报表填写见表 2-28：

2016 年度预售收入 5000 万元计入 A105010 第 23 行；销售未完工产品预计毛利额 750 万元计入 A105010 第 24 行。

表 2-28 《视同销售和房地产开发企业特定业务纳税调整明细表》（A105010）

行次	项目	税收金额	纳税调整金额
		1	2
21	三、房地产开发企业特定业务计算的纳税调整额（22-26）	7 500 000.00	7 500 000.00
22	（一）房地产企业销售未完工开发产品特定业务计算的纳税调整额（24-25）	7 500 000.00	75 000 000.00
23	1. 销售未完工产品的收入	50 000 000.00	*
24	2. 销售未完工产品预计毛利额	7 500 000.00	7 500 000.00
25	3. 实际发生的税金及附加、土地增值税		
26	（二）房地产企业销售的未完工产品转完工产品特定业务计算的纳税调整额（28-29）		
27	1. 销售未完工产品转完工产品确认的销售收入		*
28	2. 转回的销售未完工产品预计毛利额		
29	3. 转回实际发生的税金及附加、土地增值税		

二级附表 A105010 的数据会直接进入一级附表 A105000，详见表 2-29；

表 2-29 《纳税调整项目明细表》（A105000）

行次	项目	账载金额	税收金额	调增金额	调减金额
		1	2	3	4
1	一、收入类调整项目（2+3…8+10+11）	*	*		
2	（一）视同销售收入（填写 A105010）	*			*
3	（二）未按权责发生制原则确认的收入（填写 A105020）				
4	（三）投资收益（填写 A105030）				
5	（四）按权益法核算长期股权投资对初始投资成本调整确认收益	*	*	*	
6	（五）交易性金融资产初始投资调整	*	*		*
7	（六）公允价值变动净损益		*		
8	（七）不征税收入	*	*		
9	其中：专项用途财政性资金（填写 A105040）	*	*		
10	（八）销售折扣、折让和退回				
11	（九）其他				
12	二、扣除类调整项目（13+14+…24+26+27+28+29+30）	*	*		
13	（一）视同销售成本（填写 A105010）	*		*	
14	（二）职工薪酬（填写 A105050）				

(续上表)

行次	项 目	账载金额	税收金额	调增金额	调减金额
		1	2	3	4
15	（三）业务招待费支出				*
16	（四）广告费和业务宣传费支出（填写A105060）	*	*		
17	（五）捐赠支出（填写A105070）				
18	（六）利息支出				
19	（七）罚金、罚款和被没收财物的损失		*		*
20	（八）税收滞纳金、加收利息		*		*
21	（九）赞助支出		*		*
22	（十）与未实现融资收益相关在当期确认的财务费用				
23	（十一）佣金和手续费支出				*
24	（十二）不征税收入用于支出所形成的费用	*	*		*
25	其中：专项用途财政性资金用于支出所形成的费用（填写A105040）	*	*		*
26	（十三）跨期扣除项目				
27	（十四）与取得收入无关的支出		*		*
28	（十五）境外所得分摊的共同支出	*	*		*
29	（十六）党组织工作经费				
30	（十七）其他				
31	三、资产类调整项目（32+33+34+35）	*	*		
32	（一）资产折旧、摊销（填写A105080）				
33	（二）资产减值准备金		*		
34	（三）资产损失（填写A105090）				
35	（四）其他				
36	四、特殊事项调整项目（37+38+…+42）	*	*	7 500 000.00	
37	（一）企业重组及递延纳税事项（填写A105100）				
38	（二）政策性搬迁（填写A105110）	*	*		
39	（三）特殊行业准备金（填写A105120）				
40	（四）房地产开发企业特定业务计算的纳税调整额（填写A105010）	*		7 500 000.00	7 500 000.00
41	（五）有限合伙企业法人合伙方应分得的应纳税所得额				
42	（六）其他		*	*	
43	五、特别纳税调整应税所得		*	*	

(续上表)

行次	项 目	账载金额	税收金额	调增金额	调减金额
		1	2	3	4
44	六、其他	*	*		
45	合计（1+12+31+36+43+44）	*	*	7 500 000.00	

税金及附加 168 万元计入主表 A100000 第 3 行；销售费用 400 万元计入主表 A100000 第 4 行；会计报表利润总额（-568 万）元计入主表 A100000 第 13 行。

详见表 2-30

表 2-30 《中华人民共和国企业所得税年度纳税申报表（A类）》（A100000）

行次	类别	项目	金额
1	利润总额计算	一、营业收入（填写 A101010\101020\103000）	
2		减：营业成本（填写 A102010\102020\103000）	
3		减：税金及附加	1 680 000.00
4		减：销售费用（填写 A104000）	4 000 000.00
5		减：管理费用（填写 A104000）	
6		减：财务费用（填写 A104000）	
7		减：资产减值损失	
8		加：公允价值变动收益	
9		加：投资收益	
10		二、营业利润（1-2-3-4-5-6-7+8+9）	-5 680 000.00
11		加：营业外收入（填写 A101010\101020\103000）	
12		减：营业外支出（填写 A102010\102020\103000）	
13		三、利润总额（10+11-12）	-5 680 000.00
14	应纳税所得额计算	减：境外所得（填写 A108010）	
15		加：纳税调整增加额（填写 A105000）	7 500 000.00
16		减：纳税调整减少额（填写 A105000）	
17		减：免税、减计收入及加计扣除（填写 A107010）	
18		加：境外应税所得抵减境内亏损（填写 A108000）	
19		四、纳税调整后所得（13-14+15-16-17+18）	1 820 000.00

2.第二部分

2017 年第一季度销售 A 未完工产品取得预售收入 8000 万元（不含税），销售 B 未完工产品取得预售收入 4000 万元（不含税），预交土增税 360 万元，预交附加税 43.2 万元。

2017第一季度预缴申报的数据计算：

　　　　税金及附加 =360+43.2=403.2万元

　　　　期间费用 =100万元

　　　　会计报表利润总额 =-100-403.2=-503.2万元

　　　　销售未完工产品预计毛利额 =（8000+4000）×15%=1800万元

报表填写见表2-31：

填写季度所得税申报表时，第1行"营业收入"按照会计报表填0，第2行"营业成本"按照会计报表填0，第3行"利润总额"按会计报表（-503.2万）填写，第4行"特定业务计算的应纳税所得额"按照预计毛利额1800万元填写。

表2-31　中华人民共和国企业所得税月（季）度预缴纳税申报表（A类，2018年版）

预缴税款计算		
行次	项目	本年累计金额
1	营业收入	0.00
2	营业成本	0.00
3	利润总额	-5 032 000.00
4	加：特定业务计算的应纳税所得额	18 000 000.00
5	减：不征税收入	
6	减：免税收入、减计收入、所得减免等优惠金额（填写A201010）	
7	减：固定资产加速折旧（扣除）调减额（填写A201020）	
8	减：弥补以前年度亏损	
9	实际利润额（3+4-5-6-7-8）\按照上一纳税年度应纳税所得额平均额确定的应纳税所得额	12 968 000.00
10	税率（25%）	25.00%
11	应纳所得税额（9×10）	3 242 000.00

3. 第三部分

2017年第三季度A竣工验收，第三季度销售A未完工产品取得预售收入3000万元（不含税），销售A已完工产品取得销售收入1000万元（不含税），销售B未完工产品取得预售收入5000万元（不含税），预交土增税270万元，预交附加税32.4万元。

2017第三季度预缴申报得数据计算：

　　　　当季度税金及附加 =270+32.4=302.4万元

　　　　三个季度税金及附加 =403.2+302.4=705.6万元

　　　　三个季度期间费用 =100×3=300万元

　　　　会计报表利润总额 =-300-705.6=-1005.6万元

　　　　销售未完工产品预计毛利额 =（3000+1000+5000）×15%=1350万元

当年累计预计毛利额 =1800+1350=3150 万元

报表填写见表 2-32：

填写季度所得税申报表时，第 1 行"营业收入"按照会计报表填 0，第 2 行"营业成本"按照会计报表填 0，第 3 行"利润总额"按会计报表（-1005.6 万）填写，第 4 行"特定业务计算的应纳税所得额"按照当年预计毛利额 3150 万元填写。

表 2-32 中华人民共和国企业所得税月（季）度预缴纳税申报表（A 类，2018 年版）

预缴税款计算		
行次	项目	本年累计金额
1	营业收入	0.00
2	营业成本	0.00
3	利润总额	-10 056 000.00
4	加：特定业务计算的应纳税所得额	31 500 000.00
5	减：不征税收入	
6	减：免税收入、减计收入、所得减免等优惠金额（填写 A201010）	
7	减：固定资产加速折旧（扣除）调减额（填写 A201020）	
8	减：弥补以前年度亏损	
9	实际利润额（3+4-5-6-7-8）\按照上一纳税年度应纳税所得额平均额确定的应纳税所得额	21 444 000.00
10	税率（25%）	25.00%
11	应纳所得税额（9×10）	5 361 000.00
12	减：减免所得税额（填写 A201030）	
13	减：实际已缴纳所得税额	3 242 000.00
14	减：特定业务预缴（征）所得税额	
15	本期应补（退）所得税额（11-12-13-14）\税务机关确定的本期应纳所得税额	2 119 000.00

4. 第四部分

2017 年第四季度 B 竣工验收，第四季度销售 A 已完工产品取得销售收入 2000 万元（不含税），销售 B 未完工产品取得预售收入 3000 万元（不含税），销售 B 已完工产品取得销售收入 1000 万元（不含税），预交土增税 180 万元，预交附加税 21.6 万元。至此，A 已实现销售的可售面积 19 000 平方米，B 已实现销售的可售面积 6500 平方米。成本核算确定 A 总成本 14 000 万元、单位工程成本 0.7 万元（14 000÷20 000），B 总成本 13 300 万元、单位工程成本 1.4 万元（13 300÷9500）。

（1）2017 第四季度预缴申报。

数据计算：

当季度税金及附加 =180+21.6=201.6 万元

四个季度税金及附加 =705.6+201.6=907.2 万元

四个季度期间费用 =100×4=400 万元

会计报表利润总额 =-400-907.2=-1307.2 万元

当季度销售未完工产品预计毛利额 =（2000+3000+1000）×15%=900 万元

当年累计预计毛利额 =1800+1350+900=4050 万元

报表填写见表 2-33：

填写季度所得税申报表时，第 1 行"营业收入"按照会计报表填 0，第 2 行"营业成本"按照会计报表填 0，第 3 行"利润总额"按会计报表（-1307.2 万）填写，第 4 行"特定业务计算的应纳税所得额"按照当年累计预计毛利额 4050 万元填写。

表 2-33　中华人民共和国企业所得税月（季）度预缴纳税申报表（A 类，2018 年版）

预　缴　税　款　计　算		
行　　次	项　　目	本年累计金额
1	营业收入	0.00
2	营业成本	0.00
3	利润总额	-13 072 000.00
4	加：特定业务计算的应纳税所得额	40 500 000.00
5	减：不征税收入	
6	减：免税收入、减计收入、所得减免等优惠金额（填写 A201010）	
7	减：固定资产加速折旧（扣除）调减额（填写 A201020）	
8	减：弥补以前年度亏损	
9	实际利润额（3+4-5-6-7-8）\按照上一纳税年度应纳税所得额平均额确定的应纳税所得额	27 428 000.00
10	税率（25%）	25.00%
11	应纳所得税额（9×10）	6 857 000.00
12	减：减免所得税额（填写 A201030）	
13	减：实际已缴纳所得税额	5 361 000.00
14	减：特定业务预缴（征）所得税额	
15	本期应补（退）所得税额（11-12-13-14）\税务机关确定的本期应纳所得税额	1 496 000.00

（2）2017 汇算清缴。

数据计算：

税金及附加 =403.2+302.4+201.6=907.2 万元

期间费用 =100×4=400 万元

会计报表利润总额 =-400-907.2=-1307.2 万元

2017年度销售未完工产品预售收入 =8000+4000+3000+5000+3000=23 000 万元

2017年度销售完工产品销售收入 =1000+2000+1000=4000 万元

按第二种思路，开发产品交付之前，取得完工产品销售收入视同未完工产品预售收入处理：

2017年度按未完工产品处理的收入 =23 000+4000=27 000 万元

2017年度销售未完工产品预计毛利额 =27 000×15%=4050 万元

报表填写见表 2-34：

2017年度预售收入 27 000 万元计入 A105010 第 23 行；销售未完工产品毛利 4050 万元计入 A105010 第 24 行。

表 2-34 《视同销售和房地产开发企业特定业务纳税调整明细表》（A105010）

行次	项　目	税收金额	纳税调整金额
		1	2
21	三、房地产开发企业特定业务计算的纳税调整额（22-26）	40 500 000.00	40 500 000.00
22	（一）房地产企业销售未完工开发产品特定业务计算的纳税调整额（24-25）	40 500 000.00	40 500 000.00
23	1.销售未完工产品的收入	270 000 000.00	*
24	2.销售未完工产品预计毛利额	40 500 000.00	40 500 000.00
25	3.实际发生的税金及附加、土地增值税		
26	（二）房地产企业销售的未完工产品转完工产品特定业务计算的纳税调整额（28-29）		
27	1.销售未完工产品转完工产品确认的销售收入		*
28	2.转回的销售未完工产品预计毛利额		
29	3.转回实际发生的税金及附加、土地增值税		

二级附表 A105010 的数据直接进入一级附表 A105000，见表 2-35：

表 2-35 《视同销售和房地产开发企业特定业务纳税调整项目明细表》（A105000）

行次	项　目	税收金额	纳税调整金额
		1	2
36	四、特殊事项调整项目（37+38+…+42）	*	40 500 000.00
37	（一）企业重组及递延纳税事项《填写 A105100）		
38	（二）政策性搬迁（填写 A105110）	*	
39	（三）特殊行业准备金（填写 A105120）		
40	（四）房地产开发企业特定业务计算的纳税调整额（填写 A105010）	40 500 000.00	40 500 000.00
41	（五）有限合伙企业法人合伙方应分得的应纳税所得额		
42	（六）其他	*	
43	五、特别纳税调整应税所得	*	

(续上表)

行次	项　　目	税收金额 1	纳税调整金额 2
44	六、其他	*	
45	合计（1+12+31+36+43+44）	*	40 500 000.00

税金及附加907.2万元计入主表A100000第3行；期间费用400万元计入主表A100000第4行；会计报表利润总额（-1307.2万）元计入主表A100000第13行。

表2-36 《中华人民共和国企业所得税年度纳税申报表（A类）》（A100000）

行次	类别	项　　目	金　额
1	利润总额计算	一、营业收入（填写A101010\101020\103000）	
2		减：营业成本（填写A102010\102020\103000）	
3		减：税金及附加	9 072 000.00
4		减：销售费用（填写A104000）	4 000 000.00
5		减：管理费用（填写A104000）	
6		减：财务费用（填写A104000）	
7		减：资产减值损失	
8		加：公允价值变动收益	
9		加：投资收益	
10		二、营业利润（1-2-3-4-5-6-7+8+9）	-13 072 000.00
11		加：营业外收入（填写A101010\101020\103000）	
12		减：营业外支出（填写A102010\102020\103000）	
13		三、利润总额（10+11-12）	-13 072 000.00
14	应纳税所得额计算	减：境外所得（填写A108010）	
15		加：纳税调整增加额（填写A105000）	40 500 000.00
16		减：纳税调整减少额（填写A105000）	
17		减：免税、减计收入及加计扣除（填写A107010）	
18		加：境外应税所得抵减境内亏损（填写A108000）	
19		四、纳税调整后所得（13-14+15-16-17+18）	27 428 000.00
20		减：所得减免（填写A107020）	
21		减：弥补以前年度亏损（填写A106000）	
22		减：抵扣应纳税所得额（填写A107030）	
23		五、应纳税所得额（19-20-21-22）	27 428 000.00

(续上表)

行次	类别	项目	金额
24	应纳税额计算	税率（25%）	25.00%
25		六、应纳所得税额（23×24）	6 857 000.00
26		减：减免所得税额（填写A107040）	
27		减：抵免所得税额（填写A107050）	
28		七、应纳税额（25-26-27）	6 857 000.00
29		加：境外所得应纳所得税额（填写A108000）	
30		减：境外所得抵免所得税额（填写A108000）	
31	应纳税额计算	八、实际应纳所得税额（28+29-30）	6 857 000.00
32		减：本年累计实际已缴纳的所得税额	6 857 000.00
33		九、本年应补（退）所得税额（31-32）	0.00
34		其中：总机构分摊本年应补（退）所得税额（填写A109000）	
35		财政集中分配本年应补（退）所得税额（填写A109000）	
36		总机构主体生产经营部门分摊本年应补（退）所得税额（填写A109000）	

5. 第五部分

2018年第一季度A交楼19 000平方米，应结转营业收入19 000万元，第一季度销售A已完工产品取得销售收入1000万元（不含税），销售B已完工产品取得销售收入2000万元（不含税），预交土增税90万元，预交附加税10.8万元。

数据计算：

结转营业收入 =5000+8000+3000+1000+2000=19 000万元

结转营业成本 =19 000×0.7=13 300万元

税金及附加 =90+10.8=100.8万元

期间费用 =100×1=100万元

会计报表利润总额 =19 000-13 300-100.8-100=5499.2万元

应调减以前年度调增的预计毛利额 =19 000×15%=2850万元

销售未完工产品预计毛利额 =（1000+2000）×15%=450万元

报表填写见表2-37：

填写季度所得税申报表时，第1行"营业收入"按照会计报表填19 000万元，第2行"营业成本"按照会计报表填13 300万元，第3行"利润总额"按会计报表利润总额5499.2万元填写，第4行"特定业务计算的应纳税所得额"按照当期预计毛利额减去以前年度调增的预计毛利额的差额450-2850=-2400万元填写。

表 2-37　中华人民共和国企业所得税月（季）度预缴纳税申报表（A 类，2018 年版）

预缴税款计算		
行次	项目	本年累计金额
1	营业收入	190 000 000.00
2	营业成本	133 000 000.00
3	利润总额	54 992 000.00
4	加：特定业务计算的应纳税所得额	-24 000 000.00
5	减：不征税收入	
6	减：免税收入、减计收入、所得减免等优惠金额（填写 A201010）	
7	减：固定资产加速折旧（扣除）调减额（填写 A201020）	
8	减：弥补以前年度亏损	
9	实际利润额（3+4-5-6-7-8）\ 按照上一纳税年度应纳税所得额平均额确定的应纳税所得额	30 992 000.00
10	税率（25%）	25.00%
11	应纳所得税额（9×10）	7 748 000.00
12	减：减免所得税额（填写 A201030）	
13	减：实际已缴纳所得税额	
14	减：特定业务预缴（征）所得税额	
15	本期应补（退）所得税额（11-12-13-14）\ 税务机关确定的本期应纳所得税额	7 748 000.00

6. 第六部分

2018 年第二季度 A 交楼 1000 平方米，应结转营业收入 1000 万元，B 交楼 7500 平方米，应结转营业收入 15 000 万元，第二季度销售 B 已完工产品取得销售收入 4000 万元（不含税），预交土增税 120 万元，预交附加税 14.4 万元。

数据计算：

    当季度税金及附加 =120+14.4=134.4 万元

    结转营业收入 =1000+15 000=16 000 万元

    结转营业成本 =1000×0.7+7500×1.4=11 200 万元

    会计报表累计营业收入 =19 000+16 000=35 000 万元

    会计报表累计营业成本 =13 300+11 200=24 500 万元

    两个季度税金及附加 =100.8+134.4=235.2 万元

    两个季度期间费用 =100×2=200 万元

    会计报表利润总额 =35 000-24 500-235.2-200=10 064.8 万元

    应调减以前年度调增的预计毛利额 =19 000×15%+13 000×15%=4800 万元

    销售未完工产品预计毛利额 =4000×15%=600 万元

报表填写见表 2-38：

填写季度所得税申报表时，第 1 行"营业收入"按照会计报表填 35 000 万元，第 2 行"营业成本"按照会计报表填 24 500 万元，第 3 行"利润总额"按 10 064.8 万元填写，第 4 行"特定业务计算的应纳税所得额"按照当期预计毛利额减去以前年度调增的预计毛利额的余额 600-4800=-4200 万元填写。

表 2-38　中华人民共和国企业所得税月（季）度预缴纳税申报表（A 类，2018 年版）

预缴税款计算		
行　次	项　　目	本年累计金额
1	营业收入	350 000 000.00
2	营业成本	245 000 000.00
3	利润总额	100 648 000.00
4	加：特定业务计算的应纳税所得额	−42 000 000.00
5	减：不征税收入	
6	减：免税收入、减计收入、所得减免等优惠金额（填写 A201010）	
7	减：固定资产加速折旧（扣除）调减额（填写 A201020）	
8	减：弥补以前年度亏损	
9	实际利润额（3+4-5-6-7-8）\按照上一纳税年度应纳税所得额平均额确定的应纳税所得额	58 648 000.00
10	税率（25%）	25.00%
11	应纳所得税额（9×10）	14 662 000.00
12	减：减免所得税额（填写 A201030）	
13	减：实际已缴纳所得税额	7 748 000.00
14	减：特定业务预缴（征）所得税额	
15	本期应补（退）所得税额（11-12-13-14）\税务机关确定的本期应纳所得税额	6 914 000.00

7. 第七部分

2018 年第四季度 B 交楼 2000 平方米，应结转营业收入 4000 万元，至此 A、B 已全部售完交楼。

数据计算：

$\qquad$ 结转营业收入 =4000 万元

$\qquad$ 结转营业成本 =2000×1.4=2800 万元

$\qquad$ 会计报表累计营业收入 =19 000+16 000+4000=39 000 万元

$\qquad$ 会计报表累计营业成本 13 300+11 200+2800=27 300 万元

$\qquad$ 四个季度税金及附加 =100.8+134.4=235.2 万元

$\qquad$ 四个季度期间费用 =100×4=400 万元

$\qquad$ 会计报表利润总额 =39 000-27 300-235.2-400=11 064.8 万元

应调减以前年度调增的预计毛利额 =19 000×15%+13 000×15%=4800 万元

报表填写见表 2-39：

填写季度所得税申报表时，第 1 行"营业收入"按照会计报表填 39 000 万元，第 2 行"营业成本"按照会计报表填 27 300 万元，第 3 行"利润总额"按 11 064.8 万元填写，第 4 行"特定业务计算的应纳税所得额"按照当期预计毛利额减去以前年度调增的预计毛利额的余额 0-4800=-4800 万元填写。

表 2-39　中华人民共和国企业所得税月（季）度预缴纳税申报表（A 类，2018 年版）

预 缴 税 款 计 算		
行　次	项　目	本年累计金额
1	营业收入	390 000 000.00
2	营业成本	273 000 000.00
3	利润总额	110 648 000.00
4	加：特定业务计算的应纳税所得额	-48 000 000.00
5	减：不征税收入	
6	减：免税收入、减计收入、所得减免等优惠金额（填写 A201010）	
7	减：固定资产加速折旧（扣除）调减额（填写 A201020）	
8	减：弥补以前年度亏损	
9	实际利润额（3+4-5-6-7-8）\按照上一纳税年度应纳税所得额平均额确定的应纳税所得额	62 648 000.00
10	税率（25%）	25.00%
11	应纳所得税额（9×10）	15 662 000.00
12	减：减免所得税额（填写 A201030）	
13	减：实际已缴纳所得税额	14 662 000.00
14	减：特定业务预缴（征）所得税额	
15	本期应补（退）所得税额（11-12-13-14）\税务机关确定的本期应纳所得税额	1 000 000.00

2018 汇算清缴的数据计算：

营业收入 =19 000+16 000+4000=39 000 万元

营业成本 =20 000×0.7+9500×1.4=27 300 万元

税金及附加 =100.8+134.4=235.2 万元

期间费用 =100×4=400 万元

会计报表利润总额 =39 000-27 300-235.2-400=11 064.8 万元

应调减以前年度调增的预计毛利额 =32 000×15%=4800 万元

报表填写见表 2-40：

应调减以前年度预售收入32 000万元计入A105010第27行;应调减以前年度预计毛利额4800万元计入A105010第28行。

表2-40 《视同销售和房地产开发企业特定业务纳税调整明细表》(A105010)

行次	项目	税收金额 1	纳税调整金额 2
21	三、房地产开发企业特定业务计算的纳税调整额(22-26)	-48 000 000.00	-48 000 000.00
22	(一)房地产企业销售未完工开发产品特定业务计算的纳税调整额(24-25)		
23	1.销售未完工产品的收入		
24	2.销售未完工产品预计毛利额		
25	3.实际发生的税金及附加、土地增值税		
26	(二)房地产企业销售的未完工产品转完工产品特定业务计算的纳税调整额(28-29)	48 000 000.00	48 000 000.00
27	1.销售未完工产品转完工产品确认的销售收入	320 000 000.00	*
28	2.转回的销售未完工产品预计毛利额	48 000 000.00	48 000 000.00
29	3.转回实际发生的税金及附加、土地增值税		

二级附表A105010的数据直接进入一级附表A105000,见表2-41。

表2-41 《纳税调整项目明细表》(A105000)

行次	项目	税收金额 1	纳税调整金额 2
36	四、特殊事项调整项目(37+38+…+42)	*	48 000 000.00
37	(一)企业重组及递延纳税事项(填写A105100)		
38	(二)政策性搬迁(填写A105110)	*	
39	(三)特殊行业准备金(填写A105120)		
40	(四)房地产开发企业特定业务计算的纳税调整额(填写A105010)	48 000 000.00	48 000 000.00
41	(五)有限合伙企业法人合伙方应分得的应纳税所得额		
42	(六)其他	*	
43	五、特别纳税调整应税所得	*	
44	六、其他	*	
45	合计(1+12+31+36+43+44)	*	48 000 000.00

营业收入39 000万元计入主表A100000第1行;营业成本27 300万元计入主表A100000第2行;税金及附加235.2万元计入主表A100000第3行;期间费用400万元计入主表A100000第4行;会计报表利润总额11 064.8万元计入主表A100000第13行。

详见表 2-42

表 2-42 《中华人民共和国企业所得税年度纳税申报表（A 类）》（A100000）

行次	类别	项 目	金 额
1	利润总额计算	一、营业收入（填写 A101010\101020\103000）	390 000 000.00
2		减：营业成本（填写 A102010\102020\103000）	273 000 000.00
3		减：税金及附加	2 352 000.00
4		减：销售费用（填写 A104000）	4 000 000.00
5		减：管理费用（填写 A104000）	
6		减：财务费用（填写 A104000）	
7		减：资产减值损失	
8		加：公允价值变动收益	
9		加：投资收益	
10		二、营业利润（1-2-3-4-5-6-7+8+9）	110 648 000.00
11		加：营业外收入（填写 A101010\101020\103000）	
12		减：营业外支出（填写 A102010\102020\103000）	
13		三、利润总额（10+11-12）	110 648 000.00
14	应纳税所得额计算	减：境外所得（填写 A108010）	
15		加：纳税调整增加额（填写 A105000）	
16		减：纳税调整减少额（填写 A105000）	48 000 000.00
17		减：免税、减计收入及加计扣除（填写 A107010）	
18		加：境外应税所得抵减境内亏损（填写 A108000）	
19		四、纳税调整后所得（13-14+15-16-17+18）	62 648 000.00
20		减：所得减免（填写 A107020）	
21		减：弥补以前年度亏损（填写 A106000）	
22		减：抵扣应纳税所得额（填写 A107030）	
23		五、应纳税所得额（19-20-21-22）	
24	应纳税额计算	税率（25%）	25.00%
25		六、应纳所得税额（23×24）	15 662 000.00
26		减：减免所得税额（填写 A107040）	

（续上表）

行次	类别	项目	金额
27	应纳税额计算	减：抵免所得税额（填写A107050）	
28	应纳税额计算	七、应纳税额（25-26-27）	15 662 000.00
29	应纳税额计算	加：境外所得应纳所得税额（填写A108000）	
30	应纳税额计算	减：境外所得抵免所得税额（填写A108000）	
31	应纳税额计算	八、实际应纳所得税额（28+29-30）	15 662 000.00
32	应纳税额计算	减：本年累计实际已缴纳的所得税额	15 662 000.00
33	应纳税额计算	九、本年应补（退）所得税额（31-32）	0.00
34	应纳税额计算	其中：总机构分摊本年应补（退）所得税额（填写A109000）	
35	应纳税额计算	财政集中分配本年应补（退）所得税额（填写A109000）	
36	应纳税额计算	总机构主体生产经营部门分摊本年应补（退）所得税额（填写A109000）	

通过以上两种思路的案例分析对比，很明显第一种思路计算过程复杂且难度较大。如果当年度竣工验收但未交楼，税收确认收入成本但会计不确认收入成本的话就比较麻烦。首先当年度税收确认的收入成本要在汇算清缴时进行纳税调整一次，在次年交楼会计确认收入成本时又要按照会计确认收入对应的税收收入在季度预缴时作纳税调减，同时次年汇算清缴时之前年度确认的收入成本又要以负数的形式在A105000表中进行调减。综合两种思路在各个纳税期内的纳税情况见表2-43：

表2-43 两种思路对比表

序号	纳税期间	第一种思路	第二种思路	备注
1	2016第四季度预缴	455 000.00	455 000.00	
2	2016汇算清缴	0.00	0.00	
3	2017第一季度预缴	3 242 000.00	3 242 000.00	
4	2017第三季度预缴	2 119 000.00	2 119 000.00	
5	2017第四季度预缴	1 496 000.00	1 496 000.00	
6	2017汇算清缴	12 000 000.00	0.00	
7	2018第一季度预缴	623 000.00	7 748 000.00	
8	2018第二季度预缴	2 039 000.00	6 914 000.00	
9	2018第四季度预缴	1 000 000.00	1 000 000.00	
10	2018汇算清缴	0.00	0.00	

（续上表）

序号	纳税期间	第一种思路	第二种思路	备注
11	合计	22 974 000.00	22 974 000.00	
12	实际已交	22 974 000.00	22 974 000.00	
13	应补税额	0.00	0.00	
14	实际税负	22 974 000.00	22 974 000.00	

从上表可以看出，两种思路最终的实际税负是一样的，只不过在不同确认收入时点的应纳税额产生了时间性差异。第二种思路的操作更加清晰，税会确认收入时点的统一让整个开发流程的纳税申报工作更加协调统一，这样既不会对国家税收造成很大影响，又能简化纳税调整的流程，节省纳税申报的工作量。目前国内部分大型房地产企业都采用了第二种思路，笔者认为，从纳税申报整个流程实务操作来看，采取第二种思路比较合适。

第三章 土地增值税管理篇

第一节 土地增值税的缘起和发展

一、历史渊源

(一) 时代背景

改革开放以前,我国土地管理制度一直采取行政划拨的方式,土地无偿、无限期使用,但不允许买卖。实践证明,这种土地使用管理制度不能合理配置土地资源,且严重影响了土地资源的使用效益。所以1987年我国对土地使用制度进行改革,实行国有土地使用权的有偿出让和转让,这极大地促进了我国房地产业的发展和房地产市场的建立与发展,对合理配置土地资源、提高土地使用效益、增加国家财政收入、改善城市基础设施与人民生活居住条件,以及带动国民经济相关产业的发展都产生了积极作用。

但是,有关土地管理的各项制度的不完善以及行政管理上的偏差,导致房地产行业在发展中难免会出现一些问题。特别是1992年及1993年上半年,我国部分地区特别是海南地区房地产持续高温,炒买炒卖房地产情况严重,使得很多资金流向了房地产,极大地浪费了国家的资源和财力,国家土地资金收益大量流失,严重冲击和危害了国民经济的协调健康发展。为扭转这一局面,国家采取了一系列宏观调控措施,其中一项就是开征土地增值税。开征土地增值税同时也是1994年"分税制"财政体制改革的有机组成部分。那一年才真正推出符合我国经济发展需求的增值税、营业税、土地增值税,也逐步形成了真正的税收与市场经济高度融合的税收体系。

可以说,开征土地增值税,是适应我国社会主义市场经济发展的新形势,是增强国家对房地产开发和房地产交易市场调控的迫切需要。

(二) 开征目的

开征土地增值税是国家运用税收杠杆引导房地产经营的方向,规范房地产市场的交易秩序,合理调节土地增值收益分配，维护国家权益，促进房地产开发的健康发展。

对土地增值课税主要目的是为了抑制炒买炒卖土地获取暴利的行为，以保护正当房地产开发的发展。土地增值主要是两方面原因：一是自然增值，由于土地资源是有限的，随着社会经济的发展，生产和生活建设用地扩大，土地资源相对紧缺或改善了投资环境，导致土地价格上升；二是投资增值，把"生地"变为"熟地"，建成各种生产、生活、商业的设施，造成土地增值。土地属国家所有，中华人民共和国成立以来，国家在城市建设方面投入了大量资金，搞了许多基础设施建设，这是土地增值的一个重要因素。对这部分土地增值收益，国家理应参与土地增值收益分配，并取得较大份额。征收土地增值税有利于减少国家土地资源增值收益的流失，同时，对投资房地产开发的合理收益给予保护，使其能够得到一定的回报，以促进房地产业的正常发展。但对炒买炒卖房地产获取暴利者，则要用高税率进行调节。这样就可以起到保护正当房地产开发的合法利益、遏制投机者牟取暴利的行为、维护国家整体利益的作用。

同时，开征土地增值税有助于规范国家参与土地增值收益的分配方式，增加国家财政收入，为经济建设积累资金。之前，我国涉及到房地产交易市场的税收，主要有营业税、企业所得税、个人所得税、契税等。这些税对转让房地产收益只起到一般的调节作用，对房地产交易因土地增值所获得的过高收入起不到特殊的调节作用。开征土地增值税能对因土地增值而获得的过高收入进行调节，并为增加国家财政收入开辟新税源。土地增值收入属于地方财政收入，地方可集中财力用于地方经济建设，同时，开征土地增值税可以规范土地增值收益的分配制度，统一各地土地增值收益收费标准。

总之，开征土地增值税对于维护国家利益、合理分配国家土地资源收入、促进房地产业和房地产市场健康发展都会产生积极作用。

（三）制定原则

（1）要有效地抑制炒买炒卖"地皮""楼花"等牟取暴利的投机行为，防止扰乱房地产开发和房地产市场发展的行为。土地增值税以转让房地产的增值额为计税依据，并实行四级超率累进税率，对增值率高的多征税，增值率低的少征税，充分体现土地增值税对过高增值收益进行有效调节的作用。

（2）维护国家权益，防止国家土地增值收益流失，增加国家财政收入。土地资源属国家所有，国家为整治和开发土地投入了巨额资金，国家理应参与土地增值收益分配，增加国家财政收入，将其用于国家经济建设。

（3）保护正当房地产开发者的合法利益，使其得到一定的投资回报，促进房地产开发结构的调整。土地增值税政策，对正当房地产开发者从事房地产开发的投资回报率和通胀因素是有照顾的，以此区别于房地产交易的投机行为，这样一方面制约和抑制了房地产的投机和炒卖，另一方面又保护了正常的房地产开发，引导房地产业健康稳定地发展。

二、认识误区

2013年11月24日央视《每周质量报告》报道称,调查发现多家知名房地产公司欠缴土地增值税,且数目惊人。报道称,2005年至2012年的八年间,房地产开发企业应交而未交的土地增值税总额超过3.8万亿元。

一石激起千层浪,"房地产企业欠缴3.8万亿元土地增值税"的报道引发轩然大波。任志强最先指出央视报道不准确,报道中涉及的多家上市公司也先后发布公告或接受采访,称央视的报道有误,并称公司一直遵守税法和会计准则的相关规定。

被"点名"的万科公司也发布公告,称其已按照土地增值税相关政策和有关政府规定,在销售房产时,按当地税务机关要求进行了土地增值税的预缴;在确认收入后,也按照会计准则要求进行了土地增值税的计提。其实,大量上市公司完工交楼的项目会视具体情况预提土地增值税作为清算准备金,这种准备金的预提是基于会计的谨慎性原则和配比原则。

11月26日晚,国家税务总局财产行为税司负责人就土地增值税政策和征管情况答记者问时指出,土地增值税征管力度是逐步加大的,近日引起社会关注的有关人员对欠税的巨额推算,方法是不正确的,是对税收政策和征管方式的误解、误读。

该负责人指出,根据土地增值税条例、细则规定,目前对房地产开发企业土地增值税实行销售时预征、项目终了进行清算、多退少补的征管制度。在项目竣工结算前由于涉及的成本无法确定等原因,而无法据以计算土地增值税的,可以实行预征。在项目达到清算条件后进行土地增值税清算,得出房地产项目实际应缴的税款,与预征的税款比较后,多退少补。

该负责人表示,近年来税务总局下发了一系列完善制度、加强征管的文件,并连续几年对北京、上海等21个省市进行督导检查,推动土地增值税清算工作,土地增值税征管力度是逐步加大的。但目前土地增值税征管还面临着一些困难和压力,主要反映在:由于房地产行业经营情况复杂,土地增值税税制设计也比较复杂;土地增值税清算需要审核大量跨若干年度的收入、成本和费用情况,税收征管难度大并容易产生执法风险等等。

毫无疑问当时央视的报道是误解,但不可否认当时市场上已经积累了体量巨大的待清算土地增值税项目。巨大的市场存量让以前名不经传的土地增值税一跃成为国家税收体系的热门税、重点税和焦点税。其实国家税务总局一直很重视这一问题,只是土地增值税业务比较复杂,项目管理难度较大,尤其在清算审核制度下,清算审核前置的管理模式使清算审核的风险增大。2019年的土地增值税法草案(征求意见稿)已经提出改变当前的管理模式,将清算审核后置。有了上位法的配套,加上各地积极推进,后期土地增值税的管理和清算体系将逐步完善与规范。

三、政策演变

1993年海南的房价暴涨,为抑制房价过快过猛增长,1993年12月13日,国务院发布了《中华人民共和国土地增值税暂行条例》(国务院令第138号)(以下简称《土地增值税暂行条例》)。《土地增值税暂行条例》自1994年1月1日起施行,自此土地增值税正式登上了历史舞台。财政部和国家税务总局也在 1995 年相继出台了实施细则和土增税宣传提纲，外加财税字〔1995〕48 号文就构成了最早期的土地增值税政策体系。

经过严厉的调控之后，房地产市场进入了一个平稳的低潮期，这种状况一直持续到 2004 年。可以说，2004 年之前土地增值税的征收基本上处于一个低潮期，在整个税收体系中是一个默默无闻的角色，甚至有声音呼吁将其取消并入增值税征收。转机出现在 2004 年，国家重拳刺激经济，房地产市场迎来了飞速发展的春天，房地产的价格也一路猛涨，节节攀升。房地产经济瞬间就提高了土地增值税征管的必要性和紧迫性，国家税务总局也立即发文（2004 年 100 号文）要求进一步加强土地增值税的征管工作。

由于最早期的土地增值税政策体系并没有一个清晰的清算文件指引，大家都不知道该怎么做，2004 年以前的土地增值税基本上都是核定征收的。房地产经济体量迅速增大以后就亟需政策来规范，于是 2006 年国家税务总局出了一个 187 号文。这对土地增值税来讲是一个标志性的文件，这是土地增值税的第一个关于清算的具体文件，在土地增值税的历史上具有重大意义。其实施细则的第十六条规定，土地增值税清算的具体办法由各省、自治区、直辖市地方税务局根据当地情况制定，但在国家税务总局 187 号文出台之前，还没有哪个省市出台过关于土地增值税清算的具体办法，因此从 2006 年开始，土地增值税的征收管理进入了一个新阶段。

随后，国家税务总局在 2009 年发布了土地增值税清算规程（2009 年 91 号文），在 2010 年发布了 220 号文，对土地增值税清算过程中的各项事宜进行进一步的明确和规范。至此，2006 年的 187 号文、2009 年的 91 号文和 2010 年的 220 号文构成了 2006 年以后国家层面土地增值税征收管理的新政策体系。

2019 年 7 月 16 日，财政部、税务总局正式对外公布了《中华人民共和国土地增值税法（征求意见稿）》，并向社会公开征求意见，正式拉开了土地增值税立法的大幕，将土地增值税暂行条例从行政法规提升到国家法律的层面，进一步凸显了土地增值税在整个税收体系中的重要性。

从广东省来看，1995 年广东省地方税务局发布了土地增值税征收管理办法，这是广东省最早的土地增值税征收管理的政策依据。该办法也规定了广东省各地要出台土地增值税征收管理具体办法，各地也相继在省局大框架下制定了具备各自地方特色的管理办法。2014 年广东省地方税务局发布了土地增值税暂行清算规程，作为全省土地增值税清算的主要政策依据。2019 年 6 月，广东省税务局发布了正式的土地增值税清算规程，提出了"集中清算、分段审核"的新概念，标志着土地增值税的征收管理和清算进入科学规范的新阶段。

四、立法思路

为了落实税收法定原则要求，健全地方税体系改革，2019 年 7 月 16 日，财政部、国家税务总局联合起草了《中华人民共和国土地增值税法草案（征求意见稿）》（以下简称《征求意见稿》），正式拉开了土地增值税立法的序幕。

《征求意见稿》一共有 22 条，比原先的土地增值税暂行条例的 15 条多了 7 条，整体行文用词更加严谨，内容也更加充实。本次的《征求意见稿》主要变化为以下四个方面：

(一)征税范围

《征求意见稿》扩大了原有的征税范围,将出让、转让集体土地的使用权和地上建筑物及其附着物(以下简称"集体房地产")纳入征税范围。同时,拟将目前对集体房地产征收的土地增值收益调节金取消。

《征求意见稿》扩大征税范围主要是为了与土地制度改革相衔接。为贯彻落实十八届三中全会决定要求,2014年,中共中央办公厅、国务院办公厅明确要求建立集体经营性建设用地(以下简称"集建地")入市制度,并要求建立兼顾国家、集体、个人的土地增值收益分配机制,合理提高个人收益。2015年以来,全国33个试点地区开展了农村土地征收、集建地入市、宅基地制度改革三项改革试点,允许集建地入市和转让,实行与国有建设用地同等入市、同权同价。为了建立土地增值收益分配机制,使税制与建立城乡统一建设用地市场的土地制度改革相衔接,《征求意见稿》将集体房地产纳入了征税范围,同时,拟取消土地增值收益调节金,使立法前后集体房地产负担总体稳定。

主要的变化就是将出让集体土地的使用权、地上建筑物及其附着物的行为,或以集体土地使用权、地上的建筑物及其附着物作价出资、入股的行为纳入土地增值税的征税范围。

2009年以来,按照部省合作共建节约集约用地示范省的部署,广东省在全国率先开展"三旧"改造工作,在盘活存量土地资源、保障经济社会发展方面发挥了积极作用,为国家建立城镇低效用地再开发制度提供了"广东经验"。2019年8月28日,广东省人民政府发布了关于深化改革加快推动"三旧"改造促进高质量发展的指导意见(粤府〔2019〕71号),全面推进土地供给侧结构性改革,优化"三旧"改造市场化运作机制,支持集体和国有建设用地混合改造。2019年12月11日,国家税务总局广东省税务局、广东省财政厅、广东省自然资源厅印发了《广东省"三旧"改造税收指引(2019年版)》的通知(粤税发〔2019〕188号),该指引覆盖了广东省现行的两大类共九种"三旧"改造模式。其中,第一大类政府主导模式分为:收储、统租、综合整治、合作改造四种模式;第二大类市场方主导模式分为:农村集体自行改造、村企合作、企业自改、企业收购改造、单一主体归宗改造五种模式。

(二)税收优惠

《征求意见稿》在延续《土地增值税暂行条例》优惠规定的基础上,对个别政策做了适当调整。

(1)吸收了现行税收优惠政策中关于建造增值率低于20%的保障性住房免税的规定。

(2)增加授权国务院可规定减征或免征土地增值税的其他情形。主要考虑到国务院需要根据经济社会发展形势,决定一些阶段性、过渡性的优惠政策,如企业改制重组土地增值税政策、房地产市场调控相关的土地增值税政策等。

(3)将建造增值率低于20%的普通住宅免税的规定,调整为授权省级政府可结合本地实际决定减征或是免征,以体现因地制宜、因城施策的房地产市场调控政策导向,落实地方政府主体责任。

(4)增加授权省级人民政府对房地产市场较不发达、地价水平较低地区的集体房地产减征或免征土地增值税的规定。主要原因是出让集建地级差收益的地区差异巨大,为了建立兼顾国家、集体、个人土地收益分配机制，适当下放税政管理权限，有必要授权省级政府因地制宜制定集体房地产相关税收优惠政策。

（三）纳税义务发生时间和申报缴纳

《征求意见稿》明确纳税义务发生时间为房地产转移合同签订的当日。同时，为简化缴税程序、方便纳税人，《征求意见稿》调整了申报缴税期限。

（1）将《暂行条例》中分开设置的纳税申报和缴纳税款两个时间期限合并为申报缴纳期限。

（2）将申报缴税期限由《条例》规定的房地产转移合同签订之日后 7 日内申报并在税务机关核定期限内缴税，调整为不同类型纳税人规定不同的期限。对于从事房地产开发的纳税人，自纳税义务发生月份终了之日起 15 日内，申报预缴土地增值税；达到清算条件后 90 日内，申报清算土地增值税。对于其他纳税人，自纳税义务发生之日起 30 日内申报缴税。

（四）征收管理模式

《征求意见稿》明确规定了房地产开发项目实行先预缴后清算的制度，并将现行税务机关根据纳税人提供的资料进行清算审核的做法，调整为从事房地产开发的纳税人应自行完成清算，结清应缴税款或向税务机关申请退税。

征管模式最大的变化就是原来的国税发〔2006〕187 号文规定了纳税人应自行清算和税务机关要求清算的两种情形，《征求意见稿》统一为纳税人应自行清算。从事房地产开发的纳税人应当自达到房地产清算条件起 90 日内，向税务机关报送土地增值税纳税申报表，自行完成清算，结清应缴税款或向税务机关申请退税。具体见表 3-1。

表 3-1 《征求意见稿》和《暂行条例》2011 修订稿对比表

财政部发布《中华人民共和国土地增值税法（征求意见稿）》	《中华人民共和国土地增值税暂行条例（2011 年修订）》
财政部	国务院令第 138 号
征求意见稿	全文有效
2019 年 7 月 16 日	2011 年 1 月 8 日修订
	第一条　为了规范土地、房地产市场交易秩序，合理调节土地增值收益，维护国家权益，制定本条例
第一条　在中华人民共和国境内转移房地产并取得收入的单位和个人，为土地增值税的纳税人，应当依照本法的规定缴纳土地增值税	第二条　转让国有土地使用权、地上的建筑物及其附着物（以下简称转让房地产）并取得收入的单位和个人，为土地增值税的纳税义务人（以下简称纳税人），应当依照本条例缴纳土地增值税
第二条　本法所称转移房地产，是指下列行为：	
（一）转让土地使用权、地上的建筑物及其附着物	
（二）出让集体土地使用权、地上的建筑物及其附着物，或以集体土地使用权、地上的建筑物及其附着物作价出资、入股	
土地承包经营权流转，不征收土地增值税	

(续上表)

财政部发布《中华人民共和国土地增值税法（征求意见稿）》	《中华人民共和国土地增值税暂行条例（2011年修订）》
财政部	国务院令第138号
征求意见稿	全文有效
2019年7月16日	2011年1月8日修订
第三条　土地增值税按照纳税人转移房地产所取得的增值额和本法第八条规定的税率计算征收	第三条　土地增值税按照纳税人转让房地产所取得的增值额和本条例第七条规定的税率计算征收
第四条　纳税人转移房地产所取得的收入减除本法第六条规定扣除项目金额后的余额，为增值额	第四条　纳税人转让房地产所取得的收入减除本条例第六条规定扣除项目金额后的余额，为增值额
第五条　纳税人转移房地产所取得的收入，包括货币收入、非货币收入	第五条　纳税人转让房地产所取得的收入，包括货币收入、实物收入和其他收入
第六条　计算增值额时准予扣除的项目：	第六条　计算增值额的扣除项目：
（一）取得土地使用权所支付的金额；	（一）取得土地使用权所支付的金额；
（二）开发土地的成本、费用；	（二）开发土地的成本、费用；
（三）新建房及配套设施的成本、费用或者旧房及建筑物的评估价格；	（三）新建房及配套设施的成本、费用，或者旧房及建筑物的评估价格；
（四）与转移房地产有关的税金；	（四）与转让房地产有关的税金；
（五）国务院规定的其他扣除项目	（五）财政部规定的其他扣除项目
第七条　本法规定的收入、扣除项目的具体范围、具体标准由国务院确定	
第八条　土地增值税实行四级超率累进税率：	第八条　土地增值税实行四级超率累进税率：
增值额未超过扣除项目金额50%的部分，税率为30%	增值额未超过扣除项目金额50%的部分，税率为30%。
增值额超过扣除项目金额50%、未超过扣除项目金额100%的部分，税率为40%	增值额超过扣除项目金额50%、未超过扣除项目金额100%的部分，税率为40%
增值额超过扣除项目金额100%、未超过扣除项目金额200%的部分，税率为50%	增值额超过扣除项目金额100%、未超过扣除项目金额200%的部分，税率为50%
增值额超过扣除项目金额200%的部分，税率为60%	增值额超过扣除项目金额200%的部分，税率为60%
第九条　纳税人有下列情形之一的，依法核定成交价格、扣除金额：	第九条　纳税人有下列情形之一的，按照房地产评估价格计算征收：
（一）隐瞒、虚报房地产成交价格的；	（一）隐瞒、虚报房地产成交价格的；
（二）提供扣除项目金额不实的；	（二）提供扣除项目金额不实的；
（三）转让房地产的成交价格明显偏低，又无正当理由的	（三）转让房地产的成交价格低于房地产评估价格，又无正当理由的
第十条　出让集体土地使用权、地上的建筑物及其附着物，或以集体土地使用权、地上的建筑物及其附着物作价出资、入股，扣除项目金额无法确定的，可按照转移房地产收入的一定比例征收土地增值税。具体征收办法由省、自治区、直辖市人民政府提出，报同级人民代表大会常务委员会决定	

(续上表)

财政部发布《中华人民共和国土地增值税法（征求意见稿）》	《中华人民共和国土地增值税暂行条例（2011年修订）》
财政部	国务院令第138号
征求意见稿	全文有效
2019年7月16日	2011年1月8日修订
第十一条　下列情形，可减征或免征土地增值税：	第九条　有下列情形之一的，免征土地增值税：
（一）纳税人建造保障性住房出售，增值额未超过扣除项目金额20%的，免征土地增值税；	（一）纳税人建造普通标准住宅出售，增值额未超过扣除项目金额20%的；
（二）因国家建设需要依法征收、收回的房地产，免征土地增值税；	（二）因国家建设需要依法征收、收回的房地产
（三）国务院可以根据国民经济和社会发展的需要规定其他减征或免征土地增值税情形，并报全国人民代表大会常务委员会备案	
第十二条　省、自治区、直辖市人民政府可以决定对下列情形减征或者免征土地增值税，并报同级人民代表大会常务委员会备案：	
（一）纳税人建造普通标准住宅出售，增值额未超过扣除项目金额20%的；	
（二）房地产市场较不发达、地价水平较低地区的纳税人出让集体土地使用权、地上的建筑物及其附着物，或以集体土地使用权、地上的建筑物及其附着物作价出资、入股的	
第十三条　土地增值税纳税义务发生时间为房地产转移合同签订的当日	
第十四条　纳税人应当向房地产所在地主管税务机关申报纳税	
第十五条　房地产开发项目土地增值税实行先预缴后清算的办法。从事房地产开发的纳税人应当自纳税义务发生月份终了之日起15日内，向税务机关报送预缴土地增值税纳税申报表，预缴税款	
从事房地产开发的纳税人应当自达到以下房地产清算条件起90日内，向税务机关报送土地增值税纳税申报表，自行完成清算，结清应缴税款或向税务机关申请退税：	
（一）已竣工验收的房地产开发项目，已转让的房地产建筑面积占整个项目可售建筑面积的比例在85%以上，或该比例虽未超过85%，但剩余的可售建筑面积已经出租或自用的；	
（二）取得销售（预售）许可证满三年仍未销售完毕的；	
（三）整体转让未竣工决算房地产开发项目的；	
（四）直接转让土地使用权的；	
（五）纳税人申请注销税务登记但未办理土地增值税清算手续的；	

(续上表)

财政部发布《中华人民共和国土地增值税法（征求意见稿）》	《中华人民共和国土地增值税暂行条例（2011年修订）》
财政部	国务院令第138号
征求意见稿	全文有效
2019年7月16日	2011年1月8日修订
（六）国务院确定的其他情形	
第十六条 非从事房地产开发的纳税人应当自房地产转移合同签订之日起30日内办理纳税申报并缴纳税款	第十条 纳税人应当自转让房地产合同签订之日起7日内向房地产所在地主管税务机关办理纳税申报，并在税务机关核定的期限内缴纳土地增值税
第十七条 税务机关应当与相关部门建立土地增值税涉税信息共享机制和工作配合机制。各级地方人民政府自然资源、住房建设、规划等有关行政主管部门应当向税务机关提供房地产权属登记、转移、规划等信息，协助税务机关依法征收土地增值税	第十一条 土地增值税由税务机关征收。土地管理部门、房产管理部门应当向税务机关提供有关资料，并协助税务机关依法征收土地增值税
第十八条 纳税人未按照本法缴纳土地增值税的，不动产登记机构不予办理有关权属登记	第十二条 纳税人未按照本条例缴纳土地增值税的，土地管理部门、房产管理部门不得办理有关的权属变更手续
第十九条 土地增值税的征收管理，依据本法及《中华人民共和国税收征收管理法》的规定执行	第十三条 土地增值税的征收管理，依据《中华人民共和国税收征收管理法》及本条例有关规定执行
第二十条 土地增值税预征清算等办法，由国务院税务主管部门会同有关部门制定。各省、自治区、直辖市人民政府可根据本地实际提出具体办法，并报同级人民代表大会常务委员会决定	第十四条 本条例由财政部负责解释，实施细则由财政部制定
第二十一条 纳税人、税务机关及其工作人员违反本法规定的，依照《中华人民共和国税收征收管理法》和有关法律法规的规定追究法律责任	
第二十二条 本法自 年 月 日起施行。1993年12月13日国务院公布的《中华人民共和国土地增值税暂行条例》同时废止	第十五条 本条例自1994年1月1日起施行。各地区的土地增值费征收办法，与本条例相抵触的，同时停止执行

第二节 基本要素

土地增值税是以纳税人转让国有土地使用权、地上建筑物及附着物（简称"转让房地产"）所取得的增值额为征税对象，依规定税率征收的一种税，属于财产行为税类。土地增值税有以下五个方面的特征：

①以转让房地产取得的增值额征税对象；
②征税面比较广；
③采用扣除法和评估法计算增值额；

④采用超率累进税率；
⑤实行按次征收。

一、纳税义务人

根据《土地增值税暂行条例》及其细则规定，土地增值税的纳税义务人，是有偿转让国有土地使用权、地上建筑物及其附着物的单位和个人。其包括各类企业单位、事业单位、机关、团体、个体工商户以及其他单位和个人，也包括外商投资企业、外国企业驻华机构、外国驻华机构、外国公民、华侨、港澳台同胞等。

该规定的内涵可理解为：第一，不论法人还是自然人；第二，不论经济性质；第三，不论内资企业与外资企业、中国公民与外籍个人；第四，不论部门。只要有偿转让房地产取得收入，都是土地增值税的纳税义务人。

二、征税范围

凡转让国有土地使用权、地上建筑物（包括地上、地下的各种建筑及各种附属设施）及其附着物（是指附着于该土地上的不能移动，一经移动即遭损坏的物品，如花、草、树木等）并取得收入的行为都应当缴纳土地增值税。国有土地，是指按国家法律规定属于国家所有的土地。《实施细则》界定土地增值税征税范围有三层含义：

（1）只要转让国有土地使用权、地上建筑物以及附着物，并且取得收入的行为，都应当缴纳土地增值税。

（2）土地增值税只对转让房地产的行为征收，不转让的不征税（例如出让土地、出租房地产的行为）。出让属于一级市场，转让属于二级市场，土地增值税只对转让房地产的行为征税。房地产是否转让要以其权属是否发生实质性变更为准，即产权必须发生转移，同时附着物的价值也一同并入征税对象。政府出让土地的行为不在土地增值税的征税范围内。

（3）土地增值税只对转让房地产并取得收入的行为征税，对发生转让行为而未取得收入的不征税（例如继承、赠与等方式）。不征收土地增值税的赠与行为，税法只有两种情况：一是房地产的所有人将房地产赠与直系亲属或者承担直接赡养义务的人；二是房地产的所有人通过境内的非营利的社会团体、国家机关将房地产赠与教育、民政、福利、公共事业等组织。

（4）《中华人民共和国土地管理法》已经允许集体建设土地进行流转，新"法"征求意见稿已经开始有所突破，将集体建设用地纳入土地增值税的征收范围。

三、计税原理

纳税人按照转让房地产所取得的增值额和规定的税率计算缴纳土地增值税。转让房地产所取得的增值额就是土地增值税的计税依据。增值额为纳税人转让房地产的收入减去法定扣除项目金额后的余额。

1. 纳税人转让房地产所取得的收入

纳税人转让房地产所取得的收入,是指转让房地产所取得的货币收入、实物收入和其他收入。实物收入要按照当时的市场价格折算成货币收入;无形资产收入要进行专门评估;外国货币要折合成人民币。

货币收入:现金、银行存款、支票、银行本票、汇票等各种信用票据和国库券、金融债券、股票等有价证券。

实物收入:房屋、土地、钢材等。实物的价值不太容易确定,一般需要评估。

其他收入:专利权、商标权、著作权、专有技术使用权等。此类比较少见,其价值需要进行评估。

县级或者县级以上人民政府要求房地产开发企业在销售时代收的各种费用,若在房价之外单独收取则不并入收入,否则就应并入收入。

2. 土地增值税扣除项目

(1)取得土地使用权所支付的金额。

(2)房地产的开发成本,包括土地征用及拆迁补偿费、前期工程费、建筑安装工程费、基础设施费、公共设施配套费、开发间接费用等六项。

①土地征用及拆迁补偿费,含土地征用费、耕地占用税、劳动力安置费及有关地上地下附着物拆迁补偿的净支出、安置动迁用房支出等。

②前期工程费,包括规划、设计、项目可行性研究和水文、地质、勘察、测绘、"三通一平"(通水、通电、通路、平整地面)等支出。

③建筑安装工程费,是指以出包方式支付给承包单位的建筑安装工程费,纳税人自己建房所发生的列入开发项目工程施工预算内的各种建筑安装工程费用。

④基础设施费,包括开发小区内道路、供水、供电、供气、排污、排洪、通信、照明、环卫、绿化等工程发生的支出。

⑤公共设施配套费,包括不能有偿转让的开发小区内公共设施发生的支出,如建造开发小区内的居委会、派出所、幼儿园、学校、公共厕所等设施的支出。

⑥开发间接费用,是指纳税人内部独立核算单位直接组织管理开发项目发生的费用,包括工资、职工福利费、折旧费、修理费、办公费、水电费、劳动保护费、周转房摊销等。

(3)房地产的开发费用。

(4)与转让房地产有关的税金。

(5)国家规定的其他扣除项目。

3. 土地增值税的税率(见表3-2)

表3-2 土地增值税四级超率累进税率表

级 数	增值额与扣除项目金额的比率	税率(%)	速算扣除系数(%)
1	≤50	30	0

(续上表)

级 数	增值额与扣除项目金额的比率	税率（%）	速算扣除系数（%）
2	50~100（不含50）	40	5
3	100~200（不含100）	50	15
4	>200	60	35

4. 案例

若收入 10 000 万元，扣除项目金额是 6000 万元，增值 4000 万元，增值率是 4000 万元 ÷6000 万元 =66.66%，对应税率是 40%。应缴纳的土地增值税 = 4000×40%–6000×5%=1300 万元。

若收入 10 000 万元，扣除项目金额是 6000 万元，增值 4000 万元。对增值率没有超过 50% 的部分应纳税额 =3000×30%=900 万元，增值率超过 50%—100% 的部分 =1000×40%=400 万元。应缴纳的土地增值税 =900 万元 +400 万元 =1300 万元。

第三节　项目管理

税务机关对土地增值税的管理主要体现在项目管理上，从土地增值税项目的登记、日常管理、预缴、清算和尾盘管理都有明确的规定，既规范了纳税人的日常行为，也对税务管理部门提出了具体管理要求。房地产企业土地增值税的项目管理与所得税的成本对象管理同样重要，同样都有文件规范企业的项目登记义务和税务机关的管理职责。

一、项目登记

税总函〔2016〕309 号文规定，从事房地产开发的纳税人应该在取得土地使用权并且获得房地产开发项目开工许可之后，向主管税务机关报送土地增值税的项目登记表。在项目登记表上，企业要如实填列项目的起止时间、预算、开发占用的土地面积、建筑面积以及土地使用权受让或者转让合同等信息。国家税务总局金三系统根据项目登记表生成对应的项目信息，一方面，可以使预缴的税款与项目对应，另一方面，企业取得的建筑安装发票的备注栏要填列项目信息才允许扣除。

根据深圳市 2019 年土地增值税征管工作新规程，纳税人进行房地产开发，以规划部门审批的建设用地规划许可证中的项目名称办理项目登记；城市更新项目可结合城市更新项目批复、社会投资项目备案证等情况办理项目登记。

对于分期开发的项目，主管税务机关可结合建设工程规划许可证、建筑工程施工许可证、预售许可证以及纳税人会计核算情况，经集体合议后，确认按分期建设的项目进行项目登记。

纳税人项目登记后，因有关事项发生变化，确需变更的，应于有关事项发生变化之日起 30 日内向主管税务机关申请变更项目登记，并报送有关材料。主管税务机关应通过集体合议的方式确认是否变更项目登记。

纳税人应按照登记的项目申报缴纳土地增值税。纳税人同时开发多个项目的，应按项目合理归集有关收入、成本、费用；分期开发项目的，应按照分期开发项目合理归集有关收入、成本、费用。

如广东省江门市土地增值税清算管理办法，纳税人应当按照财务会计制度的要求，做好项目财务会计核算工作。纳税人分期开发项目或者同时开发多个项目的，以土地增值税项目登记的项目为单位，分别核算和归集收入、成本和费用。同一个项目既建造普通住宅，又建造非普通住宅、其他类型房地产的，应分别计算增值额、增值率，分别清算土地增值税。

由此可见，项目登记非常重要。项目登记是房地产行业土地增值税体系的首要环节，项目登记工作的准确与否会直接影响到后期土地增值税清算单位的确定、预征税款的管理和企业收入成本的归集与分配。因此，前期企业进行项目登记时，税务机关应及时确认并与纳税人沟通，项目登记不合理的需要及时修正，以免后期清算时出现许多不必要的麻烦。

二、日常管理

（一）国税发〔2009〕91号文对项目管理提出的要求

主管税务机关应加强房地产开发项目的日常税收管理，实施项目管理。主管税务机关应从纳税人取得土地使用权开始，按项目分别建立档案、设置台账，对纳税人项目立项、规划设计、施工、预售、竣工验收、工程结算、项目清盘等房地产开发全过程实行跟踪监控，做到税务管理与纳税人项目开发同步。

主管税务机关对纳税人项目开发期间的会计核算工作应当积极关注，对纳税人分期开发项目或者同时开发多个项目的，应督促纳税人根据清算要求按不同期间和不同项目合理归集有关收入、成本、费用。

对纳税人分期开发项目或者同时开发多个项目的，有条件的地区，主管税务机关可结合发票管理规定，对纳税人实施项目专用票据管理措施。

（二）广东省土地增值税清算新规程对开发项目的管理提出的要求

主管税务机关应加强房地产开发项目的日常税收管理，建立台账，通过土地增值税管理系统实施项目管理，对房地产开发全过程实行跟踪监控，做到税务管理、纳税服务与项目开发同步。项目管理信息主要包括：

1. 取得土地、立项与规划环节

①土地权属证书、出让（转让）合同或其他相关资料；

②立项批准或备案文件、建设用地规划许可证、建设工程规划许可证等。

2. 项目工程施工环节

①预算书、施工合同及补充协议等；

②工程施工许可证；

③招标的项目需提供中标通知书。

如项目的建筑工程、安装工程、室外配套工程、其他工程出现特殊情况可能导致工程造价高于当地扣除项目金额标准的，提供说明其合理性的相关佐证资料，例如工程施工图、竣工图、工程量清单、材料苗木清单（总平面乔灌木配置图）等。

3. 销售（预售）商品房环节

①销售（预售）许可证；

②月度销售明细表。

4. 项目竣工验收备案环节

①政府主管部门出具的规划、人防、竣工综合验收等备案资料；

②工程竣工图、工程结算书电子文档；

③工程造价数据采集信息。

5. 取得房地产权属证明环节

①房屋测量成果资料；

②初始产权登记资料。

6. 其他资料

其他资料包括工程规划、设计、勘察、监理合同、拆迁（回迁）合同、签收花名册等。

税务机关已通过政府部门信息共享获取上述项目资料的，无需纳税人报送；暂未实现政府部门信息共享的，由纳税人在取得相关资料 30 日内通过土地增值税管理系统报送。

广东省对各级税务机关提出要求，各级税务机关应大力提升土地增值税管理的信息化水平，应用土地增值税管理系统，及时跟踪、了解项目的进展情况，辅导纳税人做好信息录入工作；主管税务机关应在前期工程阶段、土建施工阶段、装饰装修阶段、园林绿化阶段四个工程节点向纳税人了解并掌握工程进展情况，将工程造价可能出现的涉税风险与纳税人充分沟通，做好纳税辅导，并记录备查；主管税务机关应重视纳税人项目开发期间的会计核算工作。对纳税人分期开发项目或者同时开发多个项目的，辅导纳税人根据清算要求合理归集收入、成本、费用。

（1）深圳市 2019 年土地增值税征管工作新规程也对项目管理作了相关规定。要求主管税务机关应加强房地产开发项目的日常税收管理，实施项目管理。主管税务机关应从纳税人取得土地使用权开始，按项目分别建立档案、设置台账，对纳税人项目立项、规划设计、施工、预售、竣工验收、工程结算、项目清盘等房地产开发全过程情况实行跟踪监控，做到税务管理与纳税人项目开发同步。纳税人在取得房地产项目建设用地规划许可证等项目立项、规划材料之日起 30 日内向主管税务机关办理项目信息登记，并向主管税务机关提供以下资料：

①房地产项目建设用地规划许可证、建设工程规划许可证或城市更新项目批复、社会投资项目备案证等项目立项、规划资料；

②土地出让（转让）合同、国有土地使用权证等权属资料；

③项目开发计划（包含开发时间、竣工时间、分期开发计划、项目分期的方法及理由等），合作开发相关资料（包含合作方、分配比例、分配方式等）。

深圳市要求纳税人在取得以下资料之日起 30 日内，向主管税务机关提供以下资料：

①建筑工程预算书、施工合同、建筑工程施工许可证；
②房地产预售（销售）许可证、月度销售情况表；
③工程造价情况备案表、工程量清单；
④工程竣工结算、工程竣工综合验收备案材料。

税务机关已通过政府部门信息共享获取上述所列项目资料的，无需纳税人报送。

主管税务机关应建立与辖区城市更新、规划国土等部门的沟通机制，定期获取房地产项目立项批复、预售销售明细情况，掌握房地产项目税源情况；定期将已办理项目登记名单与政府立项审批部门审批立项名单进行比对，对应进行项目登记未登记的纳税人，及时通知纳税人办理项目登记，对未按照规定办理项目登记的，可按照《中华人民共和国税收征收管理法》等有关规定进行处罚。

（2）广东省江门市土地增值税清算管理办法也对项目管理作了详细规定。要求主管税务机关应加强房地产开发项目的日常税收征管，实施项目管理。纳税人应将取得土地、项目立项、规划设计、施工、销（预）售、竣工验收、工程结算、项目清盘等资料按取得时间顺序及时向主管税务机关报送；纳税人应在取得土地使用权并获得房地产开发项目开工许可之日起30日内，向主管税务机关报送《土地增值税项目登记表（从事房地产开发的纳税人适用）》；纳税人取得下列书面文件之日起30日内，应在国家税务总局广东省税务局土地增值税管理系统填报完整、真实的信息资料，按照《江门市土地增值税清算申报资料清单》（附件1，下称"资料清单"）要求分类、归集、整理、装订成册留置备查，在土地增值税清算申报时一并报送主管税务机关。

①纳税人以出让、转让、接受作价入股进行投资或联营及其他方式取得土地使用权的证明；
②土地使用权属证明及红线图；
③项目立项批复或规划要点；
④建设用地规划许可证、修建性详细规划和建设工程设计方案总平面图；
⑤建设工程规划许可证；
⑥建筑工程施工许可证；
⑦工程造价预算书；
⑧商品房销（预）售许可证；
⑨房屋测绘报告及测绘面积表；
⑩竣工备案表、竣工验收报告；
⑪公共配套设施产权归属资料；
⑫建筑工程施工合同；
⑬工程造价情况备案表、工程量清单、建筑工程造价结（决）算书；
⑭成本对象确定原则专项报告，即纳税人依据计税成本对象确定原则确定已完工开发产品的成本对象，并就确定原则、依据，共同成本分配原则、方法，以及开发项目基本情况、开发计划等出具的专项报告；
⑮主管税务机关要求提交的其他资料。

因特殊原因不能提供上述资料的，纳税人应出具书面说明，并附上相关资料。

主管税务机关根据项目开发进度，辅导、督促纳税人登录国家税务总局广东省税务局土地增值税管理系统按时录入数据，对项目管理资料不完备的纳税人送达《税务事项告知书》，要求其在 15 日内完成补录。

三、项目划分

（一）清算单位

根据国税发〔2006〕187 号文，土地增值税以国家有关部门审批的房地产开发项目为单位进行清算。对于分期开发的项目，以分期项目为单位清算，开发项目中同时包含普通住宅和非普通住宅的，应分别计算增值额。

关于如何确定土地增值税清算单位，各地对 187 号文的理解执行不一。有人认为是建设局的一个工程施工许可证，有人认为是规划局的一个规划许可证。

根据广东省税务局 2019 年第 5 号文，土地增值税以房地产主管部门审批、备案的房地产开发项目为单位进行清算。对于分期开发的项目，以分期项目为单位清算。具体结合项目立项、用地规划、方案设计审查（修建性详细规划）、工程规划、销售（预售）、竣工验收等确定。

实务上按发改委的立项作为一个大项进行划分；大项有分期的，那按照分期来进行清算。

（二）二分法和三分法

二分法是指将房地产开发的产品分为普通住宅跟其他类型房地产两大类，分别计算土地增值税。相对于三分法，按照土地增值税的计算原理，二分法下的税负要比三分法低，广东省执行二分法。

三分法是指将房地产开发的产品分成普通住宅、非普通住宅和其他类型房地产（如商业用房），并分别计算土地增值税，不同类之间的增值额与负增值额不能相互抵减。

（三）普通住宅

需同时满足以下 3 个条件：
①住宅小区的建筑容积率是 1.0 以上；
②单套建筑面积是 144 平方米以下；
③实际的成交价低于当地政府公布的同期住房的平均交易价格的 1.44 倍。

第四节　预征税款

房地产企业在开发房地产项目时，一般都采取预售的方式取得收入，由于同期对应的成本确定会滞后或暂时无法确定，房地产企业暂时无法准确地计算应交的土地增值税。为了确保国家税收及时、稳定地入库，可以对预售收入按一定的预征率预征土地增值税，待开发项目全部竣工、办理结算后，再计算该项目应缴纳的土地增值税税额，向主管税务机关申报办理土地增值税的清算手续，多退少补，结清该房地产项目应缴纳的土地增值税税款。也就是说，土地增值税的征收思路是：先预征，再清算。

一、政策依据

根据《土地增值税暂行条例实施细则》第十六条，纳税人在项目全部竣工结算前转让房地产取得的收入，由于涉及成本确定或其他原因，而无法据以计算土地增值税的，可以预征土地增值税，待该项目全部竣工、办理结算后再进行清算，多退少补。具体办法由各省、自治区、直辖市地方税务局根据当地情况制定。

根据《财政部 国家税务总局关于土地增值税若干问题的通知》（财税〔2006〕21号），各地要进一步完善土地增值税预征办法，根据本地区房地产行业增值水平和市场发展情况，区别普通住房、非普通住房和商用房等不同类型，科学合理地确定预征率，并适时调整。工程项目竣工结算后，应及时进行清算，多退少补。对未按预征规定期限预缴税款的，应根据《税收征管法》及其实施细则的有关规定，从限定的缴纳税款期限届满的次日起，加收滞纳金。

根据国税发〔2010〕53号文，为了发挥土地增值税在预征阶段的调节作用，各地需对目前的预征率进行调整。除保障性住房外，东部地区省份预征率不得低于2%，中部和东北地区省份不得低于1.5%，西部地区省份不得低于1%，各地要根据不同类型房地产确定适当的预征率（地区的划分按照国务院有关文件的规定执行）。对尚未预征或暂缓预征的地区，应切实按照税收法律法规开展预征，确保土地增值税在预征阶段及时、充分发挥调节作用。

根据粤地税发〔2010〕105号文，广东省各地要充分发挥土地增值税在预征阶段的调节作用，严格按照国税发〔2010〕53号文精神，尽快完成对土地增值税预征率的调整，并按调整后的土地增值税预征率进行预征。除保障性住房项目外，其他房地产项目土地增值税预征率不得低于2%。各级税务机关应结合当地土地增值税清算的实际税负、房价的上涨等因素，对土地增值税预征率进行及时调整，确保土地增值税在预征阶段及时、充分发挥调节作用。

二、预征率

结合各地的实操来看，目前预征率的确定主要有如下两种方式：

1. 按照开发产品类型直接确定预征率

比如广州市地方税务局公告2017年第7号文，房地产开发项目分类及预征率规定如下：

（1）住宅类的预征率。

普通住宅2%，别墅4%，其他非普通住宅3%。

（2）生产经营类的预征率。

写字楼（办公用房）3%，商业营业用房4%。

（3）车位的预征率4%。

（4）对符合广州市人民政府"廉租住房""公共租赁住房"及"经济适用住房（含解困房）"规定的房地产开发项目，暂不预征土地增值税，待其项目符合清算条件时按规定进行清算。

2. 按照预计增值率确定预征率

（1）根据苏地税规〔2016〕2号文，南京市、苏州市市区（含工业园区）普通住宅、非普通住宅、其他类型房产的预征率分别为：2%、3%、4%；其他地区普通住宅、非普通住宅、其他类型房产的预征率均为2%。

预计增值率大于100%且小于或等于200%的房地产开发项目，预征率为5%；预计增值率大于200%的房地产开发项目，预征率为8%。

（2）根据北京市地方税务局、北京市住房和城乡建设委员会公告2013年第3号文，房地产开发企业销售新办理预售许可和现房销售备案的商品房所取得的收入，按照预计增值率实行2%至8%的幅度预征率。

容积率小于1.0的房地产开发项目，最低按照销售收入的5%预征土地增值税。

房地产开发企业应当在商品房预售方案和现房销售方案中填报土地成本、建筑安装成本与销售价格等信息，并匡算预计增值额和增值率。市住房城乡建设部门将上述信息审核确认后及时传递至市地税部门。主管税务机关接收信息后，以《税务事项通知书》的形式告知纳税人，要求其在征期内按照规定的预征率计算缴纳土地增值税。

预计增值率匡算公式：[（拟售价格 × 预售面积 – 项目成本）] ÷ 项目成本 × 100%；

项目成本 =（土地成本 + 建安成本）×（1+ 间接费用率）；

间接费用率暂为30%。

三、预征税额的计算

根据国家税务总局公告2016年第70号，营改增后，纳税人转让房地产的土地增值税应税收入不含增值税。适用增值税一般计税方法的纳税人，其转让房地产的土地增值税应税收入不含增值税销项税额；适用简易计税方法的纳税人，其转让房地产的土地增值税应税收入不含增值税应纳税额。

为方便纳税人，简化土地增值税预征税款计算，房地产开发企业采取预收款方式销售自行开发的房地产项目的，可按照以下方法计算土地增值税预征计征依据：

土地增值税预征的计征依据 = 预收款 – 应预缴增值税税款；

土地增值税预征税额 =（预收款 – 应预缴增值税税款）× 预征率。

如甲房地产企业2020年2月份当期收到的预收款是2000万元，当地规定的预缴率是3%，企业采用增值税的一般计税方法，问当期应该预缴多少土地增值税？

第一步：预缴的增值税 =2000÷（1+9%）×3%=55.05万元；

第二步：预缴的土地增值税 =（2000-55.05）×3%=58.35万元。

四、预征税款的申报

以广东某房地产开发企业为例,其开发了 A 花园一期项目和二期项目。2020 年的 1 月份,一期销售保障性住房取得预售款 545 万元,销售普通标准住宅 1090 万元,销售非普通住宅 2180 万元,销售商铺 3360 万元。二期项目销售普通标准住宅 5450 万元。

当地规定:保障性住房不用预缴税款,普通住宅预缴的比例是 2%,非普通住宅是 3%,其他按 4% 预缴。在申报预缴税款时,要区分不同的项目、品类,企业需要按照金三系统中已经登记备案的项目分别填列申报,即 A 花园一期项目和二期项目,分别填列申报表。

(1)一期项目要按照保障性住房、普通住宅、非普通住宅、其他类别共 4 类进行填列:

①保障性住房的应税收入填 530 万元(545-15),15 万元是预缴的增值税,这里的应税收入不能简单地按照预收款全额除以(1+9%);

②普通住宅的应税收入填 1060 万元,应预缴的税额是 21.2 万元;

③非普通住宅填 2120 万元,应预缴的税额是 63.6 万元;

④其他类别填 3360 万元,应预缴的税额是 134.4 万元。

综上一期的应税收入的合计数是 7070 万元,应预缴土地增值税税额是 219.2 万元。

(2)二期的普通住宅收入额是 5300 万元,应预缴的土地增值税税额是 106 万元,只需填写一行。

(3)申报时需注意,要选好对应的已经登记的项目进行申报,各个项目内不同的品类不能混淆。

土地增值税的预缴政策只适用于房地产销售开发产品,对其他行业是不适用的。由于房地产项目的开发周期长,国家为了税款的均衡入库,预售款要先进行预缴,在项目达到条件后再进行清算,多退少补,清算后再对尾盘进行管理。

五、计税依据的明确

根据国家税务总局公告 2016 年第 70 号文,营改增后,纳税人转让房地产的土地增值税应税收入不含增值税。适用增值税一般计税方法的纳税人,其转让房地产的土地增值税应税收入不含增值税销项税额;适用简易计税方法的纳税人,其转让房地产的土地增值税应税收入不含增值税应纳税额。

为方便纳税人,简化土地增值税预征税款计算,房地产开发企业采取预收款方式销售自行开发的房地产项目的,可按照以下方法计算土地增值税预征计征依据:

土地增值税预征的计征依据 = 预收款 − 应预缴增值税税款

土地增值税预征税额 =(预收款 − 应预缴增值税税款)× 预征率

国家税务总局 2016 年 70 号文为纳税人提供了一种更简便的计税方法,它给出的土地增值税的预征依据是建立在无法准确计算销项税额的基础上。该计税依据的计算已经是一种较为宽松的口径,纳税人要么选择按预收账款全额预缴土地增值税(营改增之前有明确文件),要么按照该公告的口径预缴土地增值税,不得直接参照增值税的预缴口径。

根据深圳市地方税务局公告 2016 年第 7 号文,房地产开发企业采取预收款方式销售自行开发的房地产项目的，可按照以下方法计算土地增值税预征计征依据：土地增值税的计征依据 预收款应预缴增值税税款，并在收取款项次月纳税期限内缴纳，未按规定缴纳的，根据《中华人民共和国税收征收管理法》等有关规定，从规定的缴纳税款期限届满次日起，加收滞纳金。

根据广州市穗地税函〔2016〕188号文，营改增后土地增值税纳税人销售自行开发的房地产项目而取得的收入为不含增值税收入，其中：

①纳税人选用增值税简易计税方法计税的，土地增值税预征、清算收入均按"含税销售收入÷（1+征收率）"确认。

②纳税人选用增值税一般计税方法计税的，土地增值税预征收入按"含税销售收入÷（1+税率）"确认。

根据广州市地方税务局公告2017年第7号文，房地产开发企业采取预收款方法销售自行开发的房地产项目的，按照以下方法计算土地增值税预征计征依据：土地增值税预征的计税依据 = 预收款 – 应预缴增值税税款。

对比深圳和广州的文件，深圳的规定和国家税务总局2016年第70号文是一致的，广州却在穗地税函〔2016〕188号文中明确了预缴土增税的计税依据为增值税的预缴依据，但在2017年第7号公告中及时更正，并且去掉了"可"字，真正明确了预缴土地增值税的计税依据。

第五节　优惠及征免

一、基本规定

按照《土地增值税暂行条例》和实施细则的规定，土地增值税减免税的基本规定如下：

（1）纳税人建造普通标准住宅出售，增值额未超过扣除项目金额20%（含20%）的，免征土地增值税。

但增值额超过扣除项目金额20%的，应对其全部增值额计税。

对于纳税人既建普通标准住宅又从事其他房地产开发的，应分别核算增值额。不分别核算增值额或不能准确核算增值额的，其建造的普通标准住宅不能适用这一免税规定。

（2）因国家建设需要依法征用、收回的房地产，免征土地增值税。

（3）因城市市政规划、国家建设的需要而搬迁，由纳税人自行转让原房地产而取得的收入，免征土地增值税。

根据城市规划，污染、扰民企业（主要是指企业产生的过量废气、废水、废渣和噪音，使城市居民生活受到一定的危害）需要陆续搬迁到城外，有些企业因国家建设需要也要进行搬迁。这些企业搬迁不是以盈利为目的，而是为城市规划需要，但它们存在许多困难，如人员安置、搬迁资金不足等，而且这些企业大都是老企业，这个问题就更突出。为了使这些企业能够易地重建或重购房地产，对其自行转让原有房地产的增值收益，给予免征土地增值税是必要的。

财税〔2006〕21号文规定，实施细则所称因"城市实施规划"而搬迁，是指因旧城改造或因企业污染、扰民（指产生过量废气、废水、废渣和噪音，使城市居民生活受到一定危害），而由政府或政府有关主管部门根据已审批通过的城市规划确定进行搬迁的情况；因"国家建设的需要"而搬迁，是指因实施国务院、省级人民政府、国务院有关部委批准的建设项目而进行搬迁的情况。根据现行政策规定，对"因城市实施规划、国家建设的需要而被政府批准征用的房产或收回的土地使用权"应当免征土地增值税。对于非因"城市实施规划"或者"国家建设"需要而收回土地使用权的行为，应当按规定征收土地增值税。"城市实施规划"和"国家建设"的范围按财税〔2006〕21号文件规定执行。

二、其他规定

（1）根据财政部和税务总局公告2019年第61号文，对企事业单位、社会团体以及其他组织转让旧房作为公租房房源，且增值额未超过扣除项目金额20%的，免征土地增值税。

（2）根据财税〔2013〕101号文，企事业单位、社会团体以及其他组织转让旧房作为改造安置住房房源且增值额未超过扣除项目金额20%的，免征土地增值税。

棚户区是指简易结构房屋较多、建筑密度较大、房屋使用年限较长、使用功能不全、基础设施简陋的区域，具体包括城市棚户区、国有工矿（含煤矿）棚户区、国有林区棚户区和国有林场危旧房、国有垦区危房。棚户区改造是指列入省级人民政府批准的棚户区改造规划或年度改造计划的改造项目；改造安置住房是指相关部门和单位与棚户区被征收人签订的房屋征收（拆迁）补偿协议或棚户区改造合同（协议）中明确用于安置被征收人的住房或通过改建、扩建、翻建等方式实施改造的住房。

三、特殊事项

（一）转让国有土地使用权同时转让地上的花草树木

根据《土地增值税暂行条例》规定，转让国有土地使用权、地上的建筑物及其附着物并取得收入的单位和个人，为土地增值税的纳税义务人，应当依照本条例缴纳土地增值税。"花草树木"属于土地附着物，转让国有土地使用权同时转让地上花草树木并取得收入的行为属于土地增值税征税范围。需要注意的是，单纯转让花草树木而未同时转让国有土地使用权的行为属于增值税征税范围，不属于土地增值税征税范围。

（二）转让国有土地但尚未办理土地使用权证

根据《国家税务总局关于未办理土地使用权证转让土地有关税收问题的批复》（国税函〔2007〕645号文）的规定，土地使用者转让或置换土地，无论其是否取得了该土地的使用权属证书，无论其在转让、抵押或置换土地过程中是否与对方当事人办理了土地使用权属证书变更登记手续，只要土地使用者享有占有、使用、收益或处分该土地的权利，且有合同等证据表明其实质转让或置换了土地并取得了相应的经济利益，土地使用者及其对方当事人应当依照税法规定缴纳营业税、土地增值税和契税等相关税收。

（三）以土地换房屋

纳税人以土地换房屋（不含合作建房），应对转让房屋和转让土地的双方分别征收土地增值税，其计征依据为房屋的交易价（或评估价）。

（四）房地产抵押行为

抵押的房地产在抵押期间不征税，抵押期满后如房地产权属未转移的不征税；如以房地产抵债而发生房地产权属转移的应征税。

（五）房地产企业以开发产品对外投资

根据财税〔2018〕57号文规定，单位、个人在改制重组时以房地产作价入股进行投资，对其将房地产转移、变更到被投资的企业，暂不征土地增值税。上述改制重组有关土地增值税政策不适用于房地产转移中任意一方为房地产开发企业的情形。即对以房地产投资入股房地产企业或者房地产企业以房地产对外投资，都应当征收土地增值税，不适用暂不征税政策。

（六）合作建房行为

财税字〔1995〕48号文规定，对于一方出地，一方出资金，双方合作建房，建成后按比例分房自用的，暂免征收土地增值税；建成后转让的，应征收土地增值税。

（七）开发公司代建的房地产

对开发公司代建的房地产不征土地增值税。代建房地产应以委托方名义立项，其土地使用权和开发产品所有权应归属于委托方。

（八）房地产企业将开发产品用于自营、出租等其他用途

房地产开发企业将开发的部分房地产转为企业自用或用于出租等商业用途时，如果产权未发生转移，不征收土地增值税，在税款清算时不列收入，不扣除相应的成本和费用。

（九）以转让股权名义转让房地产行为

1. 目前有关以转让股权名义转让房地产行为需征土地增值税的文件

国税函〔2000〕687号文规定："鉴于深圳市能源集团有限公司和深圳能源投资股份有限公司一次性共同转让深圳能源（钦州）实业有限公司100%的股权，且这些以股权形式表现的资产主要是土地使用权、地上建筑物及附着物，经研究，对此应按土地增值税的规定征税。"

国税函〔2009〕387号文规定，鉴于广西玉柴营销有限公司在2007年10月30日将房地产作价

入股后，于 2007 年 12 月 6 日、18 日办理了房地产过户手续，同月 25 日即将股权进行了转让，且股权转让金额等同于房地产的评估值。因此，我局认为这一行为实质上是房地产交易行为，应按规定征收土地增值税。

国税函〔2011〕415 号文规定，经研究，同意你局关于"北京国泰恒生投资有限公司利用股权转让方式让渡土地使用权，实质是房地产交易行为"的认定，应依照《土地增值税暂行条例》的规定，征收土地增值税。

2. 政策分析

关于以转让股权名义转让房地产的行为是否要征土地增值税的问题一直存在不少争议。部分税务机关参照国税函〔2000〕687 号文对此征收土地增值税；也有部分地方税务机关认为该文件专发广西，仅针对特定案例，不具有普遍适用性；也有部分税务机关认为该批复有违背上位法之嫌。

如湘地税财行便函〔2015〕3 号文规定，对于控股股东以转让股权为名，实质转让房地产并取得了相应经济利益的，应比照国税函〔2000〕687 号、国税函〔2009〕387 号、国税函〔2011〕415 号文件，依法缴纳土地增值税。

但安徽省、陕西省则在 12366 纳税服务平台上通过答疑的方式回复纳税人，明确股权转让的行为不需要征收土地增值税。

《土地增值税暂行条例》第二条规定："转让国有土地使用权、地上的建筑物及其附着物（以下简称转让房地产）并取得收入的单位和个人，为土地增值税的纳税义务人（以下简称纳税人），应依照本条例缴纳土地增值税。"《土地增值税暂行条例实施细则》第二条规定："条例第二条所称的转让国有土地使用权、地上的建筑物及其他附着物并取得收入，是指以出售或者其他方式有偿转让房地产的行为。不包括以继承、赠与方式无偿转让房地产的行为。"

根据上述相关规定，只有涉及房地产转让的行为，才属于土地增值税应税范围。由于股权转让并不会导致土地使用权的转让，因此，股权转让不属于《土地增值税暂行条例》规定的土地增值税应税范围，以转让股权名义转让房地产行为不需要征土地增值税。

总体来讲，按照上位法的规定，以转让股权名义转让房地产的行为不需要征土地增值税，但依照部分地方规定需要征收土地增值税，因此具体实操应依各地方具体规定，如果当地没有相关规定，股权转让之前应咨询当地税务机关。

（十）政府的事业单位合并或划拨房地产权证变更

不构成有偿转让，不征税。

（十一）国资管理部门对国有资产划拨房地产权证变更

从国资管理的角度看，不构成有偿转让。

（十二）在租用的国有土地上建造房地产转让

最终形成不动产权属转移的应征税，未构成不动产权属转移的不征税。

(十三) 转让地下建筑物

最终形成不动产权属转移的应征税，未构成不动产权属转移的不征税。

(十四) 飞机跑道、码头泊位转让

最终形成不动产权属转移的应征税，未构成不动产权属转移的不征税。

(十五) 架空的管道、输送带转让

如果管道、输送带构成不动产，且与国有土地一并转让的，其转让收入应一并征收土地增值税。

(十六) 开发商超规划多建的地下（层）或地上楼层转让

最终形成不动产权属转移的应征税，未构成不动产权属转移的不征税。

(十七) 只转让房产，不转让土地的行为

土地增值税的实质是对土地增值征税，对房产增值不征税（新房视为无增值，旧房通过评估剔除增值），因此对只转让房产不转让土地的行为不征收土地增值税。

(十八) 以继承、赠与方式无偿转让房地产的行为不征收土地增值税

根据《土地增值税暂行条例实施细则》第二条规定，以继承、赠与方式无偿转让房地产的行为不属于土地增值税的征收范围。根据《财政部 国家税务总局关于土地增值税一些具体问题规定的通知》（财税字〔1995〕48号）第四条规定，细则所称的"赠与"是指如下情况：

（1）房产所有人、土地使用权所有人将房屋产权、土地使用权赠与直系亲属或承担直接赡养义务的人。

（2）房产所有人、土地使用权所有人通过中国境内非营利的社会团体、国家机关将房屋产权、土地使用权赠与教育、民政和其他社会福利、公益事业的。

上述社会团体是指中国青少年发展基金会、希望工程基金会、宋庆龄基金会、减灾委员会、中国红十字会、中国残疾人联合会、全国老年基金会、老区促进会以及经民政部门批准成立的其他非营利的公益性组织。

(十九) 企业改制重组

根据《财政部税务总局关于继续实施企业改制重组有关土地增值税政策的通知》（财税〔2018〕57号）的规定，非公司制企业整体改制为有限责任公司或者股份有限公司，有限责任公司（股份有限公司）整体改制为股份有限公司（有限责任公司），对改制前的企业将国有土地使用权、地上的建筑物及其附着物（以下称房地产）转移、变更到改制后的企业，暂不征土地增值税；按照法律规定或者合同约定，两个或两个以上企业合并为一个企业，且原企业投资主体存续的，对原企业将房地产转移、变更到合并后的企业，暂不征土地增值税；按照法律规定或者合同约定，企

业分设为两个或两个以上与原企业投资主体相同的企业，对原企业将房地产转移、变更到分立后的企业，暂不征土地增值税；单位、个人在改制重组时以房地产作价入股进行投资，对其将房地产转移、变更到被投资的企业，暂不征土地增值税。

上述改制重组有关土地增值税政策不适用于房地产转移的任意一方为房地产开发企业的情形。

企业在申请享受上述土地增值税优惠政策时，应向主管税务机关提交房地产转移双方营业执照、改制重组协议或等效文件，相关房地产权属和价值证明、转让方改制重组前取得土地使用权所支付地价款的凭据（复印件）等书面材料。所称"不改变原企业投资主体、投资主体相同"，是指企业改制重组前后出资人不发生变动，出资人的出资比例可以发生变动；"投资主体存续"，是指原企业出资人必须存在于改制重组后的企业，出资人的出资比例可以发生变动。执行期限为2018年1月1日至2020年12月31日。

第六节　政策解析

一、普通与非普通之分

普通标准住宅在土地增值税中是个非常重要的概念，由于考虑到从事普通标准住宅开发的往往是投入大收益小，为确保房地产行业税收的横向公平性，国家设定了相关的优惠政策进行土地增值税税负调节，同时也体现了对房地产行业健康发展的产业政策导向。

普通标准住宅，是指一般民用住宅。高级别墅、公寓、度假村等不属于普通标准住宅。

（一）基本规定

根据《土地增值税暂行条例》规定，纳税人建造普通标准住宅出售，其增值额未超过扣除项目金额20%的，免征土地增值税；增值额超过扣除项目金额20%的，应就其全部增值额按规定计税。

根据财税〔1995〕48号文，对纳税人既建普通标准住宅又搞其他房地产开发的，应分别核算增值额。不分别核算增值额或不能准确核算增值额的，其建造的普通标准住宅不能适用条例第八条（一）项的免税规定（增值率未超过20%的免税）。

根据国税发〔2009〕91号文规定，清算审核时，应审核房地产开发项目是否以国家有关部门审批、备案的项目为单位进行清算；对于分期开发的项目，是否以分期项目为单位清算；是否对不同类型房地产分别计算增值额、增值率，缴纳土地增值税。

根据上述规定，同一清算单位存在不同类型的房地产时，应分别计算增值额。

根据《国家税务总局关于修订土地增值税纳税申报表的通知》（税总函〔2016〕309号文），修订后的《土地增值税纳税申报表》格式见表3-3：

表 3-3 土地增值税申报表（二）（从事房地产开发的纳税人清算适用）

所属时间：　年　月　日至　年　月　日　　填表时间：　年　月　日　　金额单位：元至角分　面积单位：平方米

纳税人识别号 □□□□□□□□□□□□□□□□□□							
纳税人名称		项目名称		项目编号		项目地址	
所属行业		登记注册类型		纳税人地址		邮政编码	
开户银行		银行账号		主管部门		电话	
总可售面积				自用和出租面积			
已售面积		其中：普通住宅已售面积		其中：非普通住宅已售面积		其中：其他类型房地产已售面积	
项目			行次	金额			
				普通住宅	非普通住宅	其他类型房地产	合计
一、转让房地产收入总额　1=2+3+4			1				
其中	货币收入		2				
	实物收入及其他收入		3				
	视同销售收入		4				
二、扣除项目金额合计　5=6+7+14+17+21+22			5				
1.取得土地使用权所支付的金额			6				

从上表可以看出，房地产开发产品类型应以三分法为准，即房地产开发产品分为三类：普通标准住宅、非普通标准住宅和其他类型房地产。但部分地方通过地方清算规程文件明确采用二分法进行清算。比如 2019 年广东省土增税清算新规程第十九条明确规定，房地产开发产品分为普通标准住宅和其他类型房地产两类进行清算。

（二）普通住宅认定标准

根据国办发〔2005〕26 号文，为了合理引导住房建设与消费，大力发展省地型住房，在规划审批、土地供应以及信贷、税收等方面，对中小套型、中低价位普通住房给予优惠政策支持。享受优惠政策的住房，原则上应同时满足以下条件：住宅小区建筑容积率在 1.0 以上、单套建筑面积在 120 平方米以下、实际成交价格低于同级别土地上住房平均交易价格 1.2 倍以下。各省、自治区、直辖市要根据实际情况，制定本地区享受优惠政策的普通住房的具体标准。允许单套建筑面积和价格标准适当浮动，但向上浮动的比例不得超过上述标准的 20%。

在各省出台的普通标准住宅的认定条件上，存在争议较大的是面积标准和价格标准。

1.面积标准

各省根据实际情况出台的单套建筑面积标准有 120 平方米、140 平方米和 144 平方米。但单套建筑面积是以单栋楼为单位计算的每套平均面积还是以每套房屋建筑面积为单位。例如河北省曾出台文件，以单栋楼为单位，平均单套建筑面积在140平方米（含140平方米）以下，而北京则是以每套房屋建筑面积计算。

2. 价格标准

在各省规定的普通住宅条件中均有价格标准，但是由于很多城市的房产局没有公布同级别土地上住房平均交易价格，导致在土地增值税清算过程中价格标准条件常形同虚设，甚至引发税企争议。

根据《财政部 国家税务总局关于土地增值税若干问题的通知》（财税〔2006〕21号）规定，暂行条例第八条中普通标准住宅和《财政部、国家税务总局关于调整房地产市场若干税收政策的通知》（财税字〔1999〕210号）第三条中普通住宅的认定，一律按各省、自治区、直辖市人民政府根据《国务院办公厅转发建设部等部门关于做好稳定住房价格工作意见的通知》（国办发〔2005〕26号）制定并对社会公布的"中小套型、中低价位普通住房"的标准执行。纳税人既建造普通住宅，又建造其他商品房的，应分别核算土地增值额。

根据深府办函〔2006〕86号文，从2006年10月1日起，对深圳市土地增值税"普通标准住宅"执行标准进行调整，具体为住宅小区建筑容积率在1.0以上、单套住房套内建设面积120平方米以下或单套建筑面积144平方米以下、实际成交价格低于同级别土地上住房平均交易价格的1.44倍以下。

根据粤府办〔2005〕56号文，广东省享受优惠政策普通住房的标准为住宅小区建筑容积率在1.0以上、单套住房套内建筑面积120平方米以下或单套建筑面积144平方米以下、实际成交价格低于同级别土地上住房平均交易价格的1.44倍以下。

根据穗地税发〔2006〕167号文，广州市"普通标准住宅"的认定按照广东省人民政府办公厅《转发国务院办公厅转发建设部等部门关于做好稳定住房价格工作意见的通知》（粤府办〔2005〕56号）中规定普通住房的标准执行。即住宅小区建筑容积率在1.0以上、单套住房内建筑面积120平方米或单套建筑面积144平方米以下、实际成交价格低于同级别土地上住房平均交易价格的1.44倍以下。

（三）三分法和两分法

实务操作中，同一清算单位内划分成几种产品类型，对不同类型产品的增值额影响巨大，对整个清算单位的土地增值税的计算也影响巨大。产品类型的分类问题国家税务总局没有明确的规定，各省的划分类型也缺乏统一性。有的地方采用两分法，即把开发产品类型分为普通标准住宅和其他类型房地产，如辽宁、宁夏、浙江、西安、安徽、江西等，有的地方则采用三分法，即把开发产品类型分为普通标准住宅、非普通标准住宅和其他类型房地产，如江苏、重庆、河南、广西、福建、湖北等。

根据2019年6月28日国家税务总局广东省税务局颁布的土地增值税清算管理规程，同一个项目既建造普通住宅，又建造其他类型房地产的，应分别计算增值额、增值率，分别清算土地增值税，即广东省采用两分法。

(四) 公寓问题

目前房地产开发的公寓总体可以分为普通公寓、商务公寓和酒店式公寓。普通公寓的用地性质为住宅用地，使用权为70年，该类公寓没有争议，一般认定为住宅，如符合普通标准住宅的认定条件，可以享受优惠待遇。实务中争议较大的是商务公寓和酒店式公寓。这两种公寓既可以用于办公又可以用于居住，在划分产品类型时，应认定为住宅还是非住宅呢？目前尚未有明确的政策文件依据，因此公寓问题应当依照当地政策规定，当地无政策规定的，建议以政策文件的形式予以明确。

(五) 能否合并清算

根据《土地增值税暂行条例》的规定，普通标准住宅的增值率未超过20%，可享受免税待遇。在实务中，由于某些地产项目中普通标准住宅是负增值，而非普通标准住宅是正增值，此时企业会提出放弃普通标准住宅的免税待遇，要求将两者合并计算增值额。现天津和安徽出台文件允许合并，而大多数省份不允许合并计算。不同房地产类型是否应当强制分开清算，这是土增税清算实务中税企争议的一个焦点。

(六) 案例

1. 案情

甲公司（上诉人）因与某市地方税务局（以下简称"市地税局"，被上诉人）税务行政管理纠纷一案，由某区人民法院作出行政判决书，甲公司不服，向中级人民法院提出上诉。

甲公司于2007年1月开工建设的某楼盘，于2009年1月竣工。同年9月，甲公司聘请某税务师事务所有限责任公司对该项目进行土地增值税鉴证审核，并于10月22日向市地税局进行土地增值税清算申报。甲公司根据当地公布的《关于土地增值税有关问题通知》相关文件，在进行土地增值税清算申报时，将普通住宅和非普通住宅合并清算，申报应缴、补缴土地增值税为0。某市地税局依据国家税务总局（国税发〔2006〕187号文第一条第二款、国税发〔2009〕91号《土地增值税清算管理规程》第十七条，当地发布的《关于土地增值税清算有关问题的通知》和《关于明确土地增值税若干问题的复函》的相关规定认为对同一清算单位的房地产项目中同时包含普通住房和非普通住房的，应分别计算普通住房和非普通住房的增值额、增值率，征收土地增值税，遂于2012年2月7日向甲公司作出《土地增值税清算税款缴纳通知书》，认定甲公司开发的该项目清算应缴土地增值3 212 908.80元，已缴2 893 751.70元，应补319 657.10元，限于2012年2月20日到税务机关缴纳。甲公司不服，申请行政复议，复议机关维持原决定，甲公司遂向法院起诉。

一审法院认为：市地税局对甲公司开发项目中同时包含普通住宅和非普通住宅，分别计算土地增值税，并无不当之处。甲公司仍不服，上诉至中级人民法院。

上诉中，甲公司认为：税务文件并未规定土地增值税清算时不能将普通住宅和非普通住宅合并清算，仅规定了未分别计算的不得适用"增值额未超过扣除项目金额20%免征土地增值税"，即合并清算是可以的，只是不能适用免征20%的规定。

某市地税局辩称："纳税人自愿不享受免征20%的优惠政策，认为不分别申报就可以合并计算，是对文件的错误理解。该条的立法本意是：纳税人应分别申报，如果不分别申报则不能享受优惠政策。不论纳税人是否分别申报，税务机关都要按国税发〔2009〕91号文第十七条规定'分别计算增值额、增值率，缴纳土地增值税'进行清算审核"。

争议焦点：开发项目中同时包含普通住宅和非普通住宅，增值税额是可以否合并计算？

2. 法院观点

甲公司认为合并清算的主要依据是2009年6月29日由某省地方税务局下发的《A省地方税务局关于土地增值税有关问题的通知》（A地税发〔2009〕104号）（以下简称104号文），该通知中规定纳税人开发的房地产项目，同时包含普通住宅与非普通住宅的，在申报土地增值税清算时，应按普通住宅与非普通住宅的面积分别计算增值额。未分别计算的，不得适用"建造普通住宅出售，增值额未超过扣除项目金额百分之二十免征土地增值税"。而"未分别计算"即是允许上诉人可以分别计算土地增值税。上述内容是纳税人开发的房地产项目在申报土地增值税清算时如何计算增值额的规定。上诉人申报的土地增值税款鉴证报告未分别计算增值额，并未违反上述规定。

但104号文A省地方税务局为贯彻国家税务总局《关于印发〈土地增值税清算管理〉的通知》（国税发〔2009〕91号）（以下简称"91号文"）而对土地增值税有关问题作的进一步明确。91号文中《土地增值税清算管理规程》第十七条（以下简称"第十七条"）规定，清算审核时，应审核……对不同类型房地产是否分别计算增值额、增值率，缴纳土地增值税。被上诉人作为主管税务机关在审核上诉人提交的《土地增值税款鉴证报告》时，认为上诉人申报的合并计算土地增值额的鉴定报告不符合第十七条规定，经委托鉴定部门鉴定，对普通住宅和非普通住宅分别计算增值额、增值率，缴纳土地增值税后，计算出上诉人应缴纳土地增值额为3 212 908.80元。被上诉人依据《土地增值税暂行条例》及其实施细则与相关政策规定，向上诉人发出税款缴纳通知，并告知了相关权利义务。被上诉人作出的具体行政行为所认定的事实清楚，适用法律、法规正确，程序合法。

3. 最终结果

根据上述法院的观点可以看出，最终的结果有以下四点：

（1）纳税人可以合并计算土地增值税，甲公司申报土地增值税清算时未分别计算增值额，并不违反相关规定。

（2）税务机关在审核鉴证报告时，根据国税发〔2009〕91号文认为纳税人申报的合并计算土地增值额的鉴定报告不符合规定，需要重新分别计算，适用法律、法规正确，程序合法。

（3）法院认为双方都正确，纳税人可以按合并提交清算，税务机关也可以在审核清算中要求分开清算。

（4）最后判决的结果是甲公司败诉。这个判决虽然解决了这个案子的问题，但依然没有对"土地增值税到底可不可以合并清算"做出一个最终的定论。

4. 总结

根据国税发〔2009〕91号文第十七条，清算审核时，应审核是否对不同类型房地产分别计算增值额、增值率，缴纳土地增值税。

根据财税〔2006〕21号文，纳税人既建造普通住宅，又建造其他商品房的，应分别核算土地增值额。

根据国税发〔2006〕187号文，开发项目中同时包含普通住宅和非普通住宅的，应分别计算增值额。

根据2019年广东省土地增值税清算新规程，同一个项目既建造普通住宅，又建造其他类型房地产的，应分别计算增值额、增值率，分别清算土地增值税。

可以看出，上述文件都出现了一个"应"字，"应"在法律文书上的含义主要是"表示情理上的理所当然"，包括履行一定的义务或责任，也就是说"应当分别计算增值额"是纳税人的一项义务。从法律主体来说，纳税人"履行义务"是必须的、无条件的。

从上述文件的立法意图可以看出，将普通住宅与其他类型房地产分开核算不仅仅是为了核算普通住宅是否可以享受免税的优惠政策，更是为了体现对其他类型房地产实行递级税率高增值高税收的精神。因此，普通住宅与其他类型房地产分开核算是土地增值税清算的一项基本要求。从土地增值税清算实践来看，如果房地产企业没有将普通住宅与其他类型房地产分开核算，税务机关也可以强制要求分开核算。

二、旧房

旧房是土地增值税体系中的又一重要概念，土地增值税作为所有单行税种中国家层面政策最粗放、受地方性政策影响最大的税种，在旧房的征收管理和清算中表现得淋漓尽致。土地增值税清算体系将新房（新建房）与旧房（存量房）分为两种截然不同的清算方法，旧房不列入新建房土地增值税清算的范围，新房与旧房的角色转换可能会由于清算方法的不同而导致税负差异巨大。因此，界定和明晰新房与旧房的判定标准就显得十分重要。

（一）旧房的判定标准

1. 各地的政策规定

根据《财政部 国家税务总局关于土地增值税一些具体问题规定的通知》（财税字〔1995〕48号）第七条，新建房是指建成后未使用的房产。凡是已使用一定时间或达到一定磨损程度的房产均属旧房。使用时间和磨损程度标准由各省、自治区、直辖市财政厅（局）和地方税务局具体规定。

根据海南省琼地税发〔2009〕104号文，二手房、房地产开发企业所开发的商品房已转为自用，作为固定资产核算的房产、非房地产开发企业自建自用超过一年的房产，均适用转让旧房的土地增值税政策。

根据大连市大地税函〔2008〕188号文，对房地产开发企业转让已自用（包括出租使用）年限在一年以上再出售的房地产项目，应按照转让旧房及建筑物的有关规定缴纳土地增值税。

根据北京市京地税地〔2008〕92号文，房地产开发企业建造的商品房，已自用或出租使用年限在一年以上再出售的，应按照转让旧房及建物的政策规定缴纳土地增值税，不再列入土地增值税清算的范围。

根据黑龙江省黑地税发〔2007〕119号文第七条，房地产开发企业建造商品房，已自用或出租使用年限在一年以上再出售的，应按照转让旧房及建筑物的政策规定缴纳土地增值税，不再列入土地增值税清算的范围。

根据辽宁省辽地税发〔2007〕102号文第七条，房地产开发企业纳税人建造商品房，已自用或出租使用年限在一年以上再出售的，应按照转让旧房及建筑物的政策规定缴纳土地增值税，不再列入土地增值税清算的范围。

根据江苏省苏财税〔2007〕45号文，土地增值税中的旧房，是指已建成并办理房屋产权证或取得购房发票的房产以及虽未办理房屋产权证但已建成并交付使用的房产。

根据云南省云地税发〔2007〕180号文，房地产开发企业建造商品房，已自用或出租使用年限在两年以上（不含两年）再出售的，应按照转让旧房及建筑物的政策规定缴纳土地增值税，不再列入土地增值税清算的范围。

根据河南省豫财税政字〔1998〕61号文，凡房屋建成后，使用时间在一年（含一年）以内的视为新房，使用时间在一年（不含一年）以上的为旧房。如果房屋使用在一年以内由于磨损程度较大或遭受重大损坏的，由市地方税务局上报省地方税务局审批后，也可视为旧房。

根据深圳市深地税发〔2009〕24号文，单位和个人自建或购买的房地产一年后转让适用旧房转让政策，不包括房地产开发企业二级市场开发销售房产。自建房迄止时间为房产证登记时间至转让合同签订，购买房地产迄止时间为购买合同签订至转让合同签订。从房地产三级市场购买的房产均认定为旧房。

广东省未有统一规定。

2. 总结

综上可以看出，各地对于旧房的规定主要有如下几种类型：

（1）按使用时间分类：凡是已使用一定时间（如一年以上）的房产均属旧房。

（2）按权证办理分类：房屋建成后至第一次办理产权证完毕，这段时间属于新建房，如再次办理产权转移的，不论时间长短与磨损程度如何，一律视为旧房。单位和个人对外取得（购置、接收投资、抵债、受赠、交换等）的房产再转让属于转让旧房。

（3）按会计核算分类：房地产项目清算前，开发产品转为固定资产或者投资性房地产再转让的，仍视为开发产品转让，按规定预征和清算土地增值税。房地产项目清算后再转让房产，凡已转为固定资产或投资性房地产一定时间的，应认定为旧房转让。

土地增值税的"旧房"是相对于"新建房"而言的，并且在土地增值税清算中采取了两种截然不同的计算方法。如果允许新建房企业将部分房产适用旧房政策，这会产生同一项目内的不同开发产品适用不同的清算方式，甚至还会产生因清算方式不同而导致一定的筹划空间。比如在临界点将高增值开发产品转为旧房，日后再采取旧房的土地增值税清算政策，从而降低项目整体土地增值税税负。

（二）旧房的扣除项目

对于转让旧房的，扣除项目金额的计算，应按照《土地增值税暂行条例实施细则》《财政部 国家税务总局关于土地增值税一些具体问题规定的通知》（财税字〔1995〕48号文）、《财政部 国家税务总局关于土地增值税若干问题的通知》（财税〔2006〕21号文）、《国家税务总局关于土地增值清算有关问题的通知》（国税函〔2010〕220号文）、《国家税务总局关于营改增后土地增值税若干征管规定的公告》（国家税务总局公告〔2016〕70号文）规定执行。具体操作主要分为如下三大类：

1. 发票法

转让旧房，有发票的，按照以下方法计算：

扣除项目金额＝购房发票金额×（1+5%×持有年度）+税金及附加+契税+印花税（非房地产公司可以扣除）

计算扣除项目时，"每年"按购房发票所载日期起至售房发票开具之日止，每满12个月计一年；超过一年，未满12个月但超过6个月的，可以视同为一年。

对纳税人购房时缴纳的契税，凡能提供契税完税凭证的，准予作为"与转让房地产有关的税金"予以扣除，但不作为加计5%的基数。

营改增后，纳税人转让旧房及建筑物，凡不能取得评估价格，但能提供购房发票的，《土地增值税暂行条例》第六条第一、三项规定的扣除项目的金额按照下列方法计算：

（1）提供的购房凭据为营改增前取得的营业税发票的，按照发票所载金额（不扣减营业税）并从购买年度起至转让年度止每年加计5%计算。

（2）提供的购房凭据为营改增后取得的增值税普通发票的，按照发票所载价税合计金额从购买年度起至转让年度止每年加计5%计算。

（3）提供的购房发票为营改增后取得的增值税专用发票的，按照发票所载不含增值税金额加上不允许抵扣的增值税进项税额之和，并从购买年度起至转让年度止每年加计5%计算。

2. 评估法

转让旧房，没有发票的，按照以下方法计算：

扣除项目金额＝建筑物重置成本价×成新率+土地原购入价（含契税）+评估费+营业税金及附加+印花税（非房地产公司可以扣除，房地产公司不可以扣除）

建筑物评估价值＝重置完全成本价×成新率

评估价格须经当地税务机关确认。以逃避税收为目的，进行非法评估发生的费用，不得扣除。

根据财税字〔1995〕48号文规定，转让旧房的，应按房屋及建筑物的评估价格（建筑物重置成本价×成新率）、取得土地使用权所支付的地价款和按国家统一规定缴纳的有关费用，以及在转让环节缴纳的税金作为扣除项目金额计征土地增值税。对取得土地使用权时未支付地价款或不能提供已支付的地价款凭据的，不允许扣除取得土地使用权所支付的金额。纳税人转让旧房及建筑物时因计算纳税的需要而对房地产进行评估，其支付的评估费用允许在计算增值额时予以扣除。对于个人购入房地产再转让的，其在购入时已缴纳的契税，在旧房及建筑物的评估价中已包括，在计征土地增值税时，不另作为"与转让房地产有关的税金"予以扣除。

操作关键点：收入是房地产交易价格，评估价仅按建筑物评估价进行，土地不参与评估，这是因为可能存在一些企业取得土地时没有支付土地对价。另外，土地并不会因为使用而产生折旧，因而评估法仅对建筑物进行评估，实行房地分离的处理方法。土地按原购入价进行扣除，如果发票丢失，扣除金额为零。评估费、旧房转让环节的印花税（非房地产公司）可以扣除，这是有别于新房清算政策的。

3. 核定法

对于转让旧房及建筑物，既没有评估价格，又不能提供购房发票的，地方税务机关可以根据《中华人民共和国税收征收管理法》第 35 条的规定，实行核定征收。

（三）旧房扣除的注意事项

1. 已缴纳的契税可否在计税时扣除

对于个人购入房地产再转让的，其在购入时已缴纳的契税，在旧房及建筑物的评估价中已包括，因此在采用评估法计征土地增值税时，不另作为"与转让房地产有关的税金"予以扣除；在采用发票法计征土地增值税时，对纳税人购房时缴纳的契税，凡能提供契税完税凭证的，准予作为"与转让房地产有关的税金"予以扣除。

2. 评估费用可否在计算增值额时扣除

纳税人转让旧房及建筑物时，因计算纳税金额的需要而对房地产进行评估，其支付的评估费用允许在计算增值额时予以扣除；对于暂行条例第九条规定的纳税人隐瞒、虚报房地产成交价格等情形，而按房地产评估价格计算征收土地增值税所发生的评估费用，不允许在计算土地增值税时予以扣除。

3. 重置成本价的具体含义

重置成本价的含义是指，对旧房及建筑物按转让时的建材价格和人工费用计算，建造同样面积、同样层次、同样结构、同样建设标准的新房及建筑物所需花费的成本费用，减除折旧后的金额。

4. 转让旧房对房屋及建筑物进行评估的目的和意义

根据国税函发〔1995〕110 号文规定，转让旧房及建筑物的，在计算其增值额时，允许扣除由税务机关参照评估价格确定的扣除项目金额（即房屋及建筑物的重置成本价乘以成新度折扣率后的价值），以及在转让时交纳的有关税金。这主要是考虑到如果按原成本价作为扣除项目金额，不尽合理，而采用评估的重置成本价能够相对消除通货膨胀因素的影响，比较合理。

土地增值税的实质是对土地增值征税，而对房产增值不征税。对转让旧房征收土地增值税时，要求对房屋建筑物（不含土地）通过评估计算重置成本，是为了剔除房屋建筑物（不含土地）发生的增值或减值。

5. 转让旧房能够提供评估价的，是否需要同时提供地价

根据财税字〔1995〕48 号文规定，转让旧房的，应按房屋及建筑物的评估价格、取得土地使用权所支付的地价款和国家统一规定交纳的有关费用，以及在转让环节缴纳的税金作为扣除项目金额计征土地增值税。对取得土地使用权时未支付地价款或不能提供已支付的地价款凭据的，不允许扣除取得土地使用权所支付的金额。

6. 土地价值能否通过评估进入重置成本在税前扣除

土地增值税的计税依据是土地增值额，如果土地价值通过评估进入重置成本，那么土地增值税将毫无意义。因此，在计征土地增值税时，土地必须按照计税成本（取得土地实际支付的金额）据实扣除。

三、收入

（一）房地产企业在土地增值税清算时开发产品销售收入的确认

国税函〔2010〕220号文规定："土地增值税清算时，已全额开具商品房销售发票的，按照发票所载金额确认收入；未开具发票或未全额开具发票的，以交易双方签订的销售合同所载的售房金额及其他收益确认收入。销售合同所载商品房面积与有关部门实际测量面积不一致，在清算前已发生补、退房款的，应在计算土地增值税时予以调整。"

根据上述规定，在计算土地增值税时，税法有可能比会计提前确认收入，即需要调增应纳税收入。需要注意的是，在调增收入的同时，应当允许配比扣除与收入相对应的成本。

根据穗地税函〔2012〕198号文，房地产开发企业与购买方未签订房地产销售合同，房地产开发企业收取的订金、定金、违约金和赔偿金，不得确认收入；房地产开发企业与购买方签订房地产销售合同后，房地产开发企业收取的订金、定金以及由于购买方违约而产生的违约金和赔偿金，确认为收入。

房地产开发企业折扣转让房地产的，按以下情形确认土地增值税计税收入：

（1）房地产销售合同和转让房地产发票所载折扣后的价款一致的，以此价款确认收入。

（2）房地产销售合同和转让房地产发票所载折扣后的价款不一致的，已全额开具转让房地产发票的，按发票所载金额确认收入；未开具发票或未全额开具发票的，以房地产销售合同所载的转让房地产价款及其他收益确认收入。

房地产开发企业作为委托方以支付代销费、包销费等费用方式委托其他单位或个人作为受托方代销、包销房地产，委托方与受托方之间没有发生房地产产权转移的，房地产开发企业在确认收入时不得扣除相应的代销费、包销费等费用。

（二）代收费用

根据财税字〔1995〕48号文，按县级及县级以上人民政府要求，房地产开发企业在售房时代收的各项费用，如果计入房价中向购买方一并收取的，可作为转让房地产所取得的收入计税；如果代收费用未计入房价中，而是在房价之外单独收取的，可以不作为转让房地产的收入。对于代收费用作为转让收入计税的，在计算扣除项目金额时，可予以扣除，但不允许作为加计20%扣除的基数；对于代收费用未作为转让房地产的收入计税的，在计算增值额时不允许扣除代收费用。

根据国税发〔2009〕91号文，按县级以上人民政府要求，房地产开发企业在售房时代收的各项费用，需审核其代收费用是否计入房价并向购买方一并收取；当代收费用计入房价时，需审核有无将代收费用计入加计扣除以及房地产开发费用计算基数的情形。

根据国税发〔2007〕132号文，按县级以上人民政府的规定，纳税人在售房时代收的各项费用，应区分不同情形分别处理：

（1）代收费用计入房价向购买方一并收取的，应将代收费用作为转让房地产所取得的收入计税。实际支付的代收费用，在计算扣除项目金额时，可予以扣除，但不允许作为加计扣除的基数。

（2）代收费用在房价之外单独收取且未计入房地产价格的，不作为转让房地产的收入，在计算增值额时不允许扣除代收费用。

（三）房地产企业以开发产品安置回迁户

根据国税函〔2010〕220号文以及国税发〔2006〕187号文的规定，房地产企业用建造的本项目房地产安置回迁户的，安置用房应当视同销售确认收入，其销售价格按本企业在同一地区、同一年度销售的同类房地产的平均价格确定，或者由主管税务机关参照当地当年、同类房地产的市场价格或评估价值确定。同时，房地产企业应将视同销售的金额确认为房地产开发项目的拆迁补偿费。房地产开发企业支付给回迁户的补差价款，计入拆迁补偿费；回迁户支付给房地产开发企业的补差价款，应抵减本项目拆迁补偿费。

房地产企业采取异地安置，异地安置的房屋属于自行开发建造的，房屋价值按上述规定计算，计入本项目的拆迁补偿费；异地安置的房屋属于购入的，以实际支付的购房支出计入拆迁补偿费。

（四）房地产企业向购房者收取的违约金

《土地增值税暂行条例实施细则》规定："转让房地产所取得的收入，包括转让房地产的全部价款及有关的经济收益。"此处所称"有关的经济利益"包括纳税人因转让房地产收取的违约金、滞纳金、赔偿金、分期付款（延期付款）利息以及其他各种性质的经济收益。

需要注意的是，确认"有关的经济利益"前提是纳税人发生了转让房地产行为，即房地产交易完成。如果房地产交易未发生或者未完成（被撤销），即使纳税人取得了"经济利益"，也应当属于与转让房地产无关的"经济利益"，不应确认为转让房地产所取得的收入，应确认为营业外收入。所以，因房地产购买方违约，导致房地产未能转让，转让方收取的该项违约金不作为与转让房地产的有关的经济利益，不确认为房地产转让收入。

因此，对交易完成的购房者，因未按规定的期限付款等原因向房地产企业支付的违约金，房地产企业应当确认为转让开发产品收入，计算缴纳土地增值税。对未完成购房的购房者，因退房等原因向房地产企业支付的违约金，不属于房地产企业转让开发产品收入，不征收土地增值税。

房地产企业因销售房地产收取的分期付款（延期付款）利息、滞纳金、赔偿金以及其他各种性质的经济利益，比照上述原则进行处理。

（五）税法规定的视同销售情形和视同销售收入的确定

税法规定的视同销售情形主要有三大类型：第一，根据实施细则以及财税字〔1995〕48号文的规定，房地产企业以开发产品对外捐赠，除明文规定的公益性捐赠以外，应当视同销售，征收土地增值税；第二，根据国税发〔2009〕91号文的规定，房地产开发企业将开发产品用于职工福利、奖励、对外投资、分配给股东或投资人、抵偿债务、换取其他单位和个人的非货币性资产等，发生所有权转移时应视同销售房地产；第三，根据国税函〔2010〕220号文的规定，房地产企业将开发产品用于安置回迁户的，安置用房应当视同销售处理。需要说明的是，执行《企业会计准则》的房地产企业将开发产品用于债务重组、具有商业实质的非货币性资产交换（且交换资产公允价值能够可靠计量）等项目的，会计处理时应当确认销售收入，即税法与会计不存在差异。

对于上述视同销售行为，在计算土地增值税时应按公允价值计量原则确定相关开发产品销售收入，房地产企业应做相应的纳税调整。根据国税发〔2009〕91号文的规定，视同销售收入按下列方法和顺序确认：

①按本企业在同一地区、同一年度销售的同类房地产的平均价格确定；

②由主管税务机关参照当地当年、同类房地产的市场价格或评估价值确定。

根据国家税务总局公告〔2016〕70号文规定，自2016年11月10日起，纳税人将开发产品用于职工福利、奖励、对外投资、分配给股东或投资人、抵偿债务、换取其他单位和个人的非货币性资产等，发生所有权转移时应视同销售房地产，其收入应按照《国家税务总局关于房地产开发企业土地增值税清算管理有关问题的通知》（国税发〔2006〕187号文）第三条规定（注：视同销售）执行。国税发〔2006〕187号文中视同销售收入的确认方法和顺序与国税发〔2009〕91号文的规定相同。

根据国家税务总局公告2016年第70号文件规定，纳税人安置回迁户，其拆迁安置用房应税收入和扣除项目的确认，应按照《国家税务总局关于土地增值税清算有关问题的通知》（国税函〔2010〕220号）第六条规定执行。

（六）转让价格需要进行评估的情形

《土地增值税暂行条例》规定，对于纳税人隐瞒、虚报房地产成效价格的或转让房地产成效价格低于房地产评估价格又无正当理由的，按照房地产评估价格计算征收。

实施细则规定：

①房地产评估价格，是指由政府批准设立的房地产评估机构根据相同地段、同类房地产进行综合评定的价格。评估价格须经当地税务机关确认。

②隐瞒、虚报房地产成交价格，是指纳税人不报或有意低报转让土地使用权、地上建筑物及其附着物价款的行为。

③转让房地产的成交价格低于房地产评估价格，又无正当理由的，是指纳税人申报的转让房地产的实际成交价低于房地产评估机构评定的交易价，纳税人又不能提供凭据或无正当理由的行为。

④隐瞒、虚报房地产成交价格，应由评估机构参照同类房地产的市场交易价格进行评估，税务机关根据评估价格确定转让房地产的收入。

⑤转让房地产的成交价格低于房地产评估价格，又无正当理由的，由税务机关参照房地产评估价格确定转让房地产的收入。

国税函发〔1995〕110号文规定：对评估价与市场交易价差距较大的转让项目，税务机关有权不予确认，要求其重新评估。

（七）售后返租

单位和个人转让房地产，同时要求购房者将所购房地产无偿或低价给转让方或者转让方的关联方使用一段时间，其实质是转让方获取与转让房地产有关的经济利益。对以此方式转让房地产的行为，应将转让房地产的全部价款及有关的经济收益确认为转让收入，依法计征土地增值税。如转让房地产价款以外的有关经济收益无法确认的，应判断其转让价格是否明显偏低。对转让价格明显偏低且无正当理由的，应采用评估或其他合理的方法确定其转让收入，依法计征土地增值税。

（八）房地产销售价格明显偏低且无正当理由的确认

销售价格明显偏低的确认主要包含两个方面：一是偏低幅度的量化判断标准，江苏、河南为比正常价格低10%，海南为30%；二是无正当理由的通用认定条款。

1. 量化判断标准

从各地的税收实践来看，目前认定销售价格明显偏低的量化判断标准有两个，分别是比正常价格低30%和10%。具体文件如下：

（1）房地产销售价格明显偏低的量化判断标准有两个，按照比正常价格低30%的有广东省、河北省、海南省、贵州省；按照比正常价格低10%的有江苏省、河南省。

（2）最高人民法院司法解释的量化判断标准是比正常价格低30%，根据法释〔2009〕5号文，对于合同法第七十四条规定的"明显不合理的低价"，人民法院应当以交易当地一般经营者的判断，并参考交易当时交易地的物价部门指导价或者市场交易价，结合其他相关因素综合考虑予以确认。

转让价格达不到交易当时交易地的指导价或者市场交易价70%的，一般可以视为明显不合理的低价；对转让价格高于当地指导价或者市场交易价30%的，一般可以视为明显不合理的高价。

债务人以明显不合理的高价收购他人财产，人民法院可以根据债权人的申请，参照合同法第七十四条的规定予以撤销。

2. 正当理由的认定

从各地的实务操作来看，"正当理由"主要包括两方面因素：一是开发产品本身存在瑕疵；二是市场供求关系发生变化。其他因素（如销售给关联方，销售给企业股东和管理人员的亲朋好友等）一般都不得认定为正当理由。

（1）根据苏地税规〔2012〕1号文，对以下情形的房地产转让价格，即使明显偏低，可视为有正当理由：

①法院判定或裁定的转让价格；

②以公开拍卖方式转让房地产的价格；

③政府物价部门确定的转让价格；

④经主管税务机关认定的其他合理情形。

（2）根据琼地税函〔2015〕917号文，对房地产转让价格也有相同的规定。

（3）根据贵州省地方税务局公告2016年第13号文，房地产开发企业销售开发产品的价格低于同类开发产品平均销售价格30%以上或者低于成本价而又无正当理由的，主管地方税务机关有权核定其销售价格，但下列情形除外：

①采取政府指导价、限价等非市场定价方式销售的开发产品；

②由法院判决或裁定价格的开发产品；

③采取公开拍卖方式确定价格的开发产品；

④经主管地方税务机关认定的其他合理情形。

从上述文件可以看出,"法院判定或裁定的转让价格""以公开拍卖方式转让房地产的价格"和"政府物价部门确定的转让价格",一般都是在特定的市场供求关系等特殊条件下形成的价格,这些价格能够反映特殊条件下房地产的公允价值。因此,上述三类价格即使明显偏低,一般也应视为有正当理由。

3. 案例

(1) A市行政诉讼案。

2003年,A市B公司委托拍卖行拍卖一处房产,设定的保证金是6800万港元,最终只有一家竞买人参与,以1.3亿港元成交。当时A市地税局第一稽查局通过调查发现,B公司有意将拍卖保证金设定过高,使得只有一个竞拍主体参与竞价,导致拍卖过程中没有发生竞价行为。

因此税务机关认为B公司以底价拍卖,无正当理由,参照周边房产当时的交易价格来核定,该房产的交易价格应为3.1个亿港元。

对于该案件,最高人民法院认为:

一是不违反法律原则和精神的行政惯例应当予以尊重。A市地税第一稽查局在查处涉嫌税务违法行为时,依据税收征管法第三十五条规定核定纳税义务人的应纳税额是其职权的内在要求和必要延伸,符合税务稽查的业务特点和执法规律,符合《国家税务总局关于稽查局职责问题的通知》(国税函〔2003〕140号文)关于税务局和稽查局的职权范围划分的精神,不构成超越职权。

二是税务机关确定应纳税额时,应当尊重市场行为形成的市场价格,其基于国家税收利益的考虑否定拍卖价格作为计税价格时,行使税收征管法第三十五条第一款第六项应纳税额核定权时,应当受到严格限制。纳税义务人以拍卖不动产的拍卖价格作为计税依据依法纳税后,在该拍卖行为未被有权机关依法认定为无效,或者认定存在违反拍卖法的行为并影响拍卖价格的情况下,税务机关原则上不能根据税收征管法第三十五条第一款第六项的规定行使应纳税额核定权。但如果拍卖行为中存在影响充分竞价的因素导致拍卖价格过低,如本案中的一人竞拍时,税务机关基于国家税收利益的考虑,有权行使应纳税额核定权。

三是没有法律、法规和规章的规定,行政机关不得作出影响行政相对人合法权益或者增加行政相对人义务的决定。税务机关根据税收征管法第三十五条第一款第六项的规定行使应纳税额核定权,应当受到税收征管法第五十二条关于追缴税款和滞纳金的条件和期限的限制;不能归责于纳税义务人时,新确定的应纳税额,缴纳义务应当自核定之日发生,征收该应纳税额确定之前的税收滞纳金没有法律依据。

本案是最高法院提审改判的第一起税务行政案件,最高人民法院认为,本案关于多个焦点问题的裁判理由均具有较强的典型意义:

一是尊重行政机关长期执法活动中形成的专业判断和行政惯例。通过司法确认的方式,认可省级以下税务局及其税务稽查局在具体执法过程中形成的不违反法律原则和精神且符合具体执法规律与特点的惯例,对今后人民法院处理类似问题提供借鉴方法。

二是体现法院在促进依法行政方面的司法能动性,既保障国家利益不受损,也要防止税收权力的任性。进一步明确拍卖价格作为计税依据的合法性,限定税务机关行使应纳税额核定权行使条件，厘清特定税收专业领域行政机关职权和市场主体自治的界限。

三是贯彻行政机关"法无明文规定不可为"的法治理念，确保当事人合法权益不受行政机关无法律依据的剥夺。行政权的行使应当严格限定在法律明确规定的范围内，在法律没有规定的情况下，行政机关不得作出影响行政相对人合法权益或者增加行政相对人义务的决定。

（2）C省诉讼案

C省D市E公司，2011年转让14个铺位，申报的价格明显低于同期同类产品的平均价格，且无正当理由。税务机关要求其补税、缴滞纳金，企业对此申请行政复议。复议结果是维持原决定，企业又上诉，法院维持原复议结果，再上诉，二审法院驳回上诉，维持原判。

二审法院认为，税务机关提供的资料能证明该公司的销售价格明显偏低，而该公司又不能提供证据证明价格偏低具备合理正当理由。

（九）分期收款的外币收入折算

依照实施细则规定，对于取得的收入为外国货币的，以取得收入当天或当月一日国家公布的市场汇价折合人民币，据以计算土地增值税税额。对于以分期收款形式取得的外币收入，也应按实际收款日或收款当月一日国家公布的市场汇价折合人民币。

（十）营改增后土地增值税收入的确认

1. 基本政策

根据财税〔2016〕43号文规定，自2016年5月1日起，土地增值税纳税人转让房地产取得的收入为不含增值税收入。

根据国家税务总局2016年第70号文规定，自2016年11月10日起，营改增后，纳税人转让房地产的土地增值税应税收入不含增值税。适用增值税一般计税方法的纳税人，其转让房地产的土地增值税应税收入不含增值税销项税额；适用简易计税方法的纳税人，其转让房地产的土地增值税应税收入不含增值税应纳税额。

根据《房地产开发企业销售自行开发的房地产项目增值税征收管理暂行办法》（国家税务总局〔2016〕18号文）第四条的规定，房地产开发企业中的一般纳税人（以下简称一般纳税人）销售自行开发的房地产项目，适用一般计税方法计税，按照取得的全部价款和价外费用，扣除当期销售房地产项目对应的土地价款后的余额计算销售额。销售额的计算公式如下：销售额＝（全部价款和价外费用－当期允许扣除的土地价款）÷（1+适用税率）。

2. 政策分析

上述43号文明确了土地增值税收入为不含增值税收入，70号文进一步明确了一般纳税人转让房地产的土地增值税应税收入不含增值税销项税额，18号文则针对允许扣除的土地价款列出了详细的公式，但三个文件结合起来看却出现了争议。

营改增后，为了解决土地没有进项税的问题，国家税务总局允许差额征税。根据18号文，销售额＝（全部价款和价外费用－当期允许扣除的土地价款）÷（1+适用税率）。在这里，销项税额的计税依据明确了，开具增值税专用发票的问题却无法解决。也就是说，开具增值税专用发票并不是按照实际应缴增值税，而是按照正常计算的增值税全额作为发票开具的增值税额，这种特殊情况可称之为"差额征税，全额开票"。

对于因差额征税而调减的增值税（当期可扣除土地价款 × 适用税率），在土地增值税清算时该如何处理？对此出现了不同的观点：

（1）调减的增值税扣减土地成本。在目前土地增值税清算的扣除项目中，土地成本是可以加计20%扣除的；如果调减的增值税扣减土地成本，不符合国家政策的本意，同时会损害纳税人的利益，所以不可取。

根据《国家税务总局关于修订土地增值税纳税申报表的通知》（税总函〔2016〕309号文），对于清算表格中土地价款扣除做了这样的规定：表第6栏"取得土地使用权所支付的金额"，按纳税人为取得该房地产开发项目所需要的土地使用权，而实际支付（补交）的土地出让金（地价款）及按国家统一规定交纳的有关费用的数额填写。这里的表述很明确，允许扣除的土地价款为实际发生数额，不用考虑调减的那部分增值税。

（2）调减的增值税计入土地增值税清算收入。适用增值税一般计税方法的纳税人，其转让房地产的土地增值税应税收入不含增值税销项税额。这里的销项税额究竟是发票上全额的销项税额还是企业实际缴纳的销项税额？很显然，是指实际缴纳的销项税额。根据18号文，销售额＝（全部价款和价外费用－当期允许扣除的土地价款）÷（1+适用税率）。同时增值税纳税申报表的填报说明也明确了：第11栏"销项税额"，填写纳税人本期按一般计税方法计税的货物、劳务和服务、不动产、无形资产的销项税额；营业税改征增值税的纳税人，服务、不动产和无形资产有扣除项目的，本栏应填写扣除之后的销项税额。

（3）调减的增值税既不能计入土地增值税清算收入，也不能抵减土地成本。这种观点主要考虑到增值税差额征税是房地产行业特殊的土地获取模式决定的，是无法抵扣进项的无奈之举，不能因此将该部分土地对应的增值税强行加入收入，这对企业有失公平。如果强行这样计算，将导致会计收入、所得税收入和土地增值税收入的不一致，给企业和税务机关工作带来更多困难，而且这种算法同不动产契税缴纳也出现不一致，显得非常牵强。

3. 税收实践

目前的税收实践主要是上述第二种和第三种观点。

（1）广州市的政策是第二种观点的典型代表。根据《广州市地方税务局关于印发2016年土地增值税清算工作有关问题处理指引的通知》（穗地税函〔2016〕188号文），纳税人选用增值税一般计税方法计税的，土地增值税清算收入按"（含税销售收入＋本项目土地价款 × 适用税率）÷（1+适用税率）"确认，即纳税人按规定允许以本项目土地价款扣减销售额而减少的销项税金，应调增土地增值税清算收入。

（2）北京市的政策是第三种观点的典型代表。根据《北京市地方税务局关于发布〈北京市地方税务局土地增值税清算管理规程〉的公告》（北京市地方税务局公告〔2016〕7号文），土地增值税清算时，已全额开具发票的，按照发票所载金额确认收入；未开具发票或未全额开具发票的，以交易双方签订的销售合同所载的售房金额及其他收益确认收入。销售合同所载商品房面积与有关部门实际测量面积不一致，在清算前已发生补、退房款的，应在计算土地增值税时予以调整。

从房地产企业的角度来看，很显然北京市的政策实践对企业更加有利。但在税务机关自身都存在争议的情况下，企业实务中要如何应对的确非常困惑。因此，如果当地有明文规定，按照当地税务机关规定处理；如果当地无明文规定，则争取按照北京市税务机关所代表的第三种观点处理。

4. 营改增前后

根据国家税务总局公告 2016 年第 70 号文规定，自 2016 年 11 月 10 日起，房地产开发企业在营改增后进行房地产开发项目土地增值税清算时，按以下方法确定相关金额：土地增值税应税收入 = 营改增前转让房地产取得的收入 + 营改增后转让房地产取得的不含增值税收入。

四、可扣除项目

（一）取得土地使用权所支付的金额

根据《土地增值税暂行条例》及其实施细则规定，取得土地使用权所支付的金额包括纳税人为取得土地使用权所支付的地价款和按国家统一规定交纳的有关费用。取得土地使用权支付的地价款具体如下：以出让方式（协议、招标、拍卖等方式）取得土地使用权的，为支付的土地出让金；以行政划拨方式取得土地使用权的，为转让土地使用权时按规定补交的出让金；以转让方式得到土地使用权的，为支付的地价款。按国家统一规定交纳的有关费用，是在取得土地使用权过程中办理有关手续，按规定缴纳的有关登记、过户手续费。

1. 房地产企业取得土地使用权环节缴纳的契税加计扣除

根据国税函〔2010〕220 号文的规定，房地产开发企业为取得土地使用权所缴纳的契税，应视同"按国家统一规定交纳的有关费用"，计入"取得土地使用权所支付的金额"中扣除，即允许作为加计扣除。

2. 房地产开发企业逾期开发缴纳的土地闲置费能否计入地价扣除

根据国税函〔2010〕220 号文的规定，房地产开发企业逾期开发缴纳的土地闲置费不得扣除。未按期缴纳土地出让金而产生的罚款、滞纳金、利息，也不允许扣除。

3. 成片受让、分期开发的土地如何分摊地价

实施细则规定：纳税人成片受让土地使用权后，分期分批开发、转让房地产的，其扣除项目金额的确定，可按占地面积法计算分摊，或按建筑面积计算分摊，也可按税务机关确认的其他方式计算分摊。

如 A 公司的项目占地面积 5 万平方米，地价款 5 亿元，分两期开发。假设一期规划的占地面积是 3 万平方米，二期规划的占地面积是 2 万平方米，按照占地面积法来划分，一期分到的地价成本是 3 亿元，二期是 2 亿元。假设一期可售面积是 10 万平方米，则每平方米对应的地价成本是 3000元；假设二期也是 10 万平方米，则二期每平方米对应的地价成本是 2000 元。

4. 同期内不同类型房地产（指不同类型开发产品）如何分摊地价

在计算土地增值税时，首先应当区分普通住宅和其他类型房地产并分别计算增值额、增值率，缴纳土地增值税，进而将成本费用（扣除项目）在不同类型房地产之间进行分摊。

在分摊土地成本时应当分两步进行：第一步，先将占地相对独立的不同类型房地产，按该类型

房地产实际占地面积占该项目房地产总占地面积的比例计算分摊土地成本；第二步，对于剩余混建的不同类型房地产（如商住楼等），应当首先确定混建房屋占地的总土地成本，然后根据混建房屋中某一类型房地产建筑面积占混建该项目总建筑面积的比例分摊土地成本。

根据广东省土地增值税清算新规程，同一清算单位内发生的成本、费用，能按照受益对象直接归集的，按照直接成本法计入相应房地产类型扣除；不能按照受益对象直接归集的成本、费用，原则上按照不同类型房地产可售建筑面积比例计算分摊；对占地相对独立的不同类型房地产，可按占地面积法计算分摊取得土地使用权所支付的金额、土地征用及拆迁补偿费。

如接上例一期 10 万平方米的可售面积分为高层和别墅，而且别墅跟高层的用地相对比较独立。假设别墅占地是 2 万平方米，建筑面积是 4 万平方米，而高层占地是 1 万平方米，建筑面积是 6 万平方米。那么别墅占地 2 万平方米，应分配地价款的 2 亿元，这 2 亿元分配到建筑面积 4 万平方米时，别墅每平方米可售面积对应的地价是 5000 元。同理，高层占地 1 万平方米，应分配地价款 1 亿元，在 6 万平方米可售面积里，每平方米可售面积对应的地价是 1666 元。

5. 企业接受投资的土地

财税〔2018〕57 号文规定，单位、个人在改制重组时以房地产作价入股进行投资，对其将房地产转移、变更到被投资的企业，暂不征土地增值税。上述改制重组有关土地增值税政策不适用于房地产转移的任意一方为房地产开发企业的情形。因此，房地产企业接受投资的土地，如果在投资环节已经按规定缴纳了土地增值税，则应当以投资环节土地增值税计税价格和缴纳的相关税费作为土地增值税计税成本。

非房地产企业将土地投资于非房地产企业，暂不征土地增值税；此情形下应以投资方原取得该宗国有土地使用权所支付的地价款和按国家统一规定缴纳的有关费用，作为被投资方取得土地的计税成本。房地产企业将土地投资于非房地产企业，应当按规定征收土地增值税；此情形下应当以投资环节土地增值税计税价格和缴纳的相关税费作为土地增值税计税成本。

6. 因企业合并、分立等资产重组取得的土地

财税〔2018〕57 号文规定，按照法律规定或者合同约定，两个或两个以上企业合并为一个企业，且原企业投资主体存续的，对原企业将房地产转移、变更到合并后的企业，暂不征土地增值税。按照法律规定或者合同约定，企业分设为两个或两个以上与原企业投资主体相同的企业，对原企业将房地产转移、变更到分立后的企业，暂不征土地增值税。因此，因企业合并、分立等资产重组活动取得的土地，应当以资产重组前取得该宗国有土地使用权所支付的地价款和按国家统一规定缴纳的有关费用，作为土地增值税计税成本。

7. 纳税人从政府取得的土地返还款

纳税人从政府取得的土地返还款，需要视用途分三种情况处理：

（1）无注明用途，明确是土地返还款，土地增值税处理时应冲减土地成本。

（2）无注明用途，明确是政府补贴款，应作营业外收入处理。

（3）注明用途，专门用于配建房建设，土地增值税处理时应作收入。

8. 取得土地使用权环节支付的中介费

中介费不属于按国家统一规定交纳的有关费用，因此不能计入土地成本。

9. 土地出让金分期付款利息

对于分期付款的利息，目前很多地方规定不允许在土地增值税扣除。但也有例外，比如青岛市税务局 2018 年第 4 号公告有规定：如果企业是按照政府的合同约定日期缴纳的土地出让金，该业务下产生的利息在计算土地增值税时，允许计入取得土地的价款。

（二）房地产开发成本

1. 房地产开发成本的内容

（1）土地征用及拆迁补偿费：含土地征用费、耕地占用税、劳动力安置费，及有关地上地下附着物拆迁补偿的净支出、安置动迁用房支出等。

（2）前期工程费：包括规划、设计、项目可行性研究及水文、地质、勘察、测绘、"三通一平"（通水、通电、通路、平整地面）等支出。

（3）建筑安装工程费：是指以出包方式支付给承包单位的建筑安装工程费，纳税人自己建房所发生的列入开发项目工程施工图预算内的各种建筑安装工程费用。

（4）基础设施费：包括开发小区内道路、供水、供电、供气、排污、排洪、通信、照明、环卫、绿化等工程发生的支出。

（5）公共设施配套费：包括不能有偿转让的开发小区内公共设施发生的支出，如建造开发小区内的居委会、派出所、幼儿园、学校、公共厕所等设施的支出。

（6）开发间接费用：是指纳税人内部独立核算单位直接组织管理开发项目发生的费用，包括工资、职工福利费、折旧费、修理费、办公费、水电费、劳动保护费、周转房摊销等。

2. 拆迁补偿费

拆迁补偿费分为货币补偿、实物补偿（产权调换）和两者相结合三种情形。拆迁补偿费需要区分政策性拆迁与非政策性拆迁，这里主要说明政策性拆迁。政策性拆迁通常是指一二级联动拿地时，房地产开发企业作为拆迁主体，支付拆迁补偿费的行为。政策性拆迁的两个核心判定标准：一是社会公共利益的需要（比如旧城改造、保障性住房等）；二是在政府的主导下进行。"政府的公告和正式批复文件"是政策性拆迁的基本依据。

根据国税函〔2010〕220 号文规定，房地产企业用建造的本项目房地产安置回迁户的，安置用房按《国家税务总局关于房地产开发企业土地增值税清算管理有关问题的通知》（国税发〔2006〕187 号文）第三条第（一）款规定（注：视同销售）确认收入，同时将此确认为房地产开发项目的拆迁补偿费；房地产开发企业支付给回迁户的补差价款，计入拆迁补偿费；回迁户支付给房地产开发企业的补差价款，应抵减本项目拆迁补偿费；货币安置拆迁的，房地产开发企业凭合法有效凭据计入拆迁补偿费。

（1）举例：老王是被拆迁户，有 120 平方米的房子被拆迁。

①老王选择 120 万元的补偿款，房地产开发企业可将 120 万元直接计入到拆迁补偿费。

②老王选择要 120 平方米的房子，假设房子价值 120 万元，房地产开发企业视同销售收入是 120 万元，对应的拆迁补偿费的成本也是 120 万元。也就是说，税收上确认的收入，虽然没收到钱，但是可以作为成本。

③老王选择150平方米的房子，另外支付30万元，视同收入是150万元，成本是120万元。

④老王选择100平方米的房子，另外收取补偿款20万元，此时视同收入是100万元，成本是120万元。

开发企业采取异地安置，异地安置的房屋属于自行开发建造的，房屋价值按国税发〔2006〕187号文第三条第（一）款的规定（注：视同销售）计算，计入本项目的拆迁补偿费；异地安置的房屋属于购入的，以实际支付的购房支出计入拆迁补偿费。

⑤假如老王选择开发公司的其他项目的120平方米的房子，则房地产企业的收入是异地项目的收入，而成本是被拆迁项目的成本。

（2）拆迁补偿费的扣除凭证。

拆迁补偿费的扣除凭证的一般规定：

①政策性的拆迁是不征税的，不用开具发票的。因此企业弄虚作假，增大拆迁补偿金额的现象经常发生。

②支付给被拆迁人的拆迁补偿费，应与拆迁合同、支付凭证、个人的签收花名册或者签收凭证一一对应。很多地方规定，政府的拆迁文件是政策性拆迁的依据，否则视同非政策性拆迁。

③若被拆迁户转让补偿所得房产，属于应税行为，要以开具的发票作为扣除凭证。企业要如实建立档案，做好拆迁费用资料的归档，资料不齐全的不允许扣除。

④购置房产用于安置的，由对方直接开发票给被拆迁户即可。开发公司只要凭着拆迁协议、款项的支付依据、发票的复印件等即可作为扣除凭证。

除此之外，为了证明拆迁补偿业务的真实性与合法性，支付拆迁补偿费时还必须提供以下资料：

①《房屋拆迁许可证》；

②《房屋拆迁申请》及《拆迁补偿方案》；

③《拆迁补偿协议》、被拆迁人原《房屋产权证》复印件；

④ 被拆迁人身份证复印件以及联系方式。

3. 其他开发成本扣除凭证的具体要求

（1）支付给境内单位或者个人的款项，且该单位或者个人发生的行为属于增值税（营改增前可能涉及营业税）征收范围的，以该单位或者个人开具的发票为合法有效凭证。

（2）支付的行政事业性收费或者政府性基金，以开具的财政票据为合法有效凭证。

（3）支付给境外单位或者个人的款项，以该单位或者个人的签收单为合法有效凭证，税务机关对签收单据有疑义的，可以要求其提供境外公证机构的确认证明。

（4）不属于上述三种情形的，应提供合同、协议和其他自制原始凭证。

根据国家税务总局公告2016年第70号文规定，自2016年11月10日起，营改增后土地增值税纳税人接受建筑安装服务取得的增值税发票，应按照《国家税务总局关于全面推开营业税改征增值税试点有关税收征收管理事项的公告》（国家税务总局公告〔2016〕23号文）规定，在发票的备注栏注明建筑服务发生地县（市、区）名称及项目名称，否则不得计入土地增值税扣除项目金额。

4. 开发成本应避免"重复扣除"的情形

如果土地的征用和拆迁补偿是由政府或他人承担的，纳税人是在已征用和拆迁好的土地上进行开发的，则这部分支出已体现在纳税人取得土地使用权所支付的金额中，不允许再列入开发成本重复计算扣除；如果房地产企业取得的是已经进行了土地开发的"熟地"，即已搞好"三通一平"，则前期工程费已体现在纳税人取得土地使用权所支付的金额中，这部分的前期工程费在纳税人的房地产开发成本中不允许扣除；如果房地产企业的行政管理部门（总部）为管理和组织经营活动而发生管理费用，则应在房地产开发费用中扣除，不应计入"开发间接费用"。

5. 房地产企业申报的开发成本不实

国税发〔2009〕91号文规定，纳税人"申报的计税依据明显偏低，又无正当理由的"，可实行核定征收土地增值税。土地增值税的计税依据为纳税人转让房地产所取得的增值额。如果纳税人申报的房地产开发成本明显偏高，则必然造成其申报的增值额明显偏低，即计税依据明显偏低。因此，对纳税人申报房地产开发成本明显偏高且无正当理由的，应当纳入土地增值税核定征收范围。

国税发〔2006〕187号文规定，房地产开发企业办理土地增值税清算所附送的前期工程费、建筑安装工程费、基础设施费、开发间接费用的凭证或资料不符合清算要求或不实的，地方税务机关可参照当地建设工程造价管理部门公布的建安造价定额资料，结合房屋结构、用途、区位等因素，核定上述四项开发成本的单位面积金额标准，并据以计算扣除。具体核定方法由省税务机关确定。

根据广东省土地增值税清算新规程，纳税人办理土地增值税清算所附送的前期工程费、建筑安装工程费、基础设施费、开发间接费用的凭证资料不符合清算要求或不实的，主管税务机关应发出交换意见的税务事项通知书，通知纳税人在收到通知书之日起15日内回复意见、提交证据。主管税务机关应充分听取纳税人的意见，对纳税人提供的事实、证据予以复核，必要时引用第三方专业机构意见。经主管税务机关会同项目清算审核组集体审议后，认为事实不清、证据不足的，参照土地增值税扣除项目金额标准据以计算扣除，并发出核定征收的税务事项通知书。

凭证资料不符合清算要求或不实，是指存在下列情形之一：

（1）不能完整提供工程竣工、工程结算、工程监理等方面资料的，或未按国家有关规定、程序、手续进行工程结算的。

（2）工程结算项目建筑安装造价高于当地扣除项目金额标准且无正当理由的。

（3）挡土墙、桩基础、户内装修、玻璃幕墙、干挂石材、园林绿化等工程不能提供完整的工程施工图、竣工图、工程量清单、材料苗木清单（总平面乔灌木配置图）的。

（4）房地产开发企业与工程承包企业互为关联企业，建安造价高于当地扣除项目金额标准的。

（5）大额工程款采取现金支付或支付资金流向异常的。

6. 公共设施配套费如何计算扣除

国税发〔2006〕187号文规定，房地产开发企业开发建造的与清算项目配套的居委会和派出所、会所、停车场（库）、物业管理场所、变电站、热力站、水厂、文体场馆、学校、幼儿园、托儿所、医院、邮电通信等公共设施，按以下三个原则处理：建成后产权属于全体业主所有的，其成本、费用可以扣除；建成后无偿移交给政府、公用事业单位用于非营利性社会公共事业的，其成本、费用可以扣除；建成后有偿转让的，应计算收入，并准予扣除成本、费用。

根据国税发〔2006〕187号文的规定，公共配套设施建成后，产权不属于全体业主，也未无偿移交给政府、公用事业单位用于非营利性社会公共事业，也未有偿转让的，比如建后产权未定的，开发公司用于经营赚取租金的，其建造公共配套设施发生的成本、费用在计算土地增值税时不得扣除。如果纳税人存在不得扣除的公共配套设施费，但未将公共配套设施作为独立的开发产品核算归集成本、费用，那么在计算土地增值税时将无法确定不得扣除的金额。因此，对于不可售的公共配套设施（可售的公共配套设施按非住宅处理），应当先作为独立开发产品核算归集成本、费用，然后在计算缴纳土地增值税时分两步进行处理：第一，先剔除按规定不得扣除的公共配套设施费；第二，将剩余可扣除的公共配套设施费，用建筑面积法分摊至不同类型房地产（分摊对象包括可售的公共配套设施）。若提前扣除，将来企业销售该公配设施时，扣除成本为0，就要按照60%税率计算土地增值税。

如广东省江门市相关的规定，公共配套设施产权属于全体业主所有的，需要符合四个条件之一：

①物权法规定是归全体业主所有的；

②国土房管部门出具证明材料，证明是全体业主所有的；

③经业主委员会书面说明，归全体业主所有的；

④若业主委员会还没有成立，无法移交的，那么应当提交书面说明。

属于无偿移交给政府、公共事业单位的，要满足两个条件之一：

一是纳税人与政府、公共事业部门签订移交的文书；

二是若由于政府、公共事业单位的关系，不能及时接收的，应出具相关的证明。

7. 规划范围外的开发成本

对项目规划范围之外的开发成本（例如对小区周边绿化、道路进行整治发生的成本费用），在计算土地增值税时一律不予扣除。但是，在土地出让合同中明确以项目换土地（如政府明确要求在项目规划范围之外配建的安置房、道路、绿化或者其他公共配套设施项目）的，该项目发生的成本允许计入取得土地使用权支付的金额，构成契税的计税依据。总之就一个原则，超范围支出属于拿地约定的附带条件，可扣；不属于约定的附带条件，不可扣。

当前国内有些省份是可以将该费用在后期结转入开发成本的（考虑土地增值税），如湖北省、广东省。参考地税发〔2013〕44号文和地税〔2014〕175号文，若红线外的支出与拿地行为相关联的，能够提供国土部门的文件则允许扣除。以广东省江门市为例，扣除时要附上已经缴纳契税的依据，否则也不允许扣除。但部分省份则明文规定不允许扣除，比如江苏省、山西省，参考该省地税〔2012〕1号文、地税〔2014〕3号文，在建设用地之外的建造支出一律不允许扣除。

8. 房地产装修费用

根据国税发〔2006〕187号文的规定，房地产开发企业销售已装修的房屋，其装修费用可以计入房地产开发成本。装修费用计入房地产的开发成本，对应的收入计入清算收入，提供依据证明所售房屋带装修。

售楼处等营销设施属于为销售房地产服务的设施，其装修的目的主要是改善销售环境和提升企业形象，而不是直接对外销售。因此，对房地产开发企业售楼处等营销设施的装修费用，应作为房地产开发费用处理，不得计入开发成本。

样板房（仅指建造后期可售产品，不含模型或建造后期拆除产品）的装修费用，原则上可计入开发成本。单独建造的样板房、售楼部，对应的建造装修支出均不得扣除。

9. 预提费用

根据国税发〔2006〕187号文的规定，房地产开发企业发生的预提费用不予扣除。根据国税发〔2009〕91号文规定，在土地增值税清算中，计算扣除项目金额时，其实际发生的支出应当取得但未取得合法凭据的不得扣除。扣除项目金额中所归集的各项成本和费用，必须是实际发生的。

需要注意的是，预提费用实际发生且取得合法有效凭证后，可根据支出项目按规定计入相关成本费用，并计算扣除。房地产企业发生的其他具有不确定性的支出，或者尚未实际发生的支出，或者尚未取得合法有效凭证的支出，按照上述原则处理。

10. 工程质量保证金

国税函〔2010〕220号文规定：房地产开发企业在工程竣工验收后，根据合同约定，扣留建筑安装施工企业一定比例的工程款，作为开发项目的质量保证金。在计算土地增值税时，建筑安装施工企业就质量保证金对房地产开发企业开具发票的，按发票所载金额予以扣除；未开具发票的，扣留的质量保证金不得计算扣除。

根据建质〔2017〕138号文，建设工程质量保证金是指发包人与承包人在建设工程承包合同中约定，从应付的工程款中预留，用以保证承包人在缺陷责任期内对建设工程出现的缺陷进行维修的资金。

缺陷是指建设工程质量不符合工程建设强制性标准、设计文件，以及承包合同的约定。缺陷责任期一般为1年，最长不超过2年，由发、承包双方在合同中约定。缺陷责任期从工程通过竣工验收之日起计。由于承包人原因导致工程无法按规定期限进行竣工验收的，缺陷责任期从实际通过竣工验收之日起计，由于发包人原因导致工程无法按规定期限进行竣工验收的，在承包人提交竣工验收报告90天后，工程自动进入缺陷责任期。

在工程项目竣工前，已经缴纳履约保证金的，发包人不得同时预留工程质量保证金。采用工程质量保证担保、工程质量保险等其他保证方式的，发包人不得再预留保证金。

发包人应按照合同约定方式预留保证金，保证金总预留比例不得高于工程价款结算总额的3%。

（三）房地产开发费用

根据《土地增值税暂行条例》及其实施细则的规定，开发土地和新建房及配套设施的费用（以下简称"房地产开发费用"）包括销售费用、管理费用和财务费用。根据现行财务会计制度的规定，三项费用作为期间费用，直接计入当期损益，不按成本核算对象进行分摊。故作为土地增值税扣除项目的房地产开发费用，不按纳税人房地产开发项目实际发生的费用进行扣除，而是按下列标准扣除。

实施细则规定，财务费用中的利息支出，凡能够按转让房地产项目计算分摊并提供金融机构证明的，允许据实扣除，但最高不能超过按商业银行同类同期贷款利率计算的金额。其他房地产开发费用，按本条（一）、（二）项规定计算的金额之和的5%以内计算扣除。目前各地都按5%扣除。

凡不能按转让房地产项目计算分摊利息支出或不能提供金融机构证明的，房地产开发费用按本条（一）、（二）项规定计算的金额之和的 10% 以内计算扣除。目前各地都按 10% 扣除。

1. "金融机构"的界定

根据《中国人民银行关于印发〈金融机构管理规定〉的通知》（银发〔1994〕198 号文）、《中国银行业监督管理委员会 中国人民银行关于小额贷款公司试点的指导意见》（银监发〔2008〕23 号文）、《中国人民银行关于印发〈金融机构编码规范〉的通知》（银发〔2009〕363 号文）规定，《土地增值税暂行条例实施细则》第七条中的"金融机构"是指下列在境内依法定程序设立、经营金融业务的机构：

（1）政策性银行、商业银行及其分支机构、合作银行、城市或农村信用合作社、城市或农村信用合作社联合社及邮政储蓄网点。

（2）保险公司及其分支机构、保险经纪人公司、保险代理人公司。

（3）证券公司及其分支机构、证券交易中心、投资基金管理公司、证券登记公司。

（4）信托投资公司、财务公司、金融租赁公司及其分支机构、融资公司、融资中心、金融期货公司、信用担保公司、典当行、信用卡公司。

（5）中国人民银行认定的其他从事金融业务的机构。

小额贷款公司，属于经中国人民银行认定的其他从事金融业务的机构。但是，目前还没有纳入金融系统管理，从小贷公司取得贷款支付的利息不能比照金融机构借款据实扣除。

2. 借款利息的扣除原则

（1）企业从个人或者其他单位（含关联方）取得的借款，因不是从金融机构取得，无法取得金融机构借款证明，不能在计算土地增值税时据实扣除。

（2）企业委托其他单位或个人向金融机构借款，无论款项是否直接打入委托方账户，利息是否直接由委托方账户划出，其业务都必须是以受托方的名义办理，借款合同必须以受托方名义签订，还款单据都必须以受托方名义开具。因此，在这项活动中委托方无法拿到自己向金融机构借款的合法证明，支付的这部分利息同样不能据实扣除。

（3）企业取得的个人、单位委托银行借款，不属于金融机构借款，属于民间借贷，其借款凭据、利息单据不能视为金融机构借款证明，因此，这部分费用也不能据实扣除。

（4）企业取得的集团内部统借统还借款，其借款费用暂时不得据实扣除。

3. 借款利息据实扣除需要具备的条件

在计算土地增值税时，据实扣除利息支出需要同时符合以下三个条件：第一，能够按照转让房地产的项目计算分摊，并且提供金融机构的证明；第二，最高不能超过按商业银行同类同期贷款利率计算的金额；第三，利息支出能够在不同类型房地产之间准确计算分摊。利息支出不能同时符合上述三个条件的，则应当按照取得土地使用权支付的金额与房地产开发成本之和的 5% 计算扣除。

4. 房地产企业全部使用自有资金，没有利息支出

根据《国家税务总局关于土地增值税清算有关问题的通知》（国税函〔2010〕220 号文）的规定，如果纳税人实际发生的利息支出小于取得土地使用权支付的金额与房地产开发成本之和的 5%，仍可按取得土地使用权支付的金额与房地产开发成本之和的 5% 计算扣除，所有开发费用按土

地成本与开发成本之和的 10% 计算扣除。即 5% 的扣除标准是无条件限制的，无论是否有利息支出发生，均可按 5% 的标准计算扣除。

5. 房地产开发企业既向金融机构借款，又有其他借款

根据国税函〔2010〕220 号文的规定，房地产开发企业既向金融机构借款，又有其他借款的，其房地产开发费用不能同时适用利息支出据实扣除和按 10% 的比例计算扣除。即选择利息支出据实扣除的，其他房地产开发费用只能按土地成本及开发成本的 5% 计算扣除。

6. 计入房地产开发成本的利息支出

国税函〔2010〕220 号文规定："土地增值税清算时，已经计入房地产开发成本的利息支出，应调整至财务费用中计算扣除。"因此，房地产企业发生的利息支出无论会计上如何处理，在计算土地增值税时都应当按照利息支出的相关规定进行处理，其计入开发成本的利息支出应当从开发成本中完整剔除，不得列入开发成本加计扣除。

7. 向金融机构借款发生的超标准利息支出

根据财税〔1995〕48 号文的规定，利息的上浮幅度按国家的有关规定执行，超过上浮幅度的部分不允许扣除。对于超过贷款期限的利息部分和加罚的利息不允许扣除。（注：只要是商业银行的贷款，无论上浮多少，税务机关一般都认可。）

8. 利用闲置专项借款对外投资取得收益

根据国税发〔2009〕91 号文的规定，利用闲置专项借款对外投资取得收益，其收益应当冲减利息支出。

（四）与转让房地产有关的税金

与转让房地产有关的税金，是指在转让房地产时缴纳的营业税、城市维护建设税、印花税。因转让房地产缴纳的教育费附加，也可视同税金予以扣除。

1. 房地产企业记入管理费用的印花税

根据财税〔1995〕48 号文规定，实施细则中规定允许扣除的印花税，是指在转让房地产时缴纳的印花税。营业税时代的印花税计入管理费用，无法税前扣除。

根据财会〔2016〕22 号文，全面试行营业税改征增值税后，"营业税金及附加"科目名称调整为"税金及附加"科目，该科目核算企业经营活动发生的消费税、城市维护建设税、资源税、教育费附加及房产税、土地使用税、车船使用税、印花税等相关税费；利润表中的"营业税金及附加"项目调整为"税金及附加"项目。

根据广东省土地增值税清算新规程，按照会计制度规定，纳税人缴纳的印花税列入"管理费用"科目核算的，按照房地产开发费用的有关规定扣除；列入"税金及附加"科目核算的，计入"与转让房地产有关税金"予以扣除。也就是说，22 号文发布之前计入管理费用的印花税不能计入"与转让房地产有关税金"予以扣除；22 号文发布之后计入"税金及附加"科目核算的印花税，允许计入"与转让房地产有关税金"予以扣除。需要注意的是，这里讲的是与转让房地产有关的税金及附加扣除的范围。按照 22 号文规定，其他开发环节的印花税也在"税金及附加"科目核算，但不属于与转让房地产有关，也不允许计入"与转让房地产有关税金"予以扣除。

2. 城建税和教育费附加的分摊

根据国家税务总局 2016 年第 70 号文规定，营改增后，房地产开发企业实际缴纳的城市维护建设税（以下简称"城建税"）、教育费附加，凡能够按清算项目准确计算的，允许据实扣除。凡不能按清算项目准确计算的，则按该清算项目预缴增值税时实际缴纳的城建税、教育费附加扣除。

3. 地方教育费附加

从各地的税收实践来看，大多数地方的地方附加费可比照教育费附加予以扣除。根据广东省土地增值税清算新规程，纳税人缴纳的地方教育附加可计入"与转让房地产有关税金"予以扣除。

4. 开发项目在营改增前后均有税金

根据国家税务总局 2016 年第 70 号文规定，房地产开发企业在营改增后进行房地产开发项目土地增值税清算时，按以下方法确定相关金额：与转让房地产有关的税金＝营改增前实际缴纳的营业税、城建税、教育费附加＋营改增后允许扣除的城建税、教育费附加＋营改增后与转让房地产有关的印花税。

（五）加计扣除

实施细则规定，对从事房地产开发的纳税人，可按取得土地使用权所支付的金额与房地产开发成本之和加计 20% 的扣除。

1. 非房地产企业从事房地产开发

房地产开发，是指在依据本法取得国有土地使用权的土地上进行基础设施、房屋建设的行为。从事房地产开发的纳税人，不仅指房地产开发企业。

只要纳税人从事房地产开发，在计算土地增值税时，均可按取得土地使用权所支付的金额与房地产开发成本之和加计 20% 的扣除。允许加计扣除的房地产开发项目只限于立项时确定为开发产品的，非开发产品（如立项时为固定资产）不能加计扣除。

2. 直接转让土地

根据国税函发〔1995〕110 号文的规定，对取得土地或房地产使用权后，未进行开发即转让的，计算其增值额时，只允许扣除取得土地使用权时支付的地价款、交纳的有关费用，以及在转让环节缴纳的税金（不得加计扣除）。对取得土地使用权后投入资金，将生地变为熟地转让的，计算其增值额时，允许扣除取得土地使用权时支付的地价款、交纳的有关费用、开发土地所需成本再加计开发成本的 20% 以及在转让环节缴纳的税金。需要注意的是，将生地变为熟地转让的，在计算其增值额时允许加计扣除的只限于"开发成本"，而不包括"取得土地使用权所支付的金额"。

第四章 土地增值税清算篇

第一节 业务概述

一、清算概述

根据国税发〔2009〕91号文,土地增值税的清算是指纳税人在符合土地增值税清算条件,依照税收法律、法规及土地增值税有关政策的规定,计算房地产开发项目应缴纳的土地增值税税额,填写《土地增值税清算申报表》,向主管税务机关提供有关资料,办理土地增值税清算手续,结清该房地产项目应缴纳土地增值税税款的行为。

根据广东省土地增值税清算新规程,土地增值税清算是指纳税人符合土地增值税清算条件后,依照税收法律、法规及有关政策的规定,计算应当缴纳的土地增值税税额,填写《土地增值税纳税申报表》,向主管税务机关提供有关资料,办理土地增值税清算手续,经税务机关审核后,结清土地增值税税款的行为。土地增值税清算主体是土地增值税的纳税人,税务机关负责土地增值税的受理和审核。

二、清算单位

国税发〔2006〕187号文规定,土地增值税以国家有关部门审批的房地产开发项目为单位进行清算,对于分期开发的项目,以分期项目为单位清算。开发项目中同时包含普通住宅和非普通住宅的,应分别计算增值额。

根据广东省土地增值税清算新规程,房地产开发项目应以国家有关部门审批、备案的项目为单位进行清算;对于分期开发的项目,原则上是政府主管部门出具的建设工程规划许可证确定分期开发的清算单位;同一个项目既建造普通住宅,又建造非普通住宅、其他类型房地产的,应分别计算增值额、增值率,分别清算土地增值税。

对于一个混合了普通住宅、非普通住宅、别墅、商业等的多业态项目，如果施工上分期施工，由于各种开发产品业态的增值率并不相同，如何认定分期并进行分期清算，成为决定土地增值税税负的关键性因素。对此，各省的税收实践也各不相同，有的以发改委的立项审批文件为准，有的以建设工程规划许可证为准，有的以施工许可证为准，还有的以房地产企业自行分期项目为清算单位。

由于清算单位的确定直接关系到土地增值税税负的高低，如何认定分期并进行分期会计核算就显得尤为重要。有的企业在项目会计核算的前期由于对土地增值税清算政策认知的偏差，对项目分期的确认不尽合理，这就要求税务机关及时跟进并合理修正，如果等到清算时点才发现项目的分期不合理，想要再重新返回去分期会计核算，难度和工作量都非常大。广东省深圳市的做法值得称赞，其重视项目前期登记环节的分期管理，要求税务部门成立专门的机构跟进开发项目的管理，要求登记环节要作好调查核实，对项目的确定必须经过集体审议；对项目划分有争议有问题的，在登记环节解决。

考虑到房地产项目开发的复杂性，新规程并没有将土地增值税清算单位严格规定死，而是允许在遵循大原则的前提下，结合项目实际情况而定，显得更为人性化。穗地税函〔2012〕198号文的规定也值得借鉴。

根据穗地税函〔2012〕198号文，清算单位的确认应遵从以下原则：

（1）对于符合土地增值税清算条件，属于分批取得立项批文、整体开发、统一核算的房地产项目，清算时原则上应作为一个清算单位。

（2）对于分期开发房地产项目，符合下列情形之一的，应视为分期项目。

①同一开发项目内，房地产开发企业以分期销售形式开发并能够分别核算各期收入和扣除项目的；

②同一开发项目内，房地产开发企业分期取得初始产权登记证明的。

（3）对于分期开发房地产项目，以分期项目作为清算单位；但是，如果分期项目符合土地增值税清算条件且未清算的，清算时应将符合清算条件的各分期项目合并作为一个清算单位。

三、清算条件

根据国税发〔2006〕187号文，符合下列情形之一的，纳税人应进行土地增值税的清算：
①房地产开发项目全部竣工、完成销售的；
②整体转让未竣工决算房地产开发项目的；
③直接转让土地使用权的。

符合下列情形之一的，主管税务机关可要求纳税人进行土地增值税清算：

（1）已竣工验收的房地产开发项目，已转让的房地产建筑面积占整个项目可售建筑面积的比例在85%以上，或该比例虽未超过85%，但剩余的可售建筑面积已经出租或自用的。

（2）取得销售（预售）许可证满三年仍未销售完毕的。

（3）纳税人申请注销税务登记但未办理土地增值税清算手续的。

（4）省税务机关规定的其他情况。

由以上可以看出，土地增值税清算分为纳税人应清算和税务机关可要求纳税人清算两种情况，应清算的三种情形比较清晰，纳税人也比较容易准确把握。可清算的情形可做如下理解：

（1）税务机关可要求清算的第一种情形：已转让的房地产建筑面积占整个项目可售建筑面积的比例在85%以上可要求清算，但转让的概念该如何界定？应明确是指签订销售合同还是交房，还是产权过户。

根据最高人民法院《关于审理商品房买卖合同纠纷案件适用法律若干问题的解释》（法释〔2003〕7号）第十一条的规定：对房屋的转移占有，视为房屋的交付使用，但当事人另有约定的除外。房屋毁损、灭失的风险，在交付使用前由出卖人承担，交付使用后由买受人承担；买受人接到出卖人的书面交房通知，无正当理由拒绝接收的，房屋毁损、灭失的风险自书面交房通知确定的交付使用之日起由买受人承担，但法律另有规定或者当事人另有约定的除外。因而与房屋所有权相关的风险自交房之时起转移，合同签订时，房屋所有权相关的风险并没有转移，不能认为属于房屋已转让。我国房屋所有权的转移以登记为形式要件，那么是否必须以房屋登记才可以视为房屋已转让呢？税法文件没有明确，大部分税务机关以交房作为房屋已转让的认定条件，应该说还是比较合理的。

但广东省广州市地方税务局曾对转让房地产行为发生时间进行明确，以签订房地产销售合同之日确认为转让房地产行为发生时间。根据穗地税函〔2012〕198号文，房地产开发企业销售房地产的，以签订房地产销售合同之日确认为转让房地产行为发生时间；法院等有权部门对房地产开发企业的房地产实施强制拍卖、变卖的，以拍卖、变卖成交之日确认为转让房地产行为发生时间。

（2）税务机关可要求清算的第二种情形：已竣工验收的房地产开发项目，即竣工验收是清算的基本前提条件。关于"竣工"的定义，在土地增值税相关文件和清算规程中未明确界定，实务中多以31号文的"完工"作为标准。国税发〔2009〕31号文规定，企业房地产开发经营业务包括土地的开发、建造、销售，住宅、商业用房及其他建筑物、附着物、配套设施等产品的开发。除土地开发之外，其他开发产品符合下列条件之一的，应视为已经完工：

①开发产品竣工证明材料已报房地产管理部门备案；

②开发产品已开始投入使用；

③开发产品已取得了初始产权证明。

（3）税务机关可要求清算的第三种情形：取得销售（预售）许可证满三年仍未销售完毕的可要求清算，关于这一点，广东省土地增值税清算新规程有比较清晰的描述，即取得清算项目最后一份销售（预售）许可证满三年仍未销售完毕的，税务机关可要求纳税人清算。

（4）税务机关可要求清算的第四种情形：此规定强调了开发项目的土地增值税清算是项目公司注销的前置条件，187号文将其作为可清算的情形，广东省新规程则直接将其列入了应清算的行列。

（5）税务机关可要求清算的第五种情形：根据广东省土地增值税清算新规程的规定，主管税务机关有根据认为纳税人有逃避纳税义务行为，可能造成税款流失的，税务机关可要求纳税人清算。

四、建筑面积

建筑面积是土地增值税清算中的核心要素之一，是每一个房地产企业财务人员和税务人员必须掌握的核心数据，建筑面积数据的准确掌握才能为土地增值税提供清晰的清算思路。

（一）面积分类

房地产项目的总建筑面积可分为可售面积和不可售面积两大类，也可分为计容面积和不计容面积两大类，需要注意的是，是否计容与是否可售之间没有必然的关联关系，两者应区别分开，不可混为一谈。可以说，土地增值税清算的过程就是讲述可售面积和不可售面积在整个项目开发过程中发生的故事。

不可售面积分为两类：一类是成本需要单独归集且不需要分摊给可售面积；另一类是成本需要分摊给可售面积的。

可售面积也分为两类：一类是已售面积；另一类是未售面积。土地增值税清算的对象实际上就是已售面积，土地增值税的清算收入就来源于已售面积，但清算时的可扣除成本相对比较复杂，除了已售面积自身的成本外，还要分摊部分不可售面积的成本，这也是土地增值税清算的难点所在。

已售面积又可按开发产品类型分为普通住宅已售面积、非普通住宅已售面积、商铺已售面积、写字楼已售面积、地下车位已售面积等。每一种类型产品的面积数据都要准确清晰，这是土地增值税清算的基本前提。

（二）数据应用

已售建筑面积占总可售建筑面积的比例是土地增值税清算条件判定的标准之一，根据国税发〔2006〕187号文，已竣工验收的房地产开发项目，已转让的房地产建筑面积占整个项目可售建筑面积的比例在85%以上，或该比例虽未超过85%，但剩余的可售建筑面积已经出租或自用的，主管税务机关可要求纳税人进行土地增值税清算。

单套建筑面积是衡量普通标准住宅的标准之一。根据《土地增值税暂行条例》规定，纳税人建造普通标准住宅出售，其增值额未超过扣除项目金额20%的，免征土地增值税。根据国办发〔2005〕26号，享受优惠政策的普通标准住宅原则上应同时满足以下条件：住宅小区建筑容积率在1.0以上、单套建筑面积在120平方米以下、实际成交价格低于同级别土地上住房平均交易价格1.2倍以下。各省、自治区、直辖市要根据实际情况，制定本地区享受优惠政策普通住房的具体标准。允许单套建筑面积和价格标准适当浮动，但向上浮动的比例不得超过上述标准的20%。

房地产项目清算的转让收入范围需要靠建筑面积界定，已售建筑面积确定了计算转让收入的范围。

单套房屋的建筑面积是计量房屋单价的基础数据，通过市场价格对比可知每套房屋的售价是否合理。

项目总建筑面积是计量单方工程造价的基础数据，通过市场价格对比可知每项工程的单方造价是否合理。

建筑面积是分摊共同成本的标准之一，共同成本如何在不同类型房地产之间进行分摊完全依赖建筑面积的计算依据。

（三）数据来源

建筑面积的数据来源很多，立项批文、建设项目备案证、修建性详细规划图、建设工程规划许可证、建筑工程施工许可证、建筑工程施工许可证、商品房预售许可证、竣工验收报告、房屋测绘报告等都有建筑面积的数据，这些数据来源见表4-1：

表4-1 房地产项目建筑面积数据来源表

开发文书	所提供核心数据
立项批文/建设项目备案证	项目总建筑面积、建设用地面积
修建性详细规划图	该图纸具备最完整最直观的面积数据，主要包括：规划用地面积、建设用地面积、建筑基底面积、绿地面积、居住户数、停车位个数、建筑密度、容积率、绿地率、总建筑面积、计容建筑面积、不计容建筑面积
建设工程规划许可证	层数、总建筑面积
建筑工程施工许可证	层数、总建筑面积
商品房预售许可证	预售房屋建筑面积、其中住宅面积、其中商业面积、栋号及层数
竣工验收报告	分不同类型房地产建筑面积
房屋测绘报告	单套房屋建筑面积、套内建筑面积、公摊面积以及按照产品类型包括普通住宅、非普通住宅、商业、地下车库及公共配套设施建筑面积数据，是最准确的数据来源

五、房屋权属

房屋权属是土地增值税中的又一重要难题，因为房屋的权属决定了其成本费用的去向和归属。可售面积的房屋权属比较清晰，已售部分的权属属于各业主，未售部分的权属属于房地产开发企业；不可售面积的房屋权属相对比较复杂，并非所有不可售面积的成本都能分摊至可售面积中，而需要结合房屋权属进行判断和界定。

（一）不可售面积分类

1. 计入单套公摊面积的共有共用部位

这部分的共有共用部位主要包括外墙体一半、电梯井、电梯间、管道井、电梯机房、设备间、入户大堂等，这些部位的面积已分摊计入业主购房面积，其成本允许分摊至可售面积。

2. 未计入单套公摊面积的共有共用部位

这部分主要包括垃圾站用房、物业用房、煤气站、配电房、消防控制室等，这部分建成后会移交全体业主，属于全体业主共有，其成本允许分摊至可售面积。

3. 公共配套设施

这部分主要指配套的会所、体育场馆、幼儿园、学校、医院、游泳池、社区用房（居委会、派出所等）等，它们根据总体规划建设，使用权和收益权归房地产开发公司，其成本需单独归集，是否分摊至可售面积需视情况而定，具体处理见"（三）公共配套的土增税处理"。

公共配套设施又分为两种：一是无偿移交当地政府的，二是不移交的。

（二）判定房屋权属的依据

（1）商品房预售许可证附件之一的《商品房共有共用部位明细表》，对公共配套的权属进行了非常清算的界定。

（2）商品房预售方案，方案中会明确建成后是否有无偿移交给政府的公共配套，属于房地产开发公司的公共配套有哪些等信息。

（3）商品房销售合同及补充协议，销售合同会对公共配套的权属进行避免争议的明确，注明哪些配套房屋和建筑，虽未计入单套公摊面积，但随商品房的销售完毕应当无偿转移归全体业主共有，并由全体业主按规定享有权利、承担义务；哪些配套房屋和建筑归开发商所有；但权利人应当按规划核定的用途使用配套房屋和建筑，不得擅自改变其用途。

（三）公共配套的土增税处理

公共配套的概念分为两种：税收意义上的公共配套和规划意义上的公共配套。税收意义上的公共配套是指在税务处理时按照公共配套设施处理的开发产品，其成本由全部可售产品分摊，面积不计入可售产品，成本计入可售产品；规划意义上的公共配套是指在立项规划时确定的公共配套，很显然，规划意义上的公共配套范围比税收意义上的公共配套要大。

（1）建成后产权属于全体业主所有的，属于税收意义上的公共配套，其成本、费用可以扣除。产权属于全体业主所有是指下列情形之一的。

①法律法规明确规定属于全体业主共有的；
②房管部门在房地产登记簿上记载"某建筑区划内的全体业主共有"的；
③房管部门出具的证明材料证明为全体业主共有的；
④经业主委员会书面说明由全体业主共有的；
⑤经人民法院裁决属于全体业主共有的；
⑥商品房销售合同、财产处分合同等契约中注明有关公共配套设施归业主共有的。

相关公共配套设施移交给业主或者依规定成立的业主自治组织，由业主共同支配上述公共配套设施的各项权益和负担相应成本。

（2）建成后无偿移交给政府、公用事业单位用于非营利性社会公共事业的，属于税收意义上的公共配套，其成本、费用可以扣除。主要包括两种情形。

①纳税人与政府、公用事业部门签订了移交文书；
②属于政府、公用事业单位原因不能及时接收的，接收单位或者政府部门出具相关证明并经清算小组合议通过的。

（3）建成后有偿转让的，不属于税收意义上的公共配套，应计算收入，并准予扣除成本、费用。

①对于建成后以成本核算价移交的公共配套设施，应计入可售建筑面积与已售建筑面积，以移

交价格确定为清算收入,并准予扣除成本、费用;

②对于建成后产权属于房地产开发企业的经营性配套设施,有偿转让的,应计算收入,并准予扣除成本、费用。出租或自用的,不予扣除成本、费用。

(4)建成后出租或自用或者交于关联方使用的,不属于税收意义上的公共配套,不予扣除成本、费用。

以上分类详见表4-2。

表4-2　建筑面积、房产证面积、可售面积区分明细表

建筑面积	套内建筑面积	套内使用面积	房产证面积		住　宅		可售面积
		套内墙体面积			商　铺		
		阳台建筑面积			营利性		
	公共建筑面积	参加公摊公共建筑面积	幢内电梯井、楼梯、垃圾道、变电室、设备间、公共门厅和走道、地下设备等		公共配套设施	非营利性	产权归开发商
			套(单元)与公用建筑空间之间的分隔墙以及外墙(包括山墙)墙体水平投影面积的一半				产权不明
							无偿赠与地方政府、公共事业单位以外其他单位
							无偿移交地方政府、公共事业单位
							产权属业主共有
		不参加公摊公共建筑面积	本幢值班警卫室、物业房	无产证面积	公共配套设施(非营利)		公共配套设施1	不可售面积
			为多幢服务的警卫房、管理用房、发电配电设备房				公共配套设施2
			地下人防工程及过道				
			地上架空层				次品

其中

①建筑面积 - 不参加公摊公共建筑面积 = 产证面积 = 套内建筑面积 + 公摊公共面积

②产证面积 - 有产证不可售公共配套设施面积 = 可售面积

③不可售面积 = 不参加公摊公共建筑面积 + 有产证不可售公共配套设施面积

以上详见表4-3。

表 4-3　配套设施可售、不可售面积划分表

营利性划分	初始产权划分	可售面积	不可售面积
营利性	开发商	√	
非营利性	产权归开发商	√	
	产权不明	√	
	无偿赠与地方政府、公共事业单位以外其他单位	√	
	无偿移交地方政府、公共事业单位		√
	产权属业主共有		√
	人防国有		√

第二节　房地产开发文书

房地产企业在项目开发过程中会产生各类批准证书、政府文件、内外合同、各类报表等，可以统称为房地产开发文书。房地产开发文书在企业税务管理过程中起着举足轻重的作用，尤其是土地增值税清算方面。

土地增值税的清算是对房地产项目整个开发流程的全程梳理，开发文书所反馈的每一项业务内容和每一个数据都将直接影响到土地增值税的分类模式和计算方法，因此对房地产开发文书所涉及内容的理解和数据的界定显得至关重要。只有对开发文书所涉及的内容理解到位，才会在土地增值税清算时有清晰的清算思路。

房地产开发文书主要包括土地类、立项批准类、规划施工类、房屋测绘类、竣工验收类和商品房销售类六大类，下面以图表的形式对每类开发文书的核心要素和涉及的土地增值税风险点进行解析。

文书种类见表 4-4 至表 4-9

表 4-4　土地类文书信息表

开发文书	核心要素	土地增值税关键风险点解析
土地出让合同/土地使用证	用地面积 土地出让金 土地用途 土地使用年限 开发建设要求 交地条件 宗地图	土地面积是土地成本分配的标准；出让的土地有住宅、商业等多种用途的，土地出让合同或土地使用证的附页会明确各类用途土地的面积，不同类型房地产分开计算土地增值税的，它们是土地成本分配的依据
		土地出让合同中的土地出让金，是确定取得土地使用权所支付金额的依据
		土地用途（住宅、商业、办公等类型）用来确定房地产开发项目的性质和用途，并为确定土地增值税预征率提供依据，也是判断房地产开发项目是否需要按不同类型房地产分开计算土地增值税的依据
		宗地图是土地使用证附图，它反映一宗地的基本情况，包括：宗地权属界线、界址点位置、宗地内建筑物位置与性质、与相邻宗地的关系等

（续上表）

开发文书	核心要素	土地增值税关键风险点解析
土地出让合同/土地使用证	用地面积 土地出让金 土地用途 土地使用年限 开发建设要求 交地条件 宗地图	土地出让合同会对土地开发建设的规划进行最基本的限定，房地产企业为取得土地使用权，在项目建设用地红线外为政府建设公共设施或其他工程发生的支出，需要对应土地出让合同的条款进行土地增值税处理，如合同明确为政府要求，则允许作为取得土地使用权所支付的金额予以土地增值税税前扣除，否则一律不予扣除
		土地使用年限对应土地用途，比如住宅用地70年，商服用地40年等
		如果土地出让合同约定的内容为：将全部土地以现状条件交付给受让人，由受让人负责自行组织，依法拆迁，则为毛地交地，后期会发生拆迁补偿费；如约定为净地交地，则后期无拆迁补偿费；房地产企业按出让合同约定的数量和种类移交给政府的公共配套，不作为转让房地产处理，其开发成本可以税前扣除；如果没有这样的约定而向政府移交房地产，或超出约定的数量向政府移交房地产，应当作为转让房地产处理，按规定计算缴纳土地增值税

表4-5 立项批准类文书信息表

开发文书	核心要素	土地增值税关键风险点解析
立项批文/建设项目备案证	开发项目名称 建设用地面积 总的建筑面积 总投资金额 层高及栋数 计划开工日期 计划竣工日期 文件有效期限	如果开发项目较大，立项文件会明确项目分期开发的期数，可以作为土地增值税清算时清算单位确定的依据之一
		明确了开发项目名称
		建设用地面积与土地使用证一一对应
		总建筑面积作为后期成本按不同对象分摊的重要数据依据
		明确了整个项目的建设规模，比如包含什么结构的多少层高的几栋，地下车库面积等数据
		总投资金额可作为成本预算的参考依据
		备案证有有效期，如在有效期内未开工也未申请延期，备案证到期后将自动失效。项目规划发生调整，会发放项目重新核准书；项目变更业主，会发放项目变更建设业主决定书

表4-6 规划施工类文书信息表

开发文书	核心要素	土地增值税关键风险点解析
建设用地规划许可证/建设工程规划许可证/建筑工程施工许可证	容积率 绿地率 建筑密度 建筑工程栋号 楼层和高度 地上建筑面积 地下建筑面积 计容建筑面积 工程基底面积	容积率与立项批文的总建筑面积、土地使用证的土地面积存在的内在关联
		地上建筑面积作为分摊土地成本的重要数据依据
		计容建筑面积和预售许可证的可售面积存在内在的关联关系；计容建筑面积也是地下建筑面积是否需要分摊土地成本的依据之一
		建筑工程栋号与预售许可证栋号一一对应
		建设工程规划许可证和建筑工程施工许可证也可作为确定清算单位的依据之一
		建筑工程规划许可证对建设的所有工程的用途及面积进行明确，可以据此对房地产进行业态分类，为分别计算土地增值税提供了充分的基础

表4-7 房屋测绘类文书信息表

开发文书	核心要素	土地增值税关键风险点解析
房屋测绘报告	测绘报告概况 房产平面图 房屋基本信息 房屋共有共用部分测算说明 房屋分户面积对照表	测绘报告的内容主要包括申请测绘的单位、房屋门牌号、房屋坐落、房屋结构和面积、测绘意见、审批意见、测绘单位等
		房屋的基本信息包括房屋的用途、层数、墙体厚度、阳台类型、建筑面积等。
		房屋分户面积对照表分楼层和分户展示每一户的面积情况。内容包括每一户的建筑面积、套内面积、阳台面积、公摊面积等
		所有测绘成果报告中的建筑面积合计,就是按规划建设的总建筑面积。土地增值税计算中,可以通过各种信息来源统计房地产项目的总建筑面积,但测绘成果报告是最准确的面积数据
		可售的分户建筑面积就是可售面积,可售的各分户建筑面积合计,就是该项目的总可售面积;同时可按房屋类别统计可售面积,测绘成果报告确定的可售面积是最准确的面积数据
		如果未计入房屋面积的共有共用部位是属于全体业主的公共配套,其开发成本应按规定分配扣除;如果未计入共有共用的附属设施不属于全体业主,其开发成本不能分配计入可售面积扣除;因此测绘成果报告是判断公共配套权属的途径之一,为确定公共配套的开发成本处理提供准确的依据
		将测绘成果报告与房地产现场进行比较,如果有额外的楼栋未被测绘,或者楼栋最上面有几层未被测绘,或者地下室有未被测绘的部位,应为超规划建设的面积,在计算土地增值税时,其开发成本不能计入扣除项目金额

表4-8 竣工验收类文书信息表

开发文书	核心要素	土地增值税关键风险点解析
竣工验收报告 人防工程竣工验收图案证明	工程名称 工程地点 建筑面积 工程造价 开工日期 完工日期 施工单位 工程竣工验收合格时间	竣工验收是房地产开发项目是否符合清算条件的前提条件之一,竣工验收报告为完整判断清算条件提供了竣工验收时间要素
		竣工验收报告中提供了可以参选的工程造价,对房地产项目的工程造价有一定的参考作用
		竣工验收报告提供了详细的面积数据,如果在房地产开发项目清算时其他提供建筑面积资料不全的情况下,竣工验收报告可作为确定项目建筑面积的可靠数据依据
		如果建成的人防工程开发成本直接可以扣除,则要通过人防验收证明确定可以扣除开发成本的人防工程面积

表4-9 销售类文书信息表

开发文书	核心要素	土地增值税关键风险点解析
预售许可证/商品房预售方案/商品房销售窗口表/商品房销售合同	预售商品房的类型/预售商品房的面积/商品房预售方案/商品房销售窗口表/商品房销售合同	预售许可证的附件将公共配套分为三种:一是计入分摊面积的共有共用部位,主要是指外墙体一半、电梯井、电梯间、管道井、电梯机房、设备间、门厅等,这些部位的面积已分摊计入业主购房面积;二是未计入分摊面积的共有共用部位,主要是指非机动车库、物业用房和避难层;三是公共配套,主要是指会所、体育场馆、幼儿园、社区用房等

(续上表)

开发文书	核心要素	土地增值税关键风险点解析
预售许可证/商品房预售方案/商品房销售窗口表/商品房销售合同	预售商品房的类型/预售商品房的面积/商品房预售方案/商品房销售窗口表/商品房销售合同	商品房预售方案的主要内容有：项目的全面情况、建成后是否有无偿移交给政府的公共配套、属于房地产开发公司的公共配套、物业管理用房的位置和面积、物业公司的选聘情况、机动车库（包括机械车位）的处理方式（出售或出租）、人防车库的处理方式（出租）、人防的位置和面积、能源消耗指标及节能措施等等
		销售窗口表也称为销售公示，其主要内容包括：房地产开发项目入网总套数和面积，各类商品房已售套数、面积和平均价格等情况，以及每栋楼的商品房销售套数、房号、面积、每套的销售价格、未售的房号、面积等情况
		销售合同中与土地增值税相关的内容：商品房的用途、面积、价格、总价、交付时间、装修装饰材料及设备标准、室内装修款、配套基础设施及其它设施的承诺、配套房屋与建筑的产权归属、面积差异与其他差异的处理、补充协议等等
		销售合同注明了单套商品房的用途、销售单价、销售总价，为土地增值税的确认计税收入和分类计算提供了依据
		商品房销售窗口表提供了整个房地产项目的销售比例，结合其他相关信息可及时判断房地产开发项目是否符合清算条件。商品房预售许可证的发放时间，也是判断房地产开发项目是否符合清算条件的重要依据之一，最后一份预售许可证发证时间满三年，房地产开发项目则符合了清算条件
		商品房预售许可证附件《商品房共有共用部位明细表》对公共配套的权属进行了非常清晰的界定，商品房预售方案中公示了属于房地产开发公司的公共配套，商品房销售合同更是对公共配套的权属进行了避免争议的明确

第三节 前期准备

一、清算模式

为了加强土地增值税征收管理服务，规范清算工作流程，统一清算工作标准，实现清算管理一体化，广东省土地增值税清算新规程采取了"集中清算，分段审核"的清算模式，新规程明确了土地增值税清算审核应遵循规范统一、透明高效的原则，建立相互监督、相互制约的工作机制，形成分工明确、责任清晰、衔接高效的审核工作链条。

集中清算是指县（区）级以上税务机关集中系统内专业人才，成立项目清算审核组，统筹对辖区内房地产项目进行清算审核。

分段审核是指项目清算审核组内设收入审核和成本审核等若干小组，对销售收入、土地成本、开发成本、开发费用、税金等进行专业审核。审核人员各司其职，各负其责，按照统一的审核流程和审核指引开展清算审核，形成标准化、模板化、流程化的清算审核工作闭环。

省、市、县（区）税务机关分别组建土地增值税清算人才库。人才库从本级机关和基层推荐选拔产生，应涵盖法规、税政、征管等专业人才。项目清算审核组人员从人才库中随机抽选。

清算的基本流程如下：

（1）主管税务机关受理清算资料后，向项目清算审核组移交项目的清算资料。

（2）项目清算审核组审核完毕之后，向主管税务机关移交工作底稿和清算审核的材料。

（3）主管税务机关和纳税人联系，在规定期限内完成审核结果的确认，出具清算结论。

二、清算资料

1. 根据国税发〔2006〕187号文，纳税人办理土地增值税清算应报送以下资料：

（1）房地产开发企业清算土地增值税书面申请、土地增值税纳税申报表。

（2）项目竣工决算报表、取得土地使用权所支付的地价款凭证、国有土地使用权出让合同、银行贷款利息结算通知单、项目工程合同结算单、商品房购销合同统计表等与转让房地产的收入、成本和费用有关的证明资料。

（3）主管税务机关要求报送的其他与土地增值税清算有关的证明资料等。

纳税人委托税务中介机构审核鉴证的清算项目，还应报送中介机构出具的《土地增值税清算税款鉴证报告》。

2. 根据国税发〔2009〕91号文，纳税人清算土地增值税时应提供的清算资料：

（1）土地增值税清算表及其附表（参考表样见附件，各地可根据本地实际情况制定）。

（2）房地产开发项目清算说明，主要内容应包括房地产开发项目立项、用地、开发、销售、关联方交易、融资、税款缴纳等基本情况及主管税务机关需要了解的其他情况。

（3）项目竣工决算报表、取得土地使用权所支付的地价款凭证、国有土地使用权出让合同、银行贷款利息结算通知单、项目工程合同结算单、商品房购销合同统计表、销售明细表、预售许可证等与转让房地产的收入、成本和费用有关的证明资料。主管税务机关需要相应项目记账凭证的，纳税人还应提供记账凭证复印件。

（4）纳税人委托税务中介机构审核鉴证的清算项目，还应报送中介机构出具的《土地增值税清算税款鉴证报告》。

3. 根据2019年广东省土地增值税清算新规程，纳税人在办理土地增值税清算申报手续时，应提供下列资料：

（1）土地增值税纳税申报表及其附表共14张。

（2）与清算项目有关的书面说明及相关佐证资料，主要内容应包括房地产开发项目立项、用地、容积率、分期开发情况、成本费用的计算和分摊方法、销售、关联方交易、融资、不同类型房产的销售均价、房地产清算项目税款缴纳等基本情况及主管税务机关需要了解的其他情况。具体内容应包括：

①项目总建筑面积、可售建筑面积及其具体构成情况、非可售建筑面积及其具体构成情况等说明；

②对纳税人分期开发项目或者同时开发多个项目的，应说明共同成本费用总额及其分摊情况；

③对纳税人开发项目中的公共配套设施，应按照建成后产权属于全体业主所有、无偿移交给政府或公用事业单位、自用或有偿转让进行分项分类说明，并附上相关凭证；

④将开发产品用于职工福利、奖励、对外投资、分配给股东或投资人、抵偿债务、换取其他单位和个人的非货币性资产的情况说明；

⑤涉及减免税的，应对项目涉及的减免税情况进行说明；

⑥关联交易情况说明；

⑦融资情况说明；

⑧企业财务核算体系和内部控制制度；

⑨工程造价高于当地扣除项目金额标准的，应向主管税务机关报送造价书面说明等资料。

（3）主管税务机关要求报送项目会计资料的，还应提供会计凭证资料。

（4）纳税人可自愿委托涉税专业服务机构代理申报、审核鉴证；已委托涉税专业服务机构代理申报、审核鉴证的纳税人，应报送涉税专业服务机构出具的报告。

（5）纳税人如未按本规程第十六条项目管理的规定报送相关资料的，应一并补正。

以广东省江门市为例，土地增值税清算需报送资料具体可参考表4-10：

表4-10 土地增值税清算申报资料清单

开发公司名称：

		申 报 资 料	资料类型	是否报送	页数
一、申 报 类 资 料					
	1	土地增值税纳税申报表（从事房地产开发的纳税人清算适用）			
	2	清算项目基本情况表			
	3	与收入相关面积明细表			
	4	销售情况表			
	5	关联方及其交易声明书			
	6	转让房地产收入明细申报表			
	7	扣除项目及成本结转汇总表			
	8	扣除项目及成本结转明细表1			
	9	扣除项目及成本结转明细表2			
	10	扣除项目及成本结转明细表3			
	11	与转让房地产有关的税金明细表			
	12	扣除项目汇总表			
	13	取得土地使用权所支付的金额明细表			
	14	土地征用及拆迁补偿费明细表			
	15	前期工程明细表			
	16	建筑安装工程费明细表			

(续上表)

	申 报 资 料	资料类型	是否报送	页数
17	基础设施费明细表			
18	公共配套设施费明细表			
19	开发间接费用明细表			
20	利息支出明细表			
21	代收费用明细表			
22	房地产项目清算情况书面说明（具体要求详见本清单底部"说明"）			
23	江门市房地产开发项目工程造价数据采集表			
24	税务师事务所出具的《土地增值税清算税款鉴证报告》（非必须）			
25	税务师事务所出具的《土地增值税清算税款鉴证报告》（非必须）的工作底稿			
	二、开 发 类 资 料			
26	土地出（转）让合同（协议）、接收作价入股投资协议或其他相关证明			
27	项目立项批复或规划要点			
28	国有土地使用证及红线图			
29	建设用地规划许可证及平面图			
30	修建性详细规划图			
31	建设工程规划许可证			
32	建筑工程施工许可证			
33	商品房销（预）售许可证			
34	竣工验收备案表、竣工验收备案报告			
	三、造 价 类 资 料			
35	工程造价情况备案表、工程量清单			
36	建筑工程造价预算书			
37	建筑工程施工合同			
38	建筑工程竣工造价结（决）算书			
39	各类合同（包括土地征用、拆迁补偿、设计、勘察、测绘、七通一平、装饰装修、机电安装、园林绿化、供水、供电、供气、排污、排洪、通信、照明等合同）			
	四、财 务 类 资 料			
40	财务报表（提供工程开工之日起至清算之日止资产负债、损益表（年报），同时提供电子版）			

（续上表）

	申　报　资　料	资料类型	是否报送	页数
41	明细表（提供工程开工之日起至清算之日止的开发成本明细账，取得第一笔销售（预售）收入之日起至清算之日止的预收账款、主营业务收入明细账，同时提供电子版）			
	五、面　积　类　资　料			
42	《与收入相关的面积明细表》			
43	房屋测量成果报告书			
44	房地产权属资料审核卡			
	六、收　入　类　资　料			
45	销售情况表			
46	销售合同（每类商品房各3份）			
	七、成　本　类　资　料			
47	取得土地使用权所支付的金额明细表及对应成本凭证			
48	土地征用及拆迁补偿费明细表及对应成本凭证			
49	前期工程费明细表及对应成本凭证			
50	建筑安装工程费明细表及对应成本凭证			
51	基础设施费明细表及对应成本凭证			
52	公共配套设施费明细表及对应成本凭证			
53	开发间接费用明细表及对应成本凭证			
	八、利　息　类　资　料			
54	利息支出明细表及利息凭证			
55	金融机构贷款合同			
	九、税　金　类　资　料			
56	与转让房地产有关的税金明细表及完税凭证			
	十、其　他　资　料			
57	成本对象确定原则专项报告			
58	开发建造的与清算项目配套的公共设施产权归属证明材料			
59	主管税务机关要求提交的其他资料			
60	纳税人自行补充资料			

三、清算资料受理程序

1. 根据国税发〔2009〕91号文规定，对于符合本规程第九条规定，应进行土地增值税清算的项目，纳税人应当在满足条件之日起90日内到主管税务机关办理清算手续。对于符合本规程第十条规定税务机关可要求纳税人进行土地增值税清算的项目，由主管税务机关确定是否进行清算；对于确定需要进行清算的项目，由主管税务机关下达清算通知，纳税人应当在收到清算通知之日起90日内办理清算手续。

主管税务机关收到纳税人清算资料后，对符合清算条件的项目，且报送的清算资料完备的，予以受理；对纳税人符合清算条件、但报送的清算资料不全的，应要求纳税人在规定限期内补报，纳税人在规定的期限内补齐清算资料后，予以受理；对不符合清算条件的项目，不予受理。上述具体期限由各省、自治区、直辖市、计划单列市税务机关确定。主管税务机关已受理的清算申请，纳税人无正当理由不得撤消。

应进行土地增值税清算的纳税人或经主管税务机关确定需要进行清算的纳税人，在上述规定的期限内拒不清算或不提供清算资料的，主管税务机关可依据《中华人民共和国税收征收管理法》有关规定处理。

2. 根据2019年广东省土地增值税清算新规程，对于应清算的项目，纳税人应当在满足条件之日起90日内向主管税务机关办理清算申报手续；对于可清算的项目，主管税务机关应加强跟踪管理，定期评估，对确定需要进行清算的项目，及时下达清算通知。对销售比例达到85%且满三年或者虽未满三年但销售比例达到95%的项目，主管税务机关原则上应在符合条件之日起60日内下达清算通知，纳税人应在收到清算通知之日起90日内办理清算申报手续。主管税务机关收到纳税人清算资料后，对符合清算条件的项目，且报送的清算资料完备的，予以受理并出具受理通知书。

纳税人符合清算条件，但报送的清算资料不全的，主管税务机关应发出限期提供资料通知书，通知纳税人在收到通知书之日起15日内补齐清算资料。纳税人在限期内补齐全部资料的，予以受理。在限期内补齐确定收入、扣除项目金额的关键资料，经主管税务机关认可的，予以受理。逾期未能补齐关键资料，由纳税人书面确认，经主管税务机关调查取证，确因客观原因造成资料难以补齐的，予以受理。符合土地增值税清算条件，未按照规定的期限办理清算手续，经税务机关责令限期清算，逾期仍不清算的，实行核定征收。

应进行土地增值税清算的纳税人或经主管税务机关确定进行清算的纳税人，未按照规定报送涉税资料或者办理清算手续的，经主管税务机关责令限期改正，逾期仍不改正的，移交税务稽查部门处理，纳入纳税信用评价管理。

3. 根据广东省江门市土地增值税清算管理办法规定，纳税人清算申报所属期的截止日期是主管税务机关规定（通知）申报期限的最后一日（应清算项目达到清算条件起90日的最后一日，可清算项目主管税务机关通知书送达起90日的最后一日），纳税人在90日规定申报期限届满仍未办理清算申报的，主管税务机关发出税务事项通知书，责令纳税人30日内办理清算申报。逾期仍未申报、拒不申报的，依照《中华人民共和国税收征收管理法》及其实施细则等规定处理。

纳税人办理清算申报手续，在国家税务总局广东省税务局土地增值税管理系统上传清算申报表及其附表，结合本办法第九条规定的资料要求，提交清算书证资料。书证资料均须加盖公章并标注页码，附《资料清单》。《资料清单》应填报"是否报送""页数"，在备注栏说明有关情况。提交书证资料时，主管税务机关和纳税人双方必须办理资料清点及签收手续。

四、核定征收

1. 根据广东省土地增值税清算新规程，主管税务机关收到纳税人清算资料后，发现纳税人有下列情形之一的，可按核定方式对房地产项目进行清算。

（1）依照法律、行政法规的规定应当设置但未设置账簿的。

（2）擅自销毁账簿或者拒不提供纳税资料的。

（3）虽设置账簿，但账目混乱或者成本资料、收入凭证、费用凭证残缺不全，难以确定转让收入或扣除项目金额的。

（4）符合土地增值税清算条件，未按照规定的期限办理清算手续，经税务机关责令限期清算，逾期仍不清算的。

（5）申报的计税依据明显偏低，又无正当理由的。

主管税务机关应加强核定征收项目的调查核实，严格控制核定征收的范围。纳税人直接转让国有土地使用权的，原则上不得核定征收。实施核定征收的项目，须经上一级税务机关核准。

符合上述核定征收条件的，由主管税务机关发出核定征收的税务事项通知书，开展土地增值税核定征收核查，通过向国土部门查询项目土地价格，参照当地扣除项目金额标准、同期同类型房地产销售价格等对项目情况进行评估计算，核定应纳税额。按照上述方式无法核定应纳税额的，可采取核定征收率方式核定征收。主管税务机关会同项目清算审核组集体审议后，确定核定征收结论，发出清算审核结论通知书，通知纳税人申报缴纳应补缴税款或办理退税。核定征收情况应报上一级税务机关备案。需要注意的是，一旦选择核定征收，一定要按照法定程序进行，否则会有执法风险。

核定征收分为核定征收率和核定应纳税额两种方式。核定征收率方式是指根据销售收入与核定的征收率计算应纳土地增值税的方式；核定应纳税额方式是指先确定收入，再核定土地成本、开发成本和开发费用，最后计算应纳税额的方式。

2.《国家税务总局深圳市税务局土地增值税征管工作规程》（国家税务总局深圳市税务局公告2019年第8号）对于确定收入、核定土地成本、开发成本、开发费用均有相关描述。

（1）确定销售收入：主管税务机关从国土产权管理部门取得该房地产项目全部转让合同金额，确定转让房地产实际取得的销售收入。

（2）核定征收率：主管税务机关可以参照房地产开发行业中经营规模、开发模式相近的纳税人在同一地区、同一年度开发的房地产项目的税负水平核定征收率。

（3）确定土地价款：以国土产权管理部门提供的土地价款或同期该地块基准地价为准。

（4）核定开发成本。成本核定可通过以下方式进行确定：

①房地产开发企业上报政府相关部门审定或备案的房地产投资总规模、土地成本、工程造价成

本等相关数据，或者房地产开发企业在国土产权管理部门办理产权初始登记中有关土地成本以及开发成本等相关数据；

②参照住房建设部门公布的建筑工程造价成本；

③同一地区、同一类型、同一年度、销售档次相近的房地产开发成本。

（5）核定开发费用：开发费用=（土地价款+已核定开发成本）×10%。

3.广东省江门市则对开发成本核定的具体项目做了详细规定。《江门市房地产开发项目土地增值税清算管理办法》（国家税务总局江门市税务局公告2018年第3号）规定，主管税务机关应加强核定征收项目的调查核实，严格控制核定征收范围，符合核定征收条件的，经上一级税务机关核准后，实行核定征收。核定征收包括成本核定、收入核定和核定征收率核定三种类型，采取核定征收率核定方式征收土地增值税的，核定征收率原则上不得低于5%。符合核定征收条件如下。

（1）纳税人办理土地增值税清算所附送的前期工程费、建筑安装工程费、基础设施费、开发间接费用的凭证或资料不符合清算要求或不实的，按照当地扣除项目金额标准计算扣除。

凭证资料不符合清算要求或不实是指有下列情形之一的：

①不能提供符合国家标准的建筑施工合同的，不能在规定期限内完整提供工程竣工、工程结算、工程监理等方面资料的，或未按国家有关规定、程序、手续进行工程结算的；

②工程结算项目建安造价高于当地扣除项目金额标准且无正当理由的；

③装饰装修、园林绿化工程不能提供完整的工程施工图、竣工图、工程量清单、材料苗木清单，建安造价高于当地扣除项目金额标准且无正当理由的；装饰装修工程由无资质企业、个体工商户或个人施工，园林绿化工程由个体工商户或个人施工，建安造价高于当地扣除项目金额标准且无正当理由的；

④纳税人与工程承包企业互为关联企业，建安造价高于当地扣除项目金额标准且无正当理由的；

⑤大额工程款采取现金支付或支付资金流向异常的。

主管税务机关根据项目实际情况，既可以对房地产开发项目的前期工程费、建筑安装工程费、基础设施费、开发间接费用全部核定，也可以对部分或单个成本费用进行核定。

（2）在审核中发现纳税人有下列情形之一的：

①依照法律、行政法规的规定应当设置但未设置账簿的；

②擅自销毁账簿或者拒不提供纳税资料的；

③虽设置账簿，但账目混乱或者成本资料、收入凭证、费用凭证残缺不全，难以确定转让收入或扣除项目金额的；

④符合土地增值税清算条件，未按照规定的期限办理清算手续，经主管税务机关责令限期清算，逾期仍不清算的；

⑤申报的计税依据明显偏低，又无正当理由的。

（3）房地产开发项目的前期工程费、建筑安装工程费、基础设施费、开发间接费用扣除项目的具体核定方法如下：

①核定建筑安装工程费：主管税务机关按照分项目、分期、分产品类型归集的原则，根据《江

门市房地产开发项目工程造价数据采集表》审核确认清算项目各模块的工程量，按照土地增值税工程造价核定扣除标准计算扣除。核定公式如下。

建筑安装工程费 = 对应建安工程模块的造价核定扣除标准 × 对应模块工程量

跨年度建筑安装工程适用的造价核定扣除标准，按照各年度工程施工月份数占总月份数的比例，乘以相应年度的造价核定扣除标准，求和后得到加权造价核定扣除标准。

②核定前期工程费、基础设施费、开发间接费用：主管税务机关根据审定的建筑安装工程费和扣除项目金额标准按比例核定前期工程费、基础设施费、开发间接费，核定公式如下。

前期工程费 = 审核可扣除建筑安装工程费 × 扣除比例

基础设施费 = 审核可扣除建筑安装工程费 × 扣除比例

开发间接费用 = 审核可扣除建筑安装工程费 × 扣除比例

前期工程费、基础设施费、开发间接费用扣除比例依据本地开发项目样本进行测算确定，由本办法制定税务机关公布。

五、清算审核的方法

清算审核包括案头审核、实地审核。

案头审核是指对纳税人报送的清算资料进行数据、逻辑审核，重点审核项目归集的一致性、完整性和数据计算准确性等，同时对项目内归集的内容是否一致、核算的口径、分配方法等是否一致进行审核，对所归集的收入扣除口径是否具有统一性，数据以及数据的计算是否准确、是否有资料佐证等进行审核，另外还要注意是否存在税会差异。

实地审核是指在案头审核的基础上，通过对房地产开发项目实地查验等方式，对纳税人申报情况的客观性、真实性、合理性、相关性进行审核。应结合项目立项、规划、施工资料，重点实地查核项目的楼栋、道路、挡土墙、绿化、学校、幼儿园、会所、体育场馆、酒店、车位等的工程量，确定学校、幼儿园、会所、体育场馆、酒店、车位等的产权归属。

六、税税差异分析

根据《土地增值税暂行条例实施细则》第十六条之规定，纳税人在项目全部竣工结算前转让房地产取得的收入，由于涉及成本确定或其他原因，而无法据以计算土地增值税的，可以预征土地增值税，待该项目全部竣工、办理结算后再进行清算，多退少补。可见土地增值税征收的基本思路是：先预征，再清算。这和企业所得税的征收有一定的相似之处，企业所得税处理的基本思路是：先季度预缴，再年度汇算清缴。但两者存在着明显的差异。

（一）清算时间差异

企业所得税方面，仍然坚持了年度税制的理念，无论开发产品是否完工，每年都要按照开发产品的销售收入、完工收入，或者未完工收入，减去扣除项目后的金额作为应纳税所得额进行汇算清缴；而土地增值税的纳税期间则为整个项目的建设期，土地增值税按项目进行清算，不论是哪个年度，只要是一个项目就统一清算，并且只有项目达到清算条件之后，才进行清算。

（二）成本核算差异

企业所得税方面，根据国税发〔2009〕31号文规定，计税成本对象按照以下6个确定原则：可否销售原则、分类归集原则、成本差异原则、功能区分原则、定价差异原则和权益区分原则等，因此在企业进行汇算清缴时，账务处理上的单位成本是一致的；而土地增值税清算，成本要求按照普通住宅、非普通住宅、其他类别三类进行区分，即每一类扣除项目的单位成本对比同类的项目并保持一致。

（三）成本扣除差异

1. 期间费用扣除差异

企业所得税按税法规定的权责发生制扣除；而土地增值税在清算时，开发费用中的管理、销售和财务三大费用，并不是按照实际发生额去扣除，而是按照规定的比例标准扣除。

2. 成本加计扣除差异

企业所得税不允许加计扣除，而土地增值税允许加计扣除。

3. 预提成本扣除差异

土地增值税的开发成本，必须是实际发生的；而对应企业所得税，则可以根据规定预提部分成本。根据国税发〔2009〕31号文，可预提的成本分三大类：

（1）出包工程未最终办理结算而未取得全额发票的，在证明资料充分的前提下，其发票不足金额可以预提，但最高不得超过合同总金额的10%。

（2）公共配套设施尚未建造或尚未完工的，可按预算造价合理预提建造费用。此类公共配套设施必须符合已在售房合同、协议或广告、模型中明确承诺建造且不可撤销，或按照法律法规规定必须配套建造的条件。

（3）应向政府上交但尚未上交的报批报建费用、物业完善费用可以按规定预提。物业完善费用是指按规定应由企业承担的物业管理基金、公建维修基金或其他专项基金。

4. 利息费用扣除差异

企业所得税分为资本化和费用化两种处理方式。在土地增值税中，利息支出必须单独计算扣除，具体是要将已经资本化的利息费用和计入财务费用中的利息费用的合并，根据规定，据实扣除或按比例扣除。

5. 违约金扣除差异

房地产开发企业由于推迟交房而支付的违约金不能作为计算土地增值税增值额的扣除项目，但是可以作为企业所得税的扣除项目。

6. 土地闲置费扣除差异

房地产开发企业逾期开发缴纳的土地闲置费不得在土地增值税税前扣除，但可以作为企业所得税开发产品计税成本支出中的"土地征用费及拆迁补偿费"。

7. 营销设施扣除差异

营销设施建设费用在企业所得税中作为开发间接费处理；在土地增值税中不作开发间接费用处理。房地产企业单独修建的售楼部、样板房等营销设施费，应分不同情况处理：

（1）房地产企业在开发小区内、主体外修建临时性建筑物作为售楼部、样板房的，其发生的设计、建造、装修等费用，应计入房地产销售费用扣除。售楼部、样板房内的资产，如空调、电视机等资产性购置支出不得在销售费用中列支。

（2）房地产企业在主体内修建临时售楼部、样板房的，其发生的设计、建造、装修等费用，建成后有偿转让的，应计算收入并准予扣除。

（3）房地产企业利用规划配套设施（如会所、物业管理用房等），发生的售楼部、样板房的设计、建造、装修等费用，按以下原则处理：①建成后产权属于全体业主所有的，其成本、费用可以扣除；②建成后无偿移交给政府、公用事业单位用于非营利性社会公共事业的，其成本、费用可以扣除；③建成后有偿转让的，应计算收入，并准予扣除成本、费用。

第四节 土地增值税清算收入的审核

一、面积类的审核

（一）工作底稿

审核确认项目总建筑面积、总可售面积、不可售面积、已售面积和未售面积，这是土地增值税清算工作的第一步。

①可售面积单位工程成本 = 成本对象总成本 ÷ 成本对象总可售面积；

②已销开发产品的计税成本 = 已实现销售的可售面积 × 可售面积单位工程成本；

③总建筑面积 = 套内面积 + 公共建筑面积，也就是房产证的面积、开发商可以对外销售的建筑面积；

④公共建筑面积又分为两类，公摊面积和不参与公摊的公共建筑面积。

（二）五证的应用

①立项文书记载着土地使用权的面积，包括容积率、建筑面积、计容以及不计容的建筑面积；

②建设工程规划许可证，一般作为划分土地增值税清算单位的依据；

③建筑工程施工许可证，多用于划分新老项目；

④预售许可证，登记着对外销售的总可售面积，包括商铺、住宅、车位的面积；

⑤建筑工程竣工验收备案表，除了总建筑面积之外，还有地上面积、地下面积、施工方、设计方、监理方的信息，在企业所得税中，多用于判断开发产品是否完工。

以上五证表示的面积会存在差异，审核时应以测量成果报告书记载的为准。

注：关于五证的详细内容见第二章开发文书篇。

（三）各类面积的确认

清算项目的建筑面积是进行土地增值税清算的重要基础数据，各类面积的确认主要通过五证及实测测绘报告的数据进行确认。

总建筑面积依据实测测绘报告确定，根据测绘报告可分为地上实测建筑面积和地下实测建筑面积，两者可根据面积测绘表中的楼层数据分析确认，楼层为正数的属于地上建筑面积，楼层为负数的属于地下建筑面积，确认建筑面积的环节还应结合建设工程规划许可证进行核对与分析，如果地下工程是单独的一个建设工程规划许可证，则地下工程也会对应一个单独的实测测绘报告。

可售面积主要依据预售许可证或销售许可证确认，可根据预售许可证（或销售许可证）、销控表注明的可售面积核对可售面积总额，再结合测绘报告确定可售房产类型与准确面积。

可售面积分为已售面积和未售面积，已签订销售合同的属于已售面积，可售面积与已售面积两者的差额属于未售面积。税收意义上的可售面积不但包括预售许可证（或销售许可证）的面积，还应包括自用、产权未定的面积。

（四）可售面积与不可售面积的处理

（1）税法规定，只有无偿移交政府和公共事业单位、产权归全体业主所有的这两类配套设施才是税收意义上的公共配套设施，成本才可以在可售产品里面进行分配。

（2）除此之外，若配套设施的产权归开发商所有，或者产权不明确，或者无偿移交给当地政府或者事业单位之外单位的，则作为开发产品分摊所归集的成本，包括分摊公共配套设施的成本。

（3）不能办理产权转移的人防建筑物，要视同公共配套设施去处理，但在计算扣除时，要按比例去剔除其成本。

（4）未售面积 = 总可售面积 − 已售面积。

（5）建筑面积审核完毕后，审核人员要计算出已售面积占总可售面积的比例，告知扣除项目审核人员，按照比例计算可扣除金额。

二、销售合同的审核

销售合同是确认土地增值税收入的最重要的资料之一，国税函〔2010〕220号文已经明确，已经全额开具商品房销售发票的，按照发票所载的金额来确认收入。未开具发票的或者未全额开具发票的，以交易双方签订的销售合同所载的售房金额来确认收入。因此，销售合同条款的审核对土地增值税收入的确认具有决定性的指导作用。

（一）合同指标审核

合同指标的审核范围主要包括购房人名称、合同签订日期、合同编号与发票信息的对应等。注意是否有更名或重新销售的情况，是否有补充协议，是否涉及违约金、更名费等额外费用的收取。

（二）合同价格审核

合同价格的审核范围主要包括合同总金额、合同单价、房产面积等项目。合同总额是指销售合同中列示的总房款，营改增后的合同总额是指房产销售的含税金额，在确定收入时需要换算成不含税金额；合同单价是指销售合同列示的单价或者由房产总金额除以商品房预售合同中的预测建筑面积计算而来，注意此处的合同单价同样是含税单价，在计算收入时需要换算成不含税单价，换算时应依照交楼时点的增值税税率。

（三）特殊销售审核

特殊销售往往牵扯的东西比较多，需要结合特殊销售方式依据当地政策规定进行销售收入的认定，其主要内容如下：

①关联方交易，销售给关联方；
②非货币性资产交换，即以非货币性收款方式销售；
③销售单价明显波动异常；
④销售特殊房产（如幼儿园、会所、酒店、其他配套设施等）；
⑤组合型销售（如购房送家电、购房送汽车、购房送车位等）；
⑥样板房销售；
⑦企业提供的面积、收入数据与销售合同约定不符的。

（四）非直接销售审核

房地产开发企业将开发的产品用于职工福利、奖励、对外投资、分配给股东或者投资人、抵偿债务、换取其他单位和个人的非货币性资产等，发生所有权转移的，应作为视同销售房地产收入，在产权转移时点确认收入。视同销售收入的确认需要结合合同、协议、股东会决议等相关资料，同时按照当地政策规定的收入确认标准进行收入的确认。

三、收入类的审核要点

（一）收入的范围

收入包括货币收入、实物收入及其他收入、视同销售收入三种。

货币收入是指纳税人转让房地产取得的现金、银行存款、支票、银行本票、汇票等各种信用票据和国库券、金融债券、企业债券、股票等。其实质是转让方因转让土地使用权、房屋产权而向取得方收取的价款。

实物收入是指纳税人转让房地产而取得的各种实物形态的收入，如钢材、水泥等建材以及房屋、土地等不动产等。实物收入应当通过评估确认其公允价值。

其他收入是指纳税人转让房地产而取得的无形资产收入或其他具有财产价值的权利，如专利权、商标权、著作权、专有技术使用权、土地使用权、商誉权等。其他收入应当通过评估确认其公允价值。

从《土地增值税纳税申报表（二）（从事房地产开发的纳税人清算适用）》可以看出，第 1 行"转让房地产收入总额" =2+3+4，第 2 行为货币收入，按纳税人转让房地产开发项目取得不含税货币收入额填写；第 3 行为实物收入及其他收入，按纳税人转让房地产开发项目取得不含税实物收入及其他收入的不含税金额填写；第 4 行为视同销售收入，纳税人将开发的产品用于职工福利、奖励、对外投资、分配给股东或者投资人、抵偿债务、换取其他单位和个人的非货币性资产时，发生所有权转移的，应作为视同销售收入，按其不含税金额填写。以广东省为例，上述三种收入还需要按照普通住宅和其他类型房地产分别填写。

税收口径：国税函〔2010〕220 号文规定，在土地增值税清算的时候，已经全额开具商品房销售发票的，按照发票所载的金额来确认收入。未开具发票的或者未全额开具发票的，以交易双方签订的销售合同所载的售房金额来确认收入。

会计口径的收入：只有实际交房后才将预收账款转到营业收入会计科目。

清算时，应将税收口径的收入作为清算收入，上述表二只是分项目填写的汇总申报表，在实际操作中，为正确审核并计算收入总额，还需要进行大量的明细数据审核，再由明细数据汇总到表二中。审核人员应结合销售发票、销售合同（含房管部门网上备案登记资料）、商品房销售（预售）许可证、房产销售分户明细表及其他有关资料，重点审核销售明细表、房地产销售面积与项目可售面积的数据关联性，以核实计税收入。

（二）面积差异

根据商品房销售管理办法，按套内建筑面积或者建筑面积计价的，当事人应当在合同中载明合同约定面积与产权登记面积发生误差的处理方式。合同未作约定的，按以下原则处理：

（1）面积误差比绝对值在 3% 以内（含 3%）的，据实结算房价款。

（2）面积误差比绝对值超出 3% 时，买受人有权退房。买受人退房的，房地产开发企业应当在买受人提出退房之日起 30 日内将买受人已付房价款退还给买受人，同时支付已付房价款利息。买受人不退房的，产权登记面积大于合同约定面积时，面积误差比在 3% 以内（含 3%）部分的房价款由买受人补足；超出 3% 部分的房价款由房地产开发企业承担，产权归买受人。产权登记面积小于合同约定面积时，面积误差比绝对值在 3% 以内（含 3%）部分的房价款由房地产开发企业返还买受人；绝对值超出 3% 部分的房价款由房地产开发企业双倍返还买受人。

面积误差比 =（产权登记面积 − 合同约定面积）/ 合同约定面积 ×100%

即销售合同所载的商品房的面积与实际面积不一致时，已付房款多退少补，而在清算时，以只调金额不调面积作为清算原则。

例如，假如合同 100 平方米，实际 99 平方米，企业退 1 万元给购房者，则清算时确定面积 100 平方米，销售收入 99 万元；若合同是 99 平方米，实际 100 平方米，企业补收 1 万元，清算时确定面积 99 平方米，销售收入 100 万元。

(三) 视同销售收入

国税发〔2006〕187号文、国税函〔2010〕220号文等文件规定，房地产开发企业将开发的产品用于职工福利、奖励、对外投资、分配给股东或者投资人、抵偿债务、换取其他单位和个人的非货币性资产时，发生所有权转移的，应作为视同销售收入。在产权转移时点确认收入，土地增值税的计税依据按以下顺位确认：

①按照本企业在同一地区同一年度销售同类房地产的平均价格确定；

②由主管税务机关参照当地当年同类房地产的市场价格或者评估价格来确定。

具体审核分两步，一是先确定视同销售业务，通过审核"开发产品"等会计科目，结合面积数据筛选出视同销售业务，归集相关合同、会议记录、房产移交签收记录等证据资料；二是根据上述方法和顺序确定视同销售收入。

(四) 价格明显偏低且无正当理由

房地产销售价格明显偏低的量化判断标准有两个，按照低于正常销售价格30%的有广东省、河北省、海南省、贵州省；按照低于正常销售价格10%的有江苏省、河南省。

正当理由的界定："法院判定或裁定的转让价格""以公开拍卖方式转让房地产的价格"和"政府物价部门确定的转让价格"，一般都是在特定的市场供求关系等特殊条件下形成的价格，这些价格能够反映特殊条件下房地产的公允价值。因此，上述三类价格即使明显偏低，一般也应视为有正当理由。

审核时先按照当地规定的价格浮动比例通过销售窗口表筛选出价格明显偏低的交易记录，然后与政策规定的正当理由逐个进行比对，结合企业提供的相关证据资料，作出准确判断。

(五) 自用或者出租的房产

对应的成本不允许在清算时扣除。

(六) 代收费用

代收费用的处理主要分两类：

①作为企业收入，对应扣除成本但不能作为加计扣除的基数；

②不做收入，通过其他应付款科目，以代收代付的形式处理。

审核收入的人员和审核扣除的人员要做好审核工作的衔接，以防未确认收入而扣除了成本。

(七) 装修

通常来讲，精装修分为"硬装"（不可移动）和"软装"（可移动）；通常意义上的装修就是指硬装。如果硬装计入清算收入，则硬装支出也计入扣除项目，且允许加计扣除；如果软装不计入清算收入，则软装支出也不计入扣除项目。审核时根据商品房销售合同所列示的装修金额，首先分析其属于硬装收入还是软装收入，如果属于硬装收入而未计入土地增值税应税收入，则需要调增土地增值税应税收入；如果属于软装收入且已计入了土地增值税应税收入，则软装支出允许扣除，但不得加计扣除。

从上可以看出，装修的税务处理应遵循如下原则：硬装计入清算收入，成本可扣除且可加计；软装计入清算收入，成本可扣除但不可加计；软装不计入收入，成本不可扣除。

（八）价外费用

形成事实交易后向购房者收取的更名费、换房的手续费、违约金、利息等是税收口径的价外费用；若交易没有发生，不作收入，会计上计入营业外收入即可，只影响企业所得税；对增值税、土地增值税没有影响。

（九）人防车位

销售地下人防工程永久使用权的行为（不论是否能办理产权转移），全国范围内出现了三种处理方式：

①不计清算收入，不允许扣除成本、费用（吉林、山东、青岛、广州、辽宁、大连、山西、西安、常州等地区）；

②计入清算收入，且允许扣除成本、费用（海南、湖北、河南、浙江等省份）；

③不计入清算收入，但允许有限度地扣除成本、费用（江苏、辽宁、吉林、贵州等省份）。

广东省的做法按第三种，参照广东省土地增值税清算管理新规程第31条，利用地下人防设施建造的车位，按照以下方式处理：建成后产权属于全体业主所有或无偿移交给政府的，其成本、费用予以扣除；有偿转让且能办理权属转移登记手续的，应计算收入，并准予扣除成本、费用；不能办理权属转移登记手续的，不计算收入，不予扣除相应成本、费用。

不能办理权属转移登记手续的人防车位，其建筑面积按照人防设施竣工验收备案文件确定，其不予扣除的成本按照建筑面积比例在不含室内（外）装修费用的建筑安装工程费中计算。

（十）计税收入的计算

土地增值税的计税收入是指按照土地增值税相关政策规定调整后的计税收入，土地增值税的计税收入不含增值税，其计算公式如下：

土地增值税计税收入 = 营改增前应税收入 + 营改增后应税收入 + 硬装软装调整收入 + 售价偏低且无正当理由调增应税收入 + 面积差调整应税收入

营改增前应税收入是指缴纳营业税的清算项目确认的应税销售收入；

营改增后应税收入是指缴纳增值税的清算项目确认的应税销售收入，其计税收入不含增值税，鉴于增值税计算时涉及到可扣除土地价款引起的销项税额抵减，下面举例说明营改增后应税收入的计算。

简易计税办法举例：收取合同价款105万元，应税收入 = 105÷（1+5%）=100万元，5万元是销项税额。

一般计税方法举例：收取合同价款11个亿，假设对应的土地出让金是4个亿，销项税额 =（11-4）÷（1+9%）×9%=5780万元；则土地增值税应税收入 =11亿 -5780万 =10.422亿元。

在所得税方面，应税收入 = 11亿元 ÷（1+9%）=10.0917亿元，对比土地增值税的应税收入10.422亿元，相差3303万元。

由此可知，土地增值税应税收入与企业所得税应税收入的计算口径完全不同，审核时一定要注意对比企业提供的应税收入是否是土地增值税口径的收入；同时要注意分开项目中简易计税的收入和一般计税收入，一般计税下又要区分不同时点下的增值税税率（11%、10%、9%）。

四、收入类的审核方法

根据广东省土地增值税清算新规程的规定，审核收入情况时，应重点审核纳税人预售款和相关的经济收益是否全部结转收入以及销售价格是否明显偏低；应结合销售发票、销售合同（含主管部门网上备案登记资料）、销售（预售）许可证、房产销售分户明细表及其他有关资料，重点审核销售明细表、房地产销售面积与项目可售面积的数据关联性，以核实计税收入；对销售合同所载商品房面积与有关部门实际测量面积不一致，而发生补、退房款的收入调整情况进行审核；对营改增后应税收入是否不含增值税进行审核等。

税务机关可通过实地查验，确认是否少计、漏计事项，确认是否将开发产品用于职工福利、奖励、对外投资、分配给股东或投资人、抵偿债务、换取其他单位和个人的非货币性资产等情况。

对纳税人转让房地产成交价格明显偏低且无正当理由的，按该项目同期同类房地产的平均价格或评估价值确定其收入。

土地增值税收入要素的审核方法可参照苏地税发〔2010〕87号文，具体方法如下：

（1）开发企业将预收购房款或当期售房款长期挂在往来账上，或以房款抵偿工程成本、债务，不及时结转收入。

鉴别方法：结合房产管理部门的网上签约备案资料确认是否有预收款未转收入情况存在；检查项目承包方、材料供应方与开发企业之间往来账目，有无"虚挂"的大额余额存在，防止开发企业"以房偿债、以房换物"。

（2）开发企业对需要视同销售的开发产品漏计销售收入。

鉴别方法：检查"开发产品"明细，结合实地勘察调查，对将开发产品用于职工福利、奖励、对外投资、分配给股东或投资人等的行为，在开发产品发生所有权转移时，视同销售一并计算销售收入。

（3）开发企业以一房一价为名，调节房价，少计销售收入。

鉴别方法：①从销售统计表中检查是否存在不合理销售价格的情况，与房地产企业相关项目销售表和物价部门批复进行核对，对售价明显偏低且无正当理由的，按照同类同期平均销售价格予以调整销售收入。②对疑似售价明显偏低的，委托价格认证中心鉴定，以价格认证中心认定的价格调整销售收入。

（4）房地产销售时，开发企业收到购房人违约支付的违约金、滞纳金，直接记入营业外收入。

鉴别方法：检查"营业外收入"明细，对购房人发生购房行为，其支付的违约金、滞纳金计入销售收入予以调整；对购房人未发生购房行为支付的违约金、滞纳金，因未发生房地产转让行为，不计入房地产销售收入。

第五节 扣除项目的审核

一、扣除项目的基本内容

土地增值税的扣除项目共分为六大类,每一大类又分为若干小类,结合《土地增值税纳税申报表(二)(从事房地产开发的纳税人清算适用)》的项目类别填表要求,进一步分析扣除项目的具体内容。

1. **取得土地使用权所支付的金额(表中第6行)**

取得土地使用权所支付的金额是指纳税人为取得土地使用权所支付的地价款和按国家统一规定交纳的有关费用。

①以出让方式来取得土地,以财政票据确认;

②以行政划拨方式取得土地使用权,以财政票据确认;

③以转让方式取得的土地使用权,以发票入账。

注:取得土地使用权所支付的金额还应包括出让方式取得土地附带条件所支付的其他经济利益。

2. **房地产开发成本(表中第7行)**

(1)土地的征用及拆迁补偿费(表中第8行),包括土地的征用费、耕地占用税、劳动力的安置费、有关地上地下附着物的拆迁补偿的净支出、安置动迁房支出等。

(2)前期工程费(表中第9行),包括规划、设计项目的可行性的研究和水文地质、勘察、测快、三通一平等。

(3)建筑安装工程费(表中第10行),是指开发商以出包方式支付给承包单位的建筑安装工程费,以及以自营经营方式发生的建筑安装工程费。

(4)基础设施费(表中第11行),包括开发小区内的道路、供水、供电、供气、排污、排洪、通信、照明、环卫、绿化等产生的支出。

(5)公共配套设施费(表中第12行),主要是指不能有偿转让的,开发小区内的公共配套设施等支出。

(6)开发间接费(表中第13行),是指企业直接组织管理开发项目所发生的费用,具体包括工资、职工福利、制造费、修理费、办公费、水电费、劳保费、租转房的摊销。

3. **房地产开发费用(表中第14行)**

不按实际发生额扣除,按以下方式扣除:

(1)按照取得土地使用权所支付的金额加房地产开发成本之和乘以10%以内扣除,具体划分为利息支出5%、其他房地产开发费用5%,分别填列在第15、16行,对于合规利息较少的企业,实务中采取此种方式。

(2)明确区分利息支出与其他的房地产开发费用。即利息按照实际的支出入账、其他的房地产开发费用，按照取得土地使用权所支付的金额加房地产开发成本之和乘以5%，对于合规利息较多的企业，实务中采取此种方式。

4. 转让房地产有关的税金（表中第17行）

包括营业税（表中第18行）、城市维护建设税（表中第19行）和教育费附加（表中第20行）。

5. 财政部规定的其他扣除项目（表中第21行）

对从事房地产开发的企业，在缴纳土地增值税时允许按取得土地使用权时所支付的金额和房地产开发成本之和，加计20%的扣除。

6. 代收的费用（表中第22行）

（1）作为企业收入，对应可扣除成本，但不能作为加计扣除的基数。

（2）不作收入，通过其他应付款科目进行会计核算，以代收代付的形式处理。

可扣除项目的合计数在表中的第5行。

可扣除项目分类可见表4-11：

表4-11 扣除项目分类明细表

扣除项目大类	申报表行次	扣除项目小类	申报表行次
取得土地使用权所支付的金额	6		
房地产开发成本	7=8+9+10+11+12+13	土地征用及拆迁补偿费	8
		前期工程费	9
		建筑安装工程费	10
		基础设施费	11
		公共配套设施费	12
		开发间接费	13
房地产开发费用	14=15+16	利息支出	15
		其他房地产开发费用	16
转让房地产有关的税金	17=18+19+20	营业税	18
		城市维护建设税	19
转让房地产有关的税金	17=18+19+20	教育费附加	20
财政部规定的其他扣除项目	21		
代收费用	22		
可扣除项目合计数	5		

上述分类只是最终填写土地增值税申报表的项目分类，在实际清算操作中，还要进行大量的明细分类数据的审核与处理，明细数据审核无误后才会归集到上述表格的小项中，再由小项归集到大项。审核时必须紧紧以六大类为基本主线，明确每一大类所包含的内容和每一小类的计算逻辑。

二、扣除项目审核的基本原则

扣除项目审核的基本原则包括：

（1）不同的项目对应的成本不能混淆，要作严格准确的区分，这里强调扣除项目的相关性，成本费用必须对号入座。

（2）成本只能是直接发生的，或者分摊过来的，不得预提。

（3）同一个清算单位内，能够分清受益对象的直接成本，直接归集到对应的成本，不能分清收益对象的作为共同成本，共同成本按照可售建筑面积的比例来计算分摊，特殊情况可按占地面积法。

（4）税收规定跟会计处理不一致的，按税收处理。

（5）对分期开发的各期成本费用的归集分配方法要保持一致。

（6）扣除必须要有合法的凭证。

（7）经济业务必须是实际发生的，其实际发生的支出必须具备真实性、合法性和相关性。

土地增值税清算扣除要求是"实际发生+合法凭证"，两者缺一不可，且合法凭证的前提是实际发生。实际发生是指发生了真实的经济业务，如经甲方、乙方、监理方工程师签字确认的《建筑工程进度表》所记载的实际工程量。国税函〔2010〕220号文第二条规定："房地产开发企业在工程竣工验收后，根据合同约定，扣留建筑安装施工企业一定比例的工程款，作为开发项目的质量保证金，在计算土地增值税时，建筑安装施工企业就质量保证金对房地产开发企业开具发票的，按发票所载金额予以扣除；未开具发票的，扣留的质保金不得计算扣除"。该条款是对开具发票但未付款的质保金作的可以扣除的特殊规定，那么建筑安装施工企业对房地产开发企业开具的非质保金发票在未支付款项的情况下是否可以扣除呢？文件并未明确列举，但根据常理反推，应当是不可以的。否则，如果未支付款项部分都可以凭据发票扣除，那么对未支付的质保金是否可以扣除就根本没有任何必要单独发文明确了。

综上分析，土地增值税清算的扣除要求是"实际工程量+合法凭证+实际支付"。

三、扣除项目审核的基本方法

（1）确认与扣除项目核算相关的内部控制是否存在、有效，且一贯遵守；即确认项目支出的内部审批流程是否齐全完备，是否符合房地产企业的支出审批制度，是否有支出审批流程前后不一致或异常情况。

（2）获取或编制扣除项目明细表，并与明细账、总账及有关申报表核对是否一致。

（3）审核相关合同、协议和项目预（概）算资料，并了解其执行情况，审核成本、费用支出项目。

（4）审核扣除项目的记录、归集是否正确，是否取得合法、有效的凭证，会计及税务处理是否正确，确认扣除项目的金额是否准确。

（5）实地查看、询问调查和核实。剔除不属于清算项目所发生的开发成本和费用。

（6）审核各项扣除项目分配或分摊的顺序和标准是否符合下列规定，并确认扣除项目的具体金额：

①扣除项目能够直接认定的，审核是否取得合法、有效的凭证。

②扣除项目不能够直接认定的，审核当期扣除项目分配标准和口径是否一致，是否按照规定合理分摊。

③审核并确认房地产开发土地面积、建筑面积和可售面积，是否与权属证、房产证、预售证、房屋测绘所测量数据、销售记录、销售合同、有关主管部门的文件等载明的面积数据相一致，确保三类面积的各项证据能够相互印证，同时确定各项扣除项目分摊所使用的分配标准。

确定总可售面积的依据：建设工程规划许可证、销售许可证、大产权证、测绘表。

确定已售面积的依据：销售合同、销控表、代销清单、视同销售业务文件、开发产品明细账、销售成本明细账。

④审核并确认扣除项目的具体金额时，应当考虑总成本、单位成本、可售面积、累计已售面积、累计已售分摊成本、未售分摊成本（存货）等因素。

确定开发总成本的依据：概预算报告、决算报告、审计报告、工程结算报告、工程施工合同、建设部门公布的单位定额、当地公布的平均开发成本、工程施工监理记录及监理报告、原材料账户、开发成本账户；

确定完工产品开发成本的依据：工程竣工验收报告、成本计算单、完工产品规划面积、完工产品实测面积；

确定已销产品开发成本的依据：销售合同、视同销售业务文件、交房记录（入伙通知、交钥匙记录）、成本计算单。

四、扣除项目审核的关键要点

（一）取得土地使用权所支付的金额

（1）会计和所得税汇算清缴时，将地价和拆迁补偿都归集到开发成本；而土地增值税清算时，先审核取得土地使用权所支付的金额，再审核土地的征用及拆迁补偿费。

（2）取得土地使用权所支付的金额是指纳税人为取得土地使用权所支付的地价款和按照国家统一规定交纳的有关费用，招拍挂、协议出让、划拨均需取得省级以上的财政票据。

（3）纳税人支付了款项拿到土地，但未取得相关票据等证明材料。如广东省江门市的做法是同时符合以下两个条件的可以据实扣除：一是出具一份报告，经上级税务机关集体审议；二是参照土地出让合同，若没有土地出让合同，应由当地政府提供证明材料。

（4）实际支付凭证，从政府直接拿地，如果没有原件的，需要提供加盖国土资源部门证明的专用章的复印件；以转让方式取得土地的，要提供土地的合法有效的凭证才可以扣除，包括转让的合同，购入的发票，法院的判决书、裁定书，生效的调解书以及仲裁的决定书等。

（5）以投资入股方式取得土地使用权。例如在一个清算的项目里，土地是股东投资进来的，股东原取地成本一亿元，以三亿元作价投入到开发公司。如果投资的时点是暂免征收土地增值税，清算时按照一亿元来扣除；投资时点已经按三亿元来计征土地增值税，清算时候就按三亿元扣除；分立或者合并形式下的处理与此基本一致。

也有例外的情形，不看历史成本，要看评估价格，比如企业在重组改制过程中，经过省级以上的国土资源部门的批准，国家以国有土地使用权作价出资入股的，此时以省级国土资源部门批准的评估价，可以作为地价扣除。

（6）所得税汇算清缴时，土地价款对应的销项抵减，冲减主营业务成本；土地增值税清算审核时，土地价款按原价入成本。

（二）取得土地时交纳的有关费用

（1）契税允许计入地价。

（2）招拍挂的佣金（一般情况下允许加入地价、部分地方不允许计入地价）。

（3）对于分期付款计算的利息，目前很多地方规定不允许在土地增值税扣除。但也有例外，比如青岛市税务局2018年的4号公告有规定：如果企业是按照政府的合同约定而缴纳的土地出让金，在该业务下产生的利息，计算土地增值税时，允许计入取得土地的价款。

（4）没有按期去缴纳土地出让金而产生的罚款、滞纳金、利息，这些明确是不允许扣除的；土地闲置费，也不作为取得土地使用权所支付的金额。

（5）因调整容积率或者工转商住这些改变土地功能等原因，补缴的土地出让金和契税是允许计入地价。

（6）拿地时缴纳的产权转移书据印花税，在财税〔2016〕22号文出台后，计入税金及附加，允许扣除。

（7）审核时注意将土地使用税、土地的评估费、拿地时的交际应酬费等不应归集到地价款的费用剔除掉。

（三）共同成本的分摊

共同成本主要依据建筑面积法和占地面积法进行分摊。

案例1：A公司的项目占地面积5万平方米，地价款5亿元，分两期开发。假设第1期规划占地的面积是3万平方米，第2期规划的占地面积是2万平方米，按照占地面积法来划分，一期分到的地价成本是3亿元，二期是2亿元。假设一期可售面积是10万平方米，则每一平方米对应的地价成本是3000元；假设二期也是建10万平方米，则二期每一平方米对应的地价成本是2000元。

案例2：上例第一期，10万平方米的可售面积分为高层和别墅，而且别墅跟高层的用地相对比较独立，假设别墅占地是2万平方米，建筑面积是4万平方米，而高层占地是1万平方米，建筑面积是6万平方米，那么别墅占地2万平方米，应分配地价款是2亿元，别墅每平方米的可售面积对应的地价是5000元；同理，高层每平方米的可售面积对应的地价是1666元。

（四）已售面积和未售面积

案例：续前项例，假如别墅的4万平方米已经卖了3万平方米，高层的6万平方米卖了5万平方米，在计算扣除一期地价款的时候，可以扣除的地价款=3万平方米×5000元+5万平方米×1666元=2亿3333万元。一期剩下的6666万元地价款要等到剩余开发产品销售时才能扣除。

（五）前期工程费

前期工程费包括规划、设计项目的可行性研究，以及水文、地质、勘察、测绘、三通一平等支出，审核时注意：

①境外设计费要审核是否履行税款代扣代缴义务；
②区分好资本化和费用化费用；
③作为共同成本的开发间接费用，是否按照建筑面积法分摊。

（六）凭证、资料不符合清算要求或者不实

根据广东省土地增值税清算新规程规定，纳税人办理土地增值税清算所附送的前期工程费、建筑安装工程费、基础设施费、开发间接费用的凭证资料不符合清算要求或不实的，主管税务机关应发出交换意见的税务事项通知书，通知纳税人在收到通知书之日起15日内回复意见、提交证据。主管税务机关应充分听取纳税人的意见，对纳税人提供的事实、证据予以复核，必要时引用第三方专业机构意见，经主管税务机关会同项目清算审核组集体审议后，认为事实不清、证据不足的，参照土地增值税扣除项目金额标准据以计算扣除，并发出核定征收的税务事项通知书。

凭证资料不符合清算要求或不实是指存在下列情形之一：

①不能完整提供工程竣工、工程结算、工程监理等方面资料的，或未按国家有关规定、程序、手续进行工程结算的；
②工程结算项目建筑安装造价高于当地扣除项目金额标准无正当理由的；
③挡土墙、桩基础、户内装修、玻璃幕墙、干挂石材、园林绿化等工程不能提供完整的工程施工图、竣工图、工程量清单、材料苗木清单（总平面乔灌木配置图）的；
④房地产开发企业与工程承包企业互为关联企业，建筑安装造价高于当地扣除项目金额标准的；
⑤大额工程款采取现金支付或支付资金流向异常的。

以上五种情形的成本，是否能扣除，要经过主管税务机关会同项目清算审核组集体审议后判定。

（七）基础设施费

基础设施费包括开发小区内的道路、供水、供电、供气、排污、排洪、通信、照明等工程发生的支出。

（1）要通过工程合同、预算书、结算书来判断，费用类的支出是否列入基础设施费、共同的基础设施费是否按照建筑面积法分摊；

（2）基础设施费审核时，需要特别注意园林绿化，尤其是甲供材的园林绿化相关支出，重点审核园林绿化工程的工程施工图、竣工图、工程量清单、材料苗木清单、总平面乔灌木配置图等。

(八)建筑安装工程费

(1)注意发生的费用是否跟结算报告、审计报告、工程施工合同所记载的内容相符,甲供材对应的自购材料费用是否重复计算扣除,对开发企业采用自营方式来进行施工建设的费用是否有虚列,取得的建筑安装发票是否符合税法规定。

(2)建筑安装工程的平均建造成本,高于当地扣除项目金额标准的,要有合理的理由。

(3)质保金。在计算土地增值税时,建安企业就质保金向房开企业开具发票的,按发票所载金额予以扣除,未开发票的扣留的质保金不得扣除。如广州市规定质保金的比例只能是合同金额的5%以内,超过比例不允许扣除。

(九)公共配套设施费

根据国税发〔2006〕187号文规定,开发企业建造的跟清算项目配套的居委会、派出所、会所、停车场(库)、物业管理场所、变电站、热力站、幼儿园、托儿所等公共配套设施,按照下面这三个原则进行土地增值税处理:

(1)建成后产权属于全体业主所有的,成本费用可以扣除。

如广东省江门市的规定,产权属于全体业主所有的,要符合下列4个条件之一,它的成本费用就可以扣除:

①物权法规定是归全体业主所有的;
②国土房管部门出具证明材料,证明是全体业主所有的;
③经业主委员会书面说明,由全体业主所有的;
④业主委员会如果还未成立导致无法移交,应提交书面说明。

(2)建成后无偿移交给政府、公共事业单位用于非营利性的社会公共事业的,成本费用可以扣除。

属于无偿移交给政府、公共事业单位的,要满足下列两个条件之一:
①纳税人与政府、公共事业部门签订了移交的文书;
②由于政府、公共事业单位的原因不能及时接收的,应出具相关的证明。

(3)有偿转让的,计入收入,同时扣除成本。

除此之外,成本不能扣除。若提前扣除,将来企业销售这部分项目时,扣除成本为0,就要按照60%税率计算土地增值税。

不能办理权属转移登记的人防车位,其建筑面积按照人防设施竣工验收备案的文件确定,人防车位的成本计入建安成本,但需剔除一部分;剔除金额=按照人防面积占总建筑面积的比例×建安成本中不含室内外装修部分。

对公共配套设施共同成本的分摊,应按建筑面积法分配,且是唯一的方法。

(十)开发间接费用

开发间接费用是指直接组织管理开发项目发生的费用,包括工资、职工福利、折旧费、修理费、办公费、水电费、劳动保护费、周转房的摊销,由于开发间接费用跟企业的期间费用容易混淆。很多地方（包括广东省）规定，开发间接费用若与期间费用划分不清，则一律不允许扣除。

审核时应要求企业提供内部人员组织结构和具体岗位配置，用以划分开发间接费与期间费用。审核时注意：

①审核企业有没有将行政管理部门或者总部为组织和管理发生的期间费用计入到开发间接费用；

②审核开发间接费用是不是真实发生，有无预提，是否有合法凭证；

③处理方式是否符合会计准则或者行业会计制度；

④开发间接费用中的利息支出是否已经全额剔除；

⑤诉讼费、律师费、帮业主办理过户的手续费等费用是否已经剔除；

⑥企业的筹办费、销售活动相关的费用是否计入开发间接费用；

⑦企业建造营销设施的建造费是否已经剔除。

（十一）房地产开发费用

土地增值税的开发费用，包括利息和其他开发费用，若企业要据实扣除利息，要求同时满足以下条件：

（1）能够按照转让房地产的项目计算分摊，并且提供金融机构的证明。

（2）最高不能超过按商业银行同类同期贷款利率计算的金额，即必须是金融机构的，而且是要有金融机构的证明的。

（3）利息能够分摊到各个项目。

（4）其他的费用 =（地价 + 开发成本）× 5%；

房地产开发费用 = 其他的费用 + 利息。

（十二）转让房地产有关的税金

转让房地产有关的税金包括营业税时期的营业税、城建税及教育费附加。

（1）在营业税时代，印花税是计入管理费用的，因此不允许扣除。

（2）营改增后，房地产开发企业实际缴纳的城市维护建设税（以下简称"城建税"）、教育费附加，凡能够按清算项目准确计算的，允许据实扣除；凡不能按清算项目准确计算的，则按该清算项目预缴增值税时实际缴纳的城建税、教育费附加扣除。

根据广东省土增税清算新规程，纳税人缴纳的印花税列入"管理费用"科目核算的，按照房地产开发费用的有关规定扣除，列入"税金及附加"科目核算的，计入"与转让房地产有关税金"予以扣除。纳税人缴纳的地方教育附加可计入"与转让房地产有关税金"予以扣除。对不属于清算范围或者不属于转让房地产时发生的税金及附加，不应作为清算扣除项目。

（十三）加计扣除

对从事房地产开发的纳税人可按地价款和开发成本的金额之和，加计20%的扣除；若转让未开发的土地，则不能加计扣除。

五、扣除项目审核的概括性内容

①正确划分清算项目成本与非清算项目成本；

②有无利用虚增开支范围、虚提费用标准、虚构开发业务、取得虚假票据等手段虚增开发成本，成本费用支出明显不合理，额度过大的情形；

③甲供材成本是否重复扣除；

④有无将开发费用挤入开发成本的某一项目中去；

⑤有无预提开发成本费用的情况发生；

⑥有无利用关联方承包或分包，增加或者减少建筑安装成本造价的情形；

⑦有无将关联方费用挤入开发成本的某一项目中去；

⑧有无将已经由政府或者他人承担的各项费用重复扣除；

⑨自营工程建筑安装工程费支出是否合理，记账凭证是否合法；

⑩同时开发多个项目的、一次性取得土地分析开发的、同一项目有不同类型房地产的、同一建筑物中有不同类型房地产的，各项成本费用的分摊是否正确；

⑪企业实际发生的开发成本、费用是否取得了合法、有效凭证；

⑫税金扣除是否符合政策规定。

六、扣除项目审核的具体内容

（一）取得土地使用权所支付的金额

（1）取得土地使用权支付的金额是否获取合法有效的凭证，口径是否一致。

企业无论是以任何形式取得土地，包括出让、转让、接受投资、企业改制、债务重组、非货币性资产交换等，均应在支出实际发生，并按照税收法律规定取得相应合法凭据后方能计算扣除。支出虽然实际发生，但是所取得的凭据不符合要求的，也不应予以扣除。

（2）如果同一土地有多个开发项目，取得土地使用权支付金额的分配比例和具体金额的计算是否正确。

纳税人成片受让土地使用权后，分期分批开发、转让房地产的，其扣除项目金额的确定，可按照转让土地使用权的面积占总面积的比例计算分摊，或按照建筑面积计算分摊，也可以按税务机关确认的其他方式计算分摊。

（3）取得土地使用权支付金额是否含有关联方的费用。

（4）有无将期间费用记入取得土地使用权支付金额的情形。

（5）有无预提的取得土地使用权支付金额。

（6）比较、分析相同地段、相同期间、相同档次项目，判断其取得土地使用权支付金额是否存在明显异常。

（7）房地产开发企业逾期开发缴纳的土地闲置费是否计入了取得土地使用权支付金额。

（8）地方政府、财政部门以各种名义给予房地产开发公司的返还款处理是否正确。

（二）土地征用及拆迁补偿费

（1）征地费用、拆迁费用等实际支出与概预算是否存在明显异常。

（2）支付给个人的拆迁补偿款所需的拆迁（回迁）合同和签收花名册，并与相关账目核对。

（3）审核纳税人在由政府或者他人承担已征用和拆迁好的土地上进行开发的相关扣除项目，是否按税收规定扣除。

（4）安置回迁房确认拆迁补偿款的金额是否准确。

（三）前期工程费

（1）前期工程费的各项实际支出与概预算是否存在明显异常。

（2）审核纳税人是否虚列前期工程费，土地开发费用是否按税收规定扣除。

（3）审核是否将房地产开发项目营销费用、管理费用、财务费用计入前期工程费。

（4）审核多个（或分期）项目共同发生的前期工程费是否按项目合理分摊。

（四）建筑安装工程费

1. 出包方式

重点审核完工决算成本与工程概预算成本是否存在明显异常。当二者差异较大时，应当追加下列审核程序，以获取充分、适当、真实的证据：

（1）从合同管理部门获取施工单位与开发商签订的施工合同，并与相关账目进行核对，审核发生的费用是否与决算报告、审计报告、工程结算报告、工程施工合同记载的内容相符。

（2）实地查看项目工程情况，必要时向建筑监理公司取证。

（3）审核纳税人是否存在利用关联方（尤其是各企业适用不同的征收方式、不同税率，不同时段享受税收优惠时）承包或分包工程，增加或减少建筑安装成本造价的情形。

房地产开发企业办理土地增值税清算所附送的前期工程费、建筑安装工程费、基础设施费、开发间接费用的凭证或资料不符合清算要求或不实的，地方税务机关可参照当地建设工程造价管理部门公布的建安造价定额资料，结合房屋结构、用途、区位等因素，核定上述四项开发成本的单位面积金额标准，并据以计算扣除。具体核定方法由省税务机关确定。

（4）甲供材成本是否重复计入工程产值。

2. 自营方式

重点审核施工所发生的人工费、材料费、机械使用费、其他直接费用和管理费支出是否取得合法有效的凭证，是否按规定进行会计处理和税务处理。

（1）自营工程是否与决算报告、审计报告、工程结算报告、工程施工合同记载的内容相符。

（2）单位定额成本是否存在异常。

（3）自行施工建设有无虚列、多列施工人工费、材料费、机械使用费等情况。

（五）基础设施费和公共配套设施费

①审核各项基础设施费和公共配套设施费是否取得合法有效凭证；

②如果有多个项目，审核基础设施费和公共配套设施费是否分项目核算，是否将应计入其他项目的费用计入了清算项目；

③审核各项基础设施费和公共配套设施费是否包含其他企业的费用；

④审核各项基础设施费和公共配套设施费是否包含以明显不合理金额开具的各类凭证；

⑤审核是否将期间费用计入基础设施费和公共配套设施费；

⑥审核有无预提的基础设施费和公共配套设施费；

⑦获取项目概预算资料，比较、分析概预算费用与实际费用是否存在明显异常；

⑧审核基础设施费和公共配套设施费应负担各项开发成本是否已按规定分摊；

⑨各项基础设施费和公共配套设施费的分摊和扣除是否符合有关税收规定；

⑩公共配套设施的界定是否准确，公共配套设施费是否真实发生，有无预提的公共配套设施费情况。

（六）开发间接费用

①审核各项开发间接费用是否真实发生，是否取得合法有效凭证；

②如果有多个开发项目，开发间接费用是否分项目核算，是否将应计入其他项目的费用计入了清算项目；属于多个房地产项目共同的成本费用，应按清算项目可售建筑面积占多个项目可售总建筑面积的比例或其他合理的方法，计算确定清算项目的扣除金额。

③审核各项开发间接费用是否含有其他企业的费用；

④审核各项开发间接费用是否含有以明显不合理的金额开具的各类凭证；

⑤审核是否将期间费用计入开发间接费用；

⑥审核有无预提的开发间接费用；

⑦审核为管理和组织经营活动而发生的管理费用，是否在本项目中予以剔除；

⑧是否已经完整剔除借款费用；

⑨多个开发项目是否分项目核算或分摊，是否将其他项目的开发间接费用计入了清算项目。

（七）房地产开发费用

（1）应据实列支的财务费用是否取得合法有效的凭证，除据实列支的财务费用外的房地产开发费用是否按规定比例计算扣除。

根据国税函〔2010〕220号文，关于房地产开发费用的扣除问题表述如下：

①财务费用中的利息支出，凡能够按转让房地产项目计算分摊并提供金融机构证明的，允许据实扣除，但最高不能超过按商业银行同类同期贷款利率计算的金额。其他房地产开发费用，在按照"取得土地使用权所支付的金额"与"房地产开发成本"金额之和的5%以内计算扣除。

②凡不能按转让房地产项目计算分摊利息支出或不能提供金融机构证明的，房地产开发费用在按"取得土地使用权所支付的金额"与"房地产开发成本"金额之和的10%以内计算扣除。

③全部使用自有资金，没有利息支出的，按照以上方法扣除。

④上述具体适用的比例按省级人民政府此前规定的比例执行。

⑤房地产开发企业既向金融机构借款，又有其他借款的，其房地产开发费用计算扣除时不能同时适用本条 1、2 项所述两种办法。

（2）利息支出的审核。企业开发项目的利息支出不能够提供金融机构证明的，审核其利息支出是否按税收规定的比例计算扣除；开发项目的利息支出能够提供金融机构证明的，应按下列方法进行审核：

①各项利息费用是否取得合法有效的凭证；

②如果有多个开发项目，利息费用是否分项目核算，是否将应计入其他项目的利息费用计入了清算项目；

③审核各项借款合同，判断其相应条款是否符合有关规定；

④审核利息费用是否超过按商业银行同类同期贷款利率计算的金额；

⑤利用闲置专项借款对外投资取得收益，其收益是否冲减利息支出；

⑥清算时是否将利息支出从房地产开发成本中调整至开发费用。

（八）与转让房地产有关的税金

（1）应当确认与转让房地产有关的税金及附加扣除的范围是否符合税收有关规定，计算的扣除金额是否正确；

（2）对于不属于清算范围或者不属于转让房地产时发生的税金及附加，或者按照预售收入（不包括已经结转销售收入部分）计算并缴纳的税金及附加，不应作为清算的扣除项目。

（九）国家规定的加计扣除项目

（1）对取得土地（不论是生地还是熟地）使用权后，未进行任何形式的开发即转让的，审核是否按税收规定计算扣除项目金额，核实有无违反税收规定加计扣除的情形。

（2）对于取得土地使用权后，仅进行土地开发（如"三通一平"等），不建造房屋即转让土地使用权的，审核是否按税收规定计算扣除项目金额，是否按取得土地使用权时支付的地价款和开发土地的成本之和计算加计扣除。

（3）对于取得了房地产产权后，未进行任何实质性的改良或开发即再行转让的，审核是否按税收规定计算扣除项目金额，核实有无违反税收规定加计扣除的情形。

（4）对于县级以上人民政府要求房地产开发企业在售房时代收的各项费用，审核其代收费用是否计入房价并向购买方一并收取，核实有无将代收费用作为加计扣除的基数的情形。

七、扣除项目的特殊性审核

（一）发票的审核

1. 发票的取得

在票据审核时，应依据明细清单逐笔核对，如果发现账载支出凭证后附原始凭证无对应发票，则需要进一步确定发票是否已经开具，如发票已经开具而未附在该凭证后面，则需要查找相关科目的凭证；如果确定尚未开具发票，则一般认定为预估成本，需要进行成本调整。

2. 发票的项目名称

应依据明细清单逐笔核对，确认发票的项目名称是否为清算项目，如果发现发票的项目名称不是本清算项目，需要及时查明原因，进行成本调整，同时提醒企业将非清算项目的发票调整计入正确的项目。

3. 发票的抬头

如果发现有发票的抬头不属于清算项目的公司，需要进一步核对，如果属于对方开具错误，需要及时将发票退回重开，如果确实不属于清算项目公司，则需要进行成本调整。

4. 发票的金额

首先要确认发票金额、账载金额与工程决算金额是否一致，如果发现工程决算金额与发票金额有差异，则需要进一步了解差异的发票在哪里入账，同时对发票金额、账载金额与工程决算金额进行比对，分析三者的差异原因。通常情况下，工程决算金额与发票金额一致，则说明实际成本的发生额与符合列支要求的成本金额一致，则应以发票金额确定可扣除成本金额；如果工程决算金额与发票金额不一致，则说明实际成本的发生额与符合列支要求的成本金额不一致，则应采取孰小原则确定可扣除成本金额。

5. 发票的资金流

发票的资金流即成本的付款记录，如果发现发票对应的金额未实际付款，可先核对工程合同确认该部分未付款金额是否属于质保金，如果不属于质保金，则需要进一步核实未付款原因，进而核实该项成本的真实性。如果无充分证据证明未付款成本的真实性，则一般不允许作为扣除项目扣除。

6. 发票的业务性质

根据发票的内容判断支出业务是否为成本性质，如果不属于成本性质，则应进行调整。

7. 发票的备注栏

审核发票的备注栏是否按规定要求填列，企业接受建筑安装服务取得的增值税发票必须在发票的备注栏注明建筑服务发生地名称及项目名称，否则不得计入扣除项目金额。

（二）甲供材成本的审核

营改增后，基于建筑行业增值税计税方式的多样性，房地产开发项目甲供材的情形越来越多，甲供材成本的审核越发重要。一般来讲，材料在工程的造价中所占比例较高，避免材料成本重复扣除成为甲供材成本审核的核心。

甲供材的审核首先应核对工程合同和工程决算资料，根据工程合同里双方约定的甲供材类别分析甲供材的类别与账载材料类别是否一致，如果不一致，则需要核对差异材料类别是否重复计入工程造价；其次需要核对工程决算报告里材料的金额，分析入账的工程成本是否含有甲供材，如果已包含甲供材，则入账成本就不能再列支材料成本，已列支的属于重复扣除，需要进行调整。

（三）红线外成本的审核

红线外成本的审核需要根据相关明细科目提取业务数据，单独对红线外成本进行归集与统计，由于各地税务机关政策的差异性，红线外成本的处理需要依据成本支出的相关文件与证据资料，确定红线外支出的性质。

依据红线外支出的性质，如果该支出确定属于获取土地使用权所必须的附加条件。例如作为招拍挂拿地的附加条件，企业在开发项目红线外为政府建设道路或绿化工程，这种情况下，红线外支出实际上相当于拿地成本的一部分，企业如果能够提供相关的政府批文、合同、协议或会议纪要，一般情况下，该项红线外成本准予税前扣除；如果该支出属于企业为提升开发产品品质或促进销售，则构成实质上的销售费用，属于房地产开发费用的范畴，因此不得在成本中税前扣除。

第六节　后期处理

一、清算工作的时间要求

收入、成本审核完成后，根据土地增值税的清算规则，审核小组初步得出清算结果后，有关资料就可移交主管税务机关。主管税务机关应在项目清算受理之日起，于180日之内做出清算结论。如确有困难的，经县区级的税务局批准，可以延长90日。如有特殊情况的，经地级市的税务局批准，可再延续90日，并书面告知纳税人。最长的清算周期不超过360日。

主管税务机关应将清算结果书面通知纳税人，纳税人应自收到通知书之日起，30日内办理补税或者退税事宜。

二、清算后的尾盘管理

（一）尾盘管理

根据广东省土地增值税清算新规程，在土地增值税清算时未转让的房地产，清算后销售或有偿转让的，纳税人应按月汇总，并在次月15日内申报缴纳土地增值税；土地增值税清算审核期间转让房地产的，按规定预征土地增值税，待税务机关出具清算结论后，纳税人按照清算后再转让的规定汇总申报缴纳土地增值税，多退少补；主管税务机关应加强清算后尾盘管理，辅导纳税人及时、准确进行尾盘申报。

（二）尾盘申报

根据国税发〔2006〕187号文，在土地增值税清算时未转让的房地产，清算后销售或有偿转让的，纳税人应按规定进行土地增值税的纳税申报，扣除项目金额按清算时的单位建筑面积成本费用乘以销售或转让面积计算。而单位建筑面积成本费用＝清算时的扣除项目总金额÷清算的总建筑面积。

1. 根据深圳市《土地增值税征管工作规程》（国家税务总局深圳市税务局公告2019年第8号文），清算后尾盘申报时：

扣除项目金额＝清算时的单位建筑面积成本费用（不含与转让房地产有关的税金）×清算后转让的面积＋清算后转让时缴纳的与转让房地产有关的税金；

单位建筑面积成本费用（不含与转让房地产有关的税金）＝房地产开发项目总扣除项目金额（不含与转让房地产有关的税金）÷房地产开发项目的总可售建筑面积。

2. 根据《江门市房地产开发项目土地增值税清算管理办法》（国家税务总局江门市税务局公告2018年第3号文），在土地增值税清算时未转让的房地产，清算后销售或有偿转让的（下称"后续转让"），纳税人应按规定进行土地增值税申报，扣除项目金额按清算时经税务机关审核确定的单位建筑面积成本费用乘以销售或转让面积计算，其中：

（1）单位建筑面积成本费用＝清算时的扣除项目总金额÷清算的总建筑面积。

主管税务机关按"普通住宅""非普通住宅"及"其他类型房地产"分别确定单位建筑面积成本费用，并记录在清算结论书上。

（2）对后续转让的房地产，按月合并申报缴纳土地增值税，申报时应按"普通住宅""非普通住宅"及"其他类型房地产"三种房地产类型分别按各自收入、单位建筑面积成本费用和销售面积计算增值额、增值率和应纳税额。

（3）对后续转让普通住宅，按照上述方式计算的增值率未超过20%的，免征土地增值税。增值率超过20%的，应征收土地增值税。

（4）后续转让房地产的土地增值税计算方式应与项目的清算方式保持一致。以核定方式清算的项目存在后续转让的，其核定征收率为主管税务机关清算本项目时确定的核定征收率。

（5）主管税务机关建立管理台账，及时掌握已清算房地产开发项目未售部分房地产的使用和后续转让情况。对纳税人后续转让房地产已进行申报缴纳土地增值税的，核实纳税人申报土地增值税所依据的单位建筑面积成本费用与已清算部分的单位建筑面积成本费用是否一致。

第七节　土地增值税清算申报指引

根据《国家税务总局广东省土地增值税管理规程》（国家税务总局广东省税务局公告2019年第5号文）第二十一条规定："纳税人在办理土地增值税清算申报手续时，应提供以下资料：（一）土地增值税纳税申报表及其附表。（二）与清算项目有关的书面说明及其佐证资料。（三）主管税务机关要求报送项目会计资料的，还应提供会计凭证资料。（四）已委托涉税专业服务机构代理申报、审核鉴证的纳税人，应报送涉税专业服务机构出具的报告。（五）纳税人如未按本规程第十六条规定报送相关资料的，应一并补正。"

第十六条规定:"项目管理信息主要包括:(一)取得土地、立项与规划环节的资料。(二)项目工程施工环节的资料。(三)销售(预售)商品房环节的资料。(四)项目竣工验收备案环节的资料。(五)取得房地产权属证明环节的资料。(六)其他资料。税务机关已通过政府部门信息共享获取上述项目资料的,无需纳税人报送;暂未实现政府部门信息共享的,由纳税人在取得相关资料30日内通过土地增值税管理系统报送。"

从以上规定来看,纳税人办理土增税清算申报资料主要包括申报表及其附表、书面说明、会计资料、鉴证报告和项目管理资料。下面重点说明申报表及其附表的填写和注意事项,既可作为纳税人申报指引,也可作为税务人员审核指引。

如甲房地产开发公司,2014年通过招拍挂取得一宗商住用地,土地面积10万平方米,容积率3.0;直至2018年才对土地总体立项、总体规划、分期开发,一期项目占地4万平方米、总建筑面积12万平方米,二期项目占地6万平方米、总建筑面积18万平方米;2019年4月一期项目开始预售,销售情况非常理想,同年办理了竣工验收和交楼手续,甲公司按税法规定预缴了增值税、土地增值税,确认销项税额,缴纳了增值税、附加税费、印花税等相关税费。2020年1月,主管税务机关通过评估,一期项目已竣工验收且销售比例超过85%,符合可清算条件,对甲公司下达清算通知。2020年4月,在收到清算通知书90日内向主管税务机关办理土地增值税清算申报手续。

一、土增税纳税申报表及其附表

根据国税函〔2016〕309号文和广东省土增税清算新规程,纳税申报表及其附表由1张主表和13张附表组成。

主表分为如下三种类型:

①土地增值税纳税申报表(二),适用从事房地产开发并转让的土地增值税纳税人;

②土地增值税纳税申报表(五),适用于从事房地产开发与建设的纳税人,清算方式为核定征收时填报,各行次应按不同房产类型分别填写,纳税人在填报土地增值税纳税申报表(五)时,应同时提交税务机关出具的核定文书;

③土地增值税纳税申报表(六),适用于从事房地产开发与建设的纳税人,及非从事房地产开发的纳税人,在整体转让在建工程时填报,数据应填列至其他类型房地产类型中。

以下13张附表中,2张附表说明与清算项目有关的面积和收入,10张附表说明与清算项目有关的扣除项目金额,1张附表说明关联方及其交易情况。除关联方及其交易情况表之外,其他12张附表的数据通过合规的逻辑关系计算形成主表的部分表头项目和表中项目的数据。

土地增值税清算申报表体系见表4-12:

表4-12 土地增值税清算申报表体系汇总表

序号	材料名称	数量(张)	备注
1	土地增值税纳税申报表(二)/(五)/(六)		
2	与收入和成本有关的面积明细申报表		

(续上表)

序号	材料名称	数量（张）	备注
3	销售情况表		
4	关联方及其交易情况		
5	扣除项目汇总明细表		
6	取得土地使用权所支付的金额明细表		
7	土地征用及拆迁补偿费明细表		
8	前期工程费明细表		
9	建筑安装工程费明细表		
10	基础设施费明细表		
11	公共配套设施费明细表		
12	开发间接费用明细表		
13	利息支出明细表		
14	与转让房地产有关的税金明细表		

二、与面积和收入有关的 2 张附表

（一）与收入和成本有关的面积明细申报表（见表 4-13）

表 4-13　与收入和成本有关的面积明细申报表

纳税人名称（盖章）：
纳税人识别号：
填表日期：　年　月　日　　　　　　　　　　　　　　　　　　　　单位：平方米

项目	行次	普通住宅	非普通住宅	商铺	车库	办公用房	会所	学校等公共配套设施	人防设施	其他	合并
		1	2	3	4	5	6	7	8	9	10=1+2+3+4+5+6+7+8+9
开发项目土地面积	1										
本（分期）项目使用土地面积	2										
总建筑面积	3										
可售建筑面积	4										
已售建筑面积	5										
未售建筑面积	6										
出租或自用建筑面积	7										
待售建筑面积	8										

（1）土地面积。表4-13中第1行"开发项目土地面积"及第2行"本（分期）项目使用土地面积"，只需填列合计数；一般结合"立项批文"和"不动产权证书"填列。

（2）建筑面积。可根据不动产登记部门出具的商品房产权权属证明、房屋测量成果报告确认的面积填列，填列各个房产类型的"总建筑面积""可售建筑面积"；表4-13中第4行"可售建筑面积"，对于建成后有偿转让的公共配套设施，对应的建筑面积填列至第4行第7列；第5行"已售建筑面积"，根据《销售情况表》统计对应的建筑面积填列；未售建筑面积＝出租或自用建筑面积＋待售建筑面积。

（二）销售情况表（见表4-14）

表 4-14 销售情况表

纳税人名称（盖章）：
纳税人识别号：
填表日期：　年　月　日

序号	购房者名称	房屋座落地址（幢号）	房屋座落地址（房号）	房产类型	建筑面积	套内面积	建筑单价	套内单价	合同签订时间	合同编号	合同金额	实收房款	发票金额	发票号码	备注
合计															

（1）基础数据。结合销售发票、销售合同、销售（预售）许可证、房产销售分户明细表及其他有关资料初步填写销售情况表。其中"房产类型"要按普通住宅、非普通住宅、商铺、车库、办公用房、会所、学校等公共配套设施、人防设施、其他等9种类型填写。

（2）销售收入。对销售合同所载商品房面积与有关部门实际测量面积不一致的，调整"建筑面积"和"套内面积"，发生补、退房款时要调整"实收房款"；对因转让房地产收取的违约金、定金、赔偿金、分期付款（延期付款）利息等，属于土增税的有关经济利益，要并入"实收房款"。

（3）视同销售收入。房地产开发企业将开发产品用于职工福利、奖励、对外投资、分配给股东或投资人、抵偿债务、换取其他单位和个人的非货币性资产等，发生所有权转移时应视同销售房地产，其收入按视同销售收入的方法和顺序来确定。

（4）普通住宅类型。同时符合下列条件的，才属于普通住宅：住宅小区建筑容积率在1.0以上；单套住房套内建筑面积120平方米或单套建筑面积144平方米以下；实际成交价格低于同级别土地上住房平均交易价格的1.44倍以下的。

（5）售价偏低。按照同一年度销售的同类型房地产的平均价格，筛选低于平均价格百分之七十的销售记录，对售价偏低且无正当理由的，按照平均价格调增"实收房款"；对售价偏低且有正当理由的，提供相关资料。

三、与扣除项目有关的9张附表

（一）与地价和成本有关的7张明细表

与地价和成本有关的7张明细表包括：

①取得土地使用权所支付的金额明细表；

②土地征用及拆迁补偿费明细表；

③前期工程费明细表；

④建筑安装工程费明细表；

⑤基础设施费明细表；

⑥公共配套设施费明细表；

⑦开发间接费用明细表。

由于与地价和成本有关的7张明细表的格式完全一样，只是归集的内容不同，故本处只列举取得土地使用权所支付的金额明细表（见表4-15），其他明细表将不再一一列举。

表 4-15　取得土地使用权所支付的金额明细表

纳税人名称（盖章）：
纳税人识别号：
填表日期：　年　月　日

单位：元（列至角分）

序号	项目名称	凭证号	内容摘要	收款方	发票（财政票据）号码	发票（财政票据）金额	实际付款金额	可抵扣的增值税进项税额	计入扣除项目金额	本期清算分摊比例	归集到清算项目扣除金额	成本对象类型	合同名称（编号）	备注

（1）基础数据。结合对应清算项目的会计科目"土地征用及拆迁补偿费""前期工程费""建筑安装工程费""基础设施建设费""公共配套设施费""开发间接费"等的明细账及其他有关资料，初步填写对应的明细表；其中科目"土地征用及拆迁补偿费"对应"取得土地使用权所支付的金额"和"土地征用及拆迁补偿费"2 张明细表。

（2）项目名称。结合会计凭证及其他资料，确定扣除项目的内容是否合法，并选择对应项目名称，详见表 4-16。

表 4-16　开发成本内容明细表

明细表	项　目　名　称
取得土地使用权所支付的金额	是指纳税人为取得土地使用权所支付的地价款和按国家统一规定交纳的有关费用，契税应视同"按国家统一规定交纳的有关费用"，土地闲置费不得扣除
土地征用及拆迁补偿费	包括土地征用费、耕地占用税、劳动力安置费及有关地上、地下附着物拆迁补偿的净支出、安置动迁用房支出等
前期工程费	包括规划、设计、项目可行性研究和水文、地质、勘察、测绘、"三通一平"等支出
建筑安装工程费	是指以出包方式支付给承包单位的建筑安装工程费，以自营方式发生的建筑安装工程费，具体指桩基础、地下室工程、地上建筑工程、户内装修、高档外立面、其他建筑安装工程费。
基础设施建设费	包括开发小区内道路、供水、供电、供气、排污、排洪、通信、照明、环卫、绿化等工程发生的支出
公共配套设施费	包括不能有偿转让的开发小区内公共配套设施发生的支出，具体指物业管理用房费用、变电站费用、热力站费用、水厂费用、居委会用房费用、派出所用房费用、幼儿园用房费用、学校用房费用、托儿所用房费用、公共厕所用房费用、自行车棚用房费用、邮电通信用房费用、其他非营业性公共设施费用
开发间接费用	是指直接组织、管理开发项目发生的费用，包括工资、职工福利费、折旧费、修理费、办公费、水电费、劳动保护费、周转房摊销等

（3）合法有效凭证。检查是否获取合法有效的凭证。合法有效凭证包括，支付给境内单位或个人的款项，且该行为属于营业税或者增值税征收范围的，以该单位或个人开具的发票为合法有效凭证；支付的行政事业性收费或政府性基金，以开具的省以上（含省级）财政部门监（印）制的财政票据为合法有效凭证；支付给境外单位或个人的款项，以境外单位或个人的签收单据为合法有效凭证，主管税务机关对签收单据有疑问，可按主管税务机关要求提供境外公证机构的确认证明的；会计账簿及银行付款凭证；合法经济合同及有关协议；其他合法有效凭证。

（4）本期清算分摊比例。分期开发项目或者同时开发多个项目的，按照受益对象，采用合理的分配方法，分摊共同的成本费用，将分摊比例填列入本列，本项目单独开发的，分摊比例为 1。

（5）成本对象类型。能直接归集的成本，填列所属房产类型；不能直接归集的共同成本，填列"共同成本"。

（6）其他注意事项见表 4-17。

表 4-17 成本扣除注意事项明细表

明细表	注 意 事 项
取得土地使用权所支付的金额	企业改制重组后再转让国有土地使用权并申报缴纳土地增值税时，应以改制前取得该宗国有土地使用权所支付的地价款和按国家统一规定缴纳的有关费用，作为该企业"取得土地使用权所支付的金额"扣除。企业在重组改制过程中经省级以上（含省级）国土管理部门批准，国家以国有土地使用权作价出资入股的，再转让该宗国有土地使用权并申报缴纳土地增值税时，应以该宗土地作价入股时省级以上（含省级）国土管理部门批准的评估价格，作为该企业"取得土地使用权所支付的金额"扣除。办理纳税申报时，企业应提供该宗土地作价入股时省级以上（含省级）国土管理部门的批准文件和批准的评估价格，不能提供批准文件和批准的评估价格的，不得扣除
土地征用及拆迁补偿费	支付给个人的拆迁补偿款、拆迁（回迁）合同和签收花名册或签收凭证是否一一对应，关于拆迁安置土地增值税计算问题： 1. 房地产企业用建造的本项目房地产安置回迁户的，安置用房视同销售处理，按《国家税务总局关于房地产开发企业土地增值税清算管理有关问题的通知》（国税发〔2006〕187号文）第三条第（一）款规定确认收入，同时将此确认为房地产开发项目的拆迁补偿费。房地产开发企业支付给回迁户的补差价款，计入拆迁补偿费；回迁户支付给房地产开发企业的补差价款，应抵减本项目拆迁补偿费。 2. 开发企业采取异地安置，异地安置的房屋属于自行开发建造的，房屋价值按国税发〔2006〕187号文第三条第（一）款的规定计算，计入本项目的拆迁补偿费；异地安置的房屋属于购入的，以实际支付的购房支出计入拆迁补偿费。 3. 货币安置拆迁的，房地产开发企业凭合法有效凭据计入拆迁补偿费。 前期工程费、基础设施费、开发间接费用： 《中华人民共和国土地增值税暂行条例》等规定的土地增值税扣除项目涉及的增值税进项税额，允许在销项税额中计算抵扣的，不计入扣除项目，不允许在销项税额中计算抵扣的，可以计入扣除项目
前期工程费、基础设施费、开发间接费用	营改增后，土地增值税纳税人接受建筑安装服务取得的增值税发票，应按照《国家税务总局关于全面推开营业税改征增值税试点有关税收征收管理事项的公告》（国家税务总局2016年第23号文）规定，在发票的备注栏注明建筑服务发生地县（市、区）名称及项目名称，否则不得计入土地增值税扣除项目金额
建筑安装工程费	在发票的备注栏注明建筑服务发生地县（市、区）名称及项目名称，否则不得计入土地增值税扣除项目金额；发生的费用是否与建安发票、工程施工合同及补充协议、工程结算报告记载的内容相符
公共配套设施费	利用地下人防设施建造的车位，是否按照以下方式处理：建成后产权属于全体业主所有或无偿移交给政府的，其成本、费用予以扣除；有偿转让且能办理权属转移登记手续的，应计算收入，并准予扣除成本、费用；不能办理权属转移登记手续的，不计算收入，不予扣除相应成本、费用。不能办理权属转移登记手续的人防车位，其建筑面积按照人防设施竣工验收备案文件确定，其不予扣除的成本按照建筑面积比例在不含室内（外）装修费用的建筑安装工程费中计算

（二）利息支出明细表（见表 4-18）

表 4-18 利息支出明细表

纳税人名称（盖章）：
纳税人识别号：
填表日期：　年　月　日

序号	金融机构名称	凭证号	合同编号	借款日期	借款金额	借款期限	年利率	银行同期基准利率	允许列支利息金额	可抵扣的增值税进项税额	计入扣除项目金额	本期清算分摊比例	归集到清算项目扣除金额	成本对象类型	备注

1. 填表说明

凡能够按转让房地产项目计算分摊并提供金融机构证明的，允许据实扣除，需填列此表，否则不需要。

2. 注意要点

（1）既向金融机构借款，又有其他借款的，其房地产开发费用计算扣除时不能同时适用据实扣除和比例扣除两种办法。其中，金融机构是指取得中国人民银行、中国银行保险监督管理委员会、中国证券监督管理委员会、省级金融主管部门批准经营贷款业务。

（2）限额扣除。利息支出最高不能超过按商业银行同类同期贷款利率计算的金额；商业银行同类同期贷款利率是指在贷款期限、贷款金额、贷款担保以及企业信誉等基本条件相同下商业银行提供贷款的利率。

（3）冲减扣除。利用闲置专项借款对外投资取得收益，其收益需冲减利息支出。

（4）不得扣除。向金融机构支付的顾问费、手续费、咨询费等非利息性质的费用不能填列。

（三）与转让房地产有关的税费明细表申报表（见表4-19）

表4-19 与转让房地产有关的税费明细表申报表

纳税人名称（盖章）：
纳税人识别号：
填表日期： 年 月 日   单位：元（列至角分）

税费起止日期（起）			年 月 日	税费起止日期（止）	年 月 日
行次	税种	分类	按清算项目准确计算实际缴纳税款金额	按该清算项目预缴增值税时实际缴纳税款金额	备注
1	营业税	普通住宅			
2		非普通住宅			
3		其他类型房地产			
4		本项合计			
5	城市维护建设税	普通住宅			
6		非普通住宅			
7		其他类型房地产			
8		本项合计			
9	教育费附加	普通住宅			
10		非普通住宅			
11		其他类型房地产			
12		本项合计			

（续上表）

税费起止日期（起）			年　月　日	税费起止日期（止）	年　月　日
行次	税种	分类	按清算项目准确计算实际缴纳税款金额	按该清算项目预缴增值税时实际缴纳税款金额	备注
13	地方教育附加	普通住宅			
14		非普通住宅			
15		其他类型房地产			
16	本项合计				
17	印花税	普通住宅			
18		非普通住宅			
19		其他类型房地产			
20	本项合计				
21	预征土地增值税	普通住宅			
22		非普通住宅			
23		其他类型房地产			
24	本项合计				

国税函〔2016〕309号文的申报表主表中只列举了营业税、城市维护建设税、教育费附加三种，分别对应填列在主表的第18、19、20行；该附表是广东省土增税清算新规程的附表，其内容比较详细，其中第24行预征土地增值税对应主表的第35行。

（1）按清算项目准确计算。营改增后，实际缴纳的城市维护建设税、教育费附加、地方教育附加，凡能够按清算项目准确计算的，允许据实扣除。凡不能按清算项目准确计算的，则按该清算项目预缴增值税时实际缴纳的城建税、教育费附加、地方教育附加扣除。

（2）与转让房地产有关的印花税。自2016年12月起，缴纳与转让房地产有关的印花税已列入"税金及附加"科目核算的，可以扣除。

（3）预征土地增值税。纳税人在项目全部竣工结算前转让房地产取得的收入，由于涉及成本确定或其他原因，而无法据以计算土地增值税的，可以预征土地增值税，待该项目全部竣工、办理结算后再进行清算，多退少补。具体办法由各省、自治区、直辖市地方税务局根据当地情况制定。

（四）扣除项目汇总明细表（见表4-20）

表 4-20 扣除项目汇总明细表

纳税人名称（盖章）：
纳税人识别号：
填表日期：　　年　　月　　日　　　　　　　　　　　　　　　　　　　　单位：元（列至角分）

行次	项目	扣除项目金额				
		共同成本	单独归集到普通住宅	单独归集到非普通住宅	单独归集到其他类型房地产	合计
1	一、取得土地使用权所支付的金额					
2	支付的土地出让金额					
3	支付地价款金额					
4	交纳的有关税费					
5	二、土地征用及拆迁补偿费					
6	土地征用费用					
7	耕地占用税					
8	劳动力安置费					
9	安置动迁用房支出					
10	拆迁补偿款					
11	其他土地成本					
12	三、前期工程费					
13	规划费用					
14	设计费用					
15	项目可行性研究费用					
16	水文费用					
17	地质费用					
18	勘探费用					
19	测绘费用					
20	七通一平支出					
21	其他前期工程费					
22	四、建筑安装工程费					
23	桩基础					
24	地下室工程					
25	地上建筑工程					
26	户内装修					
27	高档外立面					

(续上表)

行次	项目	扣除项目金额				
		共同成本	单独归集到普通住宅	单独归集到非普通住宅	单独归集到其他类型房地产	合计
28	其他建筑安装工程费					
29	五、基础设施费					
30	开发小区内道路工程支出					
31	供水工程支出					
32	供电工程支出					
33	供气工程支出					
34	排污工程支出					
35	排洪工程支出					
36	通信工程支出					
37	照明工程支出					
38	环卫工程支出					
39	绿化费用					
40	其他设施工程发生的支出					
41	六、公共配套设施费					
42	物业管理用房费用					
43	变电站费用					
44	热力站费用					
45	水厂费用					
46	居委会用房费用					
47	派出所用房费用					
48	幼儿园用房费用					
49	学校用房费用					
50	托儿所用房费用					
51	公共厕所费用					
52	自行车棚用房费用					
53	邮电通信用房费用					
54	其他非营业性公共设施费用					
55	七、开发间接费用					
56	管理人员工资					
57	职工福利费					

（续上表）

行次	项目	扣除项目金额				
		共同成本	单独归集到普通住宅	单独归集到非普通住宅	单独归集到其他类型房地产	合计
58	折旧费					
59	修理费					
60	办公费					
61	水电费					
62	劳动保护费					
63	周转房摊销费					
64	其他发生的间接费用					
65	八、房地产开发费用					
66	利息支出					
67	其他房地产开发费用					
68	合计					

按照与地价和成本有关的7张明细表中的"项目名称""成本对象类型"统计汇总到扣除项目汇总明细表；与关于利息支出明细表，如果据实扣除，按统计汇总结果填列扣除项目汇总明细表。

表4-20中第66行次"利息支出"，第67行次"其他房地产开发费用"按"取得土地使用权所支付的金额"与"房地产开发成本"金额之和的5%填列；如果按计算扣除，则第66行次"利息支出"为0，第67行次按"取得土地使用权所支付的金额"与"房地产开发成本"金额之和的10%填列。

（五）土地增值税纳税申报表（二）（从事房地产开发的纳税人清算适用）

表4-21 土地增值税纳税申报表（二）（从事房地产开发的纳税人清算适用）

税款所属时间：　年　月　日至　年　月　日　　　　　　　　填表时间：　年　月　日

金额单位：元至角分　面积单位：平方米

纳税人识别号□□□□□□□□□□□□□□□□□□□

纳税人名称		项目名称		项目编号		项目地址	
所属行业		登记注册类型		纳税人地址		邮政编码	
开户银行		银行账号		主管部门		电话	
总可售面积				自用和出租面积			
已售面积		其中：普通住宅已售面积		其中：非普通住宅已售面积		其中：其他类型房地产已售面积	

（续上表）

项　目	行　次	金　额			
		普通住宅	非普通住宅	其他类型房地产	合计
一、转让房地产收入总额　1=2+3+4	1				
其中	货币收入	2				
其中	实物收入及其他收入	3				
其中	视同销售收入	4				
二、扣除项目金额合计　5=6+7+14+17+21+22	5				
1.取得土地使用权所支付的金额	6				
2.房地产开发成本　7=8+9+10+11+12+13	7				
其中	土地征用及拆迁补偿费	8				
其中	前期工程费	9				
其中	建筑安装工程费	10				
其中	基础设施费	11				
其中	公共配套设施费	12				
其中	开发间接费用	13				
3.房地产开发费用　14=15+16	14				
其中	利息支出	15				
其中	其他房地产开发费用	16				
4.与转让房地产有关的税金等　17=18+19+20	17				
其中	营业税	18				
其中	城市维护建设税	19				
其中	教育费附加	20				
5.财政部规定的其他扣除项目	21				
6.代收费用	22				
三、增值额　23=1-5	23				
四、增值额与扣除项目金额之比（%）　24=23÷5	24				
五、适用税率（%）	25				
六、速算扣除系数（%）	26				
七、应缴土地增值税税额　27=23×25-5×26	27				
八、减免税额　28=30+32+34	28				

(续上表)

项目			行次	金额			
				普通住宅	非普通住宅	其他类型房地产	合计
其中	减免税（1）	减免性质代码（1）	29				
		减免税额（1）	30				
	减免税（2）	减免性质代码（2）	31				
		减免税额（2）	32				
	减免税（3）	减免性质代码（3）	33				
		减免税额（3）	34				
九、已缴土地增值税税额			35				
十、应补（退）土地增值税税额 36=27-28-35			36				

1. 表头项目

（1）税款所属期是项目预征开始的时间，截止日期是税务机关规定（通知）申报期限的最后一日（应清算项目达到清算条件起90天的最后一日／可清算项目税务机关通知书送达起90天的最后一日）。

（2）纳税人识别号：填写税务机关为纳税人确定的识别号。

（3）项目名称：填写纳税人所开发并转让的房地产开发项目全称。

（4）项目编号：是在进行房地产项目登记时，税务机关按照一定的规则赋予的编号，此编号会跟随项目的预征清算全过程。

（5）所属行业：根据《国民经济行业分类》（GB/T 4754-2011）填写。该项可由系统根据纳税人识别号自动带出，无须纳税人填写。

（6）登记注册类型：单位，根据税务登记证或组织机构代码证中登记的注册类型填写；纳税人是企业的，根据国家统计局《关于划分企业登记注册类型的规定》填写。该项可由系统根据纳税人识别号自动带出，无须纳税人填写。

（7）主管部门：按纳税人隶属的管理部门或总机构填写。外商投资企业不填。

（8）开户银行：填写纳税人开设银行账户的银行名称；如果纳税人在多个银行开户的，填写其主要经营账户的银行名称。

（9）银行账号：填写纳税人开设的银行账户的号码；如果纳税人拥有多个银行账户的，填写其主要经营账户的号码。

（10）总可售面积、自用和出租面积、已售面积、其中普通住宅已售面积、其中其他类型房地产已售面积：根据"与收入和成本有关的面积明细申报表"的数据填写。

2. 表4-21中项目

（1）第2—4行，根据"销售情况表"的"实收房款"减去增值税填写。营改增后，纳税人转让房地产的土地增值税应税收入不含增值税。适用增值税一般计税方法的纳税人，其转让房地产的土地增值税应税收入不含增值税销项税额；适用简易计税方法的纳税人，其转让房地产的土地增值税应税收入不含增值税应纳税额。特别注意，对于允许可扣除土地价款的销项税额是差额的，实操要调增销项税额抵减。

（2）第6行、第8至13行、第15至16行，根据"与收入和成本有关的面积明细申报表"的"已售建筑面积"与"总建筑面积"的比例，以及"扣除项目汇总明细表"对应项目的数据计算填列。

（3）第18至20行、第35行，根据"与转让房地产有关的税金""已缴纳土地增值税税额"的数据填写。

（4）第21行"财政部规定的其他扣除项目"，是指根据表第6、7行之和的20%填写。

（5）第25行"适用税率"，应根据《条例》规定的四级超率累进税率，按所适用的最高一级税率填写。

（6）第26行"速算扣除系数"，应根据《细则》第十条的规定找出相关速算扣除系数来填写。

（7）第28、30、32行"减免性质代码"：按照税务机关最新制发的减免税政策代码表中最细项减免性质代码填报。表第29、31、33行"减免税额"填写相应"减免性质代码"对应的减免税金额，纳税人同时享受多个减免税政策应分别填写，不享受减免税的，不填写此项。

（8）每行按照"普通住宅、其他类型房地产"分别填写。

第五章 三大税种融会贯通篇

第一节 计税原理及特殊属性

房地产行业的三大税种各具特色，同时也具备千丝万缕的内在关联。从三大税种的设计原理来看，每个税种的全部流程都无时无刻闪现出收入与成本的影子，每个房地产企业的三大税种从纳税义务开始到结束的全过程就如同讲述着一个个收入与成本的故事。当然，每个税种对收入与成本概念的界定和描述各不相同，有的计税只涉及到利润表的内容，有的计税还涉及到资产负债表的内容。因此，深入研究房地产三大税种背后收入与成本的故事，有助于我们更加深刻清晰地理解三大税种，从而更加熟练进行三大税种税收政策的实践与应用。

一、增值税

房地产增值税是以房地产企业的开发产品在流转过程中产生的增值额作为计税依据而征收的一种流转税。从计税原理上来讲，增值税是对房地产企业开发产品的生产、流通、配套劳务服务中多个环节的新增价值或开发产品的附加值征收的一种流转税。有增值才征税，没增值不征税。

一个房地产项目，从组建项目公司拿地开始投入到全部开发产品售完实现全部销售收入，假如没有后续其他应税业务，整个流程就是增值税纳税义务开始到终止的全过程。从收入与成本的角度来讲，如果收入等于或者小于成本，整个项目是没有增值的，整个项目是不需要征增值税的，增值税的税负为0，当然这里的成本是指整个项目及与项目开发相关的全部投入，而不仅限于利润表中的成本费用项目。

一个房地产项目如果没有增值就一定不用交增值税吗？当然不是。虽然增值税的计税原理是以增值额为起点，但真实的增值额计算非常复杂且很难准确计算，因此我们国家也采取了国际上普遍通用的税款抵扣的办法。即根据销售开发产品的销售额，按规定的税率计算出销售税额（即销项税额），然后扣除建造该开发产品时所支付的增值税款（即进项税额），其差额就是增值部分应交的增值税额，按照销项税额减进项税额这种简单的计算方法也同样体现了按增值额征税的计税原理。对于一个房地产开发项目来讲，收入包括了所有的销售收入与视同收入，计算销项税额没有问题，但所有的投入成本能否全部拿到进项发票是个问题，即使该项目的收入小于或等于投入成本，但由于所有的投入成本无法全部拿到进项发票，同样也可能需要缴纳增值税。况且目前的税收政策不允许抵扣财务利息、人工成本、日常生活服务、餐饮娱乐等四类进项税额，因此单纯从收入与投入成本的角度考虑增值税是不准确的。但增值税一定是与收入和成本息息相关的，销项税额对应着收入，进项税额对应着投入成本，虽然收入小于或等于投入成本不一定不交增值税，但如果收入大于投入成本则一定会交增值税。

对于房地产行业来讲，增值税是一个新的税种，增值税政策应用于房地产行业也衍生出某些特有属性，需要进一步了解。

（一）行业税负

增值税实行价外税，同时可以流转，即上游交的税可以由下游来抵扣，流转到最后由消费者承担。从流转的原理简单来讲，房地产企业交给税局的增值税就是从购房的消费者手里收到了销项税额，再减去购买建筑劳务时付给上游的进项税额之后的差额，这样是不是意味着房地产企业就没有税负了呢？当然不是。

营业税时代，五个点的税负是固定的。营改增之后房地产企业的税负到底是增是减许多人还是搞不清楚，如果是简易计税，同样五个点的税率，但增值税的税基小了，增值税的税负变小了，这一点很好理解。但如果是一般计税方式呢？税负到底是增是减不能一概而论，具体项目需要具体分析，许多人测算增值税税负的时候只是一味地盯着销项税额和进项税额，这其实是个误区，况且进项税额的测算本身就比较麻烦。这个时候就需要回归增值税的本质了，增值税是针对增值额征税的，增值额是由收入和投入成本决定的，因此增值税的税负实际上是由背后的收入与成本决定的。假如一个项目的收入是固定的，如果投入成本很大，增值额就小，所交的增值税就少，增值税税负就低；反之，如果投入成本很小，增值额就大，所交的增值税就多，增值税税负就高。因此，增值税税负的决定性因素是增值额，增值额大，增值税税负可能高于营业税时代的五个点，增值额小，增值税税负可能低于营业税时代的五个点，这才是房地产行业增值税税负的本质。

（二）新老项目

房地产行业增值税有一个特殊属性是区分新老项目，老项目可以选择一般计税，也可以选择简易计税，但新项目只能选择一般计税。对于房地产行业来讲，由于开发周期比较长，如果是在营改增之前取得施工许可证，则有可能已经取得了部分营业税时代的建安发票，因此必须区分新老项目，对于老项目的计税方式给纳税人自由选择的权利。

按照政策规定，房地产开发企业中的一般纳税人，销售自行开发的房地产老项目，可以选择适用简易计税方法。如何界定"房地产老项目"呢？

房地产老项目是指：①《建筑工程施工许可证》注明的合同开工日期在 2016 年 4 月 30 日前的房地产项目；②《建筑工程施工许可证》未注明合同开工日期或者未取得《建筑工程施工许可证》，但建筑工程承包合同注明的开工日期在 2016 年 4 月 30 日前的建筑工程项目。

怎样算一个项目？分期项目在 2016 年 4 月 30 日前后分别取得《建筑工程施工许可证》，是作为一个项目还是不同项目？

按《建筑工程施工许可证》进行项目划分。分期项目分别取得《建筑工程施工许可证》应作为不同项目处理。

（三）购进特性

增值税的进项税额具有购进特性，即只要拿到增值税专用发票就可以进入进项税额进行抵扣，同时也可以留抵。从税制设计来看，企业真实发生了投入成本并取得了合法合规的增值税专用发票，就认同企业已经向上游企业缴纳了进项税额，那发票上的进项税额理所应当地可以马上进行抵扣。在这里进项税额就体现出明显的购进特性，只要购进可以抵扣，并不需要考虑与收入销项税额的相关性与配比性。

因此，考量一个房地产项目增值税税负的时候，一定要对整个项目的收入与成本进行通盘考虑，已发生投入成本的进项税额发票已经全部拿齐，同时项目的开发产品也要全部售完，才能进行该项目的增值税税负的测算。一个房地产项目如果还有剩余的开发产品未售，只是通过已缴纳的增值税和与之匹配的收入是无法准确测算该项目的增值税税负的。

（四）销项抵减

销项抵减也是房地产增值税的特殊属性，企业在取得土地时不能取得增值税专用发票，而土地成本在整个房地产开发成本中所占比重较高，采取销项税额抵减的方法也是出于合理性的考量，采取差额征税的方式完美地解决了这一问题，但也造成了差额征税全额开票的情况。同时，在政策实践中还有待进一步优化与完善，相关政策明确了可扣除的土地价款是指向政府、土地管理部门或受政府委托收取土地价款的单位直接支付的土地价款。"直接支付"的表述很大程度上增添了政策实践应用时的局限性，这也就意味着并不是所有的土地成本都能销项抵减，需要征纳双方认真区别，最好能有文件进行进一步明晰。此外，由于增值税申报表无需经过系统数据比对即可填写，容易产生税务风险，有必要通过金三系统进行规范操作。

（五）增量留抵退税

增量留抵退税虽然是针对各行业的共性问题，但对于房地产企业来说的确是意义非凡。由于行业自身的特殊性，房地产企业在竣工交楼确认增值税收入之前都会积累大量的留抵税额，实行留抵退税将会有效减小房地产企业的资金周转压力。

二、企业所得税

房地产行业的所得税处理是房地产税务处理的难点之一，所得税是与收入成本联系最紧密的税种，由于特殊的行业特性，房地产行业的所得税比其他行业要复杂很多。国税发〔2009〕31号文作为房地产行业所得税政策的定海神针，虽历经十一载却依然正常应用于房地产开发项目的方方面面，依然值得我们学习和探讨。

（一）基本原则

所得税处理的基本原则是权责发生制，讲究成本费用与收入的相关性与配比性，某一项成本费用虽然在当期发生，但并不是与当期收入相关的成本费用的话，就不应该在当期扣除。所得税处理的另一基本原则是实际发生，即讲究经济业务发生的真实性，某项经济业务实际发生了，就构成与收入相匹配的成本费用的组成部分。但国税发〔2009〕31号文充分考虑了行业的特殊性，在实际发生的大原则下也特例允许三项预提税前扣除，充分体现了成本费用税前扣除的科学性与合理性。需要注意的是，实际发生并不等同于实际支付，实际支付是土地增值税处理中比较常见的一个概念，实际支付是指某项经济业务具备完整的现金流证据，而在所得税处理中强调的是实际发生。例如某项经济业务实际发生了，房地产企业接受了对方提供的建筑劳务并收到了合法入账票据，但由于资金紧张等原因并未实际支付劳务费，即实际发生并未实际支付，这种情况下该项经济业务形成的成本费用也允许在所得税税前扣除。

（二）产品特性

在房地产行业所得税处理体系中，开发产品是一个很重要的概念，根据31号文，企业房地产开发经营业务包括土地的开发，建造、销售住宅、商业用房以及其他建筑物、附着物、配套设施等开发产品。这里比较详细地描述了开发产品的类别：住宅、商业用房、其他建筑物、附着物、配套设施，其中配套设施包括公共配套设施、产权归房地产开发商的配套设施和产权未明的配套设施。

开发产品的概念为什么重要？因为开发产品的分类是会计成本核算的基础，也是房地产所得税处理的基本前提。随着社会的进步与发展，房地产开发业务越来越呈现出多元性与复杂性的特点，现在房地产企业在拿地时会被附带很多义务，比如会被要求建造回迁房、配建房、代建房，代建市政工程、代建配套设施等，特别是很多三旧改造项目更加复杂。面对复杂的房地产业务，如何界定开发产品的性质与类别显得尤为重要。

（三）成本核算对象

房地产的成本核算比较复杂，即便是第一步成本核算对象的确定也比较复杂，因为成本核算对象的确定需要考虑房地产项目、开发期数、开发产品类型等因素，在国税发〔2009〕31号文中，光是成本核算对象的确定原则就有六项，足以说明成本核算对象确定的重要性与复杂性。

每一个房地产开发项目都有类别众多的开发产品，如果每一个开发产品都作为一个成本核算对象来处理就会太复杂，给财务人员增加很多工作量，因此如何把开发产品和成本核算对象对应起来就显得非常重要，如果对应的不合理，成本费用的归集与分摊就会出现偏差，成本核算的合理性就无法保证。

国税发〔2009〕31号文指出，成本对象是指为归集和分配开发产品开发、建造过程中的各项耗费而确定的费用承担项目。开发产品计税成本是指企业在开发、建造开发产品（包括固定资产）过程中发生的按照税收规定进行核算与计量的应归入某项成本对象的各项费用。由此可见，成本核算对象的确定是紧紧围绕着开发产品的概念而展开的。

（四）特殊扣除

房地产行业所得税税前扣除政策除遵循一般的所得税政策规定之外，还有本行业特殊的税前扣除政策。①移交才能扣除，房地产企业将已计入销售收入的共用部位、共用设施设备维修基金按规定移交给有关部门、单位的，应于移交时扣除。②三项预提（应付）费用可以计入计税成本。出包工程未最终办理结算而未取得全额发票的，在证明资料充分的前提下，其发票不足金额可以预提，但最高不得超过合同总金额的10%；公共配套设施尚未建造或尚未完工的，可按预算造价合理预提建造费用；应向政府上交但尚未上交的报批报建费用、物业完善费用可以按规定预提。③利用地下基础设施形成的停车场所，包括可售的、不可售的、人防的，在所得税税务处理时统一可作公共配套设施处理，即使会计核算作可售产品核算，也可以视同公共配套将其成本由其他可售产品进行分摊，待这些可售产品实际销售时相当于只有收入没有成本。这虽然跟目前很多地方收入成本相匹配的要求不太一致，但确实能够体现房地产行业的自身特点，能够有效避免房地产企业出现前期盈利后期亏损的现象。综上三点都是基于实际发生大原则下的例外情形，这充分说明了31号文对房地产行业的深入解读和周全考量，同时也确保了政策的合理性与严谨性。

三、土地增值税

土地增值税是房地产行业的特色税种，主要是为了抑制炒买炒卖土地获取暴利的行为而开征的税种。土地增值税的课税对象和增值税一样，也是增值额，只不过两个税种对增值额的理解和确定方法不一样，土地增值税是以纳税人转让房地产所取得的增值额为计税依据而依规定税率征收的一种行为税。增值额的本质依然是收入减去成本，只是两个税种在征税时的表现形式不同罢了，增值税是以销项和进项描述收入与成本的关系，而土地增值税则以收入与扣除项目来描述收入与成本的关系。

（一）基本原则

和企业所得税一样，土地增值税的成本也要讲究与收入的相关性和配比性，土地增值税的税收政策体系相对比较独立，对于不同类型的开发产品，土地增值税的处理原则是计收入则允许扣除相关成本，不计收入则不允许扣除相关成本。土地增值税不但注重成本业务的实际发生，还强调实际支付，某项成本实际发生并取得相关合法票据，但如果没有实际支付依然不能在土地增值税税前扣除。

土地增值税体系中唯一未实际支付但可税前扣除的是质量保证金，国税函〔2010〕220号文第二条规定，房地产开发企业在工程竣工验收后，根据合同约定，扣留建筑安装施工企业一定比例的工程款，作为开发项目的质量保证金，在计算土地增值税时，建筑安装施工企业就质量保证金对房地产开发企业开具发票的，按发票所载金额予以扣除；未开具发票的，扣留的质保金不得计算扣除。该条款是对开具发票但未付款的质保金作了可以扣除的特殊规定。除此之外，建筑安装施工企业对房地产开发企业开具发票不是质保金的其他部分且未支付款项的一律不得扣除。

（二）产品分类

土地增值税对于增值额计算的规定比较特殊，在土地增值税的概念中，开发产品首先需要分类，分为普通住宅和其他类别开发产品两大类，两类开发产品需要分别计算各自的增值额。根据《土地增值税暂行条例》规定，纳税人建造普通标准住宅出售，其增值额未超过扣除项目金额20%的，免征土地增值税；增值额超过扣除项目金额20%的，应就其全部增值额按规定计税。

这是土地增值税和增值税、企业所得税最大的不同之一，从收入减成本的原理来讲，增值税、企业所得税的收入是合在一起的，成本也是合在一起的。但土地增值税企业所得税的收入不能合在一起，两大类开发产品的收入需要分开计算，成本也要分开计算，因此土地增值税对成本核算的要求更高，普通住宅与其他开发产品的成本分摊要科学合理，不得随意混淆。根据税总函〔2016〕309号文土地增值税纳税申报表的格式分析，对开发产品的分类还要求采用三分法，广东是目前少数几个采用两分法的省份之一。

（三）开发费用

土地增值税在计算增值额时允许扣除房地产项目的开发费用，但这里的开发费用并不是利润表中的实际期间费用，而是按照一个标准进行扣除。根据《土地增值税暂行条例实施细则》规定，财务费用中的利息支出，凡能够按转让房地产项目计算分摊并提供金融机构证明的，允许据实扣除，但最高不能超过按商业银行同类同期贷款利率计算的金额。其他房地产开发费用，按土地成本与开发成本之和的5%以内计算扣除。凡不能按转让房地产项目计算分摊利息支出或不能提供金融机构证明的，房地产开发费用按土地成本与开发成本之和的10%以内计算扣除。按标准扣除开发费用成为土地增值税的一大特色。

（四）加计扣除

土地增值税在计算增值额时除了允许扣除成本、税金、费用常规三项之外，还可以加计扣除。根据《土地增值税暂行条例实施细则》规定，对从事房地产开发的纳税人，可按取得土地使用权所支付的金额与房地产开发成本之和加计20%的扣除。加计扣除也成为土地增值税的一大特色。土增税里开发费用的按比例扣除和加计扣除，均以土地成本与开发成本之和为基数。

综上来看，房地产三大税种的征税原理和计税依据都与收入成本息息相关，收入与成本是贯穿三大税种的基本主线，三大税种的征税过程就如同三个不同版本的收入与成本的故事，搞清楚三大税种的收入与成本之间的内在关联，就真正读懂了三大税种。

第二节 计税与收入的关联

房地产企业的收入可分为有价款收入和无价款收入两大类，有价款收入对应着预售收入和结转收入，无价款收入则对应着视同销售收入，如图 5-1 所示。

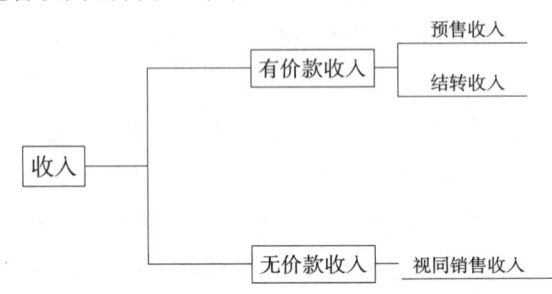

图 5-1 收入分类

对于收入的定义，三大税种有着不同的表述，见表 5-1：

表 5-1 收入概念明细表

税 种	总 体 描 述	减计收入	不计收入
增值税	取得的全部价款和价外费用	受让土地时向政府部门支付的土地价款	完全没有履行销售合同的违约金
企业所得税	以货币形式和非货币形式从各种来源取得的收入，为收入总额。 取得的全部价款，包括现金、现金等价物及其他经济利益	无	无
土地增值税	转让房地产所取得的收入，包括货币收入、实物收入和其他收入。 转让房地产的全部价款及有关的经济收益	无	完全没有履行销售合同的违约金、租金收入

从上表可以看出，房地产行业增值税存在减计收入，即房地产增值税属于差额征税；增值税和土地增值税各有一种不计收入的情形，即完全没有履行销售合同的违约金不计增值税，也不计土地增值税，但需要计入企业所得税收入；企业所得税没有减计或不计收入的情形。

一、预售收入

预售收入是房地产企业一个非常重要的计税概念，因为三大税种均涉及预缴税款（所得税不能算作严格意义上的预缴），预缴税款的计税依据就是预售收入，增值税和土地增值税都称其为预收款，企业所得税称其为未完工收入，预售收入的计算与确认见表 5-2：

表 5-2 预售收入概念表

税　种	计　算	确　认
增值税	预收款÷（1+适用税率或征收率）	收到预收款
企业所得税	未完工产品收入（按当期预收款时点的增值税税率换算为不含税收入）	（1）采取一次性全额收款方式的，应于实际收讫价款或取得索取价款凭据（权利）之日，确认收入的实现。 （2）采取分期收款方式的，应按销售合同或协议约定的价款和付款日确认收入的实现。付款方提前付款的，在实际付款日确认收入的实现。 （3）采取银行按揭方式的，应按合同或协议约定的价款确定收入额，其首付款应于实际收到日确认收入的实现，余款在银行按揭贷款办理转账之日确认收入的实现。 （4）采取委托方式销售的（略）
土地增值税	预收款－应预缴增值税税款	收到预收款

从上表可以看出，增值税和土地增值税确认预售收入的时点都是收到预收款，企业所得税确认预售收入的时点则要分几种情形，但基本也都与预收款相关。

总体来讲，预售收入的确认比较简单，三大税种的预缴也比较简单，增值税和土地增值税的预缴税额就等于预售收入乘以各自的预征率，企业所得税的预售收入需要分为未完工产品收入和完工产品收入，两者的处理有差异，未完工收入按规定的预计计税毛利率分季计算出预计毛利额，计入当期应纳税所得额，完工收入则需要在完工年度汇算清缴之前确认收入成本计算实际毛利额，计入应纳税所得额。

二、结转收入

房地产行业三大税种的管理基本上都遵循一个"先预缴，后清算"的思路，在预售收入阶段，增值税按照预售收入预缴增值税，土地增值税按照预售收入预缴土地增值税，企业所得税按照预计毛利额计应纳税所得额，操作都比较简单。

如果说"先预缴"的概念是在预售收入阶段操作，则"后清算"的概念则是在结转收入时点操作，只不过每个税种对"后清算"概念的表述不同而已。增值税是达到纳税义务发生时间确认收入，在纳税义务时点确认销项税额，企业所得税是未完工产品收入转完工产品收入，在完工年度确认税收的实际毛利并作纳税调整，土地增值税则是达到清算条件而进行土地增值税清算，分为应清算与可清算两种情形，见表5-3。

表 5-3 结转收入涉税处理表

税种	结转收入的处理	确　认
增值税	按结转收入减减计收入的差额计销项税额	目前大部分地方的普遍做法是以交楼日期作为房地产企业增值税纳税义务发生时间，在具体交楼时间的辨别上，以《商品房买卖合同》上约定的交楼时间为准；若实际交楼时间早于合同约定时间的，以实际交付时间为准。若因开发商的原因实际交楼时间迟于合同约定时间，应以合同约定交付时间为准

（续上表）

税种	结转收入的处理	确认
企业所得税	按结转收入计算实际毛利额，同时将实际毛利额与其对应的预计毛利额之间的差额，计入当年度企业本项目与其他项目合并计算的应纳税所得额	除土地开发之外，其他开发产品符合下列条件之一的，应视为已经完工： ①开发产品竣工证明材料已报房地产管理部门备案 ②开发产品已开始投入使用 ③开发产品已取得了初始产权证明
土地增值税	确认土地增值税清算收入	符合下列情形之一的，应清算： ①房地产开发项目全部竣工、完成销售的； ②整体转让未竣工决算房地产开发项目的； ③直接转让土地使用权的。 符合下列情形之一的，可清算： ①已竣工验收的房地产开发项目，已转让的房地产建筑面积占整个项目可售建筑面积的比例在85%以上，或该比例虽未超过85%，但剩余的可售建筑面积已经出租或自用的； ②取得销售（预售）许可证满三年仍未销售完毕的； ③纳税人申请注销税务登记但未办理土地增值税清算手续的； ④省税务机关规定的其他情况

三、视同销售收入

视同销售收入对应收入中的无价款收入，这在房地产企业普遍存在，三大税种对视同销售的情形和确认标准都作了要求和规定，详见表5-4。

表5-4 视同销售收入涉税处理表

税种	视同情形	确认标准
增值税	无偿提供服务 无偿转让不动产	①按照纳税人最近时期销售同类服务、无形资产或者不动产的平均价格确定； ②按照其他纳税人最近时期销售同类服务、无形资产或者不动产的平均价格确定； ③按组成计税价格确定。组成计税价格的公式为： 组成计税价格 = 成本 × (1+ 成本利润率) 成本利润率由国家税务总局确定
企业所得税	将开发产品用于捐赠、赞助、职工福利、奖励、对外投资、分配给股东或投资人、抵偿债务、换取其他企事业单位和个人的非货币性资产等行为	①按本企业近期或本年度最近月份同类开发产品市场销售价格确定； ②由主管税务机关参照当地同类开发产品市场公允价值确定； ③按开发产品的成本利润率确定：开发产品的成本利润率不得低于15%，具体比例由主管税务机关确定
土地增值税	将开发产品用于职工福利、奖励、对外投资、分配给股东或投资人、抵偿债务、换取其他单位和个人的非货币性资产等	①按本企业在同一地区、同一年度销售的同类房地产的平均价格确定； ②由主管税务机关参照当地当年、同类房地产市场价格或评估价值确定

房地产企业除了视同销售的情形，还有不视同销售和特殊处理的情形，具体见表5-5和表5-6。

表 5-5　不视同销售收入涉税处理表

税　种	不　视　同　情　形	税　务　处　理
增值税	用于公益事业或者以社会公众为对象	不计收入，不作进项转出
企业所得税	公共配套设施	不计收入，成本可分摊至其他开发产品
土地增值税	通过中国境内非营利的社会团体、国家机关将房屋产权、土地使用权赠与教育、民政和其他社会福利、公益事业的	不计收入，不计成本

表 5-6　特殊处理涉税处理表

税　种	特　殊　处　理
增值税	
企业所得税	在开发区内建造的会所、物业管理场所、电站、热力站、水厂、文体场馆、幼儿园等配套设施，按以下规定进行处理： （1）属于非营利性且产权属于全体业主的，或无偿赠与地方政府、公用事业单位的，可将其视为公共配套设施，其建造费用按公共配套设施费的有关规定进行处理。 （2）属于营利性的，或产权归企业所有的，或未明确产权归属的，或无偿赠与地方政府、公用事业单位以外其他单位的，应当单独核算其成本。除企业自用应按建造固定资产进行处理外，其他一律按建造开发产品进行处理。 在开发区内建造的邮电通信、学校、医疗设施应单独核算成本，其中，由企业与国家有关业务管理部门、单位合资建设，完工后有偿移交的，国家有关业务管理部门、单位给予的经济补偿可直接抵扣该项目的建造成本，抵扣后的差额应调整当期应纳税所得额。 利用地下基础设施形成的停车场所，在所得税税务处理时统一可作公共配套设施处理
土地增值税	建造的与清算项目配套的居委会和派出所用房、会所、停车场（库）、物业管理场所、变电站、热力站、水厂、文体场馆、学校、幼儿园、托儿所、医院、邮电通信等公共设施，按以下原则处理： （1）建成后产权属于全体业主所有的，其成本、费用可以扣除； （2）建成后无偿移交给政府、公用事业单位用于非营利性社会公共事业的，其成本、费用可以扣除； （3）建成后有偿转让的，应计算收入，并准予扣除成本、费用

第三节　计税与成本的关联

房地产的成本比较复杂，三大税种的成本对象也各不相同。增值税的成本对象是企业，即某个具体的房地产开发公司，成本对应着该公司的进项税额，具体区分是新旧项目，同一项目采用同一处理方式；企业所得税的成本对象是开发产品，成本即指已销开发产品的计税成本，具体区分是成本核算对象，同一成本核算对象单位成本相同；土地增值税的成本对象是房地产开发项目，具体来讲是指某个房地产开发项目中的普通住宅和其他开发产品，成本对应着普通住宅和其他开发产品应合理分摊的用来抵减各自收入的那部分成本，普通住宅和其他开发产品各自的单位可扣除金额相同。具体描述见表 5-7：

表 5-7 三大税种的项目划分

税种	项目划分	基 本 原 则
增值税	新旧项目	同一项目用同一处理方式
企业所得税	成本对象	同一成本对象单位成本相同
土地增值税	清算单位	同一清算单位按普通住宅和其他开发产品分类,各自的单位可扣除金额相同

一、计税成本

成本除了正常成本之外,还包括减计成本、不计成本和加计成本,各税种规定也各不相同,下面以表格的方式来说明,详见表 5-8 至表 5-11。

表 5-8 计税成本内容明细表

税种	成本对象	成 本 内 容
增值税	企业	购进货物、加工修理修配劳务、服务、无形资产或者不动产,支付或者负担的增值税额。
企业所得税	开发产品	企业实际发生的与取得收入有关的、合理的支出,包括成本、费用、税金、损失和其他支出,准予在计算应纳税所得额时扣除。
土地增值税	房地产开发项目的普通住宅和其他类型产品	①取得土地使用权所支付的金额; ②开发土地和新建房及配套设施的成本; ③开发土地和新建房及配套设施的费用; ④与转让房地产有关的税金

表 5-9 减计成本明细表

税 种	减 计 成 本 处 理
增值税	免税项目用 集体福利、个人消费 非正常损失 简易计税方法征税项目用 免抵退税办法不得抵扣的进项税额 纳税检查调减进项税额 红字专用发票信息表注明的进项税额 上期留抵税额抵减欠税 上期留抵税额退税 其他应作进项税额转出的情形(购进的贷款、餐饮、娱乐、日常生活服务)
企业所得税	企业发生的公益性捐赠支出,在年度利润总额 12% 以内的部分,准予在计算应纳税所得额时扣除;超过年度利润总额 12% 的部分,准予结转以后三年内在计算应纳税所得额时扣除。 企业发生的与生产经营活动有关的业务招待费支出,按照发生额的 60% 扣除,但最高不得超过当年销售(营业)收入的 5‰。 企业发生的符合条件的广告费和业务宣传费支出,除国务院财政、税务主管部门另有规定外,不超过当年销售(营业)收入 15% 的部分,准予扣除;超过部分,准予在以后纳税年度结转扣除。
土地增值税	

表 5-10 不计成本明细表

税 种	不 计 成 本 处 理
增值税	取得的增值税扣税凭证不符合法律、行政法规或者国家税务总局有关规定的,其进项税额不得从销项税额中抵扣; 人工成本
企业所得税	下列支出不得扣除: ①《所得税法》第九条规定以外的捐赠支出; ②赞助支出
土地增值税	实际发生的支出应当取得但未取得合法凭据的不得扣除; 逾期开发缴纳的土地闲置费不得扣除; 在发票的备注栏注明建筑服务发生地县(市、区)名称及项目名称,否则不得计入土地增值税扣除项目金额

表 5-11 加计成本明细表

税 种	加 计 成 本 处 理
增值税	
企业所得税	除以下几项预提(应付)费用外,计税成本均应为实际发生的成本。 (1)出包工程未最终办理结算而未取得全额发票的,在证明资料充分的前提下,其发票不足金额可以预提,但最高不得超过合同总金额的 10%。 (2)公共配套设施尚未建造或尚未完工的,可按预算造价合理预提建造费用。此类公共配套设施必须符合已在售房合同、协议或广告、模型中明确承诺建造且不可撤销,或按照法律法规规定必须配套建造的条件。 (3)应向政府上交但尚未上交的报批报建费用、物业完善费用可以按规定预提。物业完善费用是指按规定应由企业承担的物业管理基金、公建维修基金或其他专项基金。 利用地下基础设施形成的停车场所,在所得税务处理时可统一作公共配套设施处理
土地增值税	财政部规定的加计 20%。 扣留建筑安装施工企业一定比例的工程款,作为开发项目的质量保证金,按发票所载金额予以扣除

二、计税凭证

(一)企业所得税

在企业所得税范畴的计税凭证称之为税前扣除凭证,所得税税前扣除的基本要求是实际发生,税前扣除凭证是实际发生的证据,与税前扣除凭证相关的资料也是实际发生的证据。证据有充分性和恰当性,恰当性分相关性和可靠性。

(1)企业所得税法强调,允许税前扣除的必须是企业实际发生的与取得收入有关的、合理的支出。

(2)国税发〔2009〕31 号文针对房地产行业特意注明了三项预提特例,即出包工程未拿齐 10% 发票、公共配套设施和应交未交报批报建费用、物业完善费用。

(3)国家税务总局公告 2018 年第 28 号《企业所得税税前扣除凭证管理办法》再次对所得税税前扣除凭证进行明确,即指企业在计算企业所得税应纳税所得额时,证明与取得收入有关的、合理的支出实际发生，并据以税前扣除的各类凭证。将税前扣除凭证按照来源分为内部凭证和外部凭证。

内部凭证是指企业自制用于成本、费用、损失和其他支出核算的会计原始凭证。比如工资单、进出仓单、分割单、成本计算分配表等，内部凭证的填制和使用应当符合国家会计法律、法规等相关规定。

外部凭证是指企业发生经营活动和其他事项时，从其他单位、个人取得的用于证明其支出发生的凭证，包括但不限于发票（包括纸质发票和电子发票）、财政票据、完税凭证、收款凭证、分割单等。

《企业所得税税前扣除凭证管理方法》对未按期取得合法凭证多了一项补救措施，并分为汇算前和汇算后两种情形进行列示。

同时对企业在补开、换开发票、其他外部凭证过程中，因对方注销、撤销、依法被吊销营业执照，被税务机关认定为非正常户等特殊原因无法补开、换开发票、其他外部凭证的税前扣除变通方式做了详细的列举说明。

（二）增值税

增值税范畴的计税凭证称之为扣税凭证，进项抵扣需要扣税凭证，扣税凭证要合法有效，合法指凭证种类、项目、用途和取得需合法，无效指异常凭证，虚开属于犯罪。

（1）财税〔2016〕36号文规定，纳税人取得的增值税扣税凭证不符合法律、行政法规或者国家税务总局有关规定的，其进项税额不得从销项税额中抵扣。

增值税扣税凭证，是指增值税专用发票、海关进口增值税专用缴款书、农产品收购发票、农产品销售发票和完税凭证。

纳税人凭完税凭证抵扣进项税额的，应当具备书面合同、付款证明和境外单位的对账单或者发票。资料不全的，其进项税额不得从销项税额中抵扣。

（2）根据财税〔2017〕90号文，自2018年1月1日起，纳税人租入固定资产、不动产，既用于一般计税方法计税项目，又用于简易计税方法计税项目、免征增值税项目、集体福利或者个人消费的，其进项税额准予从销项税额中全额抵扣。

自2018年1月1日起，纳税人支付的道路、桥、闸通行费，可以按规定抵扣进项税额。

（3）根据财政部、税务总局和海关总署联合发布2019年第39号文，纳税人购进国内旅客运输服务，其进项税额允许从销项税额中抵扣。

（4）国税发〔2019〕31号文进一步明确，"国内旅客运输服务"，限于与本单位签订了劳动合同的员工，以及本单位作为用工单位接受的劳务派遣员工发生的国内旅客运输服务。

（5）国税发〔2014〕39号文对非虚开的情形进行明确，纳税人通过虚增增值税进项税额偷逃税款，但对外开具增值税专用发票同时符合以下情形的，不属于对外虚开增值税专用发票：

①纳税人向受票方纳税人销售了货物，或者提供了增值税应税劳务、应税服务；（业务流）

②纳税人向受票方纳税人收取了所销售货物、所提供应税劳务或者应税服务的款项，或者取得了索取销售款项的凭据；（资金流）

③纳税人按规定向受票方纳税人开具的增值税专用发票相关内容，与所销售货物、所提供应税劳务或者应税服务相符，且该增值税专用发票是纳税人合法取得、并以自己名义开具的。（发票流）

受票方纳税人取得的符合上述情形的增值税专用发票，可以作为增值税扣税凭证抵扣进项税额。

（6）国税发〔2016〕76号文和〔2019〕38号文对异常凭证的认定和处理进行了明确规定。

（7）房地产销售额扣除凭证：

①财税〔2016〕36号文规定，房地产开发企业中的一般纳税人销售其开发的房地产项目（选择简易计税方法的房地产老项目除外），以取得的全部价款和价外费用，扣除受让土地时向政府部门支付的土地价款后的余额为销售额，需要取得省级以上财政票据。

②财税〔2016〕140号文进一步明确，"向政府部门支付的土地价款"，包括土地受让人向政府部门支付的征地和拆迁补偿费用、土地前期开发费用和土地出让收益等。房地产开发企业中的一般纳税人销售其开发的房地产项目（选择简易计税方法的房地产老项目除外），在取得土地时向其他单位或个人支付的拆迁补偿费用也允许在计算销售额时扣除。纳税人按上述规定扣除拆迁补偿费用时，应提供拆迁协议、拆迁双方支付和取得拆迁补偿费用凭证等能够证明拆迁补偿费用真实性的材料。

（三）土地增值税

土地增值税范畴对计税凭证没有特定的称谓，土地增值税扣除要实际发生，证明实际发生要提供合法有效凭证，包括实际支付凭证。土地增值税对税前扣除计税凭证的要求最为严格，要求一定要实际支付，增值税和所得税都没有这个要求，因为增值税和所得税对计税凭证都有补救措施，但土地增值税没有，土地增值税清算时同时要确定尾盘销售的计税依据，具备很强的时点性要求，没有补救措施，因此要求一定要实际支付。

（1）财法字〔1995〕6号文在计算增值额的扣除项目时强调支付、缴纳和实际发生。

（2）国税发〔2006〕187号文强调税前扣除必须提供合法有效凭证。

（3）国税发〔2009〕91号文同样强调了实际发生和签收凭证。

（4）国税函〔2010〕220号文规定了唯一未支付可扣除的特例就是工程质量保证金。

（5）国税发〔2016〕70号文规定，营改增后，土地增值税纳税人接受建筑安装服务取得的增值税发票，应按照《国家税务总局关于全面推开营业税改征增值税试点有关税收征收管理事项的公告》（国家税务总局2016年第23号文）规定，在发票的备注栏注明建筑服务发生地县（市、区）名称及项目名称，否则不得计入土地增值税扣除项目金额。

（6）国家税务总局广东省税务局2019年第5号文列出了凭证资料不符合清算要求或不实的五种情形，并明确大额工程款采取现金支付或支付资金流向异常的不予土地增值税税前扣除。

第四节 计税与会计核算的关联

会计和税收是两个完全独立的体系,会计核算依照企业会计准则或企业会计制度进行,税收征管依照税收法律及政策文件执行。但从企业所得税的征管来看,会计核算是基础,无论季度预缴还是年度汇算清缴,都会从会计报表中取数,再按照企业所得税规定进行纳税调整。很多企业为了避免所得税申报时作过多的纳税调整,在会计核算时会尽可能按向企业所得税法的规定进行,在核算程序和核算政策的选择上也尽可能与企业所得税法的规定保持一致。

具体到房地产企业,这种情况更加明显,从会计核算的角度来看,企业的成本核算主要依据财会〔2013〕17号文,但17号文是一个全行业的产品成本会计核算的文件,对于各行各业成本核算对象的会计核算只有一个框架性的规定,特别对于房地产行业来讲,没有一个可操作性强的操作细则。房地产企业的所得税处理是依照国税发〔2009〕31号文,31号文历时十多年仍然是房地产行业所得税处理的中流砥柱,其整体架构合理,内容丰富,体系严谨,至今仍为行业人士所称道。特别是对计税成本的规定,其不但明确了计税成本的详细内容,还明确了成本核算对象确定的原则、成本核算的一般程序和成本分摊的具体方法,简直就是一部房地产行业成本核算的宝典,因此大部分房地产企业的会计科目设置和会计核算政策都遵从和依照31号文的规定。

一、会计核算的依据

从会计核算和三大税种的关系来看,无疑与企业所得税最为密切。增值税的会计核算主要依据财会〔2016〕22号文,整个核算体系相对比较独立。土地增值税的成本项目分类与所得税略有不同,可以通过简单调整进行数据的对接。房地产企业的成本核算复杂且非常繁琐,占据了整个企业会计核算的绝大部分,可以说,房地产企业会计核算特别是成本核算的基础就是31号文。现对17号文和31号文所涉及的企业成本核算的基本框架简单梳理(见表5-12至5-14)

表5-12 财会〔2013〕17号文产品成本的核算科目明细表

名称	具体内容
土地征用费及拆迁补偿费	是指为取得土地开发使用权(或开发权)而发生的各项费用,包括土地买价或出让金、大市政配套费、契税、耕地占用税、土地使用费、土地闲置费、农作物补偿费、危房补偿费、土地变更用途和超面积补交的地价及相关税费、拆迁补偿费用、安置及动迁费用、回迁房建造费用等
前期工程费	是指项目开发前期发生的政府许可规费、招标代理费、临时设施费以及水文地质勘察、测绘、规划、设计、可行性研究、咨询论证费、筹建、场地通平等前期费用
建筑安装工程费	是指开发项目开发过程中发生的各项主体建筑的建筑工程费、安装工程费及精装修费等
基础设施建设费	是指开发项目在开发过程中发生的道路、供水、供电、供气、供暖、排污、排洪、消防、通信、照明、有线电视、宽带网络、智能化等社区管网工程费,环境卫生、园林绿化等园林、景观、环境的工程费用等
公共配套设施费	是指开发项目内发生的、独立的、非营利性的且产权属于全体业主的,或无偿赠与地方政府、政府公共事业单位的公共配套设施费用等

（续上表）

名　称	具　体　内　容
开发间接费	指企业为直接组织和管理开发项目所发生的，且不能将其直接归属于成本核算对象的工程监理费、造价审核费、结算审核费、工程保险费等。为业主代扣代缴的公共维修基金等不得计入产品成本
借款费用	是指符合资本化条件的借款费用

表5-13　国税发〔2009〕31号文房地产计税成本的核算科目明细表

名　称	具　体　内　容
土地征用费及拆迁补偿费	指为取得土地开发使用权（或开发权）而发生的各项费用，主要包括土地买价或出让金、大市政配套费、契税、耕地占用税、土地使用费、土地闲置费、土地变更用途和超面积补交的地价及相关税费、拆迁补偿支出、安置及动迁支出、回迁房建造支出、农作物补偿费、危房补偿费等
前期工程费	指项目开发前期发生的水文地质勘察、测绘、规划、设计、可行性研究、筹建、场地通平等前期费用
建筑安装工程费	指开发项目开发过程中发生的各项建筑安装费用。主要包括开发项目建筑工程费和开发项目安装工程费等
基础设施建设费	指开发项目在开发过程中所发生的各项基础设施支出，主要包括开发项目内道路、供水、供电、供气、排污、排洪、通信、照明等社区管网工程费和环境卫生、园林绿化等园林环境工程费
公共配套设施费	指开发项目内发生的、独立的、非营利性的，且产权属于全体业主的，或无偿赠与地方政府、政府公用事业单位的公共配套设施支出
开发间接费	指企业为直接组织和管理开发项目所发生的，且不能将其归属于特定成本对象的成本费用性支出。主要包括管理人员工资、职工福利费、折旧费、修理费、办公费、水电费、劳动保护费、工程管理费、周转房摊销以及项目营销设施建造费等

表5-14　房地产成本的核算体系对比表

成本核算	财会〔2013〕17号文	国税发〔2009〕31号文
成本核算对象	一般按照开发项目、综合开发期数并兼顾产品类型等确定成本核算对象	计税成本对象的确定原则如下： ①可否销售原则； ②分类归集原则； ③功能区分原则； ④定价差异原则； ⑤成本差异原则； ⑥权益区分原则
成本归集分配	房地产企业发生的有关费用，由某一成本核算对象负担的，应当直接计入成本核算对象成本；由几个成本核算对象共同负担的，应当选择占地面积比例、预算造价比例、建筑面积比例等合理的分配标准，分配计入成本核算对象成本	①土地成本，一般按占地面积法进行分配。如果确需结合其他方法进行分配的，应商税务机关同意； ②单独作为过渡性成本对象核算的公共配套设施开发成本，应按建筑面积法进行分配； ③借款费用属于不同成本对象共同负担的，按直接成本法或按预算造价法进行分配； ④其他成本项目的分配法由企业自行确定。

(续上表)

成本核算	财会〔2013〕17号文	国税发〔2009〕31号文
成本核算程序		①区分应计入成本对象的成本和应在当期税前扣除的期间费用； ②将成本划分直接成本、间接成本和共同成本，并按规定将其合理的归集、分配至已完工成本对象、在建成本对象和未建成本对象； ③对期前已完工成本对象应负担的成本按已销开发产品、未销开发产品和固定资产进行分配； ④对本期已完工成本对象分类为开发产品和固定资产并对其计税成本进行结算； ⑤对本期未完工和尚未建造的成本对象应当负担的成本，应分别建立台账，待开发产品完工后再予结算。

从核算科目来看，17号文比31号文科目大类多了一个借款费用，31号文直接将借款费用归入了开发间接费，其实总体相差不大，但31号文对科目核算内容的描述更具体，更贴近于房地产行业的实际情况。在成本核算对象确定、成本归集分配和成本核算程序等方面，17号文只是概括性地进行描述，而31号文则更详细，在成本核算对象的确定上列出了应该遵循的六大原则，在成本归集分配上则明确了四种成本所应采取的具体分配方法，同时还列出了成本核算程序的思路与具体步骤，其整体架构合理，内容丰富，体系严谨，作为房地产企业成本会计核算的基础和依据是最好不过了。

二、内在关联

会计核算是计税的基础，三大税种的计税依据与会计科目密切相关，而且基本上也是围绕关于收入和成本费用的会计科目展开，会计科目和三大税种的内在关联和计税关系见表5-15：

表5-15　会计核算与三大税种的内在关联表

会计核算		增值税	企业所得税	土地增值税
一级科目	二级科目			
预收账款	含税	含税价		计算预缴税款的依据之一
	不含税	预缴税款的计税依据	对应未完工收入，也是计算预计毛利额的基础	
开发成本	六大开发成本科目	对标进项税额的计税基础	开发产品计税成本的基础	允许扣除的房地产开发成本的主要内容
开发成本	开发间接费——借款费用	不构成进项税额的计税基础	构成已销开发产品成本的部分允许税前扣除	符合规定的可据实扣除，也可选择按照土地成本和开发成本之和的5%标准扣除
期间费用	三大费用	部分构成进项税额的计税基础	符合规定可税前扣除	没关系
营业收入		计算销项税额的主要计税依据	完工产品收入的构成部分	土地增值税计税收入的构成部分

（续上表）

会计核算		增值税	企业所得税	土地增值税
一级科目	二级科目			
营业成本		对标部分进项税额的计税基础	符合规定可税前扣除	允许扣除的房地产开发成本的主要内容

三、税会差异和税税差异解析

房地产行业的业务处理比较复杂，税会差异和税税差异较多，从开发环节的横向比较分析更清晰，差异分析见表5-16。

表5-16 税会差异和税税差异分析表

开发环节	会计核算	增值税	企业所得税	土地增值税
拿地	计入土地成本，含土地闲置费	部分构成销项抵减的可扣除土地价款	计入土地成本，含土地闲置费	计入土地成本，不含土地闲置费
开发成本	六大开发成本科目	计算申报进项税额，符合条件可做增量留抵退税	开发产品计税成本	构成房地产开发成本
预收款	计入预收账款	预缴税款的计税依据	对应未完工收入，也是计算预计毛利额的基础	减去预缴增值税的余额作为预缴税款的依据
借款费用	计入开发间接费——借款费用	不构成进项税额	构成已销开发产品成本的部分允许税前扣除	符合规定的可据实扣除，也可选择按照土地成本和开发成本之和的5%标准扣除
竣工	不结转收入不确认成本	未达纳税义务发生时间	结转收入确认成本，同时调整对应预计毛利额	无影响，正常预缴
交楼	结转收入确认成本	计销项税额	如跨年度需作纳税调整	无影响，正常预缴
清算	税金及附加	无影响	因土增税清算补缴土增税导致亏损且无后续项目可申请退税	结清补退土地增值税，同时还有尾盘管理

第五节 热点问题之地下车位

房地产企业地下车位涉及的税种比较多，收入的确认与成本的扣除相对来讲比较复杂，各地税务机关对此项业务的界定标准比较模糊，加上房地产企业地下车位本身复杂的产权问题和多样的涉税处理方式，导致各地税务机关在政策操作上的差异化，给房地产企业的财务人员和税务人员的业务操作带来很大的困惑。因此有必要科学运用三大税种的知识，对房地产企业地下车位涉税问题进行全方位的解析。

一、地下车位的产权分析

关于地下车位的税企争议主要来源于地下车位的产权争议，各地税收政策和法规实际不过是对地下车位的产权和交易方式认定的一种态度，因此有必要加强对地下车位产权的认知与理解。

目前，房地产企业的地下车位主要分为三类：

①有产权车位，即可以计入容积率并能够办理产权的车位；

②人防车位，即与人防工程混合使用，利用人防工程建成的车位；

③无产权车位，即不计入容积率无法办理产权的车位。

《民法典》第353条规定，建设用地使用权人建造的建筑物、构造物及其附属设施的所有权属于建设用地使用权人，但是有相反证据证明的除外。也就是说，房地产企业作为建设用地使用权人，其建造的地下车位除了人防车位之外，所有权均属于房地产企业，不管能不能办理产权证，这里应有一个很重要的认知，就是无产权车位其所有权属于房地产企业。

《民法典》第275条规定，建筑区划内，规划用于停放汽车的车位车库的归属，由当事人通过出售、附赠或出租等方式约定。也就是说，房地产企业将无产权车位出售给业主，无产权车位的所有权就归了业主，房地产企业将无产权车位出租给业主，业主就取得了无产权车位的使用权。

《中华人民共和国防空法》规定，按照国家有关规定修建的战时可用于防空的地下室，人民防空工程平时由投资者使用管理，收益归投资者所有。也就是说，人防车位的所有权属于国家政府，房地产企业作为建设方拥有使用权和收益权，从合法合规上来讲，房地产企业不能出售人防车位，只能出租人防车位。

二、地下车位的常见处理方式及涉税简介

地下车位的常见处理方式有五种：

（1）有产权车位，正常销售。

（2）无产权车位，房地产企业与业主签订《地下车位销售买卖合同》，合同当中有明确的车位使用期限，车位价款是一次性支付，车位价格不等，与有产权的地下车位销售价格相当，购买方则拥有车位的使用权等其他权益，可以出租、转让等处置，不受房地产企业的管理、控制等。

（3）人防车位，房地产企业与业主签订地下车位的长期租赁合同，合同中约定使用期限终止时，房地产企业同意将该车位继续无偿提供给业主使用，直到合同规定的期限为止。

（4）有产权车位销售，无产权车位和人防车位自用或出租。

（5）有产权车位和无产权车位销售，人防车位自用或出租。

一般房地产企业的处理方式就是上述五种情形，下面将对每种处理方式的涉税问题进行解析。

①有产权车位，正常销售。涉及增值税、企业所得税、印花税和土地增值税，涉税处理同正常

开发产品一样。

②无产权车位销售。涉及增值税、企业所得税、印花税和土地增值税，增值税按销售不动产项目征税，各地政策基本一致。

③人防车位长租。涉及增值税、企业所得税、印花税和土地增值税，这里的争议比较大，有的地方按不动产租赁征收增值税，有的地方按销售不动产征收增值税；有的地方在土地增值税清算时同意计入收入同时允许扣除成本，有的地方在土地增值税清算时不同意计入收入同时也不允许扣除成本，如果不计收入不扣成本的话，就要从租计征房产税，这样会给企业带来很大的税收负担。

④有产权车位销售，无产权车位和人防车位自用或出租；有产权车位销售涉及增值税、企业所得税、印花税和土地增值税，无产权车位和人防车位自用或出租涉及房产税。

⑤有产权车位和无产权车位销售，人防车位自用或出租；有产权车位和无产权车位销售涉及增值税、企业所得税、印花税和土地增值税，人防车位自用或出租涉及房产税。

三、增值税

（一）有产权车位正常销售

按照销售正常开发产品缴纳增值税。

（二）无产权车位销售

通过上述《民法典》相关知识的分析，无产权车位的所有权属于房地产企业，因此该车位买卖合同在合法合规性上没有问题，目前各地的做法基本一致，即按照销售不动产征收增值税。

2016年5月12日，国家税务总局在营改增视频通报会问题答复中也提及到，如果房地产企业一次性收取乙方其他无产权地下车位的价款，视同转让开发产品的所有权，按照销售不动产方式处理，同样申报、缴纳增值税。

（三）人防车位销售

房地产企业与业主签订地下车位的长期租赁合同，合同中约定使用期限终止时，房地产企业同意将该车位继续无偿提供给业主使用，直到合同规定的期限为止。

也有房地产企业与业主签订人防车位销售合同，但这里就牵扯到一个合法合规性的问题，通过上篇的分析，人防车位的所有权属于国家政府，房地产企业只拥有使用权和收益权，如果签订人防车位销售合同，对于房地产企业来讲要承担合法合规性的风险，因此签订长租合同较为适宜。

但如果签订长租合同又会出现其他问题。首先，既然是租赁，那么增值税就应该按照租赁不动产项目征收，而不能按照销售不动产征收，虽然两者的增值税税率均为9%，但适用的税目却完全不同；其次，如果认定按照租赁不动产征收增值税，后面在土地增值税清算时就会不计收入同时不允许扣除成本，并对该部分车位按12%从租计征房产税，从而产生一系列的连锁反应。

根据财税〔2016〕36号文《附件1——销售服务、无形资产、不动产注释》第三条的规定，转让建筑物有限产权或者永久使用权的，转让在建的建筑物或者构筑物所有权的，以及在转让建筑物或者构筑物时一并转让其所占土地的使用权的,按照销售不动产缴纳增值税。

关于"永久使用权"的认定各地标准不一,一般来讲,一次性收租二十年以上可视为转让"永久使用权"。

可见,房地产企业将地下人防工程建成车位、车库的,对外一次性出售或者出租永久使用权的,属于销售不动产,应当缴纳增值税。

目前大多数地方的政策是按照销售不动产征收增值税,但有个别省份的政策是按照租赁不动产征收增值税,结合上述的土地增值税和房产税综合考虑,租赁比销售税负大了很多。

(四)有产权车位销售,无产权车位和人防车位自用或出租

有产权车位销售按照销售不动产征收增值税;无产权车位和人防车位自用或出租不需要按销售不动产缴纳增值税,但在后续的土地增值税清算时也不允许扣除相应的成本,并且需要缴纳房产税。

(五)有产权车位和无产权车位销售,人防车位自用或出租

有产权车位和无产权车位销售按照销售不动产征收增值税;人防车位自用或出租不需要按销售不动产缴纳增值税,但在后续的土地增值税清算时也不允许扣除相应的成本,并且需要缴纳房产税。

四、企业所得税

根据《国家税务总局关于印发〈房地产开发经营业务企业所得税处理办法〉的通知》(国税发〔2009〕31号文)第三十三条规定,利用地下基础设施形成的停车场所,作为公共配套设施进行处理。

房地产企业利用地下设施修建了地下车库,并将该车库转让取得收入。根据国税发〔2009〕31号文第三十三条规定,利用地下基础设施形成的停车场所,作为公共配套设施进行处理。文件中所称"作为公共配套设施进行处理"是否指该车库无论是否对外销售,均一次性计入开发成本,待停车场出售时,一次性确认收入而能否结转成本呢?

根据《国家税务总局关于印发〈房地产开发经营业务企业所得税处理办法〉的通知》(国税发〔2009〕31号)第三十三条规定,利用地下基础设施形成的停车场所,作为公共配套设施进行处理。同时,该文件第二十七条规定,公共配套设施费包括在开发产品计税成本支出中。因此,利用地下基础设施形成的停车场所应计入开发成本,待停车场所出售时,一次性确认收入,同时不能再结转成本。

从上述规定可以看出,无论是有产权车位、无产权车位还是人防车位,一律先作为公共配套设施费计入开发产品计税成本(目前大多数房地产企业的通常做法是有产权的计算独立成本,无产权的和人防车位计入公共配套设施),但如果是营利性的,则要按照建造开发产品处理(自用按建造固定资产)。

人防车位自用或出租，则按照建造固定资产处理，原来作为公共配套设施已计入开发产品计税成本的，这部分成本需要调整出来，转入固定资产核算；人防车位出租，根据国税函〔2010〕79号文，跨年度一次收取租金，可在租赁期内分期确认收入，分期缴纳企业所得税。

五、土地增值税

房地产开发企业开发建造与清算项目配套的车库（位）作为公共配套设施的一种，按照《国家税务总局关于房地产开发企业土地增值税清算管理有关问题的通知》（国税发〔2006〕187号文）第四条第（三）款的规定，应按以下原则处理：

（1）建成后产权属于全体业主所有的，其成本、费用可以扣除。

（2）建成后无偿移交给政府、公用事业单位用于非营利性社会公共事业的，其成本、费用可以扣除。

（3）建成后有偿转让的，应计算收入，并准予扣除成本、费用。

从上述规定可以明确：

（1）对有产权且能够销售的地下车位，其核算作为销售开发产品同其他开发产品一样计算征收土地增值税。

（2）房地产企业将地下车位（包含有产权车位、无产权车位、人防车位）转为自用或出租，不确认收入，其应当分担的成本、费用也不得扣除。

（3）只要能够取得移交证明，一律可以按照公共配套设施扣除。

（4）假如没有取得移交证明，需要按不同类型地下车位的不同处理方式分别处理。

（一）有产权车位正常销售

按照销售正常开发产品处理，计算该项产品的独立成本，计收入，扣成本。

（二）无产权车位销售

无产权车位销售各地处理方式的争议比较大，主要分为两种做法：一是计收入，扣成本；二是不计收入，不扣成本。

1.采取第一种做法的地方主要有江苏、湖北、河北、天津、浙江等省市，相关政策依据如下：

（1）根据《江苏省地方税务局公告关于土地增值税若干问题的公告》（苏地税规〔2015〕8号文）第五条关于车库（车位、储藏室等）问题。

①能够办理权属登记手续的车库（车位、储藏室等）单独转让时，房地产开发企业应按"其他类型房产"确认收入并计算成本费用。

②不能办理权属登记手续的车库（车位、储藏室等），按照《国家税务总局关于房地产开发企业土地增值税清算管理有关问题的通知》（国税发〔2006〕187号文）第四条第（三）项的规定执行。

（2）根据湖北省地方税务局发布《湖北省房地产开发企业土地增值税清算管理办法》（鄂地税发〔2008〕207号文）第十七条第四款规定："对于停车场（车库），仅转让使用权或出租使用期限与建造商品房同等期限的，应按规定计算收入，并准予扣除合理计算分摊的相关成本、费用"。

（3）根据《河北省地方税务局关于对地方税有关业务问题的解答》第三条明确，房地产开发商与购房者签订地下室、车库转让合同的，其收入计征土地增值税，其成本费用允许按照对应配比原则在土地增值税清算中扣除。

（4）根据《天津市地方税务局关于明确土地增值税清算若干问题的通知》（津地税地〔2011〕24号文）第四条规定，关于地下车库收入与成本归集的问题实际操作中，房地产开发企业建造的地下车库，可视其具体情况按以下方法确定。

①有产权且对外销售的车库，其收入应并入房地产销售收入，相应的车库开发成本应准予扣除。

②转让车库使用权年限与所购房屋一致的，或者永久转让使用权的，可视同销售，应归集相应的收入和成本。

以上情况之外的其他形式，产生的收入与建造成本均不予以归集。

（5）浙江省地方税务局关于土地增值税若干政策问题的解答。

房地产开发项目中转让使用权的车库（车位）是否征收土地增值税？

根据《土地增值税暂行条例》第二条及《土地增值税暂行条例实施细则》第二条规定，以出售或者其他方式有偿转让房地产并取得收入的行为，应按规定缴纳土地增值税。对房地产开发项目中配套的车库（车位），如转让使用权或提供车库（车位）长期使用权且使用年限和房地产的使用年限相同的，其取得的收入应并计房地产开发销售收入，并准予扣除合理计算分摊的相关成本、费用，按规定计算征收土地增值税。

2. 采取第二种做法的地方主要有吉林、山东、青岛、广州、辽宁、大连、山西、西安、常州等省市，相关政策依据如下。

（1）吉林省地方税务局《关于房地产开发企业建造地下车位（库）征收土地增值税问题的批复》（吉地税函〔2012〕54号文）规定：根据《中华人民共和国土地增值税暂行条例》及其实施细则、国家税务总局《关于房地产开发企业土地增值税清算管理有关问题的通知》（国税发〔2006〕187号文）有关规定，房地产开发企业有偿转让有产权的地下车位（库），应计算土地增值税收入，并准予扣除相应的成本、费用；房地产开发企业将开发的无产权的地下车位（库）出租或自用，产权未发生转移，不征收土地增值税，在税款清算时不列收入，不扣除相应的成本、费用。

（2）根据山东省地方税务局公告2017年第5号文，房地产开发企业利用地下人防设施建造的车位取得的收入，不计入土地增值税收入，凡按规定无偿移交政府、公共事业单位用于非营利性社会公共事业的，准予扣除相关成本、费用。

（3）根据青岛市地税局公告2016年第1号文第五十七条，房地产开发企业转让利用地下人防设施建造的车库（位）等设施取得的收入，不计入土地增值税收入，凡按规定无偿移交给政府、公共事业单位用于非营利性社会公共事业的，准予扣除相关成本、费用。

未无偿移交给政府、公共事业单位的地下人防设施，其成本不允许扣除。该成本按照人防工程的建筑面积占总建筑面积的比例，在全部建筑安装工程费的成本内计算。

（4）根据《广州市地方税务局关于印发2016年土地增值税清算工作有关问题处理指引的通

知》(穗地税函〔2016〕188号文),对土地增值税清算时未办理确权的人防地下车库,如纳税人能证明人防地下车库产权属于全体业主共同所有,或人防地下车库产权已移交给政府主管部门的,其成本、费用可作为公共配套设施费,允许扣除;否则,其成本、费用不允许扣除。

(5) 根据2019年广东省土地增值税清算新规程,利用地下人防设施建造的车位,建成后产权属于全体业主所有或无偿移交给政府的,其成本、费用予以扣除;有偿转让且能办理权属转移登记手续的,应计算收入,并准予扣除成本、费用;不能办理权属转移登记手续的,不计算收入,不予扣除相应成本、费用。不能办理权属转移登记手续的人防车位,其建筑面积按照人防设施竣工验收备案文件确定,其不予扣除的成本按照建筑面积比例在不含室内(外)装修费用的建筑安装工程费中计算。

(6) 根据《辽宁省地方税务局关于明确土地增值税清算有关问题的通知》(辽地税函〔2012〕92号文)的规定,无产权地下停车位取得的收入,不计入土地增值税收入,其成本费用地方税务机关在土地增值税清算中不允许扣除。其他无产权的建筑物等比照执行。

(7) 根据《大连市地方税务局关于进一步加强土地增值税清算工作的通知》(大地税函〔2008〕188号文)的规定,如纳税人开发的配套设施由房地产开发企业或物业管理部门实际享有占有、使用、收益或处分该房产、设施权利的,不允许计入公共配套设施,且在对整个项目进行土地增值税清算时,亦不得列入清算范围,其分摊的土地成本、各项开发成本、费用、税金等,不得在清算时扣除。

(8) 根据山西省《房地产开发企业土地增值税清算管理办法》(山西省地方税务局公告2014年第3号文)的规定,无产权的车库、车位、地下储藏间在一定期限内让渡使用权的,收入不作为土地增值税清算收入,其相应的成本费用不可以扣除。

(9) 根据《西安市地方税务局关于明确土地增值税若干政策问题的通知》(西地税发〔2010〕235号文)的规定,对没有产权或不能转让的车位、车库、车棚等,其取得的使用权租金收入不作为转让房地产收入,其分摊的成本、费用、税金等不允许作为扣除项目进行扣除。

(10) 根据常州市地方税务局关于土地增值税若干征税问题的处理意见(二)(常地税一便函〔2013〕2号文)的规定,无产权车库(车位)清算后销售确认问题:房产企业通过与业主签订转让无产权车库(车位)永久使用权、无固定期限或与房屋同期限让渡使用权等形式的转让协议,一次性收取固定年限使用费,其实质并未发生房屋所有权的转移。除原已开具销售不动产发票作收入处理情形外,该收入不属于土地增值税征收范围,不计入清算后继续销售收入,也不计入销售面积扣除成本费用。

(三) 人防车位销售

与无产权车位销售的处理相同。

(四) 有产权车位销售,无产权车位和人防车位自用或出租

有产权车位销售,按照销售正常开发产品处理,计算该项产品的独立成本,计收入,扣成本。

无产权车位和人防车位自用或出租,不征收土地增值税,在土地增值税清算时不列收入,不扣

除相应的成本、费用。

如吉林省地方税务局《关于房地产开发企业建造地下车位（库）征收土地增值税问题的批复》（吉地税函〔2012〕54号文）规定，房地产开发企业有偿转让有产权的地下车位（库），应计算土地增值税收入，并准予扣除相应的成本、费用；房地产开发企业将开发的无产权的地下车位（库）出租或自用，产权未发生转移，不征收土地增值税，在税款清算时不计入收入，不扣除相应的成本、费用。

（五）有产权车位和无产权车位销售，人防车位自用或出租

有产权车位销售，按照销售正常开发产品处理，计算该项产品的独立成本，计收入，扣成本。

无产权车位销售，按照第二项所列两种做法。

人防车位自用或出租，不征收土地增值税，在土地增值税清算时不列收入，不扣除相应的成本、费用。

（六）附赠

各地关于附赠（捆绑销售）处理方式的政策基本一致，地下车库（车位）相关的成本、费用等在计征土地增值税时允许按规定计算扣除。

如安徽省地方税务局《关于若干税收政策问题的公告》（安徽省地方税务局公告2012年第2号文）第八条的规定，纳税人在销售房地产的同时向买受方附赠地下车库（车位），凡在售房合同中明确且直接在发票上注明附赠的，该地下车库（车位）相关的成本、费用等在计征土地增值税时允许按规定计算扣除。

如《河北省地方税务局关于对地方税有关业务问题的解答》第三条明确，房地产开发商与购房者签订地下室、车库转让合同的，其收入计征土地增值税，其成本费用允许按照对应配比原则在土地增值税清算中扣除。对于赠送地下室、车库的情形，按购买房地产的金额一并核算，收入不再区分类型，其成本费用归集到购买的房地产类型进行扣除。

如《江苏省地方税务局公告关于土地增值税若干问题的公告》（苏地税规〔2015〕8号文）第五条关于车库（车位、储藏室等）问题的规定，随房附赠的车库（车位、储藏室等），无论能否办理权属登记手续，房地产开发企业均应按销售合同上的房产类型计算成本费用。

六、房产税

根据国家税务总局《关于房产税、城镇土地使用税有关政策规定的通知》（国税发〔2003〕89号文）第一条关于房地产开发企业开发的商品房征免房产税问题的规定，鉴于房地产开发企业开发的商品房在出售前，对房地产开发企业而言是一种产品，因此，对房地产开发企业建造的商品房，在售出前，不征收房产税；但对售出前房地产开发企业已使用或出租、出借的商品房应按规定征收房产税。

根据财政部、国家税务总局《关于具备房屋功能的地下建筑征收房产税的通知》（财税

〔2005〕181号文）的规定，对于与地上房屋相连的地下建筑，如房屋的地下室、地下停车场、商场的地下部分等，应将地下部分与地上房屋视为一个整体按照地上房屋建筑的有关规定计算征收房产税；出租的地下建筑，按照出租地上房屋建筑的有关规定计算征收房产税。

通过以上政策我们可以明确：

（1）开发产品在售出之前作为存货，不征收房产税，但对售出前房地产开发企业已使用或出租、出借的开发产品应按规定征收房产税。

（2）地下车位作为与地上房屋相连的地下建筑，需要按照地上房屋建筑的有关规定计算征收房产税。

（3）无论是地下何种车位（包含有产权车位、无产权车位、人防车位），只要自用或出租，均需按照规定缴纳房产税。

（4）无产权车位和人防车位的销售是否征房产税是争议最多的地方，这个问题由土地增值税的问题延伸而来，土地增值税的处理有两种截然不同的方法：一是计收入计成本，二是不计收入不计成本。因而，目前房产税也分为两种不同的做法：一是土地增值税计收入计成本，则不征房产税；二是土地增值税不计收入不计成本，则要征房产税。

（一）有产权车位正常销售

按照销售正常开发产品处理，不征房产税。

（二）无产权车位销售

无产权车位销售土地增值税各地处理方式的争议比较大，主要分为两种做法：一是计收入，扣成本；二是不计收入，不扣成本。

采取第一种做法的主要有湖北、河北、天津、浙江等省市，土地增值税计收入计成本，不征房产税。

采取第二种做法的主要有吉林、山东、广州、辽宁、山西、西安、常州等省市，土地增值税不计收入、不计成本，征房产税。

（三）人防车位销售

与无产权车位销售的处理相同。

（四）有产权车位销售，无产权车位和人防车位自用或出租

有产权车位销售，按照销售正常开发产品处理，不征房产税。

无产权车位和人防车位自用或出租，征收房产税，自用按照从价计征，租赁按照从租计征。

（五）有产权车位和无产权车位销售，人防车位自用或出租

有产权车位销售，按照销售正常开发产品处理，不征房产税。

无产权车位销售，按照第二项所列两种做法，土地增值税计收入、计成本，不征房产税；土地

增值税不计收入、不计成本，征房产税。

人防车位自用或出租，自用从价计征房产税，出租从租计征房产税。

七、地下车位所涉税种融会贯通总结

房地产企业地下车位中的无产权车位和人防车位由于特殊的权属问题，导致各地税收处理差异较大，无法形成销售链条涉及的四大税种（增值税、企业所得税、土地增值税和房产税）的有机统一，体现出各地税局的税收主导思想模糊不清，纳税人也容易感到无所适从。

长远来看，销售链条涉及的四大税种有效统一乃大势所趋。比如，无产权车位和人防车位的销售或长租（超过二十年）如果从税务的角度定性为销售不动产，则应按销售不动产征增值税——企业所得税计收入扣成本——土地增值税计收入扣成本——不征房产税，这样可以做到对该项经济业务的定性思路清晰，合理有据。

拿房产税来说，无产权车位和人防车位由于被房地产企业以转让有限产权或永久使用权的方式出售给业主，如果在该环节认定是销售不动产，按销售不动产征了增值税，业主由此取得了该车位的使用权和收益权，而房地产企业实质上对该车位已经没有任何权利了，征房产税显然不够合理，相信随着这种经济行为的税收实践进一步深入，未来一定会更加合理，更加完善。

第六节　热点问题之配建

随着国有土地资源越来越少，房地产企业的拿地方式越来越呈现多样性和灵活性，越来越多的政府在土地收储后采取"限地价、竞配建"的方式进行供地。由于土地出让合同约定配建移交方式的多样性，配建的涉税处理也随之成为时下房地产税收的热点问题之一。

一、配建的移交方式

"限地价、竞配建"的供地模式是指政府在土地"招拍挂"环节限定最高地价，达到限定最高地价后，开发商竞拍配套建设的面积，以承诺配建面积最高者竞得土地。配套建设移交方式有以下几种。

（1）直接移交方式。配套建设地块和经营性地块合并供地，土地出让合同中列明直接将配套建设地块国有建设用地使用权（可共用宗地）以出让方式首次登记到政府指定行政事业单位。不动产登记部门依法依规将配套建设首次登记到政府指定的行政事业单位。

（2）无偿移交方式。政府指定接收单位与开发企业签订不动产无偿转让协议，不动产权属登记首次登记在开发企业名下，再通过转移登记将权属办至政府指定接收单位名下。

（3）政府回购方式。政府指定回购单位与开发企业按约定价格（不低于成本价）签订商品房买

卖合同，不动产权属登记首次登记在开发企业名下，再通过转移登记将权属办至政府指定回购单位名下。

以上三种是最常见的配建移交方式，移交方式不同则税务处理不同，因此我们需要通过直观的移交方式分析该项经济业务的本质，经济业务的本质则直接决定了经济业务的税务处理方式。直接移交方式实质上是以现金、无偿代建配套建设换取土地使用权；无偿移交方式实质上也是以现金、无偿赠送配套建设换取土地使用权；政府回购方式实质上是以现金受让土地使用权同时签订正当理由的低价销售合同。

二、增值税

（一）不同移交方式的增值税处理

1. 直接移交方式

不动产登记部门直接将配套建设首次登记到政府指定的行政事业单位，房地产企业属于为政府无偿提供建筑服务，应按照建筑服务视同销售的相关规定缴纳增值税。

2. 无偿移交方式

房地产企业按照合同约定无偿移交配套建设，属于无偿转让不动产，应按照视同销售的相关规定缴纳增值税。如配套建设用于公益事业或者以社会公众为对象，不属于视同销售。

3. 政府回购方式

房地产企业与政府指定回购单位按约定价格（不低于成本价）签订商品房买卖合同，不动产权属首次登记在房地产企业名下，然后房地产企业通过转移登记将配套建设的权属转至政府指定回购单位名下，应按销售不动产缴纳增值税。

（二）配建增值税处理中对于无偿的理解

根据《中华人民共和国增值税暂行条例》第六条，销售额为纳税人发生应税销售行为收取的全部价款和价外费用，但是不包括收取的销项税额。

根据《财政部 国家税务总局关于全面推开营业税改征增值税试点的通知》（财税〔2016〕36号文）附件1《营业税改征增值税试点实施办法》第十四条，下列情形视同销售服务、无形资产或者不动产。

（1）单位或者个体工商户向其他单位或者个人无偿提供服务，但用于公益事业或者以社会公众为对象的除外。

（2）单位或者个人向其他单位或者个人无偿转让无形资产或者不动产，但用于公益事业或者以社会公众为对象的除外。

（3）财政部和国家税务总局规定的其他情形。

按现行"营改增"政策，需对以上"换取"行为分解为以现金受让土地使用权、无偿提供建筑服务或无偿转让不动产。新的《增值税法征求意见稿》回归实质，把应税销售行为改为应税交易，把销售额改为纳税人发生应税交易取得的与之相关的对价，包括全部货币或非货币形式的经济利益,不包括按照一般计税方法计算的销项税额和按简易计税方法计算的应纳税额。

(三)视同销售销项税额的会计处理

增值税的会计处理依据《增值税会计处理规定》(财会〔2016〕22号文)。

1. 非差额征税的会计处理

企业发生税法上视同销售的行为,应当按照企业会计准则制度相关规定进行相应的会计处理,并按照现行增值税制度的规定计算销项税额(或采用简易计税方法计算应纳增值税额),借记"应付职工薪酬""利润分配"等科目,贷记"应交税费—应交增值税(销项税额)"或"应交税费—简易计税"科目(小规模纳税人应计入"应交税费—应交增值税"科目)。

2. 差额征税的账务处理

按现行增值税制度规定企业发生相关成本费用允许扣减销售额的,发生成本费用时,按应付或实际支付的金额,借记"主营业务成本""存货""工程施工"等科目,贷记"应付账款""应付票据""银行存款"等科目。待取得合规增值税扣税凭证且纳税义务发生时,按照允许抵扣的税额,借记"应交税费—应交增值税(销项税额抵减)"或"应交税费—简易计税"科目(小规模纳税人应借记"应交税费—应交增值税"科目),贷记"主营业务成本""存货""工程施工"等科目。

由上可见,视同销售的销项税额应当借记"土地成本"科目。

二、企业所得税

(一)不同移交方式的所得税处理

1. 直接移交方式

按照《国家税务总局关于印发〈房地产开发经营业务企业所得税处理办法〉的通知》(国税发〔2009〕31号文)的规定,配套建设的相关支出应单独核算,作为取得土地使用权的成本,计入开发产品计税成本。

2. 无偿移交方式

根据《国家税务总局关于印发〈房地产开发经营业务企业所得税处理办法〉的通知》(国税发〔2009〕31号文)的规定,对无偿移交行为视同销售,计入企业所得税收入总额,发生与取得收入有关的、合理的支出,可在计算应纳税所得额时扣除。

3. 政府回购方式

根据《国家税务总局关于印发〈房地产开发经营业务企业所得税处理办法〉的通知》(国税发〔2009〕31号文)的规定,取得的相关收入应计入企业所得税收入总额,发生与取得收入有关、合理的支出,可在计算应纳税所得额时扣除。

(二)无偿代建配套建设为何作为过渡性成本对象

根据《国家税务总局关于印发〈房地产开发经营业务企业所得税处理办法〉的通知》(国税发〔2009〕31号文)第二十五条规定,计税成本是指企业在开发、建造开发产品(包括固定资产,下同）过程中所发生的按照税收规定进行核算与计量的应归入某项成本对象的各项费用。根据第二十六条规定，成本对象是指为归集和分配开发产品开发、建造过程中的各项耗费而确定的费用承担项目。计税成本对象的确定原则如下。

（1）可否销售原则。开发产品能够对外经营销售的，应作为独立的计税成本对象进行成本核算；不能对外经营销售的，可先作为过渡性成本对象进行归集，然后再将其相关成本摊入能够对外经营销售的成本对象。

（2）分类归集原则。对同一开发地点、竣工时间相近、产品结构类型没有明显差异的群体开发的项目，可作为一个成本对象进行核算。

（3）功能区分原则。开发项目某组成部分相对独立，且具有不同使用功能时，可以作为独立的成本对象进行核算。

（4）定价差异原则。开发产品因其产品类型或功能不同等而导致其预期售价存在较大差异的，应分别作为成本对象进行核算。

（5）成本差异原则。开发产品因建筑上存在明显差异可能导致其建造成本出现较大差异的，要分别作为成本对象进行核算。

（6）权益区分原则。开发项目属于受托代建的或多方合作开发的，应结合上述原则分别划分成本对象进行核算。

由上可见，根据权益区分原则，无偿代建配套建设应确定成本对象，根据可否销售原则，可先作为过渡性成本对象，直接移交时转入土地成本再摊入能够对外经营销售的成本对象。

（三）调增的视同销售毛利如何处理

根据《企业会计准则——基本准则》第十六条规定，企业应当按照交易或者事项的经济实质进行会计确认、计量和报告，不应仅以交易或者事项的法律形式为依据。

因此，无偿移交配套建设时的账务处理，应借记"土地成本"，贷记"开发产品—配套建设"，税收上视同销售时，模拟纳税调整分录为借记"土地成本"，贷记"营业收入"，借记"营业成本"，贷记"开发产品—配套建设"，两者比较调增的税收毛利相应增加了"土地成本"的计税基础。

会计上的视同销售销项税额是否会被调整？实际上，没有调整的理由。

三、土地增值税

（一）不同移交方式的土增税处理

1. 直接移交方式

其发生的建筑安装工程成本确认为取得土地使用权的成本扣除。

2. 无偿移交方式

出让合同（公告）或不动产无偿转让协议约定无偿移交的，应视同销售确认收入，同时将此确认为取得土地使用权的成本，在计算土地增值税时予以扣除。

3. 政府回购方式

出让合同（公告）约定按照不低于成本价移交的，据此确定土地增值税应税收入。

（二）支付金额的界定

根据《中华人民共和国土地增值税暂行条例实施细则》第七条规定，取得土地使用权所支付的金额，是指纳税人为取得土地使用权所支付的地价款和按国家统一规定交纳的有关费用。

无论是金额，还是地价款和有关费用，都是强调固定的现金对价。将直接移交方式发生的建筑安装工程成本确认为取得土地使用权的成本扣除，是遵从实质重于形式原则的具体表现。新的《土地增值税法征求意见稿》俨然采用了"取得土地使用权所支付的金额"，而不是"取得土地使用权的成本"。

（三）非直接销售和自用房地产的收入确定

根据《国家税务总局关于房地产开发企业土地增值税清算管理有关问题的通知》（国税发〔2006〕187号文），房地产开发企业将开发产品用于职工福利、奖励、对外投资、分配给股东或投资人、抵偿债务、换取其他单位和个人的非货币性资产等，发生所有权转移时应视同销售房地产，其收入按下列方法和顺序确认：

①按本企业在同一地区、同一年度销售的同类房地产的平均价格确定；

②由主管税务机关参照当地当年、同类房地产的市场价格或评估价值确定。

（四）回迁安置房的土增税处理

根据《国家税务总局关于土地增值税清算有关问题的通知》（国税函〔2010〕220号），关于拆迁安置土地增值税计算问题的规定如下：

（1）房地产企业用建造的本项目房地产安置回迁户的安置用房视同销售处理，按《国家税务总局关于房地产开发企业土地增值税清算管理有关问题的通知》（国税发〔2006〕187号）第三条第（一）款规定确认收入，同时将此确认为房地产开发项目的拆迁补偿费。房地产开发企业支付给回迁户的补差价款，计入拆迁补偿费；回迁户支付给房地产开发企业的补差价款，应抵减本项目拆迁补偿费。

（2）开发企业采取异地安置，异地安置的房屋属于自行开发建造的，房屋价值按国税发〔2006〕187文号第三条第（一）款的规定计算，计入本项目的拆迁补偿费；异地安置的房屋属于购入的，以实际支付的购房支出计入拆迁补偿费。

（3）货币安置拆迁的，房地产开发企业凭合法有效凭据计入拆迁补偿费。

可见，无偿移交方式的配套建设属于视同销售中换取其他单位和个人的非货币性资产的情形，同时参照安置用房计入取得土地使用权的成本。

（五）能否适用不征的赠与情形

根据《中华人民共和国土地增值税暂行条例实施细则》第二条规定，转让国有土地使用权、地上的建筑物及其附着物并取得收入，是指以出售或者其他方式有偿转让房地产的行为。不包括以继承、赠与方式无偿转让房地产的行为。

根据《财政部 国家税务总局关于土地增值税一些具体问题规定的通知》（财税字〔1995〕48号文）规定，细则所称的"赠与"是指如下情况。

（1）房产所有人、土地使用权所有人将房屋产权、土地使用权赠与直系亲属或承担直接赡养义务人的。

（2）房产所有人、土地使用权所有人通过中国境内非营利的社会团体、国家机关将房屋产权、土地使用权赠与教育、民政和其他社会福利、公益事业的。

可见，如果适用认可"无偿移交的配套建设"是公益性无偿转让情形，"将其发生的建筑安装工程成本确认为取得土地使用权的成本扣除"是换取土地使用权情形，两者不能同时使用，否则会自相矛盾。

（六）收入能否以含税价来计

国税发〔2006〕187号文发文日期是2006年12月28日，是价内税的营业税时期，增值税是价外税，是否可以按视同销售确认含税收入，并据此确认为成本加计扣除呢？对于此问题有必要进一步探讨。

四、契税

根据《财政部 国家税务总局关于国有土地使用权出让等有关契税问题的通知》（财税〔2004〕134号文）规定，以协议方式出让的，其契税计税价格为成交价格。成交价格包括土地出让金、土地补偿费、安置补助费、地上附着物和青苗补偿费、拆迁补偿费、市政建设配套费等承受者应支付的货币、实物、无形资产及其他经济利益。

根据《国家税务总局关于明确国有土地使用权出让契税计税依据的批复》（国税函〔2009〕603号文）的规定，通过招标、拍卖或者挂牌程序承受国有土地使用权的，对承受者应按照土地成交总价款计征契税，其中的土地前期开发成本不得扣除。

根据《中华人民共和国契税暂行条例》第四条规定，这是国有土地使用权出让、土地使用权出售、房屋买卖，为成交价格。

根据《中华人民共和国契税暂行条例细则》第九条规定，该条例所称成交价格，是指土地、房屋权属转移合同确定的价格。包括承受者应交付的货币、实物、无形资产或者其他经济利益。

可见，计税依据的关键点是"合同"，那么合同是指一份合同，还是一揽子合同？价格组成很清晰，无论是应支付的现金对价，还是应支付的非现金对价，都是价格的组成部分，但非现金对价是按合同签订时的公允价或成本价,还是按配建交付时的公允价或成本价?这些问题还需要进一步的探讨。

结束语

关于融会贯通故事的热点问题还有很多,因本书篇幅有限不能一一解析,在此编者虽言犹未尽却只能深感遗憾,房地产税务知识本就浩如烟海,我们将继续努力,竭尽所能通过课件、微信公众号等多种途径与方式向大家分享更多、更新的相关知识和观点。

第二部分
全税种关键风险点解析

第六章　房地产开发企业设立阶段

企业设立阶段主要包括开发主体注册资本的确定、实收资本的实际投入、项目融资模式的设计、筹办期费用的处理、一般纳税人资格的申请、账簿设置和员工建档工资的发放等。这个阶段本身涉及的税收问题不多，但对后期各个税种的影响较大，体现了事前筹划的重要性，如筹划不当则会影响后期税种的处理。企业设立阶段衍生出的涉税风险点很多，需要重点关注。

第一节　重要业务事项

企业设立阶段最重要的业务事项是实收资本的实际投入、融资模式的设计和筹办期费用的处理。实收资本的投资是否到位、融资模式设计的不同和筹办期费用的处理关系到企业所得税前利息支出的扣除，是企业设立阶段的重点。该阶段涉及的税种包括企业所得税、土地使用税、房产税、个人所得税和印花税，各税种在税务处理中的关键要点如下。

1. 增值税一般纳税人资格申请

申请一般纳税人资格非常重要，其会影响企业以后日常经营的方方面面，如计税方法的确定、发票的开具与取得要求、合同签订条款的影响、预收款与主营业务收入的核算，以及未来土地成本是否可在增值税税前扣除的问题等。

2. 印花税

新企业应自领取营业执照或发生纳税义务之日起15日内设置账簿，并在次月开始申报缴纳记载资金账簿（以实收资本和资本公积两项金额的合计值为计税依据）的印花税。其他营业账簿按件贴花。

3. 土地使用税和房产税

自有房产或无租使用其他单位的房产、土地等，应按规定缴纳房产税和土地使用税。

4. 企业所得税

（1）筹建期间发生的业务招待费，可按发生额的60%计入筹办费，并选择在开始生产经营当年一次性扣除或者分3年摊销；筹建期间发生的广告宣传费可按实际发生额计入筹办费。

（2）凡企业投资者在规定期限内未缴足其应缴资本额的，该企业对外借款所发生的利息，相当于投资者应缴资本额与在规定期限内实缴资本额的差额应计付的利息，其不属于企业合理的支出，应由企业投资者负担，不得在计算企业应纳税所得额时扣除。

（3）关联方借款利息支出必须符合独立交易原则，借款利率不得超过金融企业同期贷款基准利率，同时还要符合政策规定的债资比例规定的要求，超出部分不得在所得税税前扣除。

（4）向个人借款支付利息应代扣代缴个人所得税。

第二节　企业所得税风险点

一、投资未到位而发生的利息支出未调整

1. 风险描述

企业投资者投资未到位而发生的利息支出在企业所得税税前全额扣除。

2. 风险识别

凡企业投资者在规定期限内未缴足其应缴资本额的，该企业对外借款所发生的利息，相当于投资者应缴资本额与在规定期限内实缴资本额的差额应计付的利息，其不属于企业合理的支出，应由企业投资者负担，不得在计算企业应纳税所得额时扣除。

3. 政策依据

企业所得税法实施条例、国税函〔2009〕312号文。

4. 风险解析

根据国税函〔2009〕312号文规定，关于企业由于投资者投资未到位而发生的利息支出扣除问题，根据《中华人民共和国企业所得税法实施条例》第二十七条规定，凡企业投资者在规定期限内未缴足其应缴资本额的，该企业对外借款所发生的利息，相当于投资者实缴资本额与在规定期限内应缴资本额的差额应计付的利息，其不属于企业合理的支出，应由企业投资者负担，不得在计算企业应纳税所得额时扣除。

具体计算不得扣除的利息，应以企业一个年度内每一账面实收资本与借款余额保持不变的期间作为一个计算期，每一计算期内不得扣除的借款利息按该期间借款利息发生额乘以该期间企业未缴足的注册资本占借款总额的比例计算，公式为：

企业每一计算期不得扣除的借款利息＝该期间借款利息额 × 该期间未缴足注册资本额 ÷ 该期间借款额。

企业一个年度内不得扣除的借款利息总额为该年度内每一计算期不得扣除的借款利息额之和。

目前，《公司法》采用法定资本制的分期认缴制度，即在实行注册资本最低限额制度的同时允许股东分期缴纳注册资本。分期缴纳出资制度确有缓解投资人的资金压力、避免资金闲置、达到社会资源配置效率最大化等优点，但随着分期缴纳出资制度的实践，一些新的问题渐渐暴露出来，比如在股东缴付了部分出资后，在章程规定的期限届满时，全体股东都心照不宣地不再缴纳后续出

资,而是通过公司借款补足。由于出资未到位带来的公司营运资金匮乏,这实为变相的资本弱化行为。因此,企业设立阶段需要综合考虑股东实缴投资额、后期融资政策及利息支出等因素,以免出现因投资不到位导致后期利息支出需作纳税调增的情况。

5. 案例

某房地产开发企业于2018年1月1日成立,注册资本1亿元。2018年3月1日,该公司为取得开发用地资金,向民间借款1亿元(2年期),约定借款利率为15%(商业银行同期同类贷款利率为9%),公司章程约定的股东出资计划和股东实际出资情况如表6-1表所示:

表6-1 房地产企业股东出资情况表

时间节点	应缴出资额/万元	实缴出资额/万元
2018-01-01	3000	3000
2018-06-30	3000	2000
2019-06-30	4000	2000

(1)2018年度超过银行同期同类贷款利率的利息:

10 000×(15%-9%)×10÷12=500万元。

(2)2018年度股东未到位资金不予扣除的利息:

2018年6月30日,股东应缴出资额6000万元,实缴出资额5000万元,因此2018年7月1日起未到位资金占用的利息不得税前扣除:10 000×9%×6÷12×1000÷10000=45万元。

综上,2018年应调整增加应纳税所得额为500+45=545万元。

(3)2019年度超过银行同期同类贷款利率的利息:

10 000×(15%-9%)=600万元。

(4)2019年度股东未到位资金不予扣除的利息:

2019年度上半年股东应缴出资额6000万元,实缴出资额5000万元,上半年股东未到位资金1000万元;下半年股东应缴出资额10 000万元,实缴出资额7000万元,下半年股东未到位资金3000万元;2019年应调增未到位资金利息:10 000×9%×6÷12×1000÷10 000+10 000×9%×6÷12×3000÷10000=180万元。

综上,2019年度应调整增加应纳税所得额为600+180=780万元。

二、关联方借款利息支出处理不当

1. 风险描述

关联方借款利息支出不符合独立交易原则和债资比例规定。

2. 风险识别

关联方借款利息支出必须符合独立交易原则,借款利率不得超过金融企业同期贷款基准利率,同时还要符合政策规定的债资比例规定的要求,超出部分不得在所得税税前扣除。

3. 政策依据

企业所得税法实施条例、财税〔2008〕121号文。

4. 风险解析

根据企业所得税法实施条例规定，非金融企业在生产、经营期间，向金融企业借款的利息支出，准予扣除；向非金融企业借款的利息支出，不高于按照金融企业同期贷款基准利率计算的数额的部分，准予扣除。

根据财税〔2008〕121号文规定，企业实际支付给关联方的利息支出，不超过规定比例和税法及其实施条例有关规定计算的部分，准予扣除；超过的部分不得在发生当期和以后年度扣除。按照文件规定，房地产企业接受关联方债权性投资与其权益性投资比例为2∶1。

企业如果能够按照税法及其实施条例的有关规定提供相关资料，并证明相关交易活动符合独立交易原则的；或者该企业的实际税负不高于境内关联方的，其实际支付给境内关联方的利息支出，在计算应纳税所得额时准予扣除。注：债资比限制的例外。

因此，企业在设立阶段需要设计合理的关联方债权性投资与其权益性投资的比例结构。

权益性投资，是指企业接受的不需要偿还本金和支付利息，投资人对企业净资产拥有所有权的投资。权益性投资为企业资产负债表上会计记录的所有者权益数额，当所有者权益小于实收资本与资本公积之和，则权益性投资为实收资本与资本公积之和；当实收资本与资本公积之和小于实收资本，则权益性投资为实收资本。

债权性投资，是指企业直接或者间接从关联方获得的，需要偿还本金和支付利息或者需要以其他具有支付利息性质的方式予以补偿的融资。

房地产开发企业资金需求量大、融资规模大，每年都会发生巨额的利息支出和融资费用。这就需要房地产开发企业在企业所得税汇算清缴过程中对相关的财税政策予以重点关注，及时防范税收风险。

5. 案例

A公司、B公司和C公司于2018年1月共投资1000万元设立D公司。A公司权益性投资200万元，占20%股份；B公司投资200万元，占20%股份；C公司投资600万元，占60%的股份。2018年1月，D公司以10%年利率从A公司借款500万元，以9%年利率从B公司借款600万元，以7%年利率向C公司借款600万元。假设A、B、C、D公司均为非金融企业；银行同期贷款利率为8%；D公司实际税负高于A公司，且D公司无法提供资料证明其借款活动符合独立交易原则；B公司可以提供税法规定的相关资料以证明其符合独立交易原则；D公司实际税负不高于C公司。

根据企业所得税法及其实施条例、121号文件的规定，现计算如下。

（1）向A公司支付的利息：

由于D公司实际税负高于A公司，且D公司无法提供资料证明其借款活动符合独立交易原则，D公司实际支付给A公司的利息支出，不超过121号文件规定的债资比例和税法及其实施条例有关规定计算的部分，准予扣除，超过的部分不得在发生当期和以后年度扣除；

D公司接受A公司的债权性投资和权益性投资分别为500万元和200万元，其比例为2.5∶1，高于规定的2∶1，并且其约定利率10%高于金融机构同期贷款利率8%，故A公司借款利息不能全额税前扣除。其可税前扣除的借款额为 200×2=400 万元，利息额为 400×8%=32 万元。2018 年共支付 A 公司利息 500×10%=50 万元，可税前扣除 32 万元，需要调整 18 万。

（2）向 B 公司支付的利息：

D 公司接受 B 公司的债权性投资可以提供税法规定的相关资料以证明其符合独立交易原则，可以不看债资比例的规定，但其约定利率 9% 高于金融机构同期贷款利率 8%，故 B 公司借款利息 600×9%=54 万元不能全额在税前扣除，高于金融机构同期贷款利率相关的部分 600×（9%-8%）=6 万元要作纳税调整。

（3）向 C 公司支付的利息：

D 公司实际税负不高于 C 公司，也可以不看债资比例的规定，其约定年利率 7% 低于金融机构同期贷款利率，故 C 公司借款利息 600×7%=42 万元可以全额在税前扣除。

（4）A、B、C 公司的利息收入：

A 公司自 D 公司取得的利息收入 50 万元、B 公司自 D 公司取得的利息收入 54 万元、C 公司自 D 公司取得的利息收入 42 万元，如相关税收政策没有税收优惠的规定，均应并入应纳税所得额计算缴纳企业所得税。

综上所述，2018 年，D 公司从关联方借款利息支出合计 146 万元（A 公司利息 500×10%=50 万元，B 公司借款利息 600×9%=54 万元，C 公司借款利息 600×7%=42 万元），但在计算所得税时允许扣除的只有 122 万元（A 公司 400×8%=32 万元，B 公司 600×8%=48 万元，C 公司 600×7%=42 万元），计算应纳税所得额时不允许扣除 24 万元（A 公司由于债资比的原因以及利率的原因调整 18 万，B 公司由于利率的原因调整 6 万）。

所以，以上 24 万元应在 2018 年作纳税调整。

三、企业筹办费税务处理错误

1. 风险描述

企业筹办费中业务招待费和广告宣传费的税务处理错误，影响当年度和以后年度的所得税申报。

2. 风险识别

企业开办费的税务处理需要明确几个问题：一是筹建期间的业务招待费可按实际发生额的 60% 计入开办费；二是广告宣传费可全额计入开办费；三是开办费可在开始经营当年一次性扣除，也可按照长期待摊费用处理。

3. 政策依据

国家税务总局公告 2012 年第 15 号文、国税函〔2009〕98 号文、国税函〔2010〕79 号文。

4. 风险解析

根据国家税务总局公告 2012 年第 15 号文，企业在筹建期间，发生的与筹办活动有关的业务招待费支出，可按实际发生额的 60% 计入企业筹办费，并按有关规定在税前扣除；发生的广告费和业务宣传费，可按实际发生额计入企业筹办费，并按有关规定在税前扣除。

根据国税函〔2009〕98 号文第九条规定，新税法中开（筹）办费未明确列作长期待摊费用，企业可以在开始经营之日的当年一次性扣除，也可以按照新税法有关长期待摊费用的处理规定处理，但一经选定，不得改变。

根据国税函〔2010〕79号文，企业自开始生产经营的年度，为开始计算企业损益的年度。企业从事生产经营之前进行筹办活动期间发生筹办费用支出，不得计入当期的亏损，应按照《国家税务总局关于企业所得税若干税务事项衔接问题的通知》（国税函〔2009〕98号文）第九条规定执行。

筹办费税前扣除问题的难点在于筹办期的确定和筹办费中业务招待费、广宣费等限额扣除费用的处理。根据《企业所得税暂行条例实施细则》第三十四条规定，筹建期指从企业被批准筹建之日起至开始生产经营（包括试生产、试营业）之日的期间。因税法规定不明确，部分从业人员将房地产企业取得第一笔收入（包括预售款）前发生的费用认定为筹办费。

编者认为这种处理方法不正确。首先，根据《国家税务总局关于外商投资企业从事房地产开发经营征收所得税有关问题的通知》（国税发〔1995〕153号文），从事房地产开发经营的外商投资，应以其首次取得房地产开发经营项目之日，确定为实际开始生产、经营之日；其次，通过查询各地税务机关回复，对筹办期的认定均早于第一笔收入的取得，例如原安庆地税回复以第一个房地产项目打下第一根桩基判定为筹办期结束，原宁波国税回复以首个开发项目领取《施工许可证》之日判定为筹办期结束。

结合以上分析，编者认为将取得第一个项目《土地使用证》或《土地出让合同》的日期作为筹办期结束日不失为一种较为稳妥的处理方式。

5. 案例

某房地产开发企业2018年6月开始筹建，筹建期历时12个月，账簿资料显示：2018年6—12月、2019年1—5月筹建期分别发生开办费200万元、300万元，2019年6月筹办期结束。企业在2019年6月一次性扣除开办费；2019年度发生了亏损，确认的亏损年度就是2019年度。

（1）该开发企业2018年6—12月、2019年1—5月筹建期分别发生业务招待费10万元、20万元，分别发生广告宣传费30万元、40万元。

（2）2019年3月投资方应投入资本自行筹措款项所支付的利息支出8万元，计入了开办费。

（3）2019年5月，购建营业楼所支付的设计费、部分材料费共计10万元计入开办费。

（4）企业在筹办期结束开始经营之日的当年一次性扣除开办费。

分析：

（1）业务招待费支出可按实际发生额的60%计入开办费，广告宣传费按实际发生额计入开办费；

（2）投资方因投入资本自行筹款支付的利息，不计入开办费，由出资方自行负担；

（3）为购建固定资产所支付的设计费、部分材料费应予资本化，不计入开办费。

综上所述，企业2018年不得确认为亏损年度，2019年一次性扣除开办费金额为：200+300-（10+20）×（1-60%）-8-10=470万元。

四、职工薪酬税前扣除未履行代扣代缴个税义务

1. 风险描述

企业发放工资时未代扣代缴个人所得税。

2. 风险识别

申报个人所得税，虽然是个人所得税方面的问题，但同时涉及到企业所得税税前扣除问题，有些企业在成立之初没有及时申报工资薪金个人所得税，特别是未达起征点的为图省事而不作申报，影响到工资薪金支出的企业所得税税前扣除。

3. 政策依据

国税函〔2009〕3号文。

4. 风险解析

根据国税函〔2009〕3号文，"合理工资薪金"是指企业按照股东大会、董事会、薪酬委员会或相关管理机构制订的工资薪金制度规定实际发放给员工的工资薪金。税务机关在对工资薪金进行合理性确认时，可按以下原则掌握：

①企业制订了较为规范的员工工资薪金制度；

②企业所制订的工资薪金制度符合行业及地区水平；

③企业在一定时期所发放的工资薪金是相对固定的，工资薪金的调整是有序进行的；

④企业对实际发放的工资薪金，已依法履行了代扣代缴个人所得税义务；

⑤有关工资薪金的安排，不以减少或逃避税款为目的。

由上可以看出，允许税前扣除的合理的工资薪金支出要件之一是已经代扣代缴了个人所得税。

第三节 个人所得税风险点

一、向个人借款支付利息未代扣代缴个税

1. 风险描述

向个人借款支付利息未代扣代缴个人所得税。

2. 风险识别

向个人借款支付利息会涉及借款人的增值税、企业所得税和个人所得税三方面的问题。增值税方面，个人收到利息时可由税务机关代开增值税发票；企业所得税按照相关规定进行税前扣除；这个环节往往容易忽视个人所得税的代扣代缴。

3. 政策依据

财税〔2016〕36号文、国税函〔2009〕777号文、财税〔2008〕121号文、个人所得税法。

4. 风险解析

向个人借款支付利息首先分两种：一是向股东或其他与企业有关联关系的自然人借款；二是向内部员工或其他人员的借款。

根据国税函〔2009〕777号文规定，企业向股东或其他与企业有关联关系的自然人借款的利息支出，应根据《中华人民共和国企业所得税法》（以下简称税法）第四十六条及《财政部 国家税务总局关于企业关联方利息支出税前扣除标准有关税收政策问题的通知》（财税〔2008〕121号文）规定的条件，计算企业所得税扣除额。

企业向除上述规定以外的内部职工或其他人员借款的利息支出，其借款情况同时符合以下条件的，其利息支出在不超过按照金融企业同期同类贷款利率计算的数额的部分，根据税法第八条和税法实施条例第二十七条规定，准予扣除。

（1）企业与个人之间的借贷是真实、合法、有效的，并且不具有非法集资目的或其他违反法律、法规的行为。

（2）企业与个人之间签订了借款合同。

企业向股东或其他与企业有关联关系的自然人借款的利息支出，需要考虑利率扣除限额和债资比例扣除限额；企业向除上述规定以外的内部职工或其他人员借款的利息支出，只需要考虑利率扣除限额。

根据个人所得税法，居民个人取得利息所得，应缴纳个人所得税。因此企业向个人支付借款利息时，负有扣缴义务，应代扣代缴个人所得税。

5. 案例说明

稽查局安排稽查人员对某房地产公司上年度涉税情况进行日常稽查，检查发现该公司往来账户中"应付未付利息"（剔除银行借款利息部分）年末余额达千万元。带着疑问，检查人员做进一步调查核实，据了解，该公司资金周转困难，2018年12月经董事会研究，决定向公司内部和社会个人筹资。借款协议约定：公司按照略高于同期银行利率水平向个人借款三年，按年付息，到期还本。自2019年底开始，该公司按照约定的借款利率逐年计算预提利息，列入财务费用，同时将应付利息计入个人往来账户。在借款期间，公司按实际支付的利息依法扣缴了个人所得税，但存在部分计提而未支付利息的情况。检查结束，稽查局拟对该公司作出补缴增值税、个人所得税、城建税、教育费附加和加收滞纳金，处以罚款的决定。该公司认为，扣缴个人所得税应该是在支付个人利息所得时扣缴，预提尚未支付的利息可以暂时不扣缴，因此对稽查局的拟处理处罚决定提出质疑。

由上述案例可以看出，由于公司财务人员对支付个人借款利息涉税法规政策理解不到位，公司将面临因受税务处理处罚而遭受损失的风险。下面就该案有关涉税法规政策问题予以解析：

（1）企业支付个人借款利息应履行个人所得税扣缴义务时间的规定。

根据2018《中华人民共和国个人所得税法实施条例》第二十四条的规定，扣缴义务人向个人支付应税款项时，应当依照个人所得税法规定预扣或者代扣税款，按时缴库，并专项记载备查。前款所称支付，包括现金支付、汇拨支付、转账支付和以有价证券、实物以及其他形式的支付。

根据《国家税务总局关于利息、股息、红利所得征税问题的通知》（国税函〔1997〕656号文），扣缴义务人将属于纳税义务人应得的利息、股息、红利收入通过扣缴义务人的往来会计科目分配到个人名下，收入所有人有权随时提取，在这种情况下，扣缴义务人将利息、股息、红利所得分配到个人名下时，即应认为所得的支付。

由此可见，该公司约定支付利息时间已到，被借款人可以随时提取利息，不管是否支付，都应依法履行扣缴义务。

（2）应扣未扣个人所得税免于加收滞纳金的特殊规定。

根据《国家税务总局关于行政机关应扣未扣个人所得税问题的批复》（国税函〔2004〕1199号文），按照《税收征管法》规定的原则，扣缴义务人应扣未扣税款，无论适用修订前还是修订后的《税收征管法》，均不得向纳税人或扣缴义务人加收滞纳金。因为滞纳金是纳税人、扣缴义务人因占用国家税款所做的补偿，扣缴义务人未扣缴税款则不存在占用的问题，而纳税人在未知的前提下也不应当加收滞纳金。同样，应扣未扣其他税种也同等适用此理。显而易见，该公司虽存在应扣未扣个人所得税问题，但已扣缴税款全部入库，因而对应扣未扣个人所得税可以免于加收滞纳金。

（3）扣缴义务人适用税务行政处罚的规定。

根据《税收征管法》第六十四条第一款，纳税人、扣缴义务人编造虚假计税依据的，由税务机关责令限期改正，并处五万元以下的罚款。

根据第六十九条，扣缴义务人应扣未扣、应收而不收税款的，由税务机关向纳税人追缴税款，对扣缴义务人处应扣未扣、应收未收税款百分之五十以上三倍以下的罚款。

很显然，《税收征管法》在对扣缴义务人行政处罚规定上十分明确，就该公司作为扣缴义务人的处罚，税务部门都有充足理由作出解释。

（4）企业支付个人借款利息其他涉税法规政策规定。

企业向个人支付借款利息除涉及增值税、个人所得税、城建税、教育费附加法规政策外，还涉及到企业所得税、税务发票管理等有关政策规定，因此财务人员进行财务处理时要注意以下几点：

①企业与个人之间的借贷活动必须真实、合法、有效，并且不具有非法集资目的或其他违反法律、法规的行为，否则计算企业所得税时不能扣除。

②企业与个人之间应签订借款合同，无合同的，支付的利息不予认可。

③借入款项应于账内载明债权人的真实姓名和地址，其利息支出才能准予认定。

④利率如果超过同期同类商业银行贷款利率的，其超过部分利息在计算企业所得税扣除时不予认定。

⑤一方面借入款项支付利息，一方面贷出款项，如不收取利息，或收取利息低于所支出利息者，对于相当于该贷出款项支付利息或其差额，将被税务机关认为非营业所需且是不合理的支出而被调整剔除。

⑥应取得合法有效凭证。支付个人借款利息要索取正规税务发票。

⑦税前扣除的借款合同应符合《民法典》的相关要求，即借款的利息不得预先在本金中扣除，利息预先在本金中扣除的，应当按照实际借款数额返还借款并计算利息。

⑧将借款用于与生产经营无关的利息支出不得在税前列支。

综上所述，企业在做好个人借款利息财务核算的同时，要熟悉个人借款利息涉税有关法规政策，及时防范税务风险。

第四节 印花税风险点

一、未按规定申报缴纳资金账簿印花税

1. 风险描述

实收资本和资本公积增加额未按规定申报缴纳资金账簿印花税。

2. 风险识别

生产经营单位执行《企业财务通则》和《企业会计准则》后,其"记载资金的账簿"的印花税计税依据改为"实收资本"与"资本公积"两项的合计金额。企业执行"两则"启用新账簿后,其"实收资本"和"资本公积"两项的合计金额大于原已贴花资金的,就增加的部分补贴印花。

3. 政策依据

印花税暂行条例施行细则、国税发〔1994〕25号文、财税〔2018〕50号文、财税〔2003〕158号文、国税发〔2005〕120号文、财会〔2016〕22号文。

4. 风险解析

（1）根据印花税暂行条例施行细则第七条的规定,税目税率表中的记载资金的账簿,指载有固定资产原值和自有流动资金的总分类账簿,或者专门设置的记载固定资产原值和自有流动资金的账簿。其他账簿,指除上述账簿以外的账簿,包括日记账簿和各明细分类账簿。

（2）根据国税发〔1994〕25号文,印花税计税依据为"实收资本"与"资本公积"两项的合计金额,如果期末的两项合计金额大于期初的两项合计金额,则增加的部分需要按照"记载资金的账簿"税目申报缴纳印花税。有些企业在设立阶段取得实收资本时缴纳了印花税,但在后期实收资本和资本公积增加时往往忽视了印花税的申报缴纳,印花税一般金额比较小,但其具有轻税重罚的特点,一时疏漏有时也会造成大的损失。

（3）根据财税〔2018〕50号文,自2018年5月1日起,对按万分之五税率贴花的资金账簿减半征收印花税,即后期实收资本和资本公积增加时减半征收印花税。这是国家为减轻企业负担,鼓励投资创业的政策优惠。

（4）根据财税〔2003〕158号文,纳税年度内个人投资者从其投资企业（个人独资企业、合伙企业除外）借款,在该纳税年度终了后既不归还,又未用于企业生产经营的,其未归还的借款可视为企业对个人投资者的红利分配,依照"利息、股息、红利所得"项目计征个人所得税。

（5）根据国税发〔2005〕120号文关于强化对个体工商户、个人独资企业和合伙企业投资者以及独立从事劳务活动的个人的个人所得税征管的规定,加强个人投资者从其投资企业借款的管理,对期限超过一年又未用于企业生产经营的借款,严格按照有关规定征税。

（6）根据财会〔2016〕22号文,全面试行营业税改征增值税后,"营业税金及附加"科目名称调整为"税金及附加"科目,印花税也从原来的管理费用调整为"税金及附加"科目。

5. 案例

某房地产开发公司于2017年6月登记成立,注册资本为1000万元,由甲和乙两个人发起,企业章程规定甲出资600万元并于2018年5月1日投入公司,甲到期实际投资650万元,乙出资

400万元并于2020年1月1日投入公司。

(1) 正确的做法。

将注册资本实缴制改为认缴制，仅就实缴额贷记实收资本，未缴足的部分不在实收资本科目反映，也不在其他应收款等科目反映。按照实缴额贷记实收资本缴纳印花税。

借：银行存款（实际缴纳部分）
　　贷：实收资本
　　　　资本公积（溢价）

(2) 多缴税的做法（错误做法，多缴税）。

对未收到的注册资本做"借：其他应收款，贷：实收资本"账务处理，不仅要按照实收资本金额提前缴纳印花税，还存在由于个人股东未缴纳的注册资本计入"其他应收款"的余额变成股东借款，超期未缴纳个人所得税（未缴金额×20%）的情况。

借：银行存款（实际缴纳部分）
　　其他应收款—股东（未缴纳部分）
　　贷：实收资本（注册资本）
　　　　资本公积（溢价）

(3) 财税处理分析（单位：万元）。

① 2017年6月登记成立，不需要作任何账务处理，实收资本为0，不需要缴纳印花税；

② 2018年5月1日甲出资600万元投入公司，甲到期实际投资650万元；

a. 账务处理。

借：银行存款	650	
贷：实收资本—甲股东		600
资本公积—甲（资本溢价）		50

b. 缴纳印花税。

2018年5月缴纳印花税时：

借：税金及附加—印花税（650×0.5‰÷2）	0.1625	
贷：应交税费—印花税		0.1625
借：应交税费—印花税	0.1625	
贷：银行存款		0.1625

③ 乙出资400万元并于2020年1月1日投入公司。

a. 账务处理。

借：银行存款	400	
贷：实收资本—乙股东		400

c. 缴纳印花税。

2020年1月缴纳印花税时：

借：税金及附加—印花税（400×0.5‰÷2）	0.1	
贷：应交税费—印花税		0.1
借：应交税费—印花税	0.1	
贷：银行存款		0.1

第七章　房地产开发企业拿地施工阶段

拿地施工阶段主要包括拿地、施工前期准备和建设施工。这个阶段主要表现为企业资金的净流出，由于没有销售行为，这个阶段三大主体税种皆无需缴纳，但拿地方式的不同对后期各个税种的影响非常大，因此这个阶段非常重要，其看似没有涉税问题，实际上涉税风险点很多，最容易被企业所忽视。

第一节　重要业务事项

一、拿地

目前直接拿地的方式仍然以"招拍挂"为主，除此之外，拆迁改造、联合开发、公司合并、股权收购等也是常见的拿地方式。拿地渠道和方式不同，适用的房地产业税收政策必然会有差异，其不但影响拿地成本，也影响将来开发项目的总体税负。土地成本是开发企业最重要的成本的构成之一，其支出内容复杂，风险点多，毫不夸张地说，及时有效防范拿地环节的税收风险，整个开发项目的税收风险就解决了一大半。

1. 所涉税种

（1）直接相关的：契税、耕地占用税、土地使用税、印花税。

（2）间接相关的：增值税、土地增值税、企业所得税。

（3）重点问题：房产交付时增值税的税收问题、清算时点土地增值税的税收问题、产品完工年度企业所得税的问题。

2. 重要涉税资料

拿地环节最重要的涉税资料是土地的出让/转让合同，出让或者转让方式决定了是否允许销项税额抵减；出让土地是否存在附带条件的支出决定了土地价款构成，也会形成后期销项税额可以抵减的金额，所得税的计税成本，土地增值税的可扣除金额，以及契税计税依据；合同签订的时间或者交付的时间确定了土地使用税开始计算的时间；土地的面积确定了计税依据；土地的坐落地确定了单位税额。

土地出让合同及土地使用证的实务应用：

（1）土地面积是土地成本分配的标准。出让的土地有住宅、商业等多种用途的，土地出让合同或土地使用证的附页会明确各类用途土地的面积，不同类型房地产要分开计算土地增值税，它们是土地成本分配的依据。

（2）土地出让合同中的土地出让金，是确定取得土地使用权所支付金额的依据。

（3）土地用途（住宅、商业、办公等类型）用来确定房地产开发项目的性质和用途，并为确定土地增值税预征率提供依据，也是判断房地产开发项目需不需要按不同类型房地产分开计算土地增值税的依据。

（4）宗地图是土地使用证附图，它反映一宗地的基本情况，包括宗地权属界线、界址点位置、宗地内建筑物位置与性质、与相邻宗地的关系等。

（5）土地出让合同会对土地开发建设的规划进行最基本的限定，房地产企业为取得土地使用权，在项目建设用地红线外为政府建设公共设施或其他工程发生的支出，需要对应土地出让合同的条款进行土地增值税处理，如合同明确为政府要求，则允许作为取得土地使用权所支付的金额予以土地增值税税前扣除，否则一律不予扣除。

（6）土地使用年限对应土地用途，比如住宅用地70年，商服用地40年等。

（7）如果土地出让合同约定的内容为：将全部土地以现状条件交付给受让人，由受让人负责自行组织，依法拆迁，则为毛地交地，后期会发生拆迁补偿费；如约定为净地交地，则后期无拆迁补偿费。房地产企业按出让合同约定的数量和种类移交给政府的公共配套，不作为转让房地产处理，其开发成本可以税前扣除。如果没有这样的约定而向政府移交房地产，或超出约定的数量向政府移交房地产，应当作为转让房地产处理。

二、施工前期准备

前期准备工作包括项目的规划设计、土地房屋征收与补偿、报建登记、各种许可证的办理等。前期准备阶段的重要涉税资料如下：

（1）《开发项目立项批复》

立项批复是土地增值税、企业所得税处理的重要参考内容和推断计算数据，特别是房地产开发企业有多个项目在同一个期间内立项的，要以立项批复区分核算对象，涉及的共同成本费用要按照一定的方式进行分摊。

（2）规划设计资料

主要有《项目规划设计要点申请书》《建设工程规划设计要点通知书》《建设工程规划设计方案》（规划设计说明书）等，是土地增值税、企业所得税处理的重要参考内容和推断计算数据，特别是在土地增值税处理中，要依据这些资料判断是否有超规划设计项目。

（3）《建设用地规划许可证》

《建设用地规划许可证》及相关设计图纸、红线图等，是土地增值税、企业所得税处理的重要参考内容和推断计算数据，也是土地增值税处理中判断是否有超规划设计项目的证据。

（4）各类勘探、设计合同

各类勘探、设计合同是对应成本的一个最原始的来源以及印花税的计税依据。

三、建设施工

营改增后工程施工合同签订方式直接影响建设方施工方的税负水平，这一阶段所发生的建筑施工成本及各项费用将直接影响开发项目未来企业所得税计税成本的扣除以及土地增值税扣除项目金额的确定，本阶段主要是由于建筑施工对外付款，因此主要的税负承担者是建筑施工方（自建行为除外），开发公司会累积大量的进项税额。

房地产企业在开发建设阶段涉及的主要税种有增值税、印花税、企业所得税、土地增值税、城镇土地使用税及房产税等。

其中涉及印花税的合同类型有产权转移书据、勘探合同、设计合同、建筑安装合同、购销合同、借款合同等。

应当注意的是，在开发产品没有正式建成并转让之前，房地产企业需要缴纳因占有、使用土地、房屋建筑物而产生的城镇土地使用税及房产税。

此外，从事项目开发相关工作的人员的个人所得税是否按照规定代扣代缴，也是需要重点关注的问题。

虽然本阶段涉及的应税项目并不多，但对于整个房地产企业的总体纳税情况来说，这个阶段至关重要，因为开发阶段在成本、费用中列支的合法性、真实性、关联性与否，直接影响到以后阶段在企业所得税税前扣除、土地增值税扣除项目金额是否能够依法依规确定并扣除。对这一方面，前面在三大主体税种已经做了解析，此处不再赘述。

建设施工环节的重要涉税资料如下：

（1）施工合同

施工合同是房地产开发企业项目运作中最重要的合同，也是金额最大的合同，其中的合同金额不仅是企业成本计算的最重要参考依据，也是相关企业所得税计算的重要依据，例如预提费用的处理。

（2）劳务合同

在项目施工期，房地产开发企业有可能发生一些临时性用工，临时用工劳务合同涉及个人所得税、企业所得税等的计算和处理。

（3）融资合同及相关合同

这期间融资合同金额变化比较大，涉及印花税、土地增值税、企业所得税的计算处理。

第二节　契税风险点

一、未按出让合同足额缴纳契税

1. 风险描述

按照成交价减去返还款或减免的出让金后的余额缴纳契税。

2. 风险识别

契税的计税价格为承受人为取得该土地使用权而支付的全部经济利益，对通过招拍挂承受国有土地使用权的，应按土地成交总价款计征契税，不得因减免或返还出让金而减少契税计税价格。

3. 政策依据

财税〔2004〕134号文、国税函〔2005〕436号文。

4. 风险解析

根据财税〔2004〕134号文，出让国有土地使用权的，其契税计税价格为承受人为取得该土地使用权而支付的全部经济利益。

（1）以协议方式出让的，其契税计税价格为成交价格。成交价格包括土地出让金、土地补偿费、安置补助费、地上附着物和青苗补偿费、拆迁补偿费、市政建设配套费等承受者应支付的货币、实物、无形资产及其他经济利益。

没有成交价格或者成交价格明显偏低的，征收机关可依次按下列两种方式确定。

①评估价格：由政府批准设立的房地产评估机构根据相同地段、同类房地产进行综合评定，并经当地税务机关确认的价格；

②土地基准地价：由县级以上人民政府公示的土地基准地价。

（2）以竞价方式出让的，其契税计税价格，一般应确定为竞价的成交价格，土地出让金、市政建设配套费以及各种补偿费用应包括在内。

根据国税函〔2005〕436号文，国家税务总局对北京市地方税务局明确批复，对承受国有土地使用权所应支付的土地出让金，要计征契税。不得因减免土地出让金，而减免契税。

5. 案例

某地块起拍价4亿元，目标价6亿元，实际竞价当天最终竞价为8亿元，当地政府决定向竞价成功企业财政返利2亿元。那么，该房地产企业取得此块土地该如何计算缴纳契税呢？假定该地契税税率为3%。

该房地产企业获得政府土地出让金返利2亿元不能作为计算契税的减免优惠，最终缴纳契税=8亿元×3%=0.24亿元。

二、拆迁补偿款未缴纳契税

1. 风险描述

拆迁补偿中的货币补偿、实物补偿未缴纳契税。

2. 风险识别

拆迁补偿款构成取得土地使用权而支付的经济利益，应缴纳契税；货币补偿契税的计税依据比较清晰，但实物补偿缴纳契税的计税依据尚未明确，货币补偿与实物补偿缴纳契税的纳税时点也未明确。

3. 政策依据

财税〔2004〕134号文。

4. 风险解析

财税〔2004〕134号文已经明确,以竞价方式出让的,其契税计税价格,一般应确定为竞价的成交价格,土地出让金、市政建设配套费以及各种补偿费用应包括在内。这里的补偿费用就包括货币补偿与实物补偿。

5. 案例

某房地产企业通过竞价方式取得一块国土土地使用权,成交价格为5亿元,对该地块上原住户的拆迁补偿由开发商负责,房地产企业要用2万平方米的房屋补偿给原居民。拆迁补偿协议约定,选择用现金补偿的,每平方米补偿现金1万元;不要现金用房屋面积补偿的,按拆一还一等面积补偿。因此每平方米房屋约等于现金1万元,结果原居民选择补偿房屋,因此补偿给原居民的2万平方米合计等价现金2亿元。假设契税税率为3%,如何缴纳契税?

根据《财政部 国家税务总局关于国有土地使用权出让等有关契税问题的通知》(财税〔2004〕134号文)第一条第(二)项的规定,以竞价方式出让的,其契税计税价格,一般应确定为竞价的成交价格,土地出让金、市政建设配套费以及各种补偿费用应包括在内。

因此,该房地产开发企业支付的竞价成交价格5亿元,以及以房屋支付拆迁补偿发生的支出2亿元均应计入契税计税价格。

应缴纳的契税=(5亿+2亿)×3%=2100万元。

三、招拍挂竞价加配建未缴纳契税

1. 风险描述

"招拍挂"竞价加配建未缴纳契税。

2. 风险识别

配建构成取得土地使用权而支付的经济利益,应缴纳契税;但对于配建三种移交方式缴纳契税的计税依据和纳税时点尚未明确(目前广东省只有江门市有明确的计税依据确认方法)。

3. 政策依据

财税〔2004〕134号文、财税〔2012〕82号文、粤税发〔2019〕188号文、国家税务总局江门市税务局关于配套建设有关税收问题的业务指引(修订稿)。

4. 风险解析

根据财税〔2004〕134号文,出让国有土地使用权的,其契税计税价格为承受人为取得该土地使用权而支付的全部经济利益。土地出让合同明确约定要建配建房,即配建构成了房地产企业为取得该土地使用权而支付的经济利益,因此应缴纳契税,只是配建按照不同移交方式缴纳契税的计税依据和纳税时点尚未明确。

配套建设移交方式有以下几种:

(1)直接移交方式:配套建设地块和经营性地块合并供地,土地出让合同中列明直接将配套建设地块国有建设用地使用权(可共用宗地)以出让方式首次登记到政府指定行政事业单位。不动产登记部门依法依规将配套建设首次登记到政府指定的行政事业单位。

(2)无偿移交方式:政府指定接收单位与开发企业签订不动产无偿转让协议,不动产权属登记首次登记在开发企业名下，再通过转移登记将权属办至政府指定接收单位名下。

（3）政府回购方式：政府指定回购单位与开发企业按约定价格（不低于成本价）签订商品房买卖合同，不动产权属登记首次登记在开发企业名下，再通过转移登记将权属办至政府指定回购单位名下。

以上三种是最常见的配建移交方式，移交方式不同则税务处理不同，因此我们需要通过直观的移交方式分析该项经济业务的本质，经济业务的本质则直接决定了经济业务的税务处理方式。

根据国家税务总局江门市税务局关于配套建设有关税收问题的业务指引（修订稿），三种移交方式契税的处理如下：

（1）直接移交方式：成交价格（既承受土地使用权计税依据）按照出让合同中的土地价款和配套建设建筑安装工程成本进行确定。建筑安装工程成本，按照当地住建部门制定的标准执行。

（2）无偿移交方式：成交价格（既承受土地使用权计税依据）按照出让合同中的土地价款和配套建设市场价格进行确定。

（3）政府回购方式：视为正常的销售不动产的行为，开发商"卖"配建房给政府并非换取土地的对价，因此不并入计算契税。

5.案例

某房地产公司竞价取得某市一个地块，除向政府缴纳土地出让金、各项配套费 50 000 万元外，还涉及配建房的建设及移交，假设需要移交的配建是 10 000 平方米。那么，该房地产公司要缴纳的契税计税依据是多少？

分析：

（1）假设合同约定的是直接移交方式，当地住建部门制定的建筑安装工程成本每平方米是 2500 元，契税计税依据是 52 500 万元（50 000+2500 建筑安装工程成本）。

（2）假设合同约定的是无偿移交方式，配套建设房市场价格每平方米是 10 000 元，契税计税依据是 60 000 万元（50 000+10 000 配套建设房市场价格）。

（3）假设合同约定的是政府回购方式，比如说约定每平方米政府按照 3500 元去回购，视为正常的销售不动产的行为，开发商"卖 1 万平方米的"配建房给政府并非换取土地的对价，因此不并入契税计算，契税计税依据是 50 000 万元。

四、"招拍挂"约定移交的政府公共基础设施未缴纳契税

1.风险描述

"招拍挂"约定移交的政府公共基础设施未缴纳契税。

2.风险识别

"招拍挂"约定移交的政府公共基础设施构成取得土地使用权而支付的经济利益，应缴纳契税；但对于按"招拍挂"约定移交的政府公共基础设施缴纳契税的计税依据和纳税时点尚未明确。

3.政策依据

财税〔2004〕134号。

4. 风险解析

根据财税〔2004〕134号文，出让国有土地使用权的，其契税计税价格为承受人为取得该土地使用权而支付的全部经济利益。土地出让合同明确约定要建并无偿移交政府公共基础设施，即政府公共基础设施构成了房地产企业为取得该土地使用权而支付的经济利益，因此应缴纳契税，只是缴纳契税的计税依据和纳税时点尚未明确。

这种情况比较普遍，最常见的是在土地出让时约定由房地产企业建造并无偿移交各类公共基础设施如体育场馆、道路、桥梁、公园等建筑物，这些建筑物的建造和移交是基于取得土地使用权时的合同约定，其建造支出构成了取得土地使用权所支出的经济利益，只不过该项支出是以非现金的形式体现。

根据江门市土地增值税清算管理规程第三十一条，对土地出让合同明确需要配建政府工程取得的土地使用权，其发生的成本支出和补缴的契税根据工程决（结）算资料和完税凭证计入"取得土地使用权所支付的金额"扣除。

5. 案例

某房地产公司竞价取得某市一个地块，除向政府缴纳土地出让金、各项配套费50 000万元外，还涉及房地产企业在政府指定的区域建造并无偿移交道路、桥梁，合同约定工程造价不低于一个亿。那么，该房地产公司要缴纳的契税计税依据是多少？

假设经过审计确认，房地产企业无偿移交道路、桥梁发生的成本支出是10 080万，该房地产公司要缴纳的契税计税依据为50 000+10 080=60 080万。

五、报建过程中的市政配套费未缴纳契税

1. 风险描述

报建过程中的市政配套费未缴纳契税。

2. 风险识别

住建局在开发报建过程中按建设项目的建设面积计征的市政配套费应征收契税，依据财税〔2004〕134号文，结合成都市财行便函〔2017〕14号、河南省财政厅豫财办案〔2018〕26号、A市中级人民法院行政判决书（来源于实际案例）；但对于报建过程中缴纳的市政配套费计征契税的纳税时点尚未明确。

3. 政策依据

财税〔2004〕134号文、成都市财行便函〔2017〕14号文、河南省财政厅豫财办案〔2018〕26号文、A市中级人民法院行政判决书。

4. 风险解析

关于住建局在开发报建过程中按建设项目的建设面积计征的市政配套费是否征收契税，文件有明确的规定，但各地执行标准不一。可参考如下文件：

（1）根据财税〔2004〕134号文，以竞价方式出让的，其契税计税价格，一般应确定为竞价的成交价格，土地出让金、市政建设配套费以及各种补偿费用应包括在内。

（2）根据成都市财行便函〔2017〕14号文（资料1），国家税务总局和四川省地方税务局口头

答复均认为，房地产开发商在取得土地使用权后按开发的房产建筑面积向建委缴纳的城市基础设施配套费（一般计入开发成本）是在取得土地使用权之后环节发生的费用，该费用不是为取得土地使用权而支付的，应暂缓征收契税。

（3）根据河南省财政厅豫财办案〔2018〕26号文（资料2），关于成都市地方税务局将城市基础设施配套费暂缓计入契税计税依据的情况，河南省财政厅向国家税务总局进行了解，国家税务总局已责成四川省地方税务局纠正。河南省对开发报建过程中按建设项目的建设面积计征的市政配套费征收契税。

（4）根据A市中级人民法院行政判决书（资料3），该判决书的背景是一起由审计引起的城市基础设施配套费应交契税的诉讼案。A市中级人民法院最终判决：在开发报建过程中向规划、住建部门缴纳的城市基础设施配套费应作为契税计税依据依法征收契税。

附资料如下。

资料1　成都市地方税务局财产与行为税处的使函

成都市地方税务局财产与行为税处关于城市基础设施配套费暂缓计入契税计税依据的通知财行便函〔2017〕14号

各区（市）县地方税务局市局第三直属税务分局：

针对成都市建委按建筑面积收取的特大城市市政基础设施配套费是否计入契税计税依据的问题，我处请示了省局，省局根据国家税务总局口头答复，回复了我处。现将相关问题通知如下：

总局和省局均认为，房地产开发商在取得土地使用权后按开发的房产建筑面积向建委缴纳的城市基础设施配套费（一般计入开发成本）是在取得土地使用权之后环节发生的费用，该费用不是为取得土地使用权而支付的，应暂缓征收契税。

据此我市从2017年4月1日起，暂缓将成都市建委收取的特大城市市政基础设施配套费纳入契税计税依据。对于2017年4月1日前，已在税收日常检查，执法监督、税务稽查中被发现的，未将特大城市市政基础设施配套费纳入契税计税依据的纳税人，均暂缓补征或追征其该部分契税，对于已将特大城市市政基础设施配套费纳入契税计税依据并已将契税缴纳入库的纳税人，在上级部门明确以前，不予退税。

成都市地方税务局财产与行为税处

2017年4月17日

资料2 河南省财政厅回复省政协的提案答复

河南省财政厅文件

豫财办案〔2018〕26号　　　　　　　签发人：王东伟

办理结果：A

对省政协十二届一次会议
第1210075号提案的答复

省工商联：

贵单位提出的关于"暂缓将城市配套费计入契税计税依据"的提案收悉。经与省发展改革委、省地税局共同研究，现答复如下：

根据《中华人民共和国契税暂行条例》及实施细则规定，"国有土地使用权出让、土地使用权出售、房屋买卖，契税计税依据为成交价格"。"成交价格，是指土地、房屋权属转移合同确定的价格。包括承受者应交付的货币、实物、无形资产或者其他经济利益。"《财政部　国家税务总局关于国有土地使用权出让等有关契税问题的通知》（财税〔2004〕134号）规定：出让国有土地使用权的，其契税计税价格为取得该土地使用权而支付的全部经济利益。以协议方式出让的，其契税计税价格为成交价格，包括土地出让金、土地补偿费、安置补助费、地上附着物和青苗补偿费、拆迁补偿费、**市政建设配套费**等。以竞价方式出让的，其契税计税价格一般应确定为竞价的成交价格，土地出让金、**市政建设配套费**以及各种补偿费用应包括在内。

目前，我省主要依据以上政策规定计征契税。关于成都市地税局将城市基础设施配套费暂缓计入契税计税依据的情况，我们向国家税务总局进行了了解，国家税务总局已责成四川省地税局纠正。按照管理权限，税收政策制定、解释属于财政部和国家税务总局事权。贵单位提出的"暂缓将城市配套费计入契税计税依据"问题，主要涉及税收政策解释。下一步，我们将联合省地税局积极把提案内容向财政部和国家税务总局反映，呼吁财政部和国家税务总局尽快研究本提案提出的问题。

最后，非常感谢贵单位对财政工作的理解和支持，希望继续对我们的工作提出宝贵意见和建议。

联系单位及电话：河南省财政厅税政处（条法处）　0371—65808801
联　系　人：梁　蕊
邮政编码：450008
抄　　　送：省政协提案委办公室（3份）、省政府督查室（3份）。

资料3　C企业与国家税务总局A市B区税务局、国家税务总局A市税务局其他行政行为二审行政判决书

上诉人：C企业

被上诉人（原审被告）：国家税务总局A市B区税务局

被上诉人（原审被告）：国家税务总局A市税务局

上诉人C企业诉被上诉人A市B区税务局及被上诉人国家税务总局A市税务局税务行政管理一案，不服A市B区人民法院作出的行政判决，向本院提起上诉。本院依法组成合议庭，对本案进行了审理，现已审理终结。

上诉人C企业一审诉讼请求为：撤销被上诉人A市B区税务局作出的XX号《税务事项通知书》及被上诉人A市税务局作出的XX号《行政复议决定书》，并由两被上诉人承担本案诉讼费用。

原审判决查明，2009年，上诉人通过"招、拍、挂"的程序取得四宗国有土地使用权共支付了土地出让金503 320 997.4元。上诉人以上述土地出让金为计税金额，以3%税率自行申报缴纳了契税15 099 629.92元。取得土地后，上诉人缴纳城市基础设施配套费共计67 791 334.50元，但尚未申报缴纳契税。

A市税务局的上级部门对A市2017年度税收征管情况进行审计，认为根据财政部、国家税务总局财税〔2004〕134号《关于国有土地使用权出让等有关契税问题的通知》及该省制定的相关文件，在立项报建环节发生的市政建设配套费应作为契税的计税依据依法征收契税，要求B区税务局及时追缴入库。上诉人不服，在缴纳上述税款后依法向市税务局申请行政复议。A市税务局受理了上诉人的复议申请，决定维持B区税务局作出的决定。上诉人不服，遂向原审法院提起行政诉讼。

原审判决认为，A市B区税务局的行为并无不当。A市税务局在收到上诉人的复议申请后，依照我国行政复议法的复议程序进行审理，并在按规定办理延期审理手续后作出复议决定，其程序合法。对上诉人提出的其支付的土地出让金中已包含市政设施配套费，不应再重复征收的理由，原审法院认为，土地出让金中是否已包含市政设施配套费，是否属重复征收，上诉人应向征收该笔费用的行政机关提出异议，该项请求不属于原审法院的审查范围。综上，两个被上诉人的辩解理由成立，原审法院予以采纳；上诉人起诉的理由与事实不符，且于法无据，原审法院不予支持，依法应予驳回。依照《中华人民共和国行政诉讼法》第六十九条之规定，判决驳回上诉人C企业的诉讼请求。案件受理费人民币50元，由上诉人C企业负担。

上诉人C企业不服，向本院上诉。

本院认为，本案主要审理的是被上诉人B区税务局征收上诉人缴纳的城市基础设施配套费契税的行为是否合法。

根据财综函〔2002〕3号《财政部关于城市基础设施配套费性质的批复》，各地征收的市政基础设施配套费应统一归并为城市基础设施配套费。根据财税〔2004〕134号《财政部、国家税务总局〈关于国有土地使用权出让等有关契税问题〉的通知》的规定，出让国有土地使用权的，其契税计税价格为承受人为取得该土地使用权而支付的全部经济利益，以协议方式出让的，其契税计税价格为成交价格，成交价格包括土地出让金、土地补偿费、安置补偿费、地上附着物和青苗补偿费、市政建设配套费等承受者应交付的货币、实物、无形资产或者其他经济利益。又根据《X省地方税务局关于土地契税缴纳事宜的复函》的规定，通过"招、拍、挂"程序取得的出让土地，在立项报建环节才发生的向城市规划部门和建设管理部门收取的费用，如市政建设配套费等应作为契税计税依据依法征收契税。

上诉人2009年通过"招、拍、挂"的程序取得A市国土资源局出让的四宗国有土地使用权，2011年3月30日，上诉人以上述土地出让金为计税金额，以3%税率自行申报缴纳了契税15 099 629.92元。2014年至2017年期间，上诉人陆续向A市规划局缴纳城市基础设施配套费共计67 791 334.50元，但尚未申报缴纳契税。上诉人称其在取得涉案四宗国有土地的成交价中已包含市政设施配套费，不应再缴纳城市基础设施配套费契税。根据本院审查，上诉人缴纳的城市基础设施配套费是在立项报建环节才发生的，是城市规划部门和建设管理部门收取的费用。根据上述规定，城市基础设施配套费应作为契税计税依据依法征收契税。上诉人称其在取得涉案四宗国有土地的成交价中已包含市政设施配套费，但未提供证据予以证明，故被上诉人B区税务局依据财税〔2004〕134号《财政部国家税务总局关于国有土地使用权出让等有关契税问题的通知》向上诉人征税的行为符合法律、法规的规定。市税务局经复议后作出的复议决定程序合法应予以维持。

综上，原审判决程序合法，适用法律正确，应予维持。上诉人的上诉理由不能成立，应予驳回。依照《中华人民共和国行政诉讼法》第八十九条第一款第（一）项的规定，判决如下：

驳回上诉，维持原判。

二审案件受理费50元，由上诉人C企业负担。

本判决为终审判决。

审判长 XX

审判员 XX

审判员 XX

X年X月X日

法官助理 XX

书记员 XX

六、划拨土地转让未缴或未足额缴纳契税

1. 风险描述

以划拨方式取得土地使用权,经批准再转让的,转让企业往往让承受方直接缴纳契税办理土地过户手续,转让企业不缴纳契税。

2. 风险识别

根据《契税暂行条例实施细则》以划拨方式取得土地使用权,经批准再转让的,应由转让企业补缴契税,其计税依据为补缴的土地出让金或土地收益。

3. 政策依据

《契税暂行条例实施细则》财税〔2004〕134号文。

4. 风险解析

根据财税〔2004〕134号文,先以划拨方式取得土地使用权,后经批准改为出让方式取得该土地使用权的,应依法缴纳契税,其计税依据为应补缴的土地出让金和其他出让费用。以划拨方式取得土地使用权,经批准再转让的,应先由转让企业补缴一道契税,再由受让方企业缴纳第二道契税。

5. 案例简析

甲企业用地为无偿划拨工业用地,2019年经政府审批同意转让给乙房地产公司,双方合同约定,乙公司承担应补缴的土地出让金3000万元,另外乙公司支付甲企业土地补偿款2000万元。如何计算缴纳契税?

思路分析:

(1)划拨用地转让双方甲企业与乙房地产公司均应缴纳契税。

根据《契税暂行条例实施细则》第十一条,以划拨方式取得土地使用权的,经批准转让房地产时,应由房地产转让者补缴契税。其计税依据为补缴的土地使用权出让费用或者土地收益。

根据《财政部、国家税务总局关于对河南省财政厅关于契税有关政策问题的请示的批复》(财税〔2000〕14号)的规定,以划拨方式取得的土地使用权,经批准再转让的,需由取得划拨土地使用权者补缴土地出让费用或土地收益,并补缴契税,其计税依据为土地出让费用或土地收益,而取得土地使用权的承受方,应依据《契税暂行条例》第四条规定的成交价格缴纳契税。因此,转让划拨土地使用权的,转让者要补缴契税,同时承受方应依照有关规定缴纳契税。

(2)承受方契税计税依据。

根据《财政部、国家税务总局关于土地使用权转让契税计税依据的批复》(财税〔2007〕162号文),根据国家土地管理相关法律法规和《契税暂行条例》及其细则的规定,土地使用者将土地使用权及所附建筑物、构筑物等(包括在建的房屋、其他建筑物、构筑物和其他附着物)转让给他人的,应按照转让的总价款计征契税。

因此,甲企业转让土地给房地产公司,承受方乙房地产公司契税计税依据应按照转让总价款5000万元(3000+2000)计算。

乙房地产公司应纳契税 = 5000×3% = 150万元。

（3）转让方契税计税依据。

根据财税〔2004〕134号文，先以划拨方式取得土地使用权，后经批准改为出让方式取得该土地使用权的，应依法缴纳契税。其计税依据为应补缴的土地出让金和其他出让费用。因此，甲企业在转让土地时应当按照支付的土地出让额计算补缴契税。契税纳税人仍然是甲企业，其应当将购买方实际支付的土地出让金3000万元作为契税的征收依据。

甲企业应纳契税=3000×3%=90万元。

七、补缴土地出让金未缴纳契税

1. 风险描述

部分企业在自行改造（土地工转商、工转商住）过程中补缴土地出让金，未补缴契税。

2. 风险识别

纳税人因改变土地用途而签订土地出让合同的，应征收契税。

3. 政策依据

财税〔2004〕134号文。

4. 风险解析

根据财税〔2004〕134号文，企业在自行改造（土地工转商、工转商住）过程中补缴土地出让金，构成为取得该项土地使用权而付出的经济利益，应缴纳契税。

5. 案例

某房地产开发企业响应当地政府旧城改造号召，购买一块原工业企业土地并拟将在该地块开发建造商品房。该公司通过竞价方式支付5亿元，因为该公司获得土地的性质为工业用地，要想开发商品房必须改变土地性质，2019年4月该房地产企业经政府批准，按国土局要求补缴改变土地用途的土地出让金1亿元，补缴政府的其他费用0.3亿元。该房地产企业在竞价过程中向国土局支付的5亿元已经缴纳3%合计1500万元的契税。那么，因改变用途补缴的出让金1亿元以及补缴的其他费用0.3亿元是否还要缴纳契税？

《国家税务总局关于改变国有土地使用权出让方式征收契税的批复》（国税函〔2008〕662号）文件对土地改变用途需补缴的契税进行了明确：对纳税人因改变土地用途而签订土地使用权出让合同变更协议或者重新签订土地使用权出让合同的，应征收契税。计税依据为因改变土地用途应补缴的土地收益金及应补缴政府的其他费用。

因此，应补缴的契税=（1亿+0.3亿）×3%=0.039亿元。

八、契税风险点总结

综合契税的各项税收政策与各地政策的实践应用，房地产开发企业通过"招、拍、挂"程序取得开发用地，出让土地成交总价款应包含政府相关部门所有应收的费用，即既应包括国土部门收取的费用，也应包括城市规划部门和建设监管部门收取的费用，同时还应包括拆迁户收取的现金补偿及实物补偿，这部分费用可视同应由国土部门收取后支付给拆迁户，现在由土地受让方直接支付给拆迁户。如土地出让金、土地补偿费、安置补助费、地上附着物和青苗补偿费、拆迁补偿费和市政建设配套费等都应该作为契税计税依据。

从政策上来看，上述契税风险点计征契税的依据充分，可参考相关政策文件如下：

①《中华人民共和国契税暂行条例》；

②《中华人民共和国契税暂行条例细则》；

③财税字〔1998〕96号文《财政部、国家税务总局关于契税征收中几个问题的批复》；

④财税〔2004〕134号文《关于国有土地使用权出让等有关契税问题的通知》；

⑤国税函〔2005〕436号文《关于免征土地出让金出让国有土地使用权征收契税的批复》；

⑥国税函〔2008〕662号文《国家税务总局关于改变国有土地使用权出让方式征收契税的批复》；

⑦国税函〔2009〕603号文《国家税务总局关于明确国有土地使用权出让契税计税依据的批复》；

⑧财税〔2012〕82号文《财政部、国家税务总局关于企业以售后回租方式进行融资等有关契税政策的通知》；

⑨粤税发〔2019〕188号文国家税务总局广东省税务局、广东省财政厅、广东省自然资源厅关于印发《广东省"三旧"改造税收指引（2019年版）》的通知；

⑩资料1：成都市地方税务局财产与行为税处的使函；

⑪资料2：河南省财政厅回复省财政的档案答复；

⑫资料3：企业与国家税务总局A市B区税务局、国家税务局A市税务局其他行政行为二审行政判决书。

第三节 耕地占用税风险点

耕地占用税风险点主要为

1. 风险描述

耕地占用税究竟是由房地产开发公司缴纳还是由政府缴纳。

2. 风险识别

耕地占用税由谁缴纳最终还需依据土地出让合同的约定。

3. 政策依据

新耕地占用税法。

4. 风险解析

按照正常的土地流转程序，耕地需要经过政府收储后再进行招拍挂出让，耕地占用税的纳税人应为土地储备中心，但实际的税负人是谁还要依照土地出让合同的约定，如果土地的成交价格不含耕地占用税，则耕地占用税的实际税负人仍为承受土地的房地产企业，如果企业在土地出让环节未缴纳耕地占用税，其不但要补缴耕地占用税，而且由于土地的成交价格变大还要补缴契税。特别是营改增以后，以耕地占用税完税证明计入土地价款抵减增值税的销售额，也没办法得到政策上的支持，因此，招拍挂的价格中没有包含耕地占用税的情况下，企业要交耕地占用税，补缴契税，而且补缴时也无法取得省级财政票据，也不能进行销项税额抵减。

5. 案例说明

2019年9月新耕地占用税法出台，替代了以前的耕地占用税实施暂行条例，但是对于耕地占用税，究竟是由谁去缴纳仍然未能明确，关于这个问题可以通过海南省地方税务局回复海南省东方税务局的批复进行参考。

海南省地方税务局关于明确耕地占用税纳税主体等有关问题的批复

东方市地方税务局：

你局《关于耕地占用税纳税主体认定的请示》（东方地税发〔2011〕94号）收悉。2011年1月10日，海南省国土资源厅《关于东方市2009-24号宗地农用地转用和土地征收手续的批复》（琼土环资审字〔2011〕30号）同意东方市人民政府申请建设用地24.9714公顷（其中：耕地8.6208公顷，其他农用地6.1672公顷），并由东方市国土环境资源局代表市政府统一办理了农用地转用批准文件，并将该地作为政府储备用地。同年8月11日，东方市政府通过拍卖方式出让上述宗地，海南中汇大地投资有限公司以价款32 156万元竞得该宗地土地使用权。

经研究，现将有关问题明确如下：

（1）关于耕地占用税纳税人和税负人的认定。

根据《中华人民共和国耕地占用税暂行条例实施细则》第四条第一款规定：经申请批准占用耕地的，纳税人为农用地转用审批文件中标明的建设用地人；农用地转用审批文件中未标明建设用地人的，纳税人为用地申请人。上述案例中，东方市国土部门代表市政府统一办理了农用地转用批准文件，该文件中没有标明建设用地人。因此，应认定为用地申请人，即东方市人民政府国土资源环境局的土地储备中心为耕地占用税的纳税人。海南中汇大地投资有限公司通过公开拍卖出让方式竞得2009-24号宗地土地使用权，成为占用该地从事非农业建设的实际用地人，因此，应认定其为该宗地耕地占用税的实际税负人。因此，海南中汇大地投资有限公司应将相当于耕地占用税额的价款支付给东方国土局的土地储备中心，东方国土局储备中心给该公司出具收款凭证。东方国土局的土地储备中心向税务机关缴纳耕地占用税。

（2）关于契税计税依据的确定。

根据《东方市国土环境资源局东方市滨海北路东侧2宗国有建设用地使用权拍卖出让竞买须知》第十条第十一款：竞得人须按规定向市财政、税务主管部门缴纳耕地占用税、契税等税费的规定可判断，竞拍2009-24号宗地成交价款32 156万元为不含耕地占用税的价款。海南中汇大地投资有限公司通过拍卖出让取得该宗地使用权，其契税计税税基应确定为取得该土地使用权而支付的全部经济利益，即土地成交价款32 156万元和应负担的耕地占用税之和。

（3）关于开具耕地占用税税票问题。

在开具耕地占用税税票时，纳税人名称一栏应填写东方市人民政府国土局土地储备中心，在税票的备注栏注明实际负税人海南中汇大地投资有限公司。

第四节 土地使用税风险点

一、纳税义务发生时间确认出错

1. 风险描述

部分企业在确认土地使用税纳税义务发生时间时随意性比较大，有的按实际交付土地时间，有的按土地证办理时间，有的按缴纳耕地占用税之后满一年开始缴纳等。

2. 风险识别

纳税人以出让或转让方式取得土地使用权的，受让方从合同约定交付土地时间的次月起缴纳城镇土地使用税；合同未约定交付土地时间的，受让方从合同签订的次月起缴纳城镇土地使用税。

3. 政策依据

财税〔2006〕186号文、国家税务总局公告2014年第74号文以及各地具体规定。

4. 风险解析

根据财税〔2006〕186号文第二条规定，以出让或转让方式有偿取得土地使用权的，应由受让方从合同约定交付土地时间的次月起缴纳城镇土地使用税；合同未约定交付土地时间的，由受让方从合同签订的次月起缴纳城镇土地使用税。

如因政府的原因导致未能按照合同约定时间交付土地的，依据各地对土地使用税的纳税义务发生时间的规定。有的地方规定，受让人与出让者签订补充协议，重新明确交付土地时间，或由当地政府出具有关证明资料，经税务机关确认后，可按补充协议或政府证明资料时间确认土地使用税纳税义务发生时间。

5. 案例

案例1：某市税务机关对甲房地产开发企业进行纳税检查，该企业情况如下。

2018年通过出让方式取得一宗国有土地，与国土资源局签订的《国有土地使用权出让合同》日期为2018年5月31日，合同未约定土地的具体交付时间。据介绍，2018年10月30日该宗土地才实际办理交付手续，该企业缴纳城镇土地使用税的开始日期为2018年11月1日。

该企业认为，2018年5月31日与国土资源局签订了土地使用权出让合同，合同执行应当自2018年6月1日起开始，土地的实际交付日期以交付证明书为准，即2018年10月30日。也就是说，该企业实际使用土地的有效期限开始时间为2018年11月1日，因此，企业自2018年11月1日起按实际使用土地的日期缴纳城镇土地使用税是正确的。企业这样理解对吗？

分析：

根据财税〔2006〕186号文的规定，以出让或转让方式有偿取得土地使用权的，应由受让方从合同约定交付土地时间的次月起缴纳城镇土地使用税；合同未约定交付土地时间的，由受让方从合同签订的次月起缴纳城镇土地使用税。该企业2018年5月31日签订合同且合同中未约定土地具体的交付时间，应当自2018年6月1日起计算缴纳城镇土地使用税。

企业的理解尽管合情却不合法。财税〔2006〕186号文强调首先按照合同约定交付土地时间的次月起缴纳城镇土地使用税，在没有做此约定的情况下，按照合同签订日期确定纳税义务发生时间，这跟实际的交付日期没有关系。也就是说，土地使用税的纳税义务发生时间是按照合同来确定的。

案例2：A房地产公司按照出让合同的规定于2018年11月在B市通过"招拍挂"方式获取一宗1000亩土地，在办理土地使用权证时，B市国土局要求其按照每亩3万元缴纳耕地占用税，约计3000万元。该公司提出疑问：通过"招拍挂"方式取得的建设用地属于"净地"，土地出让金都缴纳了，怎么还要缴纳耕地占用税呢？退一步说，缴纳了耕地占用税之后，是否可以在一年之后才开始缴纳城镇土地使用税呢？

分析：

当前耕地占用税缴纳常见的两种处理方式：第一种方式是由地方土地储备中心缴纳，作为土地开发成本费用的一部分，体现在"招拍挂"的价格当中。另一种方式是由受让土地者缴纳耕地占用税，例如本案例的A房地产公司参与"招拍挂"程序前，B市国土部门代表政府统一办理的农用地转用批准文件中无法标明建设用地人。因此，认定B市国土部门为用地申请人，即为耕地占用税的纳税人。A公司通过公开拍卖出让方式获取该宗地土地使用权，成为占用该地从事非农业建设的实际用地人，属于该宗地耕地占用税的实际税负人。

A房地产公司缴纳耕地占用税后，是否应在一年之后缴纳城镇土地使用税呢？《中华人民共和国城镇土地使用税暂行条例》第九条规定："新征用的土地，依照下列规定缴纳土地使用税：（1）征用的耕地，自批准征用之日起满1年时开始缴纳土地使用税；（2）征用的非耕地，自批准征用次月起缴纳土地使用税。"但在本案例中，耕地并非A公司征用，而是由国土局土地储备中心先行征收而后出让，此种情况能适用上述规定吗？

对此，国家税务总局公告2014年第74号文进行明确规定，通过招标、拍卖、挂牌方式取得的建设用地，不属于新征用的耕地，不适用《城镇土地使用税暂行条例》第九条第一款，纳税人应按照《财政部 国家税务总局关于房产税城镇土地使用税有关政策的通知》（财税〔2006〕186号文）第二条规定，从合同约定交付土地时间的次月起缴纳城镇土地使用税；合同未约定交付土地时间的，从合同签订的次月起缴纳城镇土地使用税。所以，A房地产公司应从2018年12月开始缴纳土地使用税。

二、占用集体所有建设用地未缴纳土地使用税

1. 风险描述

占用集体所有建设用地未缴纳土地使用税。

2. 风险识别

有些房地产企业在项目开发过程中会占用集体所有的建设用地，未按照规定缴纳土地使用税。

3. 政策依据

城镇土地使用税暂行条例、财税〔2006〕56号文。

4. 风险解析

根据《城镇土地使用税暂行条例》（国务院1988年第17号令）规定，凡在城市、县城、建制镇、工矿区范围内使用土地的单位和个人是城镇土地使用税的纳税义务人，应依照条例的规定缴纳

城镇土地使用税。

根据《财政部 国家税务总局关于集体土地城镇土地使用税有关政策的通知》（财税〔2006〕56号文）规定，自2006年5月1日起，在城镇土地使用税征税范围内实际使用应税集体所有建设用地、但未办理土地使用权流转手续的，由实际使用集体土地的单位和个人按规定缴纳城镇土地使用税。

5. 案例

甲公司是一家房地产开发企业，为了从事楼盘项目开发，该项目既占用了以交付土地出让金取得国有土地使用权的地块，又占用了一小块集体所有建设用地，但该地块未办理土地使用权流转手续。那么，针对甲公司所占用的集体所有建设用地是否需要缴纳城镇土地使用税呢？

由上述文件可知，土地使用税的征收管理并不只针对国有土地，凡在城市、县城、建制镇、工矿区范围内使用土地的单位和个人均应缴纳城镇土地使用税。根据财税〔2006〕56号文的规定，土地使用税由甲开发公司缴纳。

三、税收减免优惠政策应用错误

1. 风险描述

房地产企业在项目开发中配建廉租房、经济适用房和公共租赁住房时，计算免征土地使用税的面积出错。

2. 风险识别

房地产企业在项目开发中配建廉租房、经济适用房和公共租赁住房时，如能提供政府部门出具的相关材料，可按廉租住房、经济适用住房和公共租赁住房建筑面积占总建筑面积的比例免征开发商应缴纳的城镇土地使用税。

3. 政策依据

财税〔2008〕24号文、财税〔2014〕52号文。

4. 风险解析

根据财税〔2008〕24号文的规定，对廉租住房、经济适用住房建设用地免征城镇土地使用税。开发商在经济适用住房、商品住房项目中配套建造廉租住房，在商品住房项目中配套建造经济适用住房，如能提供政府部门出具的相关材料，可按廉租住房、经济适用住房建筑面积占总建筑面积的比例免征开发商应缴纳的城镇土地使用税。

根据财税〔2014〕52号文的规定，对公共租赁住房建设期间用地及公共租赁住房建成后占地免征城镇土地使用税。在其他住房项目中配套建设公共租赁住房，依据政府部门出具的相关材料，按公共租赁住房建筑面积占总建筑面积的比例免征建设、管理公共租赁住房涉及的城镇土地使用税。

财税〔2014〕52号文同时废止了财税〔2008〕24号文中有关廉租住房税收政策的规定，将廉租住房并入公共租赁住房的税收管理体系，即房地产企业项目开发过程中可免征土地使用税的是两大类：配建经济适用住房和公共租赁住房。而且两个文件均规定了免征的两个基本条件：一是能够提供政府部门出具的相关材料；二是按照免税住房建筑面积占总建筑面积的比例免征房地产企业应缴纳的城镇土地使用税。

第五节　个人所得税风险点

一、受让项目公司个人股权未代扣个税

1. 风险描述

受让项目公司的个人股权未按规定代扣代缴个人所得税款。

2. 风险识别

个人股权转让所得个人所得税，以股权转让方为纳税人，以受让方为扣缴义务人。

3. 政策依据

国家税务总局公告 2014 年第 67 号文。

4. 风险解析

通过受让项目公司股权取得土地是目前房地产企业拿地最流行的模式之一，如果标的公司的股东是自然人，房地产企业作为支付对价的一方，是个人所得税的扣缴义务人，负有代扣代缴义务。

根据国家税务总局公告 2014 年第 67 号文，个人股权转让所得个人所得税，以股权转让方为纳税人，以受让方为扣缴义务人。扣缴义务人应于股权转让相关协议签订后 5 个工作日内，将股权转让的有关情况报告主管税务机关。被投资企业应当详细记录股东持有本企业股权的相关成本，如实向税务机关提供与股权转让有关的信息，协助税务机关依法执行公务。

股权转让收入按照每股净资产或股权对应的净资产份额核定。被投资企业的土地使用权、房屋、房地产企业未销售房产、知识产权、探矿权、采矿权、股权等资产占企业总资产比例超过 20% 的，主管税务机关可参照纳税人提供的具有法定资质的中介机构出具的资产评估报告核定股权转让收入。6 个月内再次发生股权转让且被投资企业净资产未发生重大变化的，主管税务机关可参照上一次股权转让时被投资企业的资产评估报告核定此次股权转让收入。

房地产企业通过受让项目公司股权取得土地，标的公司土地、房屋等资产占企业总资产比例超过 20% 的，需要进行资产评估，办理扣缴申报时需要提供具有法定资质的中介机构出具的净资产或土地房产等资产价值评估报告。

5. 案例

税局的风险管理局通过第三方数据得知，姚某在 2019 年 2 月 1 日转让 A 公司股权 5000 万元，未有相应的股权转让所得个人所得税入库，可能存在风险。后经约谈了解，A 公司原股东姚某于 2019 年 1 月 18 日与李某某签订关于转让被投资企业 A 公司的股权协议，转让股权占被投资企业 A 公司注册资本（实收资本 10 000 万元）的 50%，转让的价款按照姚某原来的投资 5000 万平价转让，于 2019 年 2 月 1 日在工商局办理股东变更。

根据姚某提供的 A 公司股权转让协议、股权转让股东会决议、股权转让前 A 公司章程、2018 年 12 月财务报表、转让方及受让方身份证复印件或营业执照复印件等相关资料，被投资企业 A 公司 2018 年 12 月资产负债表未分配利润、资本公积、所有者权益期末数分别是 −2000 万元、0 元、8000 万元，资产负债表资产期末总额为 15 000 万元，其中固定资产（房屋）500 万元、无形资产（土地使用权）4500 万元。占总资产比例为 33.3%。根据《股权转让所得个人所得税管理

办法（试行）》（国家税务总局 2014 年第 67 号文），被投资企业的土地使用权、房屋、房地产企业未销售房产、知识产权、探矿权、采矿权、股权等资产占企业总资产比例超过 20% 的，主管税务机关可参照纳税人提供的具有法定资质的中介机构出具的资产评估报告核定股权转让收入。经评估，价值时点为 2018 年 12 月 30 日，A 公司房屋评估价值为 800 万元、土地评估价值 10 200 万元，合计为 11 000 万元。房屋土地的评估价值与企业账面价值比较，发生增值 6000 万元。故 A 公司净资产 =14 000 万元（8000 原账面净值 +6000 资产评估的增值），本次股权转让收入应为 14 000×50%=7000 万元。暂不考虑交易过程中其他税费的情况下，本次转让股权原值为 5000 万元。姚某本次股权转让所得应为 7000 万元 −5000 万元 =2000 万元，应缴纳股权转让个人所得税 2000×20%=400 万元。

后来，姚某通过自查查补股权转让个人所得税 400 万元，并缴纳了相应的滞纳金。

第六节　增值税风险点

一、取得土地成本票据的合规性

1. 风险描述

营改增后计算增值税销项税额时允许扣减合规的土地成本，因此土地成本票据的合规性显得非常重要。

2. 风险识别

可用于销项税额抵减的土地成本仅限于房地产企业支付的土地价款和拆迁补偿费，土地价款对应省级以上（含省级）财政部门监（印）制的财政票据，拆迁补偿费则需要政府拆迁文件、拆迁补偿合同、付款记录、被拆迁户收据等证据材料支持。

3. 政策依据

财税〔2016〕36 号文、国家税务总局公告 2016 年第 18 号文、财税〔2016〕140 号文。

4. 风险解析

根据财税〔2016〕140 号文第七条规定，向政府部门支付的土地价款，包括土地受让人向政府部门支付的征地和拆迁补偿费用、土地前期开发费用和土地出让收益等，即向政府部门支付的土地出让金。

房地产开发企业中的一般纳税人销售其开发的房地产项目（选择简易计税方法的房地产老项目除外），在取得土地时向其他单位或个人支付的拆迁补偿费用也允许在计算销售额时扣除。纳税人按上述规定扣除拆迁补偿费用时，应提供拆迁协议、拆迁双方支付和取得拆迁补偿费用凭证等能够证明拆迁补偿费用真实性的材料。

财税〔2016〕140 号文明确规定，土地成本中除了支付的土地出让金允许扣除以外，其他土地成本的构成项目一律不得扣除。因此，在土地取得环节缴纳的市政配套费、契税、土地配套费等均不得扣除；向其他单位或个人支付的拆迁补偿费用也仅限于现金补偿，其他补偿方式也不允许扣除。

从上可以看出，销项税额抵减只适用于一级市场取得的土地，如果取得的是净地，就应只有地价款，如果取得的是毛地，除了地价款之外还会有拆迁补偿费；对于二级市场购入的土地需要凭增值税专用发票进行扣除，如果购入土地时取得的是营业税发票或者增值税普通发票，则不得抵扣销项税额。

二、母公司受让土地后由项目公司开发

1. 风险描述

母公司受让土地后成立项目公司进行开发，需要符合三个条件才允许项目公司进行销项抵减。

2. 风险识别

母公司受让土地后成立项目公司进行开发，该项操作需要特别慎重，只有全部符合三个条件才允许项目公司在计算增值税销项税额时抵减母公司支付的土地价款。

3. 政策依据

财税〔2016〕140号文。

4. 风险解析

根据财税〔2016〕140号文，房地产开发企业（包括多个房地产开发企业组成的联合体）受让土地向政府部门支付土地价款后，设立项目公司对该受让土地进行开发，同时符合下列条件的，可由项目公司按规定扣除房地产开发企业向政府部门支付的土地价款。

（1）房地产开发企业、项目公司、政府部门三方签订变更协议或补充合同，将土地受让人变更为项目公司。

（2）政府部门出让土地的用途、规划等条件不变的情况下，签署变更协议或补充合同时，土地价款总额不变。

（3）项目公司的全部股权由受让土地的房地产开发企业持有。

在房地产项目开发实务操作中，经常会出现房地产企业向政府部门支付土地价款后另成立项目公司对土地进行开发的情况。140号文放宽了之前必须"谁付款、谁扣除"的限制，本着实质重于形式的原则，做到了尊重经济实质，不拘泥于外在形式，切实解决了项目公司扣除土地价款时扣除凭证上的单位名称不一致的现实问题。需要注意的是，三个条件必须同时满足，缺一不可。

实务操作中，有的企业取得土地后跟其他企业进行合作开发，导致股权的结构不符合要求，有的企业取得土地之后，又改变了土地的容积率变更出让金，或者改变土地的使用用途，这些问题均导致了土地成本未能进行销项税额抵减。

第七节 土地增值税风险点

（一）红线外支出处理不当

1. 风险描述

红线外支出财务处理不当，影响土地增值税清算时土地成本的税前扣除。

2. 风险识别

红线外支出需要区别两种情况：①企业自主行为，为了提高项目品质而发生的红线外支出；②出让合同约定，在政府指定的项目之外的某个地区进行政府公共配套设施建设，这种红线外支出实际上是招拍挂拿地时的附带条件。两种不同的红线外支出的财务处理及税收待遇截然不同。

3. 政策依据

国税发〔2006〕187号文、国家税务总局广东省税务局公告2019年第5号文、鄂地税发〔2013〕44号文、苏地税规〔2012〕1号文、山西省地方税务局2014年第3号文公告。

4. 风险解析

对于第一种情况发生的红线外支出，土地增值税不允许税前扣除，这一点毫无争议。对于第二种情况发生的红线外支出，各地政策规定不一，比如广东、湖北允许税前扣除，江苏、山西则不允许税前扣除。

根据国家税务总局广东省税务局公告2019年第5号文第二十九条规定，审核取得土地使用权所支付的金额和土地征用及拆迁补偿费时应当重点关注"纳税人为取得土地使用权，按照出让合同约定或政府文件要求，在项目规划用地外建设的公共设施或其他工程发生的支出，是否符合出让合同约定或政府文件要求。"

根据鄂地税发〔2013〕44号文，房地产开发企业在项目建设用地边界外（国家有关部门审批的项目规划外，即"红线"外）承诺为政府或其他单位建设公共设施或其他工程所发生的支出，能提供与本项目存在关联关系的直接依据的，可以计入本项目扣除项目金额；不能提供或所提供依据不足的（如与建设项目开发无直接关联，仅为开发产品销售提升环境品质的支出），不得计入本项目扣除金额。

根据山西省地方税务局2014年第3号公告规定，土地红线外的绿化、修路、配套等支出，不得扣除。

因此，对于红线外支出的账务处理一定要慎重，同时要注意保管好拿地时的政府部门相关文件资料，土地增值税清算时需要结合当地的政策规定处理。

二、接受投资取得土地处理错误

1. 风险描述

房地产企业通过接受投资的方式取得土地，土地成本的入账处理错误。

2. 风险识别

房地产企业通过接受投资的方式取得土地的情况分两种：一是房地产企业直接接受以土地投资

的方式取得土地，投资方在投资环节需缴纳土地增值税；二是先以非房地产企业接受投资的方式取得土地，取得土地后再改变企业经营范围，增加房地产开发业务，投资方在投资环节无需缴纳土地增值税。

3. 政策依据

财税〔2018〕57号文。

4. 风险解析

根据财税〔2018〕57号文，单位、个人在改制重组时以房地产作价入股进行投资，对其将房地产转移、变更到被投资的企业，暂不征土地增值税，但该政策不适用于房地产转移任意一方为房地产开发企业的情形。

上述第一种情况，房地产企业直接接受以土地投资的方式取得土地，投资方在投资环节缴纳了增值税和土地增值税，则房地产企业以增值税发票注明的土地价款入账，土地增值税清算时以增值税发票注明的土地价款进行税前扣除。

第二种情况中，假如投资方和被投资方在投资环节均为非房地产企业，则投资环节不征土地增值税，但投资环节需视同销售需要缴纳增值税，则被投资方仍然可以以增值税发票注明的土地价款入账，由于投资环节未交土地增值税，土地增值税清算时将不能以增值税发票注明的土地价款进行税前扣除，只能以投资方取得土地的原始成本作为土地成本的税前扣除金额。

第八章　房地产开发企业预售阶段

预售阶段主要包括预售许可证的取得、售楼部样板房的投入使用、认筹收取订金、签订商品房买卖合同和预收房款。从预售阶段资金开始流入，增值税和土地增值税均有预缴义务，企业所得税也要求确认未完工收入和计算预计毛利额，涉税问题剧增，涉税风险点很多，需要重点关注。

第一节　重要业务事项

预售阶段最重要的业务是签订商品房买卖合同和预收款，两者既是增值税和土地增值税预缴计税依据的重要基础，也是企业所得税确认未完工收入的重要依据，基本上三大税种的处理都围绕这两点展开。

该阶段涉及的税种包括增值税、附加税费、土地增值税、企业所得税、房产税、个人所得税和印花税。各税种在该阶段税务处理的关键要点如下。

1. 增值税

（1）预售环节房屋预收款，应在收到预收款时按照 3% 的预征率在次月申报期内预缴增值税。

（2）签订正式合同之前涉及到诚意金、认筹金、订金等不属于预收款的款项，无需预缴增值税。

（3）收取预收款应开具增值税普通发票，在增值税开票系统中使用"未发生销售行为的不征税项目"下的 602"销售自行开发的房地产项目预收款"编码，税率为"不征税"。

2. 附加税费

预缴增值税时需要同时缴纳各项附加税费。

3. 土地增值税

纳税人在项目全部竣工结算前转让房地产取得的收入，由于涉及成本确定或其他原因，而无法据以计算土地增值税的，可预征土地增值税，待该项目全部竣工、办理结算后再进行清算，多退少补。

预缴土地增值税 =（当期收取的价款和价外费用 − 当期预缴增值税额）× 预征率。

4. 企业所得税

企业销售未完工产品取得收入，应首先按预计计税毛利率分季/月计算出预计毛利额，计入当期应纳税所得额，申报缴纳企业所得税。

5. 房产税

售楼处、样板房、办公场所投入使用次月应开始申报缴纳房产税。

6. 个人所得税

房地产企业开发产品销售过程中开展的各类促销活动、商务活动中随机赠送给客户的礼品，应代扣代缴个人所得税。

7. 印花税

预售环节将签订商品房买卖合同，应按合同金额的 0.05% 申报缴纳产权转移书据印花税。

第二节 增值税风险点

一、收取的房款不做预收不预缴

1. 风险描述

收到预收款时记账错误，不计入预收账款，而是挂在其他应付款、短期借款等科目，不预缴增值税。

2. 风险识别

房地产企业采取预收款方式销售自行开发的房地产项目，应在收到预收款时按照 3% 的预征率预缴增值税。

3. 政策依据

国家税务总局公告 2016 年第 18 号文。

4. 风险解析

根据国家税务总局公告 2016 年第 18 号文规定，房地产企业一般纳税人采取预收款方式销售自行开发的房地产项目，应在收到预收款时按照 3% 的预征率预缴增值税。

预收款销售房地产是房地产开发企业销售房地产的普遍形式，对于房地产开发企业而言，预收款包括分期取得的预收款（首付 + 按揭 + 尾款）、全款取得的预收款（因为全款取得也要事后开票和确认应税收入，因此也作为预收款）。定金属于预收款，诚意金、认筹金和订金在未签订合同前不属于预收款。

房屋交付之前均为预收款阶段，该阶段纳税义务未发生，仅按 3% 预缴增值税，填报《增值税预缴税款表》。

5. 案例

房地产公司甲为增值税一般纳税人，2019 年 1 月开始为准备开盘的 A 项目做市场推广，1 月份收取 200 户的认筹金 1000 万元，2 月份公司取得预售许可证，开始预售签约，当月原来交付认筹金的 200 户中只有 100 户签了购房合同，合同金额 100 000 万元，当月收取款项 39 500 万元，退回未签合同的原交认筹金而不购房的 100 户金额 500 万元。

分析：

（1）1月收到认筹金时（单位：万元）：

借：银行存款　　　　　　　　　　　　　　　　　　　1000
　　贷：其他应付款　　　　　　　　　　　　　　　　1000

注：未签订合同前收取的款项不做预收款，没有预缴税款的义务。

（2）2月份签约并收取39 500万元，退回500万元，此时（单位：万元）：

借：银行存款　　　　　　　　　　　　　　　　　　39 500
　　其他应付款　　　　　　　　　　　　　　　　　　　500
　　贷：预收账款　　　　　　　　　　　　　　　　40 000

注：签约后认筹金转为房款。

借：其他应付款　　　　　　　　　　　　　　　　　　　500
　　贷：银行存款　　　　　　　　　　　　　　　　　　500

注：不签约退认筹金，2月份预收款项仅做预缴税款申报。

根据《国家税务总局关于发布〈房地产开发企业销售自行开发的房地产项目增值税征收管理暂行办法〉的公告》（国家税务总局公告2016年第18号文）规定，一般纳税人采取预收款方式销售自行开发的房地产项目，应在收到预收款时按照3%的预征率预缴增值税。

同时《国家税务总局关于营改增试点若干征管问题的公告》（国家税务总局公告2016年第53号文）规定，开具602"销售自行开发的房地产项目预收款"发票，使用"未发生销售行为的不征税项目"编码，发票税率栏应填写"不征税"，不得开具增值税专用发票。

因此，正确做法是房地产公司甲在2019年2月份取得的4亿元预收款项，应按规定预缴税款并开具602"销售自行开发的房地产项目预收款"发票，因4亿元预收款未达到纳税义务发生时间，甲公司2月份的增值税纳税申报表上不需要作为收入申报，但预缴的增值税应填报《增值税预缴税款表》。

常见错误做法：有些企业不设立"预收账款"科目，或者虽然设立了"预收账款"科目，但将预收房款部分挂在其他应付款、短期借款等科目，从而隐瞒预收款，不预缴增值税和申报缴纳增值税。18号文明确规定了预缴增值税的时点是收到预收款，如果收到预收款而未按时预缴增值税，将会带来滞纳金和罚款的风险。

二、未按预收款全额预缴

1. 风险描述

部分企业虽然能够进行正确的账务处理，但是对预收款不做预缴或者少计预缴的计税依据，在实务操作中对增值税税负进行估算，如果估算增值税税负达不到预征率，则超过估算增值税税负即停止预缴，未对预收款全额预缴增值税。

2. 风险识别

房地产企业采取预收款方式销售自行开发的房地产项目，应在收到预收款时按照3%的预征率全额预缴增值税，不得人为调整预收款金额。

3. 政策依据

国家税务总局公告 2016 年第 18 号文。

4. 风险解析

国家税务总局公告 2016 年第 18 号文已经明确，预缴增值税的计税依据是预收款金额，不能人为随意调节，预缴制度是增值税征收管理的规定，增值税的预缴与企业的增值税税负没有关联，不能混为一谈。

5. 案例

常见错误做法：某开发公司通过招拍挂取得土地使用权，支付出让金 50 000 万元，取得财政票据，根据该项目销售预测的情况，预测该项目共可取得销售款 100 000 万元，进项税额 2000 万元，因此预测该公司应缴纳的增值税是（100 000-50 000）÷1.09×9%-2000=2128.44 万元。

经计算，该公司全部预售款预缴的税款是 100 000÷1.09×3%=2752.30 万元，因此该公司增值税的预缴累计额达到 2128.44 万元后停止预缴。人为随意调节预缴税款，违反了增值税征收管理预缴制度。

三、预收款开具正式发票未做预缴

1. 风险描述

部分企业在预售阶段不开具不征税发票而向客户开具增值税正式发票，确认增值税收入，计算销项税额，由于进项税额较多，无需缴纳增值税，从而开具正式发票部分的预收款不预缴增值税。

2. 风险识别

增值税预缴的计税依据是全部预收款，收到预收款时应向客户开具不征税发票，开具正式发票属于未按规定开具发票的行为，同时也不能因为开具了正式发票而免除该部分预收款的预缴义务。

3. 政策依据

国家税务总局公告 2016 年第 18 号文、财税〔2016〕36 号文。

4. 风险解析

根据国家税务总局公告 2016 年第 18 号文，房地产企业一般纳税人采取预收款方式销售自行开发的房地产项目，应在收到预收款时按照 3% 的预征率预缴增值税。

营改增后，房地产行业增值税纳税义务发生时间后移，由原来营业税时代的预收款移到了房产交付时点。纳税义务发生时间后移主要是为了解决房地产行业进销项错配的问题，假如不后移，由于预售阶段还来不及拿齐进项发票，按照销项减进项的计税逻辑，必然会在预售阶段产生大量的应纳税额，特别是在销售火爆的情况下（如日光盘、月光盘等），对企业的现金流造成不利影响。

纳税义务发生时间后移后，假如不预缴，等到房产交付时才计算增值税应纳税额缴纳入库，就会形成增值税款的短期内集中缴纳，造成纳税人资金压力巨大，也不符合纳税必要资金原则。因此，为了确保房地产行业增值税款的均衡入库，采取预收款进行预缴的方式显得更为科学合理。

财税〔2016〕36 号文第四十五条规定，增值税纳税义务、扣缴义务发生时间为纳税人发生应税行为并收讫销售款项或者取得索取销售款项凭据的当天；先开具发票的，为开具发票的当天。

确认房地产企业增值税纳税义务发生时间的基本前提是发生应税行为，同时涉及三个时间点：

一是收讫销售款；二是取得索取销售款凭据；三是先开具发票（预收款的不征税发票除外）。需要注意，收款和开票，均是以发生应税行为作为前提的，不要被"先开票"这句话误导，而否定发生应税行为这个前提条件。不能把先开具发票作为确认纳税义务发生的唯一条件。

纳税人发生应税行为是纳税义务发生的前提，房地产企业销售不动产，以房地产企业将不动产交付给买受人的当天作为应税行为发生的时间，因此，房地产企业采取预收款方式销售不动产的，其纳税义务发生时间不是收到预收款的当天，而是完成不动产销售行为并收讫销售款项或者取得销售款项凭据的当天，先开具发票的，为开具发票的当天。

通过上述分析可以看出，房地产企业收到预收款直接开具正式增值税发票的，依然不能免除企业预缴增值税的义务，只能认定为企业未按照规定开具发票。

5. 案例

某开发公司2019年通过招拍挂取得土地使用权，支付出让金50 000万元，取得财政票据，开发的产品是10万平方米，企业2020年1月份取得预售许可证，当月签订预售合同，全部销售完毕，合同金额100 000万元，当月取得房款50 000万元，企业留抵进项税额2000万元。

正确的做法：50 000万元开具不征税发票，按照50 000万元全额去预缴，应预缴的增值税=50 000÷（1+9%）×3%=1376.15万元。

错误的做法：企业对收取的这50 000万开具正式发票，并确认了销项税额，应纳税额=（全部价款+价外费用−当期允许扣除的土地价款）÷（1+税率）×税率−进项税额，即（50 000−25 000）÷（1+9%）×9%−2000=64.22万元，由于认为已经确认收入计算销项税额，对应的收入不按规定预缴。

四、预缴计税依据出错（差额预缴）

1. 风险描述

增值税预缴的计税依据为预收款换算为不含税价，部分企业按照预收款扣减允许抵减的土地价款和拆迁补偿费后的余额作为预缴的计税依据，从而达到少预缴增值税的目的。

2. 风险识别

允许抵减的土地价款和拆迁补偿费是在到达增值税纳税义务发生时间后计算销项税额时才做扣减，增值税预缴的计税依据为全额预收款。

3. 政策依据

国家税务总局公告2016年第18号、财税〔2016〕36号文。

4. 风险解析

根据国家税务总局2016年第18号文公告，房地产企业一般纳税人销售自行开发的房地产项目适用一般计税方法计税的，应在达到纳税义务发生时间时，以当期销售额和适用税率计算当期应纳税额，抵减已预缴税款后，向主管税务机关申报纳税。未抵减完的预缴税款可以结转下期继续抵减。

房地产企业一般计税方法的应纳税额=（全部价款+价外费用−当期允许扣除的土地价款）÷（1+税率）×税率−进项税额。

从上述规定可以看出，计算销项税额时才允许扣除对应的土地价款，而计算销项税额的时点是达到增值税纳税义务发生的时间，即房产交付；而且18号公告也已明确，增值税预缴收款的计税依据是预收款的不含税金额。

5. 案例

某开发公司2019年通过招拍挂取得土地使用权，支付出让金50 000万元，取得财政性票据，开发的产品是10万平方米，企业2020年1月份取得预售许可证，当月签订预售合同，全部销售完毕，合同金额100 000万元，当月取得房款50 000万元。

常见的错误做法：企业对收取的房款50 000万元，按照预收款扣减允许抵减的土地价款25000万元后的余额作为预缴的计税依据，预缴的增值税 =（50 000−25000）÷（1+9%）×3%=688.07万元。

五、预收款归集不完整

1. 风险描述

房地产企业收取的诚意金、认筹金和订金在签订商品房买卖合同时转为房款，但部分企业并未将其归集入预收款总额进行增值税的预缴，即合同签订之前收取的不属于房款的款项在合同签订后未及时结转为预收款。

2. 风险识别

一般情况下，房地产企业收到诚意金、认筹金和订金时会计入其他应付款科目，待正式签订商品房买卖合同时转为房款，同时将其从其他应付款科目转入预收账款科目，归入预收款总额预缴增值税。

3. 政策依据

国家税务总局公告2016年第18号文。

4. 风险解析

预收账款是指企业按照合同规定，向购买方预收的款项，这项负债不是以货币偿付，而是以实物偿付。房地产企业在售房过程中收取诚意金、认筹金和订金时，尚未签订正式合同，双方并未建立真正的商品房买卖关系，因此，收取的诚意金、认筹金和订金不能确认为预收款，应在其他应付款科目核算；待正式签订商品房买卖合同后，双方的买卖关系已经确立，当期应收款项金额也已经确定，故当期收到的款项归集为预收款。与此同时，前期收取的诚意金、认筹金和订金依照合同转为合同预收款，与当期收到的预收款一起归集为预收款总额，按规定预缴增值税。

5. 案例

房地产公司甲为增值税一般纳税人，2019年1月开始为准备开盘的A项目做市场推广，1月份收取200户的认筹金1000万，2月份公司取得预售许可证，开始预售签约，原来交付认筹金的200户中有100户签了购房合同，合同金额100 000万元，当月收取款项39 500万元。

常见错误做法是对当月收取的39 500万元作预缴，而对于前期计入其他应付款的认筹金，正式签订商品房买卖合同后没有及时转做预收款，预缴增值税计税依据少500万。

第三节　土地增值税风险点

一、预缴计税依据引用错误

1. 风险描述

直接引用增值税预缴的计税依据作为土地增值税预缴的计税依据，从而达到少预缴土地增值税的目的。

2. 风险识别

根据国家税务总局公告2016年第70号文，为方便纳税人，简化土地增值税预征税款计算，房地产开发企业采取预收款方式销售自行开发的房地产项目的，可按照以下公式计算土地增值税预征计征依据：

土地增值税预征的计征依据 = 预收款 – 应预缴增值税税款

土地增值税预征税额 =（预收款 – 应预缴增值税税款）× 预征率

3. 政策依据

国家税务总局公告2016年第70号文。

4. 风险解析

70号公告给出的土地增值税的预征依据是在无法准确计算销项税额的基础上，该计税依据的计算已经是一种较为宽松的口径，纳税人要么选择按预收账款全额预缴土地增值税（营改增之前有文件明确），要么按照该公告的口径预缴土地增值税，不得直接参照增值税的预缴口径。

根据广州市地方税务局公告2017年第7号文，房地产开发企业采取预收款方法销售自行开发的房地产项目的，按照以下方法计算土地增值税预征计征依据：

土地增值税预征的计征依据 = 预收款 – 应预缴增值税税款。

5. 案例

甲房地产公司为一般纳税人，2019年1月公司开发的A项目取得预售许可证，开始预售签约，合同金额100 000万元，当月收取款项40 000万元。

问题：如何预缴土地增值税？

首先算出应预缴的增值税，应预缴增值税税款 = 预收款 ÷（1 + 适用税率或征收率）× 3%。需要进一步分一般计税和简易计税进行分析：

（1）假设甲房地产公司开发的A项目采用一般计税方法。

增值税预缴的计征依据 = 40 000 ÷（1+9%）= 36 697.25万元

应预缴增值税 = 36 697.25 × 3% = 1 100.92万元

土地增值税预征的计征依据 = 40 000 – 1 100.92 = 38 899.08万元

如果企业错误直接引用增值税预缴的计征依据作为土地增值税预缴的计征依据，会少计土地增值税的计征依据为 38 899.08 – 36 697.25 = 2 201.83万元。

（2）假设甲房地产公司开发的A项目采用简易计税方法。

增值税预缴的计征依据 = 40 000 ÷（1+5%）= 38 095.24万元

应预缴增值税 =38 095.24×3%=1142.86 万元

土地增值税预征的计征依据 =40 000-1142.86=38 857.14 万元

如果企业错误直接引用增值税预缴的计税依据作为土地增值税预缴的计税依据，会少计土地增值税的计税依据为 38 857.14-38 095.24=761.90 万元。

由上可知，增值税和土增税预缴的计税依据不一样，预缴的税款也不一样。

二、直接不预缴或少预缴

1. 风险描述

部分企业在实务操作中对土地增值税税负进行估算，如果估算土地增值税税负不到预征率，则超过估算土地增值税税负即停止预缴；另一种情况是企业通过其他应付款、短期借款等科目隐匿预收款少预缴增值税，为达到两个税种的申报配比而同样少预缴了土地增值税。

2. 风险识别

房地产企业采取预收款方式销售自行开发的房地产项目，应在收到预收款时按规定预缴土地增值税，不得人为调整预收款金额。

3. 政策依据

国家税务总局公告 2016 年第 70 号文、土地增值税暂行条例实施细则、财税〔2006〕21 号文、国税发〔2010〕53 号文、粤地税发〔2010〕105 号文。

4. 风险解析

（1）根据实施细则第十六条，纳税人在项目全部竣工结算前转让房地产取得的收入，由于涉及成本确定或其他原因，而无法据以计算土地增值税的，可以预征土地增值税，待该项目全部竣工、办理结算后再进行清算，多退少补。具体办法由各省、自治区、直辖市地方税务局根据当地情况制定。

（2）根据《财政部 国家税务总局关于土地增值税若干问题的通知》（财税〔2006〕21 号文），各地要进一步完善土地增值税预征办法，根据本地区房地产业增值水平和市场发展情况，区别普通住房、非普通住房和商用房等不同类型，科学合理地确定预征率，并适时调整。工程项目竣工结算后，应及时进行清算，多退少补。对未按预征规定期限预缴税款的，应根据《税收征管法》及其实施细则的有关规定，从限定的缴纳税款期限届满的次日起，加收滞纳金。

（3）根据国税发〔2010〕53 号文，为了发挥土地增值税在预征阶段的调节作用，各地须对目前的预征率进行调整。除保障性住房外，东部地区省份预征率不得低于 2%，中部和东北地区省份不得低于 1.5%，西部地区省份不得低于 1%，各地要根据不同类型房地产确定适当的预征率（地区的划分按照国务院有关文件的规定执行）。对尚未预征或暂缓预征的地区，应切实按照税收法律法规开展预征，确保土地增值税在预征阶段及时、充分发挥调节作用。

（4）根据粤地税发〔2010〕105 号文，广东省各地要充分发挥土地增值税在预征阶段的调节作用，严格按照国税发〔2010〕53 号文精神，尽快完成对土地增值税预征率的调整，并按调整后的土地增值税预征率进行预征。除保障性住房项目外，其他房地产项目土地增值税预征率不得低于 2%。各级税务机关应结合当地土地增值税清算的实际税负、房价的上涨等因素，对土地增值税预征率进行及时调整，确保土地增值税在预征阶段及时、充分发挥调节作用。

房地产企业在开发房地产项目时，一般都采取预售的方式而取得了收入，由于同期对应的成本确定会滞后或暂时无法确定，房地产企业暂时无法全部准确地计算应交的土地增值税。为了确保国家税收及时、稳定地入库，可以对预售收入按一定的预征率预征土地增值税，待开发项目全部竣工、办理结算后，再计算该项目应缴纳的土地增值税税额，向主管税务机关申报办理土地增值税的清算手续，多退少补，结清该房地产项目应缴纳的土地增值税税款。也就是说，土地增值税的征收思路是：先预征，再清算。所以预征是明文规定，与估算的土地增值税税负毫无关系。

三、混淆使用预征率

1. 风险描述

不同类型开发产品适用不同预征率的地区，部分企业故意混淆使用土地增值税预征率，将适用高预征率的开发产品预收款按照低预征率进行预缴申报，从而减少应预缴土地增值税。

2. 风险识别

不同类型开发产品适用不同预征率，土地增值税预缴时应严格按照不同类型开发产品预收款所对应的预征率进行预缴，不得随意混淆预征率。

3. 政策依据

国家税务总局公告 2016 年第 70 号文、《土地增值税暂行条例实施细则》、财税〔2006〕21 号文、国税发〔2010〕53 号文、粤地税发〔2010〕105 号文。

4. 风险解析

土地增值税预征率结合当地土地增值税清算的实际税负、房价的上涨等因素，对不同类型不同增值率开发产品区别对待，确保土地增值税在预征阶段及时、充分发挥调节作用。

5. 案例

甲房地产公司为一般纳税人，2019 年 1 月公司开发的 A 项目取得预售许可证，该项目采用一般计税方法，预售签约合同金额 100 000 万元，当月收取款项 40 000 万元。其中普通住宅是 10 000 万元，别墅是 10 000 万元，商铺是 20 000 万元，当地规定普通住宅、别墅、其他类别的预征率分别是 2%、3%、4%。

正确的做法：企业在预缴土地增值税的时候，就应该按照普通住宅，别墅，其他类别分别计算各自应该预缴的增值税，如下：

普通住宅应预缴的土地增值税 =（10 000-10 000÷1.09×3%）×2%=194.5 万元

别墅应预缴的土地增值税 =（10 000-10 000÷1.09×3%）×3%=291.74 万元

商铺应预缴的土地增值税 =（20 000-20 000÷1.09×3%）×4%=777.98 万元

企业如果混淆使用土地增值税预征率，将商铺的预征率按照普通住宅的预征率进行预缴申报，就会减少当期应预缴土地增值税。

第四节 企业所得税风险点

一、未按规定计算预计毛利额并做纳税调整

1. 风险描述

纳税人在预售阶段取得预收款，在季度或年度所得税申报时未按规定进行特定业务纳税调整，存在少缴季度或年度企业所得税的情形。

2. 风险识别

纳税人在预售阶段取得预收款，在季度所得税申报时应在申报表第4行填列本季度预收款按照规定的预计毛利率计算的预计毛利额，在年度所得税申报时应在A105010表中填列本年度销售未完工产品预计毛利额。

3. 政策依据

国税发〔2009〕31号文。

4. 风险解析

根据31号文的规定，房地产销售开发产品的收入主要包括完工前的收入和完工后的收入，完工前的收入要按照预计毛利率来计算应税所得额，而完工之后的要按照实际的毛利额来计算应税所得额。

根据31号文第六条的规定，企业通过正式签订《房地产销售合同》或《房地产预售合同》所取得的收入，应确认为销售收入的实现，具体按以下规定确认：

（1）采取一次性全额收款方式销售开发产品的，应于实际收讫价款或取得索取价款凭据（权利）之日，确认收入的实现。这种销售方式确认收入的时点几乎和一般的商业企业、工业企业一样，但在实务中一次性交足房款的情况不多。

（2）采取分期收款方式销售开发产品的，应按销售合同或协议约定的价款和付款日确认收入的实现。付款方提前付款的，在实际付款日确认收入的实现。实际上它已经突破了企业所得税法实施条例的规定，是房地产行业的特殊例外之处。

（3）采取银行按揭方式销售开发产品的，应按销售合同或协议约定的价款确定收入额，其首付款应于实际收到日确认收入的实现，余款在银行按揭贷款办理转账之日确认收入的实现。这是目前房地产企业最为规范、最为常见的一种收入确认模式。

（4）采取委托方式销售开发产品的，总体来讲遵循孰高原则，从税收的角度来讲是为了避免房地产企业人为拆分收入。

房地产企业应按照上述规定的时间节点确认未完工收入，在季度所得税申报时应在申报表中第4行填列本季度预收款按照规定的预计毛利率计算的预计毛利额，在年度所得税申报时应在A105010表中填列本年度销售未完工产品预计毛利额。

5. 案例

甲房地产公司为一般纳税人。2019年1月公司开发的A项目取得预售许可证，该项目采用一般计税方法，预售签约合同金额100 000万元，当月收取款项40 000万元。假设当地规定的预计毛

利率是15%。

本季度预收款按照规定的预计毛利率计算的预计毛利额为 40 000÷1.09×15%=5504.59 万元，在季度预缴申报时应并入当期的应纳税所得额，同时年度所得税申报时也应反映该纳税调整额。常见错误做法是只对企业的会计利润计算应纳税所得额，而未按规定计算未完工产品的预计毛利额并将其计入应纳税所得额。

二、随意结转会计收入和预估会计成本

1. 风险描述

在预售阶段开具增值税正式发票，按发票金额结转会计收入，并预估会计成本，在季度或年度所得税申报时计入申报表，随意调节应纳税所得额，导致当年度少缴或不缴企业所得税。

2. 风险识别

在预售阶段不能随意开具增值税正式发票，不能结转会计收入及成本，预收款应按照规定的预计毛利率计算预计毛利额，并作纳税调整。

3. 政策依据

国税发〔2009〕31号文。

4. 风险解析

这里需要明确几个概念：①增值税正式发票的开具。增值税纳税义务发生时间为交楼，发生纳税义务才应该开具正式的发票，预售环节开具增值税正式发票属于未按规定开具发票，不能代表所得税未完工收入的确认，更不能代表会计收入的实现。②所得税收入的确认时点在31号文有明确的规定，与开具增值税正式发票没有关系。③会计收入的确认是依据企业会计准则规定的，与开具增值税正式发票也没有关系。

因此，销售未完工产品开具正式的发票，并将其确认为会计的收入、所得税的收入，同时，虚拟会计的成本、税收的成本，这完全不符合会计记账逻辑，也完全不符合税收的规定，这种错误的会计处理方式以及税收处理方法风险很大。

三、税金及附加重复扣除

1. 风险描述

预售阶段预收款对应的税金及附加直接计入会计报表税金及附加科目，但在特定业务纳税调整时又做了纳税调减，导致税金及附加重复扣除。

2. 风险识别

预售阶段预收款对应的税金及附加允许扣除，但不能既计入会计报表税金及附加科目，又在特定业务纳税调整时进行纳税调减。

3. 政策依据

国税发〔2009〕31号文。

4. 风险解析

预售阶段预收款对应的税金及附加允许扣除，但只能扣除一次，有些房地产企业在实际发生税

金及附加时习惯将其直接计入税金及附加会计科目，直接减少了当期利润表的会计利润，相当于一次纳税调减，因此在季度或年度特定业务纳税调整时就不能再次调减，否则会导致重复扣除。

5. 案例

甲房地产公司为增值税一般纳税人。2019年1月开始为准备开盘的A项目，当月收取款项40 000万元。假设其他业务忽略，当地的土地增值税预征率为3%，预计毛利率15%。则：

该企业预缴的土地增值税 =（40 000−40 000÷1.09×3%）×3%=1166.97万元

税金及附加 = 40 000÷1.09×3%×12%=132.11万元

假设企业将上述预缴的土地增值税和税金及附加一并计入税金及附加会计科目，企业的会计利润已经扣除了1299.08万元（1166.97+132.11），则季度申报时，企业特殊纳税调整项目只能调整增加当期的预计毛利额5504.59万元（40 000÷1.09×15%），年度申报时，销售未完工产品的特殊纳税调整也不可以调减相关的税金，否则，季度、年度申报时会导致税金及附加的重复扣除。

四、合同约定应收未收房款未确认收入

1. 风险描述

房地产企业采取分期收款方式销售开发产品的，合同约定的应收未收房款未在当期确认收入。

2. 风险识别

采取分期收款方式销售开发产品的，应按销售合同或协议约定的价款和付款日确认收入的实现；付款方提前付款的，在实际付款日确认收入的实现。

3. 政策依据

国税发〔2009〕31号文。

4. 风险解析

根据《房地产开发经营业务企业所得税处理办法》（国税发〔2009〕31号文）的规定，企业通过正式签订《房地产销售合同》或《房地产预售合同》所取得的收入，应确认为销售收入的实现。其中，采取分期收款方式销售开发产品的，应按销售合同或协议约定的价款和付款日确认收入的实现。付款方提前付款的，在实际付款日确认收入的实现。

采取分期收款方式销售开发产品是房地产行业最常见的销售方式之一，房地产企业所得税范畴只有未完工收入和完工收入，而没有预售收入的概念，这一点区别于会计核算、增值税和土地增值税，采取分期收款方式所得税收入的确认遵循合同约定与实际收款孰早原则，这一点和其他税种的预售收入的确认容易混淆，很多企业按照预收款来确认所得税收入而忽略了合同约定，从而造成收入确认的税务风险。

5. 案例

某房地产企业于2019年9月初取得预售许可开盘预售，当月预收房款8000万元，签订购房合同金额1.2亿元（其中含合同约定分期付款当月应收而未收到的房款1000万元）。2019年10月如何进行第三季度所得税预缴申报？

分析：9月份签订购房合同金额1.2亿元可分为三部分：一是收到房款8000万元，二是按照合同约定当月应收未收房款1000万元，三是按照合同约定以后月份应收未收房款3000万元。根据上

述政策规定，采取分期收款方式销售开发产品的，应按销售合同或协议约定的价款和付款日确认收入的实现，即第一部分和第二部分房款应确认当期的所得税未完工收入，第三季度应确认未完工收入为 8000+1000=9000 万元，企业应按照 9000 万元换算不含税价并计算预计毛利额进行第三季度所得税预缴申报。

五、采取视同买断方式委托销售预收款确认错误

1. 风险描述

房地产企业采取视同买断方式委托销售开发产品的，所得税收入的确认方法错误。

2. 风险识别

采取视同买断方式委托销售开发产品的，属于企业与购买方签订销售合同或协议，或企业、受托方、购买方三方共同签订销售合同或协议的，如果销售合同或协议中约定的价格高于买断价格，则应按销售合同或协议中约定的价格计算的价款于收到受托方已销开发产品清单之日确认收入的实现；如果销售合同或协议中约定的价格低于买断价格，以及受托方与购买方签订销售合同或协议的，则应按买断价格计算的价款于收到受托方已销开发产品清单之日确认收入的实现。

3. 政策依据

国税发〔2009〕31 号文。

4. 风险解析

根据《房地产开发经营业务企业所得税处理办法》(国税发〔2009〕31 号)第六条第（四）项的规定，采取视同买断方式委托销售开发产品的，属于企业与购买方签订销售合同或协议，或企业、受托方、购买方三方共同签订销售合同或协议的，如果销售合同或协议中约定的价格高于买断价格，则应按销售合同或协议中约定的价格计算的价款于收到受托方已销开发产品清单之日确认收入的实现；如果属于前两种情况中销售合同或协议中约定的价格低于买断价格，以及属于受托方与购买方签订销售合同或协议的，则应按买断价格计算的价款于收到受托方已销开发产品清单之日确认收入的实现。

总体来讲，采取视同买断方式委托销售开发产品的，所得税收入的确认遵循孰高原则，从税收的角度来讲是为了避免房地产企业人为拆分收入，同时需要重点关注是否有手续费、代理费分成等名目来冲减收入的情况。

5. 案例

某房地产开发企业 2019 年 8 月，采用视同买断方式委托乙房产中介公司预售该楼盘，委托销售合同约定买断价为每平方米 10 000 元，超出买断价的价差归中介公司所有，开发企业不另外支付手续费；当年预售 20 000 平方米，预售合同均由房地产开发企业与购房者签订，合同均价为每平方米 11 000 元，销售公司与开发企业按买断价进行结算，2019 年结算总额 2 亿元，并已将结算款项通过转账方式支付给开发企业。那么，该企业所得税收入该如何确认？

分析：由于房地产开发企业与购房者签订的合同单价高于买断价格，所得税收入确认应依据合同单价，因此 2019 年应确认所得税收入为 2.2 亿元。

假如房地产开发企业与购房者签订的合同单价为每平方米 9000 元，由于房地产开发企业与购房者

签订的合同单价低于买断价格,所得税收入确认应依据买断价格,2019年应确认所得税收入为2亿元。

第五节 个人所得税风险点

一、促销赠送礼品未扣缴个人所得税

1. 风险描述

房地产企业售楼中心在促销活动中向个人赠送礼品未代扣代缴个人所得税。

2. 风险识别

企业在业务宣传、广告等活动中,随机向本单位以外的个人赠送礼品(包括网络红包),个人取得的礼品收入,按照"偶然所得"项目计算缴纳个人所得税。

3. 政策依据

财政部和税务总局公告2019年第74号文、财税〔2011〕50号文。

4. 风险解析

根据财政部和税务总局公告2019年第74号文,企业在业务宣传、广告等活动中,随机向本单位以外的个人赠送礼品(包括网络红包,下同),以及企业在年会、座谈会、庆典以及其他活动中向本单位以外的个人赠送礼品,个人取得的礼品收入,按照"偶然所得"项目计算缴纳个人所得税,但企业赠送的具有价格折扣或折让性质的消费券、代金券、抵用券、优惠券等礼品除外。

前款所称礼品收入的应纳税所得额按照《财政部 国家税务总局关于企业促销展业赠送礼品有关个人所得税问题的通知》(财税〔2011〕50号文)第三条规定计算。

根据财税〔2011〕50号文第三条,企业赠送的礼品是自产产品(服务)的,按该产品(服务)的市场销售价格确定个人的应税所得;是外购商品(服务)的,按该商品(服务)的实际购置价格确定个人的应税所得。

50号文同时还规定,企业对累积消费达到一定额度的顾客,给予额外抽奖机会,个人的获奖所得,按照"偶然所得"项目,全额适用20%的税率缴纳个人所得税。

综上可知,房地产企业经常涉及到的促销宣传赠送礼品、购房额外抽奖中奖均应按照"偶然所得"项目,全额适用20%的税率代扣代缴个人所得税。

但购房送(比如购房送家电、购房送装修、购房送汽车等)却不需要代扣代缴个人所得税。根据国税函〔2008〕875号文,企业以买一赠一等方式组合销售本企业商品的,不属于捐赠,应将总的销售金额按各项商品的公允价值的比例来分摊确认各项的销售收入。比如购房送汽车,房地产企业虽然是以一张购房发票开给购房人,但其实质是房地产企业将房子和汽车组合销售给购房人,对于购房人来讲,汽车同样是花钱买回来的,并非偶然所得,因此不需缴纳个人所得税。

5. 案例

某房地产开发公司在项目正式开盘当日,对亲临销售现场的每位看房者发放一张抽奖券,奖品有摩托车、冰箱、洗衣机等,对成功签约的客户,还有一次额外的抽奖机会,奖品有汽车、彩电、空调等。在此案例中，房地产开发公司正确的做法应是按照"偶然所得"项目，全额适用20%的税率对上述两个环节抽中奖品的个人代扣代缴个人所得税。

二、低价向职工售房未扣缴个人所得税

1. 风险描述

房地产企业低价向职工售房未扣缴个人所得税。

2. 风险识别

单位按低于购置或建造成本价格出售住房给职工，职工因此而少支出的差价部分，属于个人所得税应税所得，应按照"工资、薪金所得"项目缴纳个人所得税。

3. 政策依据

财税〔2007〕13号文、国税发〔2005〕9号文、财税〔2018〕164号文。

4. 风险解析

（1）根据《财政部 国家税务总局关于单位低价向职工售房有关个人所得税问题的通知》（财税〔2007〕13号）文件规定：

①根据住房制度改革政策的有关规定，国家机关、企事业单位及其他组织（以下简称单位）在住房制度改革期间，按照所在地县级以上人民政府规定的房改成本价格向职工出售公有住房，职工因支付的房改成本价格低于房屋建造成本价格或市场价格而取得的差价收益，免征个人所得税。

②除第一条规定情形外，根据《中华人民共和国个人所得税法》及其实施条例的有关规定，单位按低于购置或建造成本价格出售住房给职工，职工因此而少支出的差价部分，属于个人所得税应税所得，应按照"工资、薪金所得"项目缴纳个人所得税。所称差价部分，是指职工实际支付的购房价款低于该房屋的购置或建造成本价格的差额。

（2）根据《财政部 税务总局关于个人所得税法修改后有关优惠政策衔接问题的通知》（财税〔2018〕164号）第一条、第六条规定：

①居民个人取得全年一次性奖金，符合《国家税务总局关于调整个人取得全年一次性奖金等计算征收个人所得税方法问题的通知》（国税发〔2005〕9号文）规定的，在2021年12月31日前，不并入当年综合所得，以全年一次性奖金收入除以12个月得到的数额，按照本通知所附按月换算后的综合所得税率表（以下简称月度税率表），确定适用税率和速算扣除数，单独计算纳税。计算公式为：

应纳税额 = 全年一次性奖金收入 × 适用税率 - 速算扣除数

居民个人取得全年一次性奖金，也可以选择并入当年综合所得计算纳税。

自2022年1月1日起，居民个人取得全年一次性奖金，应并入当年综合所得计算缴纳个人所得税。

②单位按低于购置或建造成本价格出售住房给职工，职工因此而少支出的差价部分，符合《财政部国家税务总局关于单位低价向职工售房有关个人所得税问题的通知》（财税〔2007〕13号文）第二条规定的，不并入当年综合所得，以差价收入除以12个月得到的数额，按照月度税率表确定适用税率和速算扣除数，单独计算纳税。计算公式为：

应纳税额＝职工实际支付的购房价款低于该房屋的购置或建造成本价格的差额 × 适用税率－速算扣除数

根据以上政策，该企业出售商品房给员工，只要内部促销优惠价格低于建造成本，就需要缴纳个人所得税。

5. 案例

某房地产公司实施对员工的激励政策，面向公司内部员工优惠销售商品房一批，对5年以下工龄的公司员工，以正常售价的9折销售；对5年以上工龄的公司员工，以正常售价的6折销售；对有特殊贡献的员工按正常售价的3折销售。假定该公司正常的销售价格为10 000/平方米，平均建造成本为5000元/平方米。那么，对员工的优惠价款是否需要计算征收个人所得税？

分析：

（1）对5年以下工龄的公司员工，销售单价＝10 000×90%=9000元/平方米，高于建造成本5000元/平方米，因此不需要计算缴纳个人所得税；

（2）对5年以上工龄的公司员工，销售单价＝10 000×60%=6000元/平方米，高于建造成本5000元/平方米，因此不需要计算缴纳个人所得税；

（3）对有特殊贡献的员工，销售单价＝10 000×30%=3000元/平方米，低于建造成本5000元/平方米，因此需要计算缴纳个人所得税。需要按照上述文件的方法确定计税依据及代扣代缴方法。

三、自然人股东借款年终不还未视同分红

1. 风险描述

自然人股东从公司借款用于自用，长期挂账其他应收款科目。

2. 风险识别

对于股东用于个人私用的借款视为企业对个人投资者的红利分配，按照"利息、股息、红利所得"项目计征个人所得税；对企业其他人员取得的上述所得，按照"工资、薪金所得"项目计征个人所得税。

3. 政策依据

财税〔2003〕158号文、财税〔2008〕83号文、国税发〔2005〕120号文。

4. 风险解析

（1）根据《财政部 国家税务总局关于规范个人投资者个人所得税征收管理的通知》（财税〔2003〕158号文），关于个人投资者从其投资的企业（个人独资企业、合伙企业除外）借款长期不还的处理问题的规定，纳税年度内个人投资者从其投资的企业（个人独资企业、合伙企业除外）借款，在该纳税年度终了后既不归还，又未用于企业生产经营的，其未归还的借款可视为企业对个人投资者的红利分配，依照"利息、股息、红利所得"项目计征个人所得税。

（2）根据《财政部 国家税务总局关于企业为个人购买房屋或其他财产征收个人所得税问题的批复》（财税〔2008〕83号）的规定，根据《中华人民共和国个人所得税法》和《财政部 国家税务总局关于规范个人投资者个人所得税征收管理的通知》（财税〔2003〕158号）的有关规定，符合以下情形的房屋或其他财产，不论所有权人是否将财产无偿或有偿交付企业使用，其实质均为企业

对个人进行了实物性质的分配，应依法计征个人所得税。

①企业出资购买房屋及其他财产，将所有权登记为投资者个人、投资者家庭成员或企业其他人员的；

②企业投资者个人、投资者家庭成员或企业其他人员向企业借款用于购买房屋及其他财产，将所有权登记为投资者、投资者家庭成员或企业其他人员，且借款年度终了后未归还借款的。

（3）根据《国家税务总局关于印发〈个人所得税管理办法〉的通知》（国税发〔2005〕120号）第三十五条规定，各级税务机关应强化对个体工商户、个人独资企业和合伙企业投资者以及独立从事劳务活动的个人的个人所得税征管。加强个人投资者从其投资企业借款的管理，对期限超过一年又未用于企业生产经营的借款，严格按照有关规定征税。

第六节　印花税风险点

印花税的风险点为商品房销售合同未正确计算缴纳印花税。

1. 风险描述

有的企业在签订商品房买卖合同时按照实际预收款缴纳印花税，有的按照"购销合同"税目缴纳印花税。

2. 风险识别

商品房买卖合同签订时即应履行印花税完税义务，同时，企业销售商品房，适用"产权转移书据"税目，不能适用"购销合同"税目。

3. 政策依据

印花税暂行条例、国税地字〔1998〕25号文。

4. 风险解析

根据《国家税务总局关于印花税若干具体问题的规定》（国税地字〔1998〕25号文）第七条，依照印花税暂行条例规定，合同签订时即应贴花，履行完税手续。因此，企业在签订商品房买卖合同时应依照合同所载金额一次性履行印花税完税义务，而不能按照预收款分次完税；企业销售商品房，适用"产权转移书据"税目，按0.05%的税率缴纳印花税，而不适用0.03%的"购销合同"税目。

第七节 附加税风险点

一、预缴时扣除退还的留抵退税金额

1. 风险描述

有的企业在预缴附加税时从附加税的计税依据中扣除了当期退还的增值税税额。

2. 风险识别

对实行增值税期末增量留抵退税的纳税人，允许其从城市维护建设税、教育费附加和地方教育附加的计税（征）依据中扣除退还的增值税税额，但该项扣除是在实际计算销项税额的环节处理，不能在预缴环节进行处理。

3. 政策依据

城市维护建设税法、财税〔2018〕80号文。

4. 风险解析

根据《财政部 税务总局关于增值税期末留抵退税有关城市维护建设税、教育费附加和地方教育附加政策的通知》（财税〔2018〕80号文）的规定，对实行增值税期末留抵退税的纳税人，允许其从城市维护建设税、教育费附加和地方教育附加的计税（征）依据中扣除退还的增值税税额。

根据2020年8月的最新城市维护建设税法，城市维护建设税的计税依据应当按照规定扣除期末留抵退税退还的增值税税额。

实行留抵退税政策后，整个项目缴纳的增值税总额是不变的，只是税款的缴纳产生了一种时间性差异，留抵退税相应增加了后期的应纳税额，但是这部分应纳税额是退还留抵税额引起的，并不是真正意义上的应纳税额。因此，这部分应纳税额不应计入附加税的计税依据，即期末留抵退税退还的增值税税额允许在计算附加税计税依据时扣除。需要注意的是，该项扣除是在实际计算销项税额的环节处理，不能在预缴环节进行处理。

5. 案例

增值税一般纳税人A公司是房地产开发企业，2020年6月申报产生留抵税额50万元，并于当月申请退税（2019年12月期末留抵税额为0元），7月初收到退税款。

（1）假如7月份仍处于预售阶段，该月预收款按规定应预缴增值税80万元，则A公司7月应如何计算缴纳城市维护建设税？

分析：由于目前仍处于预售阶段，收到退还的留抵税额50万元不能扣减当月城市维护建设税的计税依据，7月份城市维护建设税的计税依据仍为80万元，应缴纳城市维护建设税80×7%=5.60万元。

（2）假如7月份已经处于竣工交楼阶段，A公司申报的增值税销项税额为130万元，进项税额为20万元，预缴增值税余额30万，当期应纳增值税税额为80万元。则A公司7月应如何计算缴纳城市维护建设税？

分析：根据最新城市维护建设税法，城市维护建设税的计税依据应当按照规定扣除期末留抵退税退还的增值税税额，即A公司7月城市维护建设税的计税依据，应当按照规定扣除已退还的增值

税留抵税额 50 万元。因此，A 公司 7 月城市维护建设税的计税依据为 80-50=30 万元，应缴纳城市维护建设税 30×7%=2.1 万元。

二、自查补缴增值税未补缴附加税

1. 风险描述

企业自查补缴增值税时未补缴城市维护建设税、教育费附加和地方教育附加。

2. 风险识别

企业自查补缴增值税及滞纳金，须相应补缴城市维护建设税和滞纳金。

3. 政策依据

城市维护建设税法。

4. 风险解析

根据最新城市维护建设税法，城市维护建设税的纳税义务发生时间与增值税、消费税的纳税义务发生时间一致，分别与增值税、消费税同时缴纳。因此，补缴的增值税需要同步补缴城市维护建设税、教育费附加和地方教育附加，补缴的增值税涉及滞纳金的，相关的附加税同样会涉及滞纳金。

第八节　房产税风险点

一、营销中心和已自用房产未缴纳房产税

1. 风险描述

营销中心和已自用房产未缴纳房产税。

2. 风险识别

房地产企业的营销中心无论是开发产品还是临时设施，均应按规定缴纳房产税。

3. 政策依据

国税发〔2003〕89 号文、财税〔2008〕152 号文、财税地字〔1986〕8 号文。

4. 风险解析

（1）根据国家税务总局《关于房产税城镇土地使用税有关政策规定的通知》（国税发〔2003〕89 号文）第二条第四项的规定，房地产开发企业自用、出租、出借本企业建造的商品房，自房屋使用或交付使用的次月起计征房产税。开发企业利用商品房作售楼部的情况，应自开始使用售楼部的次月起缴纳房产税。

（2）根据财政部、国家税务总局《关于房产税城镇土地使用税有关问题的通知》（财税〔2008〕152 号文）的规定，对依照房产原值计税的房产，不论是否记载在会计账簿的固定资产科目中，均应按照房屋原价计算缴纳房产税。房屋原价应根据相关会计制度的规定进行核算。对纳税

人未按国家会计制度规定核算并记载的，应按规定进行调整或重新评估房屋原价。

（3）根据《财政部 国家税务总局关于房产税若干具体问题的解释和暂行规定》（财税地字〔1986〕8号文）的规定，凡是在基建工地为基建工地服务的各种工棚、材料棚、休息棚和办公室、食堂、茶炉房、汽车房等临时性房屋，不论是施工企业自行建造还是由基建单位出资建造交施工企业使用的，在施工期间，一律免征房产税。但是，如果在基建工程结束以后，施工企业将这种临时性房屋交还或者估价转让给基建单位的，应当从基建单位接收的次月起，依照法规征收房产税。

房地产企业的营销中心如为临时设施且为售楼服务，则不满足免征房产税的条件，应当从开发公司接收临时性房屋并投入使用的次月起缴纳房产税。

根据《国家税务总局关于房产税、城镇土地使用税有关政策规定的通知》（国税发〔2003〕89号文）第一条的规定，鉴于房地产开发企业开发的商品房在出售前，对房地产开发企业而言是一种产品，因此，对房地产开发企业建造的商品房，在售出前，不征收房产税；但对售出前房地产开发企业已使用或出租、出借的商品房应按规定征收房产税。

从上可以看出，对于企业的开发产品，如果商品房装修后作为样板间，仅用作对外展示，其仍属存货产品，不征收房产税；但如果开发产品用于现场工作人员办公或用作营销中心，其在投入使用后，应按规定申报缴纳房产税。

第九章　竣工交楼阶段

竣工交楼阶段主要包括竣工验收备案、交楼、增值税正式发票开具、会计核算确认收入和开发产品以自用或出租的方式投入使用等。这个阶段的涉税问题多且最复杂，增值税达到纳税义务发生时间需确认增值税收入，开具增值税正式发票，计算可扣除土地价款导致的销项税额抵减，补缴应交增值税；企业所得税也要求确认完工产品收入并计算完工产品实际毛利额，同时对实际毛利额与预计毛利额的差额进行纳税调整，土地增值税仍需要继续预缴，这个阶段是税务处理最重要的阶段，涉税风险点很多，需要特别重点关注。

第一节　重要业务事项

竣工交楼阶段最重要的业务是竣工验收备案和交楼，该阶段最重要的业务文书是面积实测报告，该报告里的面积数据是计算和分摊成本的重要依据，企业所得税成本和土地增值税可扣除项目的处理都与实测报告里面的面积数据息息相关。

该阶段涉及的税种包括增值税、附加税费、土增税、企业所得税、土地使用税、房产税、个人所得税和印花税。部分税种在该阶段税务处理的关键要点如下。

1. 增值税

（1）纳税义务发生时间是房屋销售合同约定的交楼时间，需要结合实际情况具体分析。

（2）土地价款的扣除只有适用一般计税方法时才可扣除，简易计税方法不允许扣除，同时，允许扣除的土地价款仅包括土地出让金和拆迁补偿费，土地出让金需有财政票据，拆迁补偿费需有完整齐备的证据资料支撑。

（3）房屋未销售之前先行出租的，需按照不动产租赁税目缴纳增值税。

（4）增值税正式发票的开具应留意备注栏的规范填写。

（5）面积补差款应视同销售收入的增加，并入销售收入缴纳增值税。

（6）发生非货币性资产交换，以及将开发产品用于捐赠、偿债、赞助、集资、广告、职工福利或者利润分配等用途的，都应视同销售缴纳增值税。

（7）自2019年4月1日起，房地产企业同样可享受增值税期末增量留抵退税制度。

2. 附加税费

补缴增值税时需要同时缴纳各项附加税费，对实行增值税期末增量留抵退税的纳税人，允许其从城市维护建设税、教育费附加和地方教育附加的计税（征）依据中扣除退还的增值税税额。

3. 土地增值税

完工交付阶段尚不一定完全满足土地增值税清算条件，在未进行土地增值税清算之前，仍应对每一笔销售收入预缴土地增值税，企业不能因自行测算应缴土地增值税可能低于已经预缴的土地增值税而停止预缴土地增值税。

4. 企业所得税

（1）开发产品满足下列任一条件即可视为完工：

①竣工证明材料已报房产管理部门备案；

②开发产品已经投入使用；

③开发产品已经取得产权证明。

（2）根据国税发〔2009〕31号文，开发产品达到完工条件后，应及时结转其计税成本并计算此前销售收入的实际毛利额，实际毛利与预计毛利的差额计入当年应纳税所得额。

（3）除了正常的收入确认和代收收入外，企业所得税也存在视同销售收入，对存在将开发产品用于捐赠、赞助、职工福利、对外投资、分配、抵债等非货币性资产交换行为的，应同时确认销售收入，同时也可以结转销售成本。

（4）出包工程可预提，是指未办理最终结算从而未能取得全额发票的，在证明资料充分的前提下，其发票不足金额部分可以预提，但最高不得超过合同总金额的10%。出包工程结算完毕之后不得再进行预提。

（5）企业与关联企业之间的业务往来，应当按照独立企业之间的业务往来收取或支付价款，否则税务机关有权进行合理调整。

（6）开发产品转为自用的，实际使用时间累计未超过12个月又出售的，不得税前扣除折旧费用。

（7）计税成本对象的合理确定和成本归集是该阶段的重点。按国税发〔2009〕31号文，成本对象的确定原则包括可否销售、功能区分、定价差异、成本差异、权益区分等。

（8）成本分摊方法应符合规定。

5. 土地使用税

开发项目完工后，土地管理部门验收、分割权证，完工产品交付业主，交付部分的土地使用税纳税义务终止。企业应据此重新核定土地使用税计税依据。

6. 房产税

房产未交付前，临时使用的售楼处、办公场所可能存在估值。完工交付后，使用估值的房产应及时调整计税原值，并正确申报缴纳房产税。

第二节 增值税风险点

一、新旧（老）项目划分错误

1. 风险描述

企业划分新旧项目的依据和标准错误，如第一张施工许可证是在 2016 年 4 月 30 日之前，则整一期甚至整个项目都认定为老项目进行增值税税务处理。

2. 风险识别

一般纳税人销售自行开发的房地产老项目，可以选择适用简易计税方法按照 5% 的征收率计税。一经选择简易计税方法计税的，36 个月内不得变更为一般计税方法计税。

房地产老项目是指《建筑工程施工许可证》注明的合同开工日期在 2016 年 4 月 30 日前的房地产项目，《建筑工程施工许可证》未注明合同开工日期或者未取得《建筑工程施工许可证》但建筑工程承包合同注明的开工日期在 2016 年 4 月 30 日前的建筑工程项目。

新老项目的区分标准是《建筑工程施工许可证》注明的合同开工日期，按《建筑工程施工许可证》进行项目划分，分期项目分别取得《建筑工程施工许可证》的应作为不同项目处理。

3. 政策依据

国家税务总局公告 2016 年第 18 号文。

4. 风险解析

为了确保房地产行业营改增的平稳顺利过渡，同时吻合增值税的两种计税方法，增值税政策提出了房地产行业新老项目的概念，其基本处理思路是：老项目可选择简易计税，也可选择一般计税；新项目只能选择一般计税。

新旧项目的区分是为了确定增值税的计税方法，这里的风险主要在于，分期开发的项目有的施工许可证在 2016 年 4 月 30 日之前，有的施工许可证在 2016 年 4 月 30 日之后，有的企业怕麻烦就将其统一按老项目并且按简易计税方法进行增值税处理。按税法的规定需要对其进行准确区分，适用各自正确的计税方法进行增值税税务处理，也就是一个开发项目，既有增值税的一般计税方法，也有增值税的简易计税方法，两种方法可以并存。

二、简易计税应纳税额计算错误

1. 风险描述

采取简易计税方法计算应纳税额时扣减了当期对应的土地价款，导致应纳税额计算错误，少缴增值税。

2. 风险识别

房地产企业增值税简易计税应纳税额 = 含税销售额 ÷（1+ 征收率）× 征收率。

一般纳税人销售自行开发的房地产老项目适用简易计税方法计税的，以取得的全部价款和价外费用为销售额，不得扣除对应的土地价款。

3. 政策依据

国家税务总局公告 2016 年第 18 号文。

4. 风险解析

18 号公告已经明确了简易计税应纳税额的计算方法，简易计税的计税逻辑类同于营业税时代的营业税，不存在差额和进项税额抵减的处理，不能和一般计税的计税逻辑混为一谈。

三、销项税额抵减不规范

1. 风险描述

随意增大可扣除土地价款，可扣除土地价款不扣减返还的出让金或减免的出让金，或者将土地取得环节的期间费用计入土地价款，或者故意多计当期应分摊可扣除土地价款的建筑面积，增大可扣除土地价款，达到减小销项税额的目的。

2. 风险识别

房地产开发企业一般纳税人销售自行开发的房地产项目，适用一般计税方法计税，按照取得的全部价款和价外费用，扣除当期销售房地产项目对应的土地价款后的余额计算销售额。销售额的计算公式如下：

销售额 =（全部价款和价外费用 – 当期允许扣除的土地价款）÷（1+ 税率）；

当期允许扣除的土地价款 =（当期销售房地产项目建筑面积 ÷ 房地产项目可供销售建筑面积）× 支付的土地价款；

当期销售房地产项目建筑面积是指当期进行纳税申报的增值税销售额对应的地上计容建筑面积，不包括地下车位建筑面积。

房地产项目可供销售建筑面积是指房地产项目地上计容总可售建筑面积，不包括销售房地产项目时未单独作价结算的公共配套设施的建筑面积和地下车位建筑面积。

支付的土地价款是指向政府、土地管理部门或受政府委托收取土地价款的单位直接支付的土地价款。

在计算销售额时从全部价款和价外费用中扣除土地价款，应当取得省级以上（含省级）财政部门监（印）制的财政票据。

一般纳税人应建立台账登记土地价款的扣除情况，扣除的土地价款不得超过纳税人实际支付的土地价款，如果房地产企业有土地价款政府返还，则返还的土地价款不得扣除。

3. 政策依据

国家税务总局公告 2016 年第 18 号文、财税〔2016〕140 号文。

4. 风险解析

这里首先明确，销项税额抵减是在达到纳税义务发生时间计算销项税额的时点才进行处理；其次，根据财税〔2016〕140 号文，允许扣减的土地价款只包括向政府支付的土地出让金和向其他人支付的拆迁补偿款，按目前税务机关的口径，仅限于货币形式的补偿，在土地取得环节缴纳的市政配套费、契税、土地配套费等均不得扣除；再次，当期允许扣除的土地价款必须一一对应，不能把本该后期扣除的土地价款在本期提前进行销项税额抵减的计算处理。

从实务操作来看，常见的可扣除土地价款的不规范处理有以下几种。

（1）扣除不属于扣除范围的土地价款。

根据现行相关政策，只有通过一级市场获取的土地才能扣除其对应的土地价款，而且扣除的土地价款必须取得省级以上（含省级）财政部门监（印）制的财政票据，房地产开发企业从二级市场获取的或者通过其他方式获取的土地，其对应的土地价款不能进行差额扣除，只能凭取得的增值税专用发票计算进项税额。

（2）未按规定扣除土地价款。

财税〔2016〕140号文对允许扣除的土地价款进行了补充规定，扩大了允许扣除土地价款的范围。在实际操作中，房地产开发企业支付给政府部门的征地和拆迁补偿费用、土地前期开发费用和土地出让收益等必须以省级以上（含省级）财政部门监（印）制度财政票据为差额扣除的依据；向其他单位或个人支付的拆迁补偿费用必须严格执行140号文的资料要求。

（3）未准确按项目划分土地价款。

对于选择简易征收的房地产开发项目，其对应的土地价款不允许差额扣除。房地产开发企业在按项目划分土地价款时，必须严格按照各期的占地面积进行划分，避免将不允许差额扣除的土地价款进行扣除。

（4）项目公司错误扣除土地价款。

项目公司按照140号文第八条规定承接了房地产开发企业所支付的土地价款后，若发生股权转让使得项目公司的股权不再全部由房地产开发企业所持有，则不再符合140号文第八条的规定。因此，房地产开发企业的项目公司在进行纳税申报时，应判断是否同时符合140号文第八条所规定的三个条件，以确认是否可从当期销售额中扣除对应的土地价款。

5. 案例

甲房地产开发公司是一般纳税人，2015年通过招拍挂拿地，土地面积10万平方米，容积率3.0，支付地价款40 000万元，支付原居民拆迁补偿款20 000万元，缴纳契税1800万元，另外支付拍卖佣金等手续费、评估费1200万元，支付土地闲置费10 000万元。

该公司总体规划分两期开发，分别是A、B两个项目，占地分别是4万平方米和6万平方米，A项目简易计税，建设规模12万平方米，其中2万平方米是不计容的地下车位；B项目一般计税，建设规模20万平方米，A、B项目都采用甲供材方式出包。

分析：

（1）虽然公司计入土地价款的总额是73 000万元，但是允许销项税额抵减的只有60 000万元，契税、土地闲置费、拍卖佣金、评估费等，不列入销项税额抵减范围；

（2）60 000万元不能全部用于抵减，对于简易计税占用的土地不得抵减，按照A、B两个项目各自的占地面积比例进行划分，允许销项税额抵减的只有B项目，金额是36 000万元；

（3）36 000万元土地价款只能在交楼的环节确认销项税额，按照交楼对应的地上计容建筑面积比例抵减；

假如2020年1月，A、B两个项目开始交楼。A项目交楼面积7万平方米，会计上预收款转回7.35亿元；B项目交楼面积8万平方米，会计上预收款8.72亿元。

销项税额抵减只能在这个环节进行确认,该公司只能对 B 项目交楼的按照含税的收款额减除当期允许扣除的土地价款之后的余额计算销项税额。

当期允许扣除的土地价款 =(当期销售房地产项目建筑面积 ÷ 房地产项目可供销售建筑面积)× 支付的土地价款 =8(交楼面积)÷20(地上计容建筑面积)×60 000(地价款)×6(一般计税的占地面积)÷10(总的占地面积)=14 400 万元;

销项税额 =(87 200-14 400)÷(1+9%)×9%=6011.01 万元;

销项税额抵减额 =14 400÷(1+9%)×9%=1188.99 万元。

注:会计账务处理时,按全额确认销项税额(即 87 200÷(1+9%)×9%=7200 万元,未扣除地价款全额确认),销项税额抵减额 1188.99 万元会形成会计上销项税额抵减的金额独立记账,增值税申报表则以扣除地价款之后的余额确认销项税额,也就是说增值税申报表销项税额是 6011.01 万元,销项税额抵减金额 1188.99 万元会形成所得税利润的增加(会计处理为冲减主营业务成本)和土地增值税清算时点增值额的增加(土地增值税清算收入调整增加额)。

四、不得抵扣进项税额出错

1. 风险描述

当开发企业既存在一般计税方法又存在简易计税方法的时候,进项税额会存在未作转出或者少转出,或者转出的方法出错等情况。

2. 风险识别

用于简易计税方法计税项目、免征增值税项目、集体福利或者个人消费的进项税额不得抵扣,一般纳税人销售自行开发的房地产项目,兼有一般计税方法计税、简易计税方法计税、免征增值税的房地产项目而无法划分不得抵扣的进项税额的,应以《建筑工程施工许可证》注明的"建设规模"为依据进行划分。

不得抵扣的进项税额 = 当期无法划分的全部进项税额 ×(简易计税、免税房地产项目建设规模 ÷ 房地产项目总建设规模)。

3. 政策依据

国家税务总局公告 2016 年第 18 号文。

4. 风险解析

根据国家税务总局公告 2016 年第 18 号文,一般纳税人销售自行开发的房地产项目,兼有一般计税方法计税、简易计税方法计税、免征增值税的房地产项目而无法划分不得抵扣的进项税额的,应以《建筑工程施工许可证》注明的"建设规模"为依据进行划分。

房地产企业增值税以《建筑工程施工许可证》为标准区分新老项目,新项目只能一般计税,老项目则可选择一般计税,也可选择简易计税。当老项目选择简易计税时,就出现简易计税和一般计税并存而无法划分不得抵扣的进项税额的情形,如前期工程费、基础设施费、开发间接费、公共配套设施和期间费用等都会存在这个问题,这时计算不得抵扣的进项税额就采取上述公式,而不能采用平时常用的销售比例法。

5. 案例

甲房地产开发公司是一般纳税人，2015年通过招拍挂拿地，土地面积10万平方米，容积率3.0。

该公司开发A、B两个项目，A项目简易计税，《建筑工程施工许可证》注明的"建设规模"为12万平方米，其中2万平方米是不计容的地下车位；B项目一般计税，建设规模20万平方米，A、B项目都采用甲供材方式出包。

（1）2019年3月支付设计费，合同设计面积32万平方米，支付1696万元，进项96万元；支付A项目材料款2320万元，进项320万元。

分析：合同设计32万平方米，支付的进项税额96万元是A、B项目的共同进项，按照建设规模比例法进行分配，分配到A项目的是36万元（96×12÷32）；购入A项目材料进项320万元不允许抵扣，因此本月的进项税额转出是36+320=356万元。

（2）2019年4月支出管理部门、销售部门费用300万元，进项20万元；同时支付材料款4520万元，进项520万元，已入库。

分析：期间费用支付的进项税额20万元，是A、B项目的共同进项，要按照建设规模比例法进行分配，分配到A项目的进项税额是7.5万元（20×12÷32）；购入材料进项520万元，由于未明确用途，按正常做进项税额，等到用于A项目简易计税领用时再做转出，因此本月的进项税额转出是7.5万元。

（3）2019年5月，领用上月买进的25%材料用于A项目；购入花草苗木，是从农业生产者购入，用于两个项目园林绿化工程，支付了5000万元。

分析：A项目领用原未明确用途的材料要做进项税额转出，转出的金额是对应原材料进项税额的25%，即520×25%=130万元，免税农产品确认的进项税额属于A、B两个项目的共同进项，要按照建设规模比例法进行划分，确认不得抵扣的进项并作转出处理，确认的进项5000×9%=450万元，确认属于A项目转出450×12÷32=168.75万元，因此本月的进项税额转出是130+168.75=298.75万元。

五、回迁房交付未视同销售处理

1. 风险描述

回迁房交付未视同销售缴纳增值税。

2. 风险识别

回迁房交付应视同销售缴纳增值税。

3. 政策依据

财税〔2016〕36号文。

4. 风险解析

在推进旧城改造过程中，房地产开发企业可能都会涉及到拆迁安置问题。拆迁补偿主要有三种方式：产权调换、作价补偿、产权调换与作价补偿相结合。其中产权调换就涉及到回迁安置房问题。

回迁安置房是指按照城市危旧房改造的政策，拆迁人或开发商将危改区内的私房或承租的公房拆除，然后按照回迁安置的政策标准以及事先签订的拆迁协议，被拆迁人回迁，取得改造后新建的房屋（国家税务总局公告 2014 年第 2 号文）。

"营改增"后，在增值税税务处理上，作价补偿的会计和税务处理基本一致，也非常清晰，而以非货币性形式回迁房建造支出，由于其行为的特殊性，一般情况下作非货币性交易处理，即按"以物易物"处理，税务处理和会计处理有所不同。根据《营业税改征增值税试点实施办法》（财税〔2016〕36 号文）第十四条第（二）项的规定："单位或者个人向其他单位和个人无偿转让不动产的，视同销售不动产，但用于公益事业或者以公众为对象的除外"。也就是说，作为被拆迁方获得的实物补偿，应当视同销售，依法缴纳增值税。

在计税依据上，根据《营业税改征增值税试点实施办法》（财税〔2016〕36 号文）第四十四条的规定，纳税人发生应税行为价格明显偏低或者偏高且不具有合理商业目的的，或者发生本办法第十四条所列的行为而无销售额的，主管税务机关有权按照下列顺序确定销售额：

（1）按照纳税人最近时期销售同类服务、无形资产或者不动产的平均价格确定。

（2）按照其他纳税人最近时期销售同类服务、无形资产或者不动产的平均价格确定。

（3）按照组成计税价格确定。组成计税价格的公式为：

组成计税价格 = 成本 ×（1+ 成本利润率）

成本利润率由国家税务总局确定。

在实务过程中，关于回迁安置房增值税，我们需要注意在涉税处理上是否存在视同销售，或者仅将收到补价部分计入收入缴纳增值税。

六、加收的违约金、利息未缴纳增值税

1. 风险描述

业主因未按规定期限付款，企业加收的延期付款违约金、利息未缴纳增值税。

2. 风险识别

客户交定金后，提出解除合同，开发企业按规定没收定金，该笔交易未成立，未发生不动产转移应税行为，无需缴纳增值税；但是，已经确认购销关系，业主因未按规定期限付款，企业加收延期付款违约金、利息，属于税收上的价外费用，应缴纳增值税。

3. 政策依据

财税〔2016〕36 号文。

4. 风险解析

根据《营业税改征增值税试点实施办法》（财税〔2016〕36 号文）第三十七条的规定，价外费用是指价外收取的各种性质的收费，但不包括以下项目：

（1）代为收取并符合本办法第十条规定的政府性基金或者行政事业性收费。

第十条规定的政府性基金或者行政事业性收费需要同时满足以下条件：

①由国务院或者财政部批准设立的政府性基金，由国务院或者省级人民政府及其财政、价格主管部门批准设立的行政事业性收费；

②收取时开具省级以上（含省级）财政部门监（印）制的财政票据；

③所收款项全额上缴财政。

（2）以委托方名义开具发票代委托方收取的款项。

《增值税暂行条例实施细则》第十二条也对价外费用进行了明确的规定，价外费用包括价外向购买方收取的手续费、补贴、基金、集资费、返还利润、奖励费、违约金、滞纳金、延期付款利息、赔偿金、代收款项、代垫款项、包装费、包装物租金、储备费、优质费、运输装卸费以及其他各种性质的价外收费，但不包括代为收取的政府性基金或者行政事业性收费。

结合房地产企业的实务操作，房地产企业为购房人代收转付，并以购房人名义取得票据的办证费、契税、印花税等代收转付费用不属于价外费用；对于向购房人收取的违约金及赔偿金，若销售行为成立，房地产企业收取的违约金及赔偿金应属于价外费用，需要与房款合并一起缴纳增值税；若销售行为不成立，房地产企业收取的违约金及赔偿金没有可依附的对应房款，变成了单独的营业外收入，不需要缴纳增值税。

七、人为隐瞒销售额

1. 风险描述

通过各种方式人为隐瞒销售额，少缴纳增值税。

2. 风险识别

增值税的销售额包含两部分：全部价款和价外费用。企业不得以任何理由随意抵减价款和价外费用，按照抵减后的余额计算增值税。

3. 政策依据

财税〔2016〕36号文。

4. 风险解析

从实务操作来看，需要注意通过以下方式减少销售额进而少缴增值税的风险：

（1）通过关联交易人为降低销售单价。

（2）通过房地产代理公司抵减代理手续费，抵减后的余额为计税销售额。

（3）售后返租业务，以冲减租金后实际收取的款项作为收入，冲减的租金未计入收入申报缴纳增值税。

（4）"双合同"销售模式下，装修款没有按照销售不动产缴纳增值税。

（5）将未售出的房屋、商铺、车位出租，取得的租金收入未计或少计收入缴纳增值税。

八、面积补差价未计收入缴纳增值税

1. 风险描述

房地产企业销售商品房，因实测面积差造成补差价，补差价未计入收入缴纳增值税。

2. 风险识别

房地产企业销售商品房，因实测面积差造成补差价，差价属于该套房子收入的一部分，应按规定缴纳增值税。

3. 政策依据

财税〔2016〕36号文。

4. 风险解析

根据《商品房销售管理办法》第二十条的规定，按套内建筑面积或者建筑面积计价的，当事人应当在合同中载明合同约定面积与产权登记面积发生误差的处理方式。合同未作约定的，按以下原则处理：

（1）面积误差比绝对值在3%以内（含3%）的，据实结算房价款。

（2）面积误差比绝对值超出3%时，买受人有权退房。买受人退房的，房地产开发企业应当在买受人提出退房之日起30日内将买受人已付房价款退还给买受人，同时支付已付房价款利息。买受人不退房的，产权登记面积大于合同约定面积时，面积误差比绝对值在3%以内（含3%）部分的房价款由买受人补足；超出3%部分的房价款由房地产开发企业承担，产权归买受人。产权登记面积小于合同约定面积时，面积误差比绝对值在3%以内（含3%）部分的房价款由房地产开发企业返还买受人；绝对值超出3%部分的房价款由房地产开发企业双倍返还买受人。

总之，房地产企业销售房产以实测面积为准，实测面积跟销售面积出现差异的要做调整，企业收到的差价并入收入额缴纳增值税，退回差价冲减收入额缴纳增值税，企业应按规定依据调整后的金额缴纳增值税。

九、已竣工开具正式发票未预缴增值税

1. 风险描述

开发产品竣工后进入现房销售阶段，有些企业错误认为现房销售（销售的房产属于已经竣工验收的）不需要预缴，认为期房销售（销售的房产还没有竣工验收）才需要预缴，在收到预收款时直接开具增值税正式发票，计算销项税额，逃避预缴义务。

2. 风险识别

现房销售在未交楼之前收到的房款均是预收款，均要按预收款预缴增值税。

3. 政策依据

国家税务总局公告2016年第18号文、财税〔2016〕36号文。

4. 风险解析

房地产企业基本上都采取预收款方式销售自行开发的产品，都必须预缴，预缴税款的计税依据是预收款，企业在未交楼之前收到的房款均定义为预收款，这与是现房销售还是期房销售没有关系，只要没交楼，收到的房款都无法免除其预缴税款的预缴义务；唯一的特殊情形是当月签合同当月收款当月现房交付，此时可以直接开具增值税正式发票计算销项税额，这种特殊的情形，不属于预收款的销售，可以免除预缴义务。

5. 案例

假如某房地产企业2020年4月销售尾盘现房4套，合同总价500万元，合同约定7月份交楼，4月份收到房款300万元并按9%开具增值税正式发票。

正确税务处理如下：

首先，300万元属于预收款，应预缴税款；其次，根据财税〔2016〕36号文第四十五条规定，提前开具发票的，增值税纳税义务发生时间为开票的当天。

借：银行存款　　　　　　　　　　　　　　　　　　　　　　　　　3 000 000.00
　　贷：预收账款（3 000 000.00÷1.09）　　　　　　　　　　　　　2 752 293.58
　　　　应交税费—应交增值税—销项税额（3 000 000.00÷1.09×9%）　247 706.42

再次按规定计算预缴增值税，次月申报缴纳：

借：应交税费—预交增值税（3 000 000.00÷1.09×3%）　　　　　　　82 568.81
　　贷：银行存款　　　　　　　　　　　　　　　　　　　　　　　　82 568.81

月末处理：

借：应交税费—未交增值税　　　　　　　　　　　　　　　　　　　　82 568.81
　　贷：应交税费—预交增值税　　　　　　　　　　　　　　　　　　82 568.81

只有卖现房且合同签订与交付在同一个月，才不需要预缴增值税。实务过程中很多纳税人现房销售未做预缴，形成税收风险。

关于未达纳税义务发生时间而开具正式发票的问题，已在预售阶段详细说明，此处不再赘述。

第三节　企业所得税风险点

一、未按规定确认完工产品收入

1. 风险描述

有的企业由于实际毛利额与预计毛利额差别太大，确认完工产品收入需作大额纳税调增，故意不确认完工产品收入，不作纳税调增，借以躲避当期企业所得税；有的企业成本发票归集较慢，在竣工验收环节尚有大量的成本发票未取得，所以故意推迟完工产品收入确认时点。

2. 风险识别

根据国税发〔2009〕31号文的规定，开发产品完工后，企业应及时结算其计税成本并计算此前销售收入的实际毛利额，同时将该实际毛利额与其对应的预计毛利额之间的差额计入当年度企业本项目与其他项目合并计算应纳税所得额。

3. 政策依据

国税发〔2009〕31号文。

4. 风险解析

我们国家房地产实行预售制度，即房子还没有竣工验收，拿到预售证就可以开始销售。针对这种经营特色，国税发〔2009〕31号文明确规定，房地产销售开发产品的收入要包括完工前的收入，还有完工后的收入，完工前的收入要按照预计毛利率来计算应税所得额，而完工之后要按照实际的毛利额来计算应税所得额。

企业房地产开发经营业务包括土地的开发，建造、销售住宅、商业用房以及其他建筑物、附着物、配套设施等开发产品。除土地开发之外，其他开发产品符合下列条件之一的，应视为已经完工：

①开发产品竣工证明材料已报房地产管理部门备案；

②开发产品已开始投入使用；

③开发产品已取得了初始产权证明。

开发产品只要符合上述条件之一，房地产开发企业就应按规定及时结算开发产品计税成本并计算此前以预售方式销售开发产品所取得收入的实际毛利额，同时将开发产品实际毛利额与其对应的预计毛利额之间的差额，计入当年（完工年度）应纳税所得额。

从上述规定可以看出，开发产品完工的认定标准遵循竣工、交付使用、产权取得三个条件时点确认的孰先原则，只要有任何一个条件满足，即可认定为完工产品。

需要注意，结转完工收入的前提是确认完工年度，只要满足上述任何一个条件，即可将当年度确认为完工年度，确认完工年度后，最迟应于该年度汇算清缴时确认当年度完工产品收入。

同时，确认完工年度和完工产品收入的时点是明文规定的，与企业是否取得全部成本发票没有任何关系，不能因为没有取得全部成本发票就推迟确认完工产品收入的时间。

5. 案例

2020年8月，广州市税务局稽查局下发《税务处理决定书》（穗税稽处〔2020〕xx号），对广州xx实业开发有限公司的税收违法行为进行处理，其中对该公司2012年至2016年度汇算清缴时未按税法规定确认收入和结转成本的行为，责令补缴企业所得税滞纳金34 795 481.63元

为何公告中未提及企业所得税税款？为何企业所得税会加收巨额的滞纳金？税务处理决定书已经明确，是因为企业未按照规定结转完工产品收入。该案例再次说明了确认完工年度的重要性，完工年度必须结转完工产品收入，如果未按照规定的时点结转完工产品收入，就会导致企业所得税税款的延迟缴纳入库，虽然不涉及企业所得税税款，但仍然会形成巨额滞纳金的风险。

二、超标预提成本未做纳税调整

1. 风险描述

企业在确认完工产品收入时未按照规定取得相关成本发票，只是按照合同金额进行成本预提，也没有在汇算清缴日之前取得合法成本票据。

2. 风险识别

国税发〔2009〕31号文件第三十二条明确规定，企业在当年度企业所得税法规定的汇算清缴期结束前尚未取得发票的，以下三项成本可以预提：

（1）出包工程未最终办理结算而未取得全额发票的，在证明资料充分的前提下，其发票不足金额可以预提，但最高不得超过合同总金额的10%。

（2）公共配套设施尚未建造或尚未完工的，可按预算造价合理预提建造费用。此类公共配套设施必须符合已在售房合同、协议或广告、模型中明确承诺建造且不可撤销，或按照法律法规规定必须配套建造的条件。

（3）应向政府上交但尚未上交的报批报建费用、物业完善费用可以按规定预提。物业完善费用

指按规定应由企业承担的物业管理基金、公建维修基金或其他专项基金。

3. 政策依据

国税发〔2009〕31号文。

4. 风险解析

31号文以列举的方式明确了可以税前扣除的三项预提成本，除了这三项预提之外，其他都要有合法的凭证。

一般房地产企业会计上的成本是按照权责发生制的原则，除了上述三项预提之外，对其他缺失的成本也要按照谨慎性原则进行预提，这样才能准确反映会计上的完整成本。因此会计的成本跟税收上的成本两者存在着重大的差异，要进行纳税调整。

出包工程未最终办理结算而未取得全额发票的，在证明资料充分的前提下，其发票不足金额可以预提，从实务操作来看，这一条政策的实操应用应遵循以下原则：

（1）符合条件的预提（应付）费用，必须是企业财务已在账面作预提（应付）费用处理。

（2）不能超标预提，预提金额最高不得超过合同总金额的10%。

（3）并非所有的合同都可以预提，只有符合条件的出包工程才可以预提。出包工程主要分为两大类：一是施工合同（施工），主要包括建筑、安装、装饰、市政等施工或安装合同；二是园林环境合同（环境），主要包括室外环境施工合同。

单独签订的材料及设备等采购合同不属于预提费用的范畴。

5. 案例

某房地产开发企业2019年共预提相关费用1000万元，其中因未结算未取得发票而预提的出包工程500万元（该出包工程合同总金额3000万元），应向政府上交但尚未上交的物业完善费100万元，按预算造价法预提的已在售房合同中明确承诺建造且不可撤销的公共配套设施建造费用300万元，因单独签订的材料及设备等采购合同预提费用100万元。那么企业上述与预提费用相关的业务是否都符合要求呢？

分析：上述案例中，因未结算未取得发票而预提的出包工程成本超出了31号文规定的标准，按规定可预提的最高金额为3000×10%=300万元，超标预提的200万元不得税前扣除；预算造价法预提的物业完善费及公共配套设施建造费符合规定，允许税前扣除；因单独签订的材料及设备等采购合同不属于预提费用的范畴，其预提的100万元不符合31号文的规定，因而不得税前扣除。

因此预提的1000万元成本中允许扣除的只是700万元，因不符合税法规定预提的成本，必须对结转为主营业务成本那一部分，调增所得额。

三、预提土增税清算准备金未做纳税调整

1. 风险描述

企业在交楼时点按照会计的谨慎性原则预提土地增值税清算准备金，纳税年度未作纳税调整或未作全额调整。

2. 风险识别

企业在交楼年度确认收入，同时将预提的土地增值税清算准备金计入利润表的税金及附加科

目，汇算时在《视同销售和房地产开发企业特定业务纳税调整明细表》（A105010）表和《纳税调整项目明细表》（A105000）表中未作纳税调整或未作全额纳税调整。

3. 政策依据

国税发〔2009〕31号文。

4. 风险解析

这种情况多发生在上市公司和会计核算严谨的大企业，预提土地增值税清算准备金是基于企业会计准则的谨慎性原则和配比原则，这也属于典型的税会差异，应在企业所得税汇算清缴时予以纳税调整。

事实上，多数房地产上市公司在会计处理时，都能够遵循会计处理的原则作计提，同时在税务处理上，也能按照税法的要求作纳税调整。正常情况下，房地产上市公司的财务报表中会披露其他应付款科目中有关土地增值税清算准备金的内容，对应的金额也会作纳税调增，确认为递延所得税资产。但是，并不是每家上市公司都能做到既符合会计准则要求又符合税法相关规定。

如以下案例，某上市公司计提了土地增值税清算准备金，纳税申报时，没有将该金额计入当期的纳税调整额，导致存在税收风险，虽然历经了税务稽查、复议、一审、二审（企业最终撤诉），但最终还是不能免除巨额的税收补缴以及滞纳金和罚款。

xx 有限公司与 A 市国家税务局第五稽查局、A 市国家税务局税务一审行政判决书

xx 有限公司不服被告 A 市国家税务局第五稽查局所作的税务处理决定及被告 A 市国家税务局所作的行政复议决定一案，向法院提起行政诉讼。

A 市国税稽查五局于 2015 年 2 月 11 日作出税务处理决定，认定 xx 有限公司：

2011 年 12 月 31 日在"营业税金及附加"计提 xx 项目的土地增值税 5.17 亿元，2012 年 6 月 30 日在"营业税金及附加"计提 xx 项目的土地增值税 5766 万元，均在当年企业所得税汇算清缴时全额税前列支。

公司在 2009-2012 年按预征方式实际申报缴纳 xx 项目土地增值税分别为（按税款所属期）1086 万元、1549 万元、2970 万元、2173 万元，未按规定调增 2011 年、2012 年企业所得税应纳税所得额 4.61 亿元、3593 万元。

A 市国税稽查五局依据《中华人民共和国企业所得税法》（以下简称《企业所得税法》）第八条、《中华人民共和国企业所得税法实施条例》（以下简称《企业所得税法实施条例》）第三十四条、《中华人民共和国税收征收管理法》（以下简称《税收征管法》）第三十二条的规定，xx 有限公司应补缴 2011 年企业所得税 1.15 亿元，加收滞纳金 2039 万元；补缴 2012 年企业所得税 927 万元。xx 公司不服，在提供纳税担保（连带责任）后，向 A 市国税局申请行政复议，A 市国税局于 2015 年 6 月 11 日作出行政复议决定，维持被告 A 市国税稽查五局所作上述税务处理决定。

xx 公司诉称，开发的 xx 房产项目自 2009 年开始预售，2011 年竣工交付确认收入，现尚未经土地增值税清算。根据《企业所得税法实施条例》第九条的规定，企业应纳税所得额的计算，以权责发生制为原则，现行企业所得税法律没有规定未实际缴纳的税金不能在计算应纳税所得额时扣除。根据《中华人民共和国土地增值税暂行条例》（以下简称《土增税条例》）以及《中华人民共和

《国土地增值税暂行条例实施细则》(以下简称《土增税条例实施细则》)的有关规定,在计算企业所得税应纳税所得额时扣除实际发生的土地增值税金额,完全符合法律规定,不需作纳税调整。

法院认为,涉案的 xx 项目尚未竣工结算,采用预征方式缴纳土地增值税,所预征的税金,应当视为当期"实际"发生的税金。因实际发生的预征土地增值税金与依据财务会计制度自行所作会计处理在金额上不一致,A 市国税稽查五局准予以当期预征的土地增值税金确定扣除额,并要求对差额部分作出纳税调整,该做法既符合设立土地增值税预征制度的立法本意,也能体现税收效率原则,法院予以认可。

基于上述理由,法院认为市国税稽查五局所作的税务处理决定认定的事实清楚,程序合法,法律适用正确。对 xx 有限公司要求撤销税务处理决定的诉讼请求,因缺乏事实根据和法律依据,依法驳回。

最后 xx 有限公司二审行政裁定前撤回上诉,承认未清算项目按会计核算要求计提的土地增值税,在年度企业所得税汇算清缴时进行申报税前扣除行为,属于偷税行为,补缴纳税款,认罚,缴纳滞纳金。

四、成本核算逻辑混乱

1. 风险描述

企业未按照确定的成本核算对象进行规范核算,将本属于未完工产品的成本计入已完工产品,故意增加已完工产品成本,增大已销完工产品成本,少缴企业所得税。

2. 风险识别

已售开发产品的计税成本,按当期已实现销售的可售面积和可售面积单位工程成本确认。可售面积单位工程成本和已销开发产品的计税成本按下列公式计算确定:

可售面积单位工程成本 = 成本对象总成本 ÷ 成本对象总可售面积

已售开发产品的计税成本 = 已实现销售的可售面积 × 可售面积单位工程成本

3. 政策依据

国税发〔2009〕31 号文、国家税务总局公告 2014 年第 35 号文。

4. 风险解析

已售完工开发产品计税成本是整个成本核算体系的最终落脚点,要准确核算已售完工开发产品的计税成本就必须搞清楚成本核算体系的基本逻辑:第一步先分期,即该项目共分几期开发;第二步再分完工产品与未完工产品,即某一期里面的完工产品与未完工产品进行区分;第三步完工产品里再分具体成本核算对象,计算每一成本核算对象的总成本,进而计算每一成本核算对象的单位成本;第四步完工产品再分已售完工产品和未售完工产品,确定已完工产品中每一成本核算对象的已售面积;第五步计算已售每一成本核算对象的计税成本,即每一成本核算对象的单位成本乘以其已售面积;第六步计算已售完工产品的计税成本,即已售每一成本核算对象计税成本之和。

在整个成本核算过程中,把期间费用计入开发成本,把后期的成本计入前期,把未完工产品的成本计入完工产品,把未售完工产品成本计入已售完工产品,都会影响当期结转的已售完工产品的计税成本,这也成为房地产行业税务稽查或评估最难最复杂的环节。关于成本核算这方面的内容,前面已有专门的讲解,此处不再赘述。

五、共同成本的分配方法错误

1. 风险描述

部分企业对共同成本进行分配时只考虑企业自身的利益,哪种方法对企业最有利就采取哪种方法,而没有考虑税法对部分共同成本的分配规定了既定的分配方法。

2. 风险识别

共同成本分配时需要遵照 31 号文的规定进行,只有税法规定可以自由选择时才能自由选择对企业最有利的分配方法。

3. 政策依据

国税发〔2009〕31 号文、国家税务总局公告 2014 年第 35 号文。

4. 风险解析

根据 31 号文,共同成本有 4 种分配方法,对土地及拆迁补偿费只能用占地面积法,如果需要采用其他的方法,需要税务机关同意;对公共配套设施只能用建筑面积法;借款费用可以用直接成本法,也可用预算造价法,二者选其一;

除此之外的共同成本由企业在这 4 种方法里面自行选择一种来确定。

确定共同成本的分配方法,必须按照国家税务总局公告 2014 年第 35 号文的规定,在完工年度进行企业所得税汇算清缴时,在专项报告里面作披露并报送给税务机关。房地产六大成本的分摊方法见表 6-1:

表 6-1 房地产六大成本分摊方法表

项 目	成 本 分 摊 方 法
土地成本	采用占地面积法,经税务机关同意可采用其他方法
公共配套费	建筑面积法
借款费用	直接成本法或预算造价法
其 他	四选一,企业可选择有利的任一方法

六、后续成本的二次分摊处理错误

1. 风险描述

后续成本的分摊方法出错,主要表现为一次性当期扣除。

2. 风险识别

根据 31 号文的规定,对期前已完工成本对象应负担的成本费用按已销开发产品、未销开发产品和固定资产进行分配,其中应由已销开发产品负担的部分,在当期扣除,未售开发产品要负担的那部分等到将来销售时允许按比例税前扣除。

3. 政策依据

国税发〔2009〕31号文。

4. 风险解析

后续成本的二次分摊就是在产品完工后，新增加了共同成本，从而影响了完工成本的单位工程成本，需要对这部分新增加的共同成本进行二次分配，从而计算出企业正确的利润。

根据31号文第二十八条，对前期已完工成本对象应负担的成本费用按已销开发产品、未销开发产品和固定资产进行分配，其中应由已销开发产品负担的部分，在当期纳税申报时进行扣除，也就是说已售开发产品要负担的后续成本不做追溯，应调整以前年度的销售成本在当期直接扣除，作为当期的损益反映；未售开发产品要负担的那部分后续成本如何处理？文件规定，未售开发产品应负担的成本费用待实际销售时予以扣除，也就是说，未售开发产品应负担的那部分后续成本要等到将来销售时允许按比例税前扣除。

5. 案例

某开发公司开发一楼盘，划分两个成本对象，分别为甲和乙，面积相同均为1万平方米，面积相同说明共同成本如果用建筑面积法去分配，两个成本对象每平方米应分担的共同成本一样。甲成本对象2017年完工，截至2017年发生成本2000万元，甲每平方米的成本就是2000元，2017年甲已售3000平方米，因此可结转成本为600万元，2018年又销售4000平方米，又结转成本800万元。

2018年，小区业主意见非常大，集体反映小区人工湖安全隐患非常大，强烈要求开发商进行改造，于是开发公司在人工湖的周边做了防护工程，成本400万元，并把这400万元连同当年销售的成本800万元（共计1200万元）一起全部作为销售成本，一次性税前扣除，这样处理是否正确？很显然，这样的做法完全错误。因为企业既混淆了直接成本与共同成本的概念，又混淆了完工成本与未完工成本的概念，还混淆了已售成本跟未售成本的概念。

实际上，后期发生的400万元属于甲成本对象的二次成本，需要按照31号文的第二十八条规定的方法进行二次分摊，具体分摊思路如下：

首先，这400万元的支出属于开发成本六项构成的基础设施费，它属于基础设施里面的园林工程，并不是甲成本对象的直接成本，是属于甲和乙两个成本对象共同的成本，应在甲和乙两个成本对象里按照共同成本分配方法的四个方法之一进行分配。开发公司假设采用建筑面积法去分配，分到甲和乙两个成本对象，各自200万元。

其次，由于甲是完工产品，需要增加完工开发产品的成本；而乙还是在建产品，应计入开发成本科目。两者成本归集的科目不一样，一个是完工产品，一个是未完工产品。

再次，甲分配的200万元共同成本能不能在当期和销售的成本800万元加在一起作为当期的销售成本去扣除？也不行，必须把这200万共同成本在已售开发产品和未售开发产品之间进行分配。

2017年甲已售3000平方米，应分配60万元，2018年甲销售4000平方米，应分配80万元。而2017年已经结转收入成本了，如果追溯调整2017年的成本，那就意味着2017年要退税了，会带来很大的麻烦。

因此31号文就规定了已售开发产品负担的部分在当期纳税申报时进行扣除。从2018年的角度来看，年度已售既包括2017年的3000平方米，还包括2018年的4000平方米。这7000平方米分配的共同成本是140万元，既包括2017年的60万元，还包括2018年的80万元，一并在2018年扣除。因此2018年可以扣除的成本合计为800+140=940万元，它由三部分构成，一是2017年共同成本分配60万元，二是2018年共同成本分配80万，三是2018年正常的销售成本800万。200万元通过这种方式结转了140万元，剩余60万元，除以未售的3000平方米，每平方米需增加200元，以后销售多少就结转多少，这就是后续成本的二次分摊方法。

由上可以看出，后续成本的二次分摊分三步来操作。

第一步，后续成本应在已完工和未完工进行分摊，案例中甲已完工，乙未完工，后续发生的成本先要在甲和乙之间进行分配，按照建筑面积法各自分配200万元元；

第二步，甲分配的后续成本200万元应在已售和未售之间进行分配，已售的是7000平方米，未售的是3000平方米，故已售应分配140万元，未售的应分配60万元；

第三步，已售的当期扣除，未售的以后扣除；这里已售的概念既包括当年销售的，还包括以前销售的。该案例中，已售的包含2017年的60万元和2018年的80万元，两者之和140万元都在2018年度当期申报时进行扣除，如果进行追溯处理可能导致以前年度退税，为了简化计算的需要，同时减少征纳双方的工作量，不作追溯处理，直接在当期扣除。虽然这不符合配比原则，但这就属于例外。并不是每一项业务都追求严格配比，税法有规定的可以除外。

其实对于后续成本的二次分摊，并非都是调增成本，也有调减成本的。如预提了公共配套幼儿园的成本，以前结转成本的时候就想着多扣点，能多提就多提。还按上述案例，假如把防护工程改为预提幼儿园的配套费，甲成本对象在2017年完工时点计算的2000万元成本中，已经包含了预提的幼儿园成本400万元（幼儿园的预算成本800万元，按照建筑面积法甲应分配400万元）。2018年幼儿园完工，实际发生的成本只有400万元，原来按照预算造价预提的800万元跟实际发生的400万元的差额也是属于我们的后续成本的二次分摊。

分配方法同上例一样，多预提的400万元一样要分三步来操作。

第一步，在完工产品与未完工产品之间进行分配，甲应分配200万元；

第二步，在已售和未售之间进行分配，甲已售面积7000平方米，未售面积3000平方米，因此已售的应分配140万元，未售的应分配60万元；

第三步，已售的调整当期销售成本，未售的调整开发产品的单位成本；跟上例的差异之处就在于，上例是调增销售成本，现在要反方向调减其销售成本，但原理、方法、步骤完全一样。

2018年最后可以扣除的销售成本是660万元，这660万元由三部分构成：

第一部分是2017年由于多预提成本而销售的3000平方对应需要调减成本60万元；

第二部分是2018年当年销售的4000平方米，对应要调减的成本80万元；

第三部分是2018年销售4000平方米，它的原始计税成本800万元，则2018年可税前扣除的销售成本：800-80-60=660万元。

成本对象剩余的开发产品，其单位成本由原来的每平方米2000元调整为每平方米1800元，这就是正确的后续成本调减的二次分摊方法。

七、回迁房、配建房交付未视同销售处理

1. 风险描述

回迁房、配建房交付未视同销售处理。

2. 风险识别

回迁房、配建房交付应视同销售处理确认收入,同时确认土地征用及拆迁补偿费。

3. 政策依据

国税发〔2009〕31号文。

4. 风险解析

根据国税发〔2009〕31号文的规定,企业将开发产品用于捐赠、赞助、职工福利、奖励、对外投资、分配给股东或投资人、抵偿债务、换取其他企事业单位和个人的非货币性资产等行为,应视同销售,于开发产品所有权或使用权转移,或于实际取得利益权利时确认收入(或利润)的实现。确认收入(或利润)的方法和顺序为:

(1)按本企业近期或本年度最近月份同类开发产品市场销售价格确定。

(2)由主管税务机关参照当地同类开发产品市场公允价值确定。

(3)按开发产品的成本利润率确定。开发产品的成本利润率不得低于15%,具体比例由主管税务机关确定。

回迁房、配建房交付即意味着开发产品所有权或使用权转移,应按照上述方法视同销售确认所得税收入,同时将其计入土地征用及拆迁补偿费(这其实跟增值税、土地增值税的原理完全一样,只是确认计税依据稍有差异而已)。

八、借款费用资本化处理错误

1. 风险描述

借款费用未作资本化处理,直接作为期间费用进行所得税税前扣除。

2. 风险识别

企业发生的借款费用,符合资本化条件的,必须进行资本化处理;不符合资本化条件的,才可作为期间费用在所得税税前扣除。

3. 政策依据

企业所得税法实施条例、国税发〔2009〕31号文、企业会计准则第17号文、国家税务总局公告2012年第15号文。

4. 风险解析

根据《企业会计准则第17号》的规定,借款费用包括借款利息、折价或者溢价的摊销、辅助费用以及因外币借款而发生的汇兑差额等。企业发生的借款费用,可直接归属于符合资本化条件的资产的购建或者生产的,应当予以资本化,计入相关资产成本;其他借款费用,应当在发生时根据其发生额确认为费用,计入当期损益。符合资本化条件的资产是指需要经过相当长时间的购建或者生产活动才能达到预定可使用或者可销售状态的固定资产、投资性房地产和存货等资产。

根据《企业所得税法实施条例》的规定,企业在生产经营活动中发生的合理的不需要资本化的

借款费用，准予扣除。企业为购置、建造固定资产、无形资产和经过 12 个月以上的建造才能达到预定可销售状态的存货发生借款的，在有关资产购置、建造期间发生的合理的借款费用，应当作为资本性支出计入有关资产的成本，并依照本条例的规定扣除。

根据国家税务总局公告 2012 年第 15 号文，企业通过发行债券、取得贷款、吸收保户储金等方式融资而发生的合理的费用支出，符合资本化条件的，应计入相关资产成本；不符合资本化条件的，应作为财务费用，准予在企业所得税前据实扣除。

根据国税发〔2009〕31 号文的规定，企业为建造开发产品借入资金而发生的符合税收规定的借款费用，可按企业会计准则的规定进行归集和分配，其中属于财务费用性质的借款费用，可直接在税前扣除。

从上可以看出，所得税和企业会计准则对于借款费用资本化的规定一致，特别是 31 号文直接明确房地产企业的借款费用的税务处理遵从企业会计准则的规定，也就是符合资本化的，要计入相关的资产，在销售时计算扣除，不符合资本化的，允许当期计入期间费用进行扣除。

5. 案例

案例 1：甲房地产开发企业为开发 A 项目向金融机构贷款 1 亿元，2019 年发生利息支出 800 万元，在 2019 年度所得税汇算清缴时，将上述 800 万元利息支出计入财务费用并在所得税税前进行扣除。当年度，A 项目尚未完工。

分析：根据《企业所得税法实施条例》第三十七条规定，企业在生产经营活动中发生的合理的、不需要资本化的借款费用，准予扣除。企业为购置、建造固定资产、无形资产和经过 12 个月以上建造才能达到预定可销售状态的存货发生借款的，在有关资产购置、建造期间发生的合理的借款费用，应当作为资本性支出计入有关资产的成本，并依照《企业所得税法实施条例》的规定，在企业所得税前扣除。

上述 800 万元的利息支出属于应资本化的利息支出，应当计入开发项目成本，不得作为财务费用在当年度企业所得税税前扣除。

案例 2：乙房地产开发企业为开发 B 项目向银行贷款，并由母公司提供担保，支付母公司担保费 180 万元。在 2019 年度所得税汇算清缴时，该公司将上述担保费计入财务费用，并在所得税税前扣除。

分析：贷款担保费用指中国境内企业、机构或个人为贷款而接受其他企业提供的担保所支付或负担的费用。企业在筹建阶段发生贷款业务而负担的担保费用，应计入开办费；企业为建造新船、建造房产等需要进行贷款而支付给第三方的担保费用，应予以资本化；除此之外，企业其他的为了生产经营需要进行贷款而负担的担保费，应直接计入财务费用。

上述 180 万元的担保费支出为建造开发产品贷款而支付的担保费用，应计入开发成本科目，不得计入财务费用在企业所得税税前扣除。

案例 3：丙房地产开发企业以不高于银行同期贷款利率向母公司借款，发生利息支出 200 万元，由于其不符合资本化条件，该企业将其计入财务费用科目并在企业所得税税前进行扣除。但该企业仅以银行业务回单作为入账凭证，未取得增值税发票。

分析：《中华人民共和国企业所得税法》第八条规定，企业实际发生的与取得收入有关的、合理的支出，包括成本、费用、税金、损失和其他支出，准予在计算应纳税所得额时扣除。根据31号文规定，未按规定取得合法有效凭据不得在税前扣除，该企业仅以银行业务回单作为入账凭证，未按规定取得合法有效凭据，丙房地产开发企业利息支出200万元不得在税前扣除。

九、差额征税调减成本处理错误

1. 风险描述

房地产企业可扣除土地价款进行销项税额抵减处理时，冲减作为存货的开发成本，未冲减主营业务成本。

2. 风险识别

房地产企业可扣除土地价款进行销项抵减处理时，应冲减主营业务成本（形成当期的净利润额），不应冲减开发成本（形成后续开发产品成本的减少）。

3. 政策依据

国税发〔2009〕31号文、财会〔2016〕22号文、国家税务总局2016年第18号公告。

4. 风险解析

土地成本抵减销售额是增值税的规定，在企业所得税上计税收入仍然按照不含税收入计算，然而已经在增值税上享受的销售额抵减该如何在企业所得税中实现呢？财会〔2016〕22号文给出的方法是按照销项税额抵减金额冲减主营业务成本或者存货，在不调整计税收入的情况下，冲减当期的主营业务成本，会形成当期的利润增加，由于销项税额抵减的时间交楼了，这时候成本核算已经完成，只有销售了才存在"冲减"的问题，所以，销项税额抵减对冲的不是土地成本，而是主营业务成本，对冲的主营业务成本是从开发成本分摊结转至开发产品，再由开发产品按已售面积比例结转至主营业务成本的，这样安排实现了销项税额抵减与对冲主营业务成本同时按照销售进度确认，理论上实现了时间与金额上的配比。

5. 案例

甲房地产开发公司是一般纳税人，通过"招拍挂"拿地，土地面积10万平方米，支付地价款60 000万元，开发了A、B两个项目，占地分别是4万平方米，6万平方米，A项目简易计税，B项目一般计税，建设规模20万平方米，2020年1月，B项目交楼面积8万平方米。

当期允许扣除的土地价款=14 400万元。

销项税额抵减额=1188.99万元

1月份会计分录（单位：万元）：

借：应交税费—应交增值税（销项税额抵减）　　　1188.99
　　贷：主营业务成本　　　　　　　　　　　　　　　　　1188.99

因此，该销项税额抵减金额1188.99万元冲减营业成本会形成所得税应纳税所得额的增加，不应错误地作冲减开发成本处理。

十、完工年度未按规定报送两项报告

1. 风险描述

未按规定报送开发产品计税成本对象专项报告和实际毛利额与预计毛利额之间差异调整报告。

2. 风险识别

企业应按规定报送上述两项报告。

3. 政策依据

国税发〔2009〕31号文、国家税务总局公告2014年第35号文。

4. 风险解析

2014年1月28日，国务院发布《关于取消和下放一批行政审批项目的决定》（国发〔2014〕5号文），取消了房地产开发企业开发产品计税成本对象事先备案制度，根据国家税务总局公告2014年第35号文，房地产开发企业应依据计税成本对象确定原则确定已完工开发产品的成本对象，并就确定原则、依据，共同成本分配原则、方法，以及开发项目基本情况、开发计划等出具专项报告，在开发产品完工当年企业所得税年度纳税申报时，随同《企业所得税年度纳税申报表》一并报送主管税务机关。

房地产开发企业将已确定的成本对象报送主管税务机关后，不得随意调整或相互混淆。如确需调整成本对象的，应就调整的原因、依据和调整前后成本变化情况等出具专项报告，在调整当年企业所得税年度纳税申报时报送主管税务机关。

根据31号文，企业销售未完工开发产品取得的收入，应先按预计计税毛利率分季（或月）计算出预计毛利额，计入当期应纳税所得额。开发产品完工后，企业应及时结算其计税成本并计算此前销售收入的实际毛利额，同时将其实际毛利额与其对应的预计毛利额之间的差额，计入当年度企业本项目与其他项目合并计算的应纳税所得额。

在年度纳税申报时，企业须出具对该项开发产品实际毛利额与预计毛利额之间差异调整情况的报告以及税务机关需要的其他相关资料。

十一、出租未超一年计提折旧未做纳税调整

1. 风险描述

有的房地产企业将开发产品转为出租，出租时间未超过一年，所计提折旧未作纳税调整。

2. 风险识别

企业开发产品转为自用的，其实际使用时间累计未超过12个月又转销售的，不得在税前扣除折旧费用。

3. 政策依据

国税发〔2009〕31号文。

4. 风险解析

一般情况下，房地产企业出租和自用的商品房是为了赚取租金或资本增值，或两者兼有。《企业会计准则第3号》将该类房产定义为投资性房地产，并规定能够单独计量和出售。会计处理上，对用于销售的商品房，即为生产商品、提供劳务或者经营管理而持有的房地产，作为存货处理，对

出租和自用的商品房作为投资性房地产处理，按规定计提折旧。税务处理上，税法中没有专门规定投资性房地产的概念，对房地产仅区分为房屋、建筑物和土地使用权，前两者归入固定资产，产权明晰的土地使用权则归入无形资产。

根据 31 号文第二十四条的规定，房地产企业开发产品转为自用的，其实际使用时间累计未超过 12 个月又转销售的，不得在税前扣除折旧费用。

第四节　土地使用税风险点

一、计税面积减少的时点与计算出错

1. 风险描述

部分企业随意提前土地使用税计税面积减少的时点，有的以销售合同签订或备案时点为准，有的以拿到预售许可证为准，有的甚至以拿到施工许可证为准，计算时随意扩大计税面积减少的范围。

2. 风险识别

计算土地使用税的应税土地面积 = 土地总面积 – 减免税应分摊的土地面积 – 已交楼部分应分摊的土地面积，各类应分摊土地面积的计算均有严格的规定，不得随意变相增大各类应扣减项目的土地面积。

3. 政策依据

财税〔2008〕152 号文、各地相关具体规定。

4. 风险解析

根据财税〔2008〕152 号文的规定，纳税人因土地的实物或权利状态发生变化而依法终止城镇土地使用税纳税义务的，其应纳税款的计算应截止到土地的实物或权利状态发生变化的当月末。

根据穗地税税一函〔2010〕9 号文的规定，房地产开发企业从事商品房开发，其开发用地城镇土地使用税纳税义务截止时间为预售（销售）许可证的核发时间的当月末。对于取得多个预售（销售）许可证的开发项目，以预售（销售）许可证记载的可销售面积作为计算扣除应税土地面积的依据，即预售（销售）许可证可扣除应税土地面积 = 开发项目总应税土地面积 ×（预售（销售）许可证可销售面积 ÷ 项目总可销售面积）。这是广州市特殊的税收政策规定。

房地产企业取得土地进行开发并对外销售开发产品，开发产品销售后，已售开发产品对应的土地面积将不再归房地产企业所有，该土地面积对应的土地使用税自然也不应由房地产企业承担，房地产企业对该土地面积对应的土地使用税的纳税义务也终止。纳税人因土地权利状态发生变化而应终止纳税义务，但各地对土地权利状态发生变化的理解不一，究竟是按照办理房屋产权证明时间还是房屋交付时间均没有明确认定；在未有统一文件明确的前提下，依照各地制定的有利于纳税人的文件为依据，如果地方未制定文件，则依据财税〔2008〕152 号文，通常界定为合同约定移交时点。

5. 案例

2017年12月10日，甲房地产开发企业与国土部门签订土地出让合同，取得土地100 000平方米，合同约定12月31日前交付，该土地用于商品房建设，总建筑面积200 000平方米。

2019年6月份，甲房地产开发企业交房1000套，面积120 000平方米，其余商品房约定2020年1月全部交付，土地使用税单位税额为10元/平方米。

请计算甲公司2018年与2019年应缴纳的土地使用税。

（1）2018年由于没有交房，要按照应税面积全额计算。

该企业应从2018年1月开始申报缴纳土地使用税，2018年应缴纳100 000×10=1 000 000（元）。

（2）2019年交房，要分段计算。

2019年6月份开始交房，上半年应就全部面积纳税，上半年应纳税100 000×10÷2=500 000（元）。

2019年6月份交房120 000平方米，从7月份应减少其分摊土地面积，则：

减少的分摊土地面积=100 000×（120 000÷200 000）=60 000（平方米）。

2019年下半年应缴纳（100 000-60 000）×10÷2=200 000（元）。

所以，2018年应纳土地使用税1 000 000元，2019年应纳土地使用税500 000+200 000=700 000元。

第五节 房产税风险点

一、租期内未缴纳房产税

1. 风险描述

房地产企业将开发产品对外出租，免租期内未缴纳房产税。

2. 风险识别

房地产企业将开发产品对外出租，免租期内应按房产原值缴纳房产税。

3. 政策依据

财税〔2010〕121号文。

4. 风险解析

根据财税〔2010〕121号文，对出租房产，租赁双方签订的租赁合同约定有免收租金期限的，免收租金期间由产权所有人按照房产原值缴纳房产税。

5. 案例

某市税务局在某房地产企业检查时发现，2019年4月该企业与某培训机构签订了一份房屋租赁协议。协议约定自2019年5月1日至2024年4月30日，将开发的房产出租给培训机构经营使用。协议约定2019年5月1日至2019年10月31日半年期为免租期。该企业财务人员认为出租房产根据合同约定开具房租发票，各项税费在开票时缴纳，未考虑到免租期间房产税尚未缴纳。

税务人员对企业进行了政策辅导，并指导企业就房产原值在免租期间自查补报了税款。

分析：根据《财政部 国家税务总局关于安置残疾人就业单位城镇土地使用税等政策的通知》（财税〔2010〕121号文）的规定，对出租房产，租赁双方签订的租赁合同约定有免收租金期限的，免收租金期间由产权所有人按照房产原值缴纳房产税。由于上述企业签订的协议中明确约定了半年的免租期，那么该企业应按房产原值计算缴纳2019年5月1日至2019年10月31日半年期的房产税，假如房产的原值为1000元，该企业免租期应缴纳的房产税为10 000 000×70%×1.2%×6÷12=42 000（元）。

因此，合同约定免租期的，应按照房产原值计算缴纳免租期间的房产税。

第十章 土地增值税清算阶段篇

清算阶段的主要业务是土地增值税清算。土地增值税的清算是指纳税人在符合土地增值税清算条件后，依照税收法律、法规及土地增值税有关政策规定，计算房地产开发项目应缴纳的土地增值税税额，并填写《土地增值税清算申报表》，向主管税务机关提供有关资料，办理土地增值税清算手续，结清该房地产项目应缴纳土地增值税税款的行为。对于每个房地产项目而言，土增税清算都是一个庞大复杂的系统工程，土增税清算面广点多，风险点自然也多。

第一节 重要业务事项

清算阶段最重要的业务是土增税清算、尾盘管理和因补缴土地增值税而导致所得税退税，该阶段涉及的主要税种是土增税和企业所得税。各税种在该阶段税务处理的关键要点如下。

1. 土地增值税

（1）土增税清算条件包括应清算和可清算两种。

（2）清算单位的确定。

（3）收入项目的审核，如下。

①取得货币收入之外的其他收入，如实物收入、视同销售收入等，需一起并入清算收入；

②关于收入的确定，一般以全额开具的发票作为收入的确认，未开具发票或未全额开具发票的，以交易双方签订的销售合同所载的售房金额及其他收入进行确认；因房屋面积确认发生的补、退房款相应调整收入确认；

③纳税人因转让房地产收取的违约金、滞纳金、赔偿金、分期付款利息及其他性质的经济收益，均应确认为房地产转让收入。但因购买方违约，导致房地产未能转让所收取的违约金，不属于该套房地产的转让收入，而是作为纳税人的营业外收入，只需缴纳企业所得税；

④如有价格明显偏低且无正当理由的，需要对收入进行调整；

⑤代收费用的处理主要分两类：一是作为企业收入，对应扣除成本但不能加计扣除；二是不作收入，通过其他应付款科目，以代收代付的形式处理；

⑥其他经济利益的处理：形成事实交易后向购房者收取的更名费、换房的手续费、违约金、利

息等才是税收口径的其他经济利益；若交易没有发生，不作收入，会计上计入营业外收入即可，只影响企业所得税，对增值税、土地增值税没有影响；

⑦纳税人按规定允许以本项目土地价款扣减销售额而减少的销项税金，应调增土地增值税清算收入。

（4）可扣除项目的审核：

①取得土地使用权所支付的金额：需关注支付的价款和取得使用权过程中发生的手续费是否取得符合税法规定的有效凭证；是否存在将土地闲置费、土地出让金的滞纳金计入到土地成本的情况；以及融资支付土地使用权价款所产生的利息费用不应计入土地成本，而应调整至开发费用；

②房地产开发成本：需关注各项成本记录是否正确，是否存在将开发费用计入到开发成本从而多计加计扣除的情况；关注是否存在三项预提成本，仅企业所得税可根据国税发〔2009〕31号文扣除预提成本，土地增值税不允许扣除项目中加入预提成本；

③房地产开发费用：直接按照5%和10%两个比例进行开发费用的扣除，不考虑借款利息的资本化问题；

④共同成本费用的分摊：若存在多个房地产项目共同承担成本费用的情况，需检查共同费用是否按合理的方法进行分摊，然后再计入当期清算项目的扣除金额；

⑤税金及加计扣除：可扣除的税金，需取得相关完税凭证；加计扣除项目，则需关注是否存在违反加计扣除的情况，如未开发即转让土地使用权的，不允许加计扣除。

（5）尾盘管理。

在土地增值税清算时未转让的房地产，清算后销售或有偿转让的，纳税人应按规定进行土地增值税的纳税申报，扣除项目金额按清算时的单位建筑面积成本费用乘以销售或转让面积计算。单位建筑面积成本费用＝清算时的扣除项目总金额 ÷ 清算的总建筑面积。

2. 企业所得税

房地产开发企业按规定对开发项目进行土地增值税清算后，如土地增值税清算当年汇算清缴出现亏损，且没有后续开发项目的，可申请退税。

第二节　项目划分及清算时点风险点

一、清算单位划分不正确

1. 风险描述

企业不按规定确认清算项目（也就是清算单位），随意将各清算单位混在一起，将低增值率或者负增值率的清算单位和高增值率的清算单位混在一起，相互抵消，达到少缴土地增值税的目的。

2. 风险识别

确定清算项目是进行土地增值税清算的第一个环节，根据相关规定，土地增值税以房地产主管部门审批、备案的房地产开发项目为单位进行清算。对于分期开发的项目，以分期项目为单位清算。

3. 政策依据

国税发〔2009〕91号文、国税发〔2006〕187号文、《广东省土地增值税清算新规程》。

4. 风险解析

根据国税发〔2006〕187号文规定，土地增值税以国家有关部门审批的房地产开发项目为单位进行清算，对于分期开发的项目，以分期项目为单位清算。

根据《广东省土地增值税清算新规程》的规定，土地增值税以房地产主管部门审批、备案的房地产开发项目为单位进行清算。对于分期开发的项目，以分期项目为单位清算。具体结合项目立项、用地规划、方案设计审查（修建性详细规划）、工程规划、销售（预售）、竣工验收等确定。

由于清算单位的确定直接关系到土地增值税税负的高低，如何认定分期并进行分期会计核算就显得尤为重要。有的企业在项目会计核算的前期由于对土地增值税清算政策认知的偏差，对项目分期的确认不尽合理，这就要求税务机关及时跟进并合理修正，如果等到清算时点才发现项目的分期不合理，再重新返回去分期会计核算，难度和工作量都非常大。对于如何划分清算单位，各省的税收实践也各不相同，有的以发改委的立项审批文件为准，有的以建设工程规划许可证为准，有的以施工许可证为准，还有的以房地产企业自行分期项目为清算单位。深圳市的做法是在税务部门成立专门的机构跟进房地产开发项目的登记，要求登记环节要做好调查核实，对项目的确定必须经过集体审议；对项目划分有争议有问题的，在登记环节解决。

考虑到房地产项目开发的复杂性，《广东省土地增值税清算新规程》并没有对土地增值税清算单位进行严格规定，而是允许在遵循大原则的前提下，结合项目实际情况，在项目登记环节确定，显得更为人性化，但同时也对征纳双方的管理提出了更高的要求。征纳双方在登记环节可以做好充分沟通，纳税人在接到有关部门批准的立项批文或建设工程规划许可证后，及时确定清算项目，做好登记备案手续，并按清算项目设置明细帐和进行财务核算，这样可以避免由于划分不正确导致清算时点重新划分清算单位的纠纷；如果征纳双方没有事先确定好清算单位，并对划分好的单位进行归集，而是将多个清算项目的成本费用混在一起进行核算，由于一个清算项目从开工到销售达到清算条件，往往会跨几个年度，时间跨度长以及项目与项目之间的共同费用及分摊因素较多，会人为地增加土地增值税清算工作的复杂性，也必然会给税务机关的税务执法造成潜在的执法风险。

5. 案例

（1）A房地产开发公司，拍得一块开发用地，取得发改委的一个立项（甲）批复。由于建筑面积近100万平方米，因此该企业自行分成三个片区（甲1、甲2、甲3）单独开发，并且在项目开发之初，依据省局的清算单位划分依据，将甲1、甲2、甲3向主管税务部门进行项目备案，那么A房地产开发公司一个立项（甲）批复分期开发的清算单位可确定为甲1、甲2、甲3三个清算单位。

（2）企业自行分期的开发项目清算单位的确定。

B房地产开发公司，拍得一块开发用地，取得发改委的一个立项（甲）。由于体量大，建筑面积近100万平方米，开发周期较长，该企业自行分成四个片区（甲1、甲2、甲3、甲4）单独开发，并且在项目开发之初，将甲1、甲2、甲3、甲4向主管税务部门进行项目备案。但备案后实际情况发生变化，B企业实际将甲1、甲2作为乙1，甲3、甲4作为乙2进行开发，即改为两期进行开发。那么 B 企业应先与主管税务部门沟通，进行项目备案修改（即将乙1、乙2作新备案）。那么清算单位可确定为乙1、乙2两个清算单位。

二、符合应清算条件未清算

1. 风险描述

符合应清算条件后，企业故意找各种借口不清算，故意推迟清算时间，不按时提交清算资料，达到迟交土地增值税的目的。

2. 风险识别

纳税人符合下列条件之一的，应进行土地增值税清算：

①房地产开发项目全部竣工、完成销售的；

②整体转让未竣工决算房地产开发项目的；

③直接转让土地使用权的；

④申请注销税务登记但未办理土地增值税清算手续的（广东将此项由税务总局的可清算归类为应清算）。

3. 政策依据

国税发〔2009〕91号文、国税发〔2006〕187号文、《广东省土地增值税清算新规程》。

4. 风险解析

（1）根据国税发〔2009〕91号文的规定，对于符合本规程第九条规定，应进行土地增值税清算的项目，纳税人应当在满足条件之日起90日内到主管税务机关办理清算手续。应进行土地增值税清算的纳税人，在上述规定的期限内拒不清算或不提供清算资料的，主管税务机关可依据《中华人民共和国税收征收管理法》有关规定处理。

（2）根据2019年《广东省土地增值税清算新规程》，对于应清算的项目，纳税人应当在满足条件之日起90日内向主管税务机关办理清算申报手续；应进行土地增值税清算的纳税人，未按照规定报送涉税资料或者办理清算手续的，经主管税务机关责令限期改正，逾期仍不改正的，移交税务稽查部门处理，纳入纳税信用评价管理。

通过上述政策规定可以清楚地知道，凡是符合应清算条件的纳税人，也就是符合上面4种情形之一的，纳税人就应主动启动土地增值税清算的程序，如果在规定的期限内拒不清算或者不提供清算资料的，主管税务机关可以依据征管法以及相关的法规对纳税人进行处理。

三、普通住宅划分不正确

1. 风险描述

为了享受免征优惠，企业对普通住宅认定仅做简单的判断，导致少交土地增值税。

2. 风险识别

普通住宅的认定应同时满足以下条件：

①清算项目建筑容积率在1.0以上；

②单套住房套内建筑面积120平方米以下或单套建筑面积144平方米以下；

③实际成交价格低于同级别土地上住房平均交易价格的1.44倍以下。

3.政策依据

《土地增值税暂行条例实施细则》、财税〔2006〕21号文、国办发〔2005〕26号文、粤府办〔2005〕56号文。

4.风险解析

（1）《土地增值税暂行条例实施细则》第八条规定，有下列情形之一的，免征土地增值税即纳税人建造普通标准住宅出售，增值额未超过扣除项目金额20%的。

（2）《财政部 国家税务总局关于土地增值税若干问题的通知》（财税〔2006〕21号文）第一条规定，《土地增值税暂行条例实施细则》第八条中"普通标准住宅"的认定，一律按各省、自治区、直辖市人民政府根据《国务院办公厅转发建设部等部门关于做好稳定住房价格工作意见的通知》（国办发〔2005〕26号文）制定并对社会公布的"中小套型、中低价位普通住房"的标准执行。

（3）国办发〔2005〕26号文规定，"中小套型、中低价位普通住房"原则上应同时满足以下条件：住宅小区建筑容积率在1.0以上、单套建筑面积在120平方米以下、实际成交价格低于同级别土地上住房平均交易价格1.2倍以下。各省、自治区、直辖市要根据实际情况，制定本地区享受优惠政策普通住房的具体标准。允许单套建筑面积和价格标准适当浮动，但向上浮动的比例不得超过上述标准的20%。

（4）根据粤府办〔2005〕56号文，广东省享受优惠政策普通住房的标准为：住宅小区建筑容积率在1.0以上、单套住房套内建筑面积120平方米以下或单套建筑面积144平方米以下、实际成交价格低于同级别土地上住房平均交易价格的1.44倍以下。

有一些企业在划分普通住宅的时候，主要看建筑面积，只要建筑面积在144平方米以下都认定为普通住宅，而没有考虑到容积率、销售价格这两个条件，导致了划分普通住宅的范围出错。

第三节　清算收入确认风险点

一、销项税额抵减未计入清算收入

1.风险描述

企业在计算增值税销项税额时，抵减了当期可扣除土地价款，但在确认土地增值税清算收入时未将抵减的销项税额计入土地增值税清算收入。

2.风险识别

确认土地增值税清算收入时应将抵减的销项税额计入土地增值税清算收入。

3.政策依据

国家税务总局公告2016年第18号文。

4.风险解析

适用增值税一般计税方法的纳税人，其转让房地产的土地增值税应税收入不含增值税销项税额，这里的销项税额是指实际缴纳的销项税额。根据18号文，销售额=（全部价款和价外费用－当期允许扣除的土地价款）÷（1+适用税率），同时增值税纳税申报表的填报说明也进行了明确规定，第11栏"销项税额"，填写纳税人本期按一般计税方法计税的货物、劳务和服务、不动产、无形资产的销项税额。营业税改征增值税的纳税人，服务、不动产和无形资产有扣除项目的，本栏应填写扣除之后的销项税额。

根据《广州市地方税务局关于印发2016年土地增值税清算工作有关问题处理指引的通知》（穗地税函〔2016〕188号文），纳税人选用增值税一般计税方法计税的，土地增值税清算收入按"（含税销售收入＋本项目土地价款×适用税率）÷（1+适用税率）"确认，即：纳税人按规定允许以本项目土地价款扣减销售额而减少的销项税金，应调增土地增值税清算收入。

5. 案例

甲房地产开发公司是一般纳税人，通过招拍挂拿地，支付地价款60 000万元，开发了建设规模20万平方米的商品房，2019年已经销售18万平方米，采用一般计税方法，含税销售收入为200 000万元，2020年1月进行清算。

问：纳税人如何确定土地增值税应税收入？

分析：

纳税人适用一般计税方法，土地增值税应税收入不含增值税销项税额。

（1）销售额=（全部价款和价外费用－当期允许扣除的土地价款）÷（1+9%）=（200 000－60 000÷20×18）÷（1+9%）=133 944.95（万元）。

（2）增值税销项税额=销售额×税率=133 944.95×9%=12 055.05（万元）。

（3）根据18号文的规定，土地增值税应税收入=不含增值税销项税额=含税销售额－增值税销项税=200 000－12 055.05=187 944.95（万元）。

广州规定：土地增值税应税收入=（含税销售收入＋本项目土地价款×适用税率）÷（1+适用税率）=（200 000+60 000÷20×18×9%）÷（1+9%）=187 944.95（万元）

土地增值税应税收入=会计的收入或者所得税的收入＋销项税额抵减=200 000÷（1+9%）+60 000÷20×18÷（1+9%）×9%=187 944.95（万元）

上述确认土地增值税应税收入的三种方法都一致，相当于公司因土地成本扣减销售额导致少缴的增值税销项税金应调增土地增值税应税收入。

由于企业政策理解的不到位，往往土地增值税清算时，误以为清算的收入跟会计收入、所得税的收入一致，只确认183 486.24万元【200 000÷（1+9%）】，而对销项税额抵减金额未做调整，导致增值额少了4458.72万元，形成清算时少交土地增值税的风险。

注：允许土地价款扣减销售额而减少的销项税额，调增土地增值税清算收入，纳税人在土地增值税清算时确认的土地成本不调减。

二、有关的经济利益未并入清算收入

1. 风险描述

确认清算收入时，少计了跟转让房地产有关的其他经济利益，导致少交土地增值税。

2. 风险识别

归集清算收入时，未将违约金、定金、赔偿金、分期付款（延期付款）利息并入收入总额。

3. 政策依据

《土地增值税暂行条例实施细则》《广东省土地增值税清算新规程》、江门市税务局 2018 年第 3 号公告。

4. 风险解析

（1）根据《土地增值税暂行条例实施细则》第五条规定，转让房地产的收入，包括转让房地产的全部价款及有关的经济收益。

（2）根据《国家税务总局广东省税务局土地增值税清算管理规程》（国家税务总局广东省税务局公告 2019 年第 5 号）第二十四条规定，审核收入情况时，应重点审核纳税人预售款和相关的经济收益是否全部结转收入。

（3）根据《江门市房地产开发项目土地增值税清算管理办法》（国家税务总局江门市税务局 2018 年第 3 号文）第二十一条规定，纳税人转让房地产的收入包括转让房地产的全部价款及有关的经济收益。有关的经济收益是指纳税人因转让房地产收取的违约金、定金、赔偿金、分期付款（延期付款）利息等。因房地产购买方违约，导致房地产未能转让，纳税人取得的定金、违约金、赔偿金不作为与转让房地产有关的经济利益，不确认为房地产转让收入。

5. 案例

某房地产企业进行土地增值税清算时，清算收入 10 亿元，全部来源于销售合同确定的不含税金额，转让房地产过程中收取的违约金、定金、赔偿金、更名费、分期付款（延期付款）利息等合计有 500 万元，全部记入其他业务收入和营业外收入，清算时，没有并入清算的收入额，导致少计算了增值额 458.72 万元【500÷（1+9%）】。

三、安置用房未计入清算收入

1. 风险描述

安置用房未按规定计入土地增值税清算收入。

2. 风险识别

安置用房应视同销售，视同销售行为发生所有权转移时应按规定的方法和顺序确认视同销售的金额。

3. 政策依据

财税字〔1995〕48 号文、国税发〔2009〕91 号文、国税函〔2010〕220 号文。

4. 风险解析

税法规定的视同销售情形主要有三大类型：第一，根据实施细则以及财税字〔1995〕48 号文的规定，房地产企业以开发产品对外捐赠，除明文规定的公益性捐赠以外，应当视同销售征收土地增值税；第二，根据国税发〔2009〕91 号文的规定，房地产开发企业将开发产品用于职工福利、奖励、对外投资、分配给股东或投资人、抵偿债务、换取其他单位和个人的非货币性资产等，发生所有权转移时应视同销售房地产；第三，根据国税函〔2010〕220 号文的规定，房地产企业将开发产品用于安置回迁户的安置用房应当视同销售处理。

对于开发企业来说，最为常见的视同销售风险问题，是在旧城改造中，支付回迁户的房屋补偿土地增值税清算时未及时确认收入以及确认收入方法不正确。

根据国税发〔2009〕91号文的规定，视同销售收入按下列方法和顺序确认：

①按本企业在同一地区、同一年度销售的同类房地产的平均价格确定；

②由主管税务机关参照当地当年、同类房地产的市场价格或评估价值确定。

在开发商承担房产补偿主体的背景下，在征收补偿协议无约定具体金额、征收补偿标准的情况下，应当适用上述文件规定处理。但是，若征收补偿协议明确了具体补偿金额，被征收户既可以选择货币补偿也可以选择房屋补偿，则房屋补偿不应再适用上述视同销售处理，而应以征收补偿协议约定的补偿金额确认收入和扣除成本。目前，多数地方清算审核，都是按照这种方法去确定拆迁补偿的收入跟成本，即便价格明显偏低，也认定为具有合理的理由。

5. 案例

2017年甲房地产公司参与旧城改造项目。基本数据如下：建筑面积10万平方米，对外销售8万平方米，销售收入80 000万元，回迁安置用房2万平方米。

（1）回迁安置协议未列明回迁房的价款，土地增值税清算确认的销售收入是多少？

（2）回迁安置协议列明回迁房每平方米5000元，土地增值税清算确认的销售收入是多少？

分析：

（1）回迁安置协议未列明回迁房的价款，则该公司拆迁还建回迁安置用房2万平方米应视同销售收入=80 000÷8万平方米×2万平方米=20 000（万元），同时确定土地成本20 000万元。

所以，土地增值税清算确认的销售收入是100 000万元（8万平方米销售收入80 000万元+2万平方米视同销售收入）

（2）回迁安置协议列明回迁房每平方米5000元，该公司拆迁还建回迁安置用房2万平方米应视同销售收入=2万平方米×5000=10 000（万元），同时确定土地成本10 000万元。

所以，土地增值税清算确认的销售收入是90 000万元（8万平方米销售收入80 000万元+2万平方米视同销售收入）

由于回迁房并没有对外直接进行销售，没有取得现金收入，所以一部分房地产纳税人在土地增值税清算申报时，没有把实物在建的回迁安置用房产确认为土地增值税的应税收入，基于以上税收政策规定以及案例的解析，房地产企业实物在建的房产应"视同销售"，对未约定具体金额的，应按照市场公允价值或评估价值确认为销售不动产收入，并入土地增值税收入依法缴纳土地增值税。

四、配建房未依据移交方式不同确定清算收入

1. 风险描述

开发商以"限地价+竞配建"方式取得土地使用权，在建成后直接移交政府、无偿移交政府以及由政府回购的，其配套建设配建房未依据移交方式不同确定清算收入。

2. 风险识别

直接移交政府指定的行政单位，不属于土地增值税征税范围，不用确认收入；无偿移交，应视

同销售确认收入；政府回购的，应以不低于成本价确认收入。

3. 政策依据

《中华人民共和国土地增值税暂行条例》《国家税务总局广东省税务局广东省财政厅广东省自然资源厅关于印发〈广东省"三旧"改造税收指引（2019年版）〉的通知》（粤税发〔2019〕188号）、《国家税务总局江门市税务局关于配套建设有关税收问题的业务指引（修订稿）》。

4. 风险解析

"限地价+竞配建"是这几年流行的拿地方式，但是，税务总局对这一业务一直以来都没有统一的、明确的税务处理口径。去年年底，广东省税务局出台《广东省"三旧改造"税收指引（2019年版）》（粤税发〔2019〕188号，下称《广东"三旧"指引》）。关于"限地价+竞配建"税务处理的问题，《广东"三旧"指引》进行了明确，分成三类情况说明其税务处理。但是作为省级税局规范性文件，只能在现有税法框架体系内出台征管方面的规范，不可能解决和明确所有税收问题。因此，有一些地级市就依据《广东"三旧"指引》出台了更为明晰的业务指引，如广东省江门市税务局就出台了《国家税务总局江门市税务局关于配套建设有关税收问题的业务指引（修订稿）》，对配套建设有关税收问题做了明晰的业务指引。

《广东"三旧"指引》对移交环节土地增值税是否做收入处理的意见是：

（1）直接移交方式。不属于土地增值税征税范围，不用确认收入。（《广东"三旧"指引》提到，配建房发生的建安成本，视为换取土地所发生的支出，按土地成本扣除。）

（2）无偿移交方式。出让合同（公告）或不动产无偿转让协议约定无偿移交的，应视同销售确认收入。（按《广东"三旧"指引》理解，视为向政府无偿转让配建物业产权，视同销售确认收入。这些销售收入实际相当于向政府换取土地的对价，同时确认土地成本。这就相当于开发商建好这些物业后"卖"给政府，并换取政府土地。因此，配建物业在移交给政府（卖给政府）的时候，按"视同销售价格"确认收入，并扣除应分摊的建造成本。另外，按"卖"这些配建房给政府的"视同销售价格"，确认换取开发用地的土地成本。这里要注意一个问题，土地成本是整个项目的土地成本，并非一次性扣除。）

（3）政府回购方式。出让合同（公告）约定按照不低于成本价移交的，据此确定土地增值税应税收入。（按《广东"三旧"指引》理解，如果是不低于成本价，那么销售配建物业给政府的行为是正常的销售行为，应按这个价格确认收入，成本可按规定扣除。如果低于成本价格，折价的部分实际上相当于用来换取土地，这部分价值也是"销售配建物业"的价值，只是没有通过账面体现出来。我们认为，按上述理解在此情况下按成本价确认收入。需要注意的是，成本价是指建安成本，还是应分摊其他成本，《广东"三旧"指引》并未说明。）

根据《广东"三旧"指引》，归纳整理如下：如果首次登记在企业自己名下，再转移登记给政府，这些配建物业事实上就存在了权属过户行为，税务处理上显然应作销售（或视同销售）不动产处理。只不过，无偿移交的，按照市场价格，政府回购的，按照回购价格（价格明显偏低，视为合理理由）；如果首次登记直接登记在政府名下，配建房权属过户行为不存在，税务处理不作销售不动产的行为，《广东"三旧"指引》将其视为代建（不做清算收入）。

五、售价明显偏低且无正当理由

1. 风险描述

在计算土地增值税时，企业售价明显偏低且无正当理由，导致少交土地增值税。

2. 风险识别

纳税人售价明显偏低且无正当理由的，根据《中华人民共和国土地增值税暂行条例》第九条规定，按照房地产评估价格计算征收。

3. 政策依据

《条例》、法释〔2009〕5号文、国家税务总局广东省税务局公告2019年第5号文。

4. 风险解析

根据《中华人民共和国土地增值税暂行条例》第九条规定，纳税人有下列情形之一的，按照房地产评估价格计算征收：①隐瞒、虚报房地产成交价格的；②提供扣除项目金额不实的；③转让房地产的成交价格低于房地产评估价格，又无正当理由的。

《关于适用〈中华人民共和国合同法〉若干问题的解释（二）》（法释〔2009〕5号）中有关于合同纠纷如何确定"明显不合理的低价"的法律解释，即应当以交易当地一般经营者的判断，并参考交易当时交易地的物价部门指导价或者市场交易价，结合其他相关因素综合考虑予以确认；对转让价格达不到交易时交易地的指导价或者市场交易价百分之七十的，一般可以视为明显不合理的低价。

以下情形一般判断其是有正当的理由：

①法院判定或裁定的转让价格；

②以公开拍卖方式转让房地产的价格；

③政府物价部门确定的转让价格；

④主管税务机关认定的其他合理情形。

根据《国家税务总局广东省税务局土地增值税清算管理规程》（国家税务总局广东省税务局公告2019年第5号）第二十四条规定，审核收入情况时，应重点审核纳税人预售款和相关的经济收益是否全部结转收入以及销售价格是否明显偏低。对纳税人转让房地产成交价格明显偏低且无正当理由的，按该项目同期同类房地产的平均价格或评估价值确定其收入。

5. 案例

（1）2003年A市xx公司委托拍卖行拍卖一处房产，设定的保证金是6800万港币，最终只有一家竞买人参与，以1.2亿港币成交了，拍卖成交价格仅为2300港币每平方米，不及市场价格的一半，价格严重偏低。当时A市地税局第一稽查局通过调查发现，公司有意将拍卖保证金设定过高，使得没有其他主体参与竞价，导致拍卖过程中没有发生竞价行为，因此，税务机关认为xx公司以底价拍卖，无正当理由，参照周边房产当时的交易价格来核定该房产的交易价格为3.1亿港元。

该案件经过复议和A市某区人民法院的一审，结果是维持原决定。xx公司不服，向A市中级人民法院提起上诉，A市中级人民法院二审维持一审的判决。2013年，xx公司向最高人民法院提出再审的申请，直到2017年4月份，最高人民法院才作出终审行政判决。最高人民法院认为，拍卖行为有效，并不意味着税务机关不能行使应纳税额核定权，核定征收具有较强的裁量性，法院尊重税务机关基于法定调查程序作出的专业认定，该案件是首例由最高人民法院公开开庭审理的涉税行政诉讼案件，最高法对于税收执法问题的理解和认定，对今后的税收执法产生较为深远的影响。所以，A市第一稽查局行使核定权，依法核定xx公司应缴纳的税款，并未违反法律法规。

（2）广东省B市xx置业公司于2011年转让14个铺位，申报的价格明显低于同期同类产品的平均价格，且无正当理由，税务机关要求其补税、缴滞纳金，企业就此申请行政复议，复议结果是维持原决定，企业又上诉，法院维持原复议结果。

法院认为，税务机关提供的资料能证明该公司销售价格明显偏低，而该公司又不能提供证据证明价格偏低是合理的，税务机关依法行使应纳税额核定权核定xx公司应缴纳的税款符合法律法规。

最终以上两个案例的结果均是税务机关按该项目同期同类房地产的平均价格或评估价值确定其收入。

第四节 确认扣除金额风险点

（一）土地成本内容不合法

1. 风险描述

在计算土地增值税时，企业按照会计核算、所得税处理的思维，忽略了土增税关于土地成本的规定。将不属于清算允许扣除的土地成本进行扣除，比如土地成本按照土地评估价值报告确认，土地成本归集了因逾期支付土地出让金等原因而支付的罚款、滞纳金、利息以及因逾期开发支付的土地闲置费。

2. 风险识别

扣除取得土地使用权所支付的金额须提供合法有效凭证，不能提供合法有效凭证的，不得在土地增值税前进行扣除。

3. 政策依据

《中华人民共和国土地增值税暂行条例实施细则》，国家税务总局、省税务局土地增值税清算规程，各地级市的土地增值税清算管理办法。

4. 风险解析

对于土地增值税清算时土地的扣除，国家税务总局、省市清算规程都有相关的规定，地级市在上一级的框架内制定更为详细的具体管理办法，如2018年8月10日起施行的《江门市房地产开发项目土地增值税清算管理办法》就对此进行了明确的规定。

（1）以出让方式取得土地使用权的，提供由财政部门监（印）制的收据，并注明土地价款项目名称，以其记载金额作为扣除金额。

出让土地统一实行招、拍、挂前，纳税人以出让方式取得土地使用权，已支付土地使用权出让金但未取得有关资料证明的，纳税人向主管税务机关递交报告并同时符合以下两个条件的，经上一级税务机关集体审议确定后，可给予扣除。

①土地出让合同或市（镇）级政府有关部门的证明资料；

②实际支付凭证，如无原件需提供加盖国土部门证明专用章的复印件。

（2）以划拨方式取得土地使用权的，并依照国家有关规定缴纳土地使用权出让金，按上述方法进行审核是否准予扣除。

（3）以转让方式取得土地使用权的，须提供土地合法有效凭证方才可扣除。合法有效凭证包括转让合同、购入发票、法院判决书、裁定书、生效的调解书，以及仲裁裁决书、公证债权文书。

（4）以投资入股方式取得土地使用权的，如在投资入股环节按规定免征土地增值税的，被投资企业在土地增值税清算时，应以入股投资者原取得土地使用权所支付的地价款和按国家统一规定交纳的有关费用作为其取得土地使用权所支付的金额据予扣除；如在投资入股环节入股投资者已按规定缴纳土地增值税的，以其计税价格作为被投资企业取得土地使用权所支付的金额据予扣除。

（5）以合并或分立方式取得土地使用权的，如在企业合并或分立环节已按规定免征土地增值税的，合并或分立后企业在土地增值税清算时，应以原企业在合并或分立前取得该宗土地的土地使用权所支付的地价款和按国家统一规定交纳的有关费用，作为合并或分立后企业取得土地使用权所支付的金额据予扣除；如在企业合并或分立环节原企业已按规定缴纳土地增值税的，以其计税价格作为合并或分立后企业取得土地使用权所支付的金额据予扣除。

房地产企业在计算土地增值税清算金额时，需要经过税务机关的审核，而审核调整，没有滞纳金以及罚款，为了少缴纳土地增值税，通过对土地进行评估，然后凭评估报告的土地评估价值计入"开成发本—土地成本"科目；或者在计算土地增值税时，将逾期支付土地出让金等原因而导致支付的罚款、滞纳金、利息，以及因逾期开发支付的土地闲置费一并作为土地成本扣除。显然不符合以上税法所规定的土地成本扣除依据，增加了土地扣除金额，使房地产企业少缴纳土地增值税。

5. 案例

（1）A公司的开发项目，土地是股东投资进来的，原股东取地成本5000万元，以25 000万元作价投入到A公司。A公司原来是非房地产企业，投资的时点暂免征收土地增值税，A公司在土地增值税清算时按照投资土地评估价值报告的价格25 000万元确认了土地的价格，导致多计了20 000万元的土地成本。

（2）A公司的开发项目，土地是从政府招拍挂取得，招拍挂价格50 000万元，由于企业资金的原因，未能按照出让协议及时全额交付出让款，缴纳的罚款、滞纳金、利息合计5000万，企业又未能按约定时间进行开发，缴纳土地闲置费10 000万元，A公司在土地增值税清算时按照会计归集的土地价款65 000万元确认，导致多计入了15 000万元的土地成本。

二、土地及拆迁补偿未正确分摊

1. 风险描述

多个开发项目共同发生的土地及拆迁补偿成本，没有按照开发项目正确分摊，从而导致先开发的项目少缴纳土地增值税。

2. 风险识别

企业分期开发项目或者同时开发多个项目的共同成本，没有按合理的方法分摊；同一清算单位内的共同成本，没有按照可售建筑面积方法分摊。

3. 政策依据

《土地增值税暂行条例实施细则》、国税发〔2006〕187号文、国税发〔2009〕91号文、《广东省土地增值税清算新规程》。

4. 风险解析

（1）根据《土地增值税暂行条例实施细则》第九条规定，纳税人成片受让土地使用权后，分期分批开发、转让房地产的，其扣除项目金额的确定，可按转让土地使用权的面积占总面积的比例计算分摊，或按建筑面积计算分摊，也可按税务机关确认的其他方式计算分摊。

（2）《国家税务总局关于房地产开发企业土地增值税清算管理有关问题的通知》（国税发〔2006〕187号文）第四条规定，属于多个房地产项目共同的成本费用，应按清算项目可售建筑面积占多个项目可售总建筑面积的比例或其他合理的方法，计算确定清算项目的扣除金额。

（3）《国家税务总局关于印发《土地增值税清算管理规程》的通知》（国税发〔2009〕91号）第二十一条规定，审核扣除项目是否符合下列要求：

纳税人分期开发项目或者同时开发多个项目的，或者同一项目中建造不同类型房地产的，应按照受益对象，采用合理的分配方法，分摊共同的成本费用；对同一类事项，应当采取相同的会计政策或处理方法。会计核算与税务处理规定不一致的，以税务处理规定为准。

（4）《国家税务总局广东省税务局土地增值税清算管理规程》（国家税务总局广东省税务局公告2019年第5号文）第二十八条规定，审核扣除项目是否符合下列要求：

同一清算单位内发生的成本、费用，能按照受益对象直接归集的，按照直接成本法计入相应房地产类型扣除；不能按照受益对象直接归集的成本、费用，原则上按照不同类型房地产可售建筑面积比例计算分摊；对占地相对独立的不同类型房地产，可按占地面积法计算分摊取得土地使用权所支付的金额、土地征用及拆迁补偿费。

第二十九条规定，审核取得土地使用权所支付的金额和土地征用及拆迁补偿费时应当重点关注土地出让金是否按照以下方式分摊：国有土地使用权出让合同或其补充协议注明，地下部分不缴纳土地出让金或者地上部分与地下部分分别缴纳土地出让金的，土地出让金应直接归集到对应的受益对象（地上部分或地下部分）。

基于以上税收政策规定，土地增值税是以开发项目为清算单位的，不同清算单位发生的成本费用不得相互抵减，因此，对于属于多个清算单位发生的共同成本费用，要在各清算单位之间按一定标准进行合理分配或分摊。分摊方法通常有如下三种：一是占地面积法，按转让土地使用权面积占可转让土地总面积的比例计算分摊；二是建筑面积法，按照转让的建筑面积占总建筑面积的比例来计算分摊；三是按税务机关确认的其他方式计算分摊。

本次允许扣除项目金额 = 已售建筑面积 × （允许扣除项目总金额 ÷ 可售总建筑面积）。

5. 案例（以拆迁补偿费为例，其他的各项共同成本基本类似）

A房地产开发公司于2018年一次性征地100 000平方米，计划在该宗土地上分两期开发商品房，所开发商品房总建筑面积为200 000平方米。其中一期开发工程占地面积为60 000平方米，开发的商品房总建筑面积为120 000平方米，已销售110 000平方米，剩余的10 000平方米一共100

套商品房用于补偿被拆迁户，市场价值 10 000 万元。该公司在土地增值税清算时，将以实物方式支付的拆迁补偿费全部在第一期开发项目中扣除，请分析该房地产企业土地增值税清算中扣除的拆迁补偿房的成本是否正确？

涉税风险分析：

A 房地产开发公司将价值 10 000 万元的 100 套用于拆迁补偿给被拆迁户的商品房在第一期的开发项目中一次性扣除显然是不符合土地增值税规定的。理由如下：

第一，根据国税发〔2006〕187 号第四条第（五）项的规定，用于拆迁补偿给被拆迁户的商品房，是该宗土地上两期开发的商品房共同拆迁成本。应按一期清算项目的可售建筑面积占两期项目可售总建筑面积的比例或其他合理的方法，计算确定各期清算项目的拆迁成本扣除金额。

第二，根据国税发〔2006〕187 号文第一条的规定，该宗土地两期开发项目必须分两期确定土地增值税清算单位。

因此，本案例中第一期开发项目分摊拆迁成本的正确计算方法如下：

第一，确定应分摊的清算单位，因该宗土地分两期开发，所以，应当是两个清算单位。

第二，确定总建筑面积。两期开发项目的总建筑面积为 200 000 平方米。

第三，确定第一期开发项目应分摊的实物还建成本：10 000÷200 000×120 000=6000（万元）。剩余的 4 000 万元应留到二期进行扣除。

通过以上共同拆迁成本分摊分析，该房地产开发公司第一期开发项目提前多扣除了 4000 万元（10000-6000）拆迁成本，使第一期开发项目少缴纳土地增值税。

三、违规扣除开发小区外的支出

1. 风险描述

在计算土地增值税时，企业按照一般处理的思维，将跟取得土地使用权无关的开发小区外的支出列入扣除项目，导致少交土地增值税。

2. 风险识别

开发小区外自行建造发生的支出，不得在土地增值税清算时扣除。

3. 政策依据

《土地增值税暂行条例实施细则》、广东省土地增值税清算新规程。

4. 风险解析

根据《土地增值税暂行条例实施细则》第七条规定，基础设施费包括开发小区内道路、供水、供电、供气、排污、排洪、通信、照明、环卫、绿化等工程发生的支出。公共配套设施费包括不能有偿转让的开发小区内公共配套设施发生的支出。

根据《国家税务总局广东省税务局土地增值税清算管理规程》（国家税务总局广东省税务局公告 2019 年第 5 号文）第二十九条规定，审核取得土地使用权所支付的金额和土地征用及拆迁补偿费时应当重点关注：纳税人为取得土地使用权，按照出让合同约定或政府文件要求，在项目规划用地外建设的公共设施或其他工程发生的支出，是否符合出让合同约定或政府文件要求。

《土地增值税暂行条例实施细则》强调允许扣除的基础设施、公共配套是发生在开发小区内的;《广东省税务局土地增值税清算管理规程》则明确,规划用地外建设的公共设施或其他工程发生的支出,是要符合出让合同约定或政府文件要求的。

实践中,发生在建设用地之外,不在开发小区内的支出有两种情况:第一种是为了提升项目的品质,提高它的售价而自行建造发生的。如说招拍挂的时候,土地周边的配套比较差,开发商为了提高项目的定位,吸引客户,将来可以卖个好价钱,在项目之外建公园、修道路发生的支出。另外一种情况是在招拍挂拿地的时候就约定好,如合同约定要在政府指定的项目之外的某个区域建公园、修马路、做体育场馆所发生的支出,实际上是招拍挂拿地的一个附带条件。这两种不同的支出在财务方面和土地增值税税收待遇不一样。

自行建造发生的红线外支出是为了提高楼盘的品质,以便将来可以卖个好价钱而发生的。财务处理上,该支出发生的时候要进入长期待摊费用,开始销售时,按照预计楼盘的销售的期间摊销进入销售费用。税务处理上,由于土地增值税计算的时候,期间费用已经按照比例扣除,因此不能重复扣除。拿地附带条件而发生的支出是地价的一项构成,是在招拍挂时候就约定好的,从企业的角度来说,它是以一种比较低的价格获取土地的一个条件,从政府角度来说是放弃一部分地价款来换取开发商建造公共设施,发生时候要进入开发成本(土地成本)科目进行核算,土地的成本最终是要进入产品成本的,它的形成是一种资本性支出;

所以我们看到从财务会计的角度,两种不同支出,即使都是开发商从施工方取得的建筑安装发票,一种要做销售费用,一种要做地价款。税收上待遇也不一样,对于开发商自行建造发生的小区外支出就不给扣除,即使企业将它计入到开发成本,也要在土地增值税清算时做剔除处理。但对约定条件的小区外支出,鄂地税发〔2013〕44号文和穗地税行〔2014〕175号文都进行了规定,如果说红线外的支出是跟拿地相关联的,能够提供国土部门的文件,允许扣除。广东有一些地方,比如江门还规定了,在扣除时候要附上已经缴纳契税的依据,否则也不允许扣除。

5.案例

(1)广东江门市A房地产开发公司通过招拍挂取得一块开发土地,该土地所处位置比较偏僻,周边配套比较差,在征得政府相关部门同意之后,企业在开发小区外的公共用地上建设了一个休闲公园,同时,企业还修建了小区到市区的一条马路,总共支出5000万元,企业取得施工方的建筑安装发票。企业在进行土地增值税清算时,将相关的5000万元支出计入开发成本(基础设施——道路,绿化)。

(2)广东江门市B房地产开发公司通过招拍挂取得一块开发土地,由于该土地所处位置比较偏僻,周边配套比较差,政府依据城市建设规划的需求在招拍挂文件约定,取得土地的一方必须在开发小区外政府指定的位置建设一个休闲公园,修建小区到市区的一条马路,总共支出不得少于5000万元,企业取得施工方的建筑安装发票。企业在进行土地增值税清算时,将相关的5000万元支出计入地价款。

A房地产开发公司在进行土地增值税清算时,应当剔除5000万元开发成本。(属于企业为提升品质促进销售等而发生的。对于这种情形,税务机关在处理时不作为开发成本扣除,计入开发费用)。

B房地产开发公司在进行土地增值税清算时,要附上招拍挂文件约定以及150万元契税完税凭证。(能证明红线外成本性质的证据资料,确定是否属于获取土地使用权的附带条件,红线外支出实际上相当于土地成本的一部分,又履行了契税的完税手续,税务机关在处理时,准予扣除成本。)

四、甲供材费用重复计算扣除项目

1. 风险描述

在计算土地增值税时,企业对建筑工程采取工程总价款全额结算方式的甲方提供材料、设备等甲供材重复计算扣除项目,导致少交土地增值税。

2. 风险识别

发生的费用与建安发票、甲供材发票、工程施工合同及补充协议、工程结算报告记载的资金支付内容不相符。

3. 政策依据

国税发〔2009〕91号文。

4. 风险解析

根据《国家税务总局关于印发〈土地增值税清算管理规程〉的通知》(国税发〔2009〕91号)第二十五条规定,房地产开发企业自购建筑材料时,审核自购建材费用是否重复计算扣除项目。

实践中,许多房地产企业与建筑施工企业都会签订"甲供材"合同,重复扣除材料的成本,具体的操作流程如下:

第一步,房地产企业与建筑施工企业签订建筑总承包合同时,在合同中的"合同价款"条款中,按照含"甲供材"金额签订合同价;

第二步,在工程决算时,房地产企业要求与建筑企业按照含"甲供材"金额进行决算,即在最后的工程决算价中含有"甲供材"金额;建筑企业按照含"甲供材"金额向房地产企业开具增值税专用发票;

第三步,房地产企业向材料供应商购买"甲供材",获得的材料供应商开具的材料增值税发票计入"开发成本"科目;

第四步,房地产企业就"甲供材"金额的成本发票,享受两次抵扣增值税进项税额,两次抵扣企业所得税,两次抵扣土地增值税并加计30%扣除。

通过以上步骤,房地产企业"甲供材"在清算土地增值税时,多扣除开发成本"甲供材"成本×(1+30%),致使房地产企业少缴纳土地增值税。

5. 案例

2019年甲房地产企业与乙施工企业签订一份"甲供材"建筑施工合同,合同中的"合同价款"约定:不含增值税的合同金额为10 000万元,"甲供材"钢筋水泥金额为2000万元。甲房地产企业与乙施工企业决算价为10 000万元(含甲供材金额),乙施工企业向甲房地产企业开具增值税发票,不含增值税金额为10 000万元。甲房地产企业向丙材料供应商采购材料2000万元(不含增值税金额),材料供应商给甲房地产企业开具增值税发票,甲房地产企业财务上进"开发成本"科目的成本金额是12 000万元。请分析甲房地产土地增值税清算中的税收风险。

本案例中的施工企业开给房地产企业的10 000万元(不含增值税)增值税发票中含有的"甲

供材"金额为2000万元（不含增值税），同时由于"甲供材"是房地产企业自行向供应商采购的材料而从供应商获得了专用发票，房地产企业就"甲供材"成本2000万元享受两次抵扣土地增值税并加计30%的扣除。这显然是重复多做成本，骗取国家税款的行为。

甲供材属于房地产开发成本项目，最主要是避免材料成本的重复入账，主要是查看合同、决算、财务核算等资料，判断甲供材是否有重复入账，如果有重复计入成本，需要进行调整。在决算报告中有施工成本和甲供材的具体金额信息，可以查看入账的施工成本是否含有甲供材。如果已包含甲供材，则入账成本中不能再另外列支材料成本；如果已列支，则属于重复入账，需要进行调整。对甲供材列支情况的审计，也是通过"开发成本"科目的建筑工程、配套设施工程等明细科目，先提取甲供材业务，再逐笔核对，以确定其没有重复列支成本。对甲供材的核对情况要进行详细说明（或者制作相应表格进行说明），在清算资料中与《建筑安装工程费用明细表》等一起相互印证。

提示：营改增前，施工单位开具工程发票时，金额为不含甲供材成本，但甲供材的相关税金会在代开工程发票时一并申报缴纳。房地产开发公司一般会取得施工方甲供材税收申报表的复印件留存备查。在这种情况下，开发公司的甲供材会以实际购置材料时的材料发票作为成本入账依据。此时，一般不存在重复入账的问题。

五、公共配套设施的界定不准确

1. 风险描述

在计算土地增值税时，企业由于对公共配套设施的界定不准确，因多计公共配套设施费，导致少交土地增值税。

2. 风险识别

土地增值税清算时，只将建成后产权属于全体业主所有的以及建成后无偿移交给政府、公用事业单位用于非营利性社会公共事业的开发产品界定为公共配套设施；其他开发产品都不能界定为公共配套设施。

3. 政策依据

国税发〔2006〕187号文、国家税务总局江门市税务局2018年第3号文、《物权法》。

4. 风险解析

（1）根据《国家税务总局关于房地产开发企业土地增值税清算管理有关问题的通知》（国税发〔2006〕187号文）第四条"土地增值税的扣除项目"规定，房地产开发企业开发建造的与清算项目配套的居委会和派出所用房、会所、停车场（库）、物业管理场所、变电站、热力站、水厂、文体场馆、学校、幼儿园、托儿所、医院、邮电通信等公共设施，按以下原则处理：

（1）建成后产权属于全体业主所有的，其成本、费用可以扣除。

（2）建成后无偿移交给政府、公用事业单位用于非营利性社会公共事业的，其成本、费用可以扣除。

（3）建成后有偿转让的，应计算收入，并准予扣除成本、费用。

根据《江门市房地产开发项目土地增值税清算管理办法》（国家税务总局江门市税务局2018年

第 3 号文）第三十五条规定，建成后产权属于全体业主所有的，符合下列条件之一的，其成本、费用可以扣除：

①《中华人民共和国物权法》等相关规定已明确为全体业主共有的；

②国土房管部门出具证明材料证明为全体业主共有的；

③经业主委员会书面说明由全体业主共有的；

④因业主委员会尚未成立、无法办理移交手续的，应当提交书面说明、纳税人董事会决议以及在江门市主流媒体刊登公告的报样。

除此之外，还规定建成后无偿移交给政府、公用事业单位用于非营利性社会公共事业的，符合下列条件之一的，其成本、费用可以扣除：

（1）纳税人与政府、公用事业部门签订了移交文书。

（2）属于政府、公用事业单位原因不能及时接收的，接收单位或者政府部门出具相关证明。

（3）根据《中华人民共和国物权法》第七十三条规定，建筑区划内的道路，属于业主共有，但属于城镇公共道路的除外。建筑区划内的绿地，属于业主共有，但属于城镇公共绿地或者明示属于个人的除外。建筑区划内的其他公共场所、公用设施和物业服务用房，属于业主共有。

（4）根据国税发〔2006〕187号文的规定，开发企业建造跟清算项目配套的公共配套设施，按照下面这三个原则进行处理。第一个原则是建成后产权属于全体业主所有的，它的成本费用做公共配套扣除。由于它的产权是全体业主所有，这就相当于全体业主支付的房价中就包含了这些公共配套的价格，只不过不是某一个业主买的，而是由全体业主一起买下的，所以成本可以作为公共配套去扣除。第二个原则是建成后无偿移交给政府公共事业单位、非营利性的社会公共事业的，作为公共配套，它的成本费用可以扣除。这就相当于移交给政府、公共事业单位的，虽然企业没有收入，但是成本费用由销售的房产去承担，这样，房地产企业在土地增值税清算时，才不会丧失这一部分的成本费用。第三是可以销售的，那就作为正常的开发产品去处理。除了上述情形之外，企业建造的公共配套如果是自用、出租的、或者说产权未明确的，那都不能扣除。

在实务中，开发公司往往对修建性规划批准文件中标示建造的酒店、会所、幼儿园、超市等配套建筑未进行归属判断，把属于产权未定、开发商自己拥有、可以对外销售的全部作为公共配套去处理，因此多扣了公共配套的成本，从而少交土地增值税。

六、不能办理转移登记的人防车位未正确处理

1. 风险描述

在计算土地增值税时，企业由于对不能办理权属转移登记手续的人防车位的政策不理解，导致少交土地增值税。

2. 风险识别

不能办理权属转移登记手续的人防车位的建筑安装成本可以扣除，但是，必须按照建筑面积比例在不含室内（外）装修费用的建筑安装工程费中计算剔除一部分的成本。

3. 政策依据

《广东省土地增值税清算新规程》。

4. 风险解析

根据《国家税务总局广东省税务局土地增值税清算管理规程》（国家税务总局广东省税务局公告 2019 年第 5 号）第三十一条规定，不能办理权属转移登记手续的人防车位，其建筑面积按照人防设施竣工验收备案文件确定，其不予扣除的成本按照建筑面积比例在不含室内（外）装修费用的建筑安装工程费中计算。

5. 案例

某项目可售建筑面积共 10 000 平方米，不能办理权属转移登记手续的人防车位建筑面积为 1000 平方米，不含室内（外）装修费用的建筑安装工程费 3300 万元。

人防车位按规定不予扣除的成本 =33 000〔不含室内（外）装修费用的建筑安装工程费〕×1000（人防车位建筑面积）÷〔10000（可售建筑面积）+1000（人防车位建筑面积）〕=300 万元。

七、扩大开发间接费用的归集范围

1. 风险描述

企业将企业行政管理部门（总部）为组织和管理生产经营活动而发生的管理费用以及公司的财务人员、销售人员、管理人员发生的支出计入开发间接费用，少缴土地增值税。

2. 风险识别

开发间接费是指直接组织、管理开发项目发生的费用，包括工资、职工福利费、折旧费、修理费、办公费、水电费、劳动保护费、周转房摊销等。

3. 政策依据

土地增值税暂行条例实施细则。

4. 风险解析

由《土地增值税纳税申报表（二）（从事房地产开发的纳税人清算适用）》相关项目可知，"开发间接费用（行次：13）"属于"房地产开发成本（行次：7）"的分项，在清算实际操作中，一般将企业支付的"开发间接费用"金额再按照具体业务分为项目管理人员工资、职工福利费、折旧费、修理费、办公费、水电费、劳动保护费、周转房摊销费等项目。

开发间接费用的扣除以合法的原始凭证为依据，主要有两类：一是合法的发票，例如修理费及各项办公费用支出；二是合法的计算依据，如折旧的提取、周转房摊销费等。

关于开发间接费用主要关注三点：一是明确开发间接费用是项目部本身发生的费用，与公司总部的期间费用无关；二是实施细则对开发间接费用的类别按照列举式进行明确，没有列举的费用（除非名称不一样，内容一样）不能计入开发间接费用；三是土地增值税范畴的开发间接费用与企业所得税范畴的开发间接费用范围与内容均有差异，在实务操作中应予以注意。企业通常计入开发间接费用，而且容易划分不清的，主要有以下内容。

（1）周转房摊销：可以在土地增值税前扣除。

周转房摊销是指将开发商品或自有房屋用于安置拆迁户的摊销费或折旧费，实践中的房地产企业租用房屋安置拆迁户，其所支付的房屋租金以及根据拆迁户的要求对租用房屋进行装修、工程改造、布线等所发生的支出，应计入"开发成本—开发间接费用—周转房摊销"科目，在土地增值税前扣除。

（2）项目管理人员工资及福利费：可以在土地增值税前扣除。

给直接组织、管理项目的人员支付的工资及福利费，在提供项目管理人员名单及劳务合同的情况下，可以在土地增值税前扣除。但列支规划部、采购部、预算部、保安部等部门人员的工资及福利费，不可以作为间接费用扣除。

（3）通信费：视具体情况而定。

项目工程部安装电话，发生的电话费可以作为其他开发间接费用列支，但项目管理人员报销的手机费难以与项目直接相关，不能列支开发间接费用在土增税前扣除。

（4）折旧费：视具体情况而定。

明确归属项目工程使用固定资产所提的折旧费，可以作为开发间接费用列支，但其他的固定资产难以与项目直接相关，不能列支开发间接费在土增税前扣除。

（5）交通差旅费支出：视具体情况而定。

项目管理人员直接坐出租车发生的交通费可以列支开发间接费用，但报销的私车加油费，难以区分与项目直接相关，不能列支开发间接费在土增税前扣除。

（6）保安服务费：视具体情况而定。

项目公司与保安公司签订的保安服务费，主要判断是否直接与项目管理有关，如有关可以作为开发间接费用入账，不相关不能计入开发间接费用。

（7）模型制作费：不可以在土地增值税前扣除。

模型是为销售而制作的，属于销售费用，不能计入开发间接费用，不可以在土地增值税前扣除。

（8）职工教育经费和业务招待费：不可以在土地增值税前扣除。

按会计制度相关规定，职工教育经费、业务招待费，不能直接归集于开发产品的成本，作为期间费用核算，其原理与印花税税收处理一致，不可以在土地增值税前扣除。

八、利息支出没调整至财务费用

1. 风险描述

在计算土地增值税时，没有将平常会计核算计入"房地产开发成本—开发间接费用—利息费用"的利息支出调整至财务费用中计算扣除，从而少缴纳土地增值税。

2. 风险识别

土地增值税清算时，已经计入房地产开发成本的利息支出，应调整至财务费用中计算扣除。

3. 政策依据

国税函〔2010〕220号文、国税发〔2007〕132号文。

4. 风险解析

（1）根据《国家税务总局关于土地增值税清算有关问题的通知》（国税函〔2010〕220号文）第三条第（四）项规定："土地增值税清算时，已经计入房地产开发成本的利息支出，应调整至财务费用中计算扣除。"《土地增值税见证业务规则》（国税发〔2007〕132号文）第三十五条第八款规定："在计算加计扣除项目基数时，审核是否剔除了已计入开发成本的借款费用。"基于以上两个税收政策文件规定，房地产企业计入开发成本的借款费用或利息支出，在进行土地增值税清算时，需要剔除，应调整至财务费用中计算扣除。

土地增值税中利息支出处理原则与会计核算、企业所得税处理有很大区别。

（2）根据《国家税务总局关于印发〈房地产开发经营业务企业所得税处理办法〉的通知》（国税发〔2009〕31号文），企业为建造开发产品借入资金而发生的符合税收规定的借款费用，可按企业会计准则的规定进行归集和分配，其中属于财务费用性质的借款费用，可直接在税前扣除。账务方面，会计科目设置一般将项目开发资本化利息计入"开发成本—开发间接费用"核算。而在土地增值税清算计算房地产开发费用时，应先调减开发成本中的资本化利息，而后与财务费用中的利息支出加总，再适用国税函〔2010〕220号文规定的计算方法进行税务处理。

（3）根据以上税收政策文件的规定，房地产企业在计算土地增值税时扣除的利息费用与其他开发费用的扣除结合起来分析，具体分以下两种情况处理：

第一种税务处理：凡能够按转让房地产项目计算分摊并提供金融机构证明的情况，允许据实扣除，但最高不能超过按商业银行同类同期贷款利率计算的金额。其他房地产开发费用，按照"（取得土地使用权所支付的金额+房地产开发成本）×5%"计算扣除。

第二种税务处理：凡不能按转让房地产项目计算分摊利息支出或不能提供金融机构证明的，房地产开发费用（财务费用+销售费用+管理费用）按"（取得土地使用权所支付的金额+房地产开发成本）×10%"计算扣除。

由于上述两种税务处理公式中的"房地产开发成本"含有平常会计核算中发生的"房地产开发成本—开发间接费用—利息费用"金额。如果房地产企业在计算土地增值税时，没有将平常会计核算中计入"房地产开发成本—开发间接费用—利息费用"的金额调整至财务费用中计算扣除，则房地产企业重复扣除利息费用，导致少缴纳土地增值税。

5. 案例

某房地产企业取得土地使用权成本为10 000万元，房地产开发成本为5000万元，其中"开发成本—开发间接费用"中利息支出1000万元，假设发生的利息费用能够按转让房地产项目计算分摊并提供金融机构证明，则该房地产企业在土地增值税清算时，扣除的土地和开发成本为15 000万元，利息费用、其他开发费用为：1000+（10 000+5000）×5%=1750万元。假设不能按转让房地产项目计算分摊利息支出或不能提供金融机构证明的，则该房地产企业在土地增值税清算时，扣除的土地和开发成本为15 000万元，扣除的利息费用和其他开发费用为：（10 000+5000）×10%=1500万元，请分析土地增值税存在的风险。

分析：

根据《国家税务总局关于土地增值税清算有关问题的通知》（国税函〔2010〕220号文）第三条第（四）项规定："土地增值税清算时，已经计入房地产开发成本的利息支出，应调整至财务费用中计算扣除。"基于此规定，该房地产公司计入土地增值税扣除项目的房地产开发成本为5000-1000=4000万元，企业必须在正确调减了利息支出的基础上，确定税法允许扣除的土地增值税的开发成本，并且要用剔除了利息的开发成本来计算比例扣除的开发费用。

凡能够按转让房地产项目计算分摊并提供金融机构证明的，按照第一种方式计算可扣除的房地产开发费用：1000+（10 000+4000）×5%=1700万元。因此，本案例中的房地产企业多扣除开发成本1000万元，引起多扣除加计扣除200万元（1000×20%），多扣除利息和其他开发费用成本50万元，合计多扣了1250万，从而少缴纳土地增值税。

凡不能按转让房地产项目计算分摊利息支出或不能提供金融机构证明的，按照第二种方式计算可扣除房地产开发费用：(10 000+4000)×10%=1400万元。因此，本案例中的房地产企业多扣除开发成本1000万元，引起多扣除加计扣除200万元（1000×20%），多扣除利息和其他开发费用成本100万元，合计多扣了1300万元，从而少缴纳土地增值税。

九、据实扣除的利息支出不满足规定条件

1. 风险描述

在计算土地增值税时，企业将不满足规定条件的据实扣除的利息支出计入扣除项目金额，导致少交土地增值税。

2. 风险识别

据实扣除的利息要满足规定的条件，既要满足能够按清算项目计算分摊，又要取得金融机构证明，还不能超过商业银行同类同期贷款利率计算的金额。

3. 政策依据

《土地增值税暂行条例实施细则》、财税字〔1995〕48号文、广东省土地增值税清算新规程。

4. 风险解析

（1）根据《土地增值税暂行条例实施细则》第七条规定，财务费用中的利息支出，凡能够按转让房地产项目计算分摊并提供金融机构证明的，允许据实扣除，但最高不能超过按商业银行同类同期贷款利率计算的金额。

（2）《财政部 国家税务总局关于土地增值税一些具体问题规定的通知》（财税字〔1995〕48号文）第八条规定了关于扣除项目金额中的利息支出如何计算问题：

①利息的上浮幅度按国家的有关规定执行，超过上浮幅度的部分不允许扣除；

②对于超过贷款期限的利息部分和加罚的利息不允许扣除。

（3）《国家税务总局广东省税务局土地增值税清算管理规程》（国家税务总局广东省税务局公告2019年第5号）第三十四条规定，审核利息支出时应当重点关注：

①是否将利息支出从房地产开发成本中调整至房地产开发费用；

②分期开发项目或者同时开发多个项目的，其取得的一般性贷款的利息支出，是否按照项目合理分摊；

③利用闲置专项借款对外投资取得收益，其收益是否冲减利息支出；

④是否将向金融机构支付的顾问费、手续费、咨询费等非利息性质的费用计入利息支出；

⑤金融机构及商业银行同类同期贷款利率是否按照以下方式处理：金融机构是否取得中国人民银行、中国银行保险监督管理委员会、中国证券监督管理委员会、省级金融主管部门批准经营贷款业务；商业银行同类同期贷款利率是指在贷款期限、贷款金额、贷款担保以及企业信誉等基本条件相同下商业银行提供贷款的利率。

5. 案例说明

某房地产企业取得土地使用权成本为10 000万元，房地产开发成本为5000万元，其中"开发成本—开发间接费用"中利息支出1000万元。

则该房地产企业在土地增值税清算时，扣除的土地和开发成本为14 000万元，企业据实扣除的利息费用和其他开发费用为：1000+（10 000+4000）×5%=1700万元。企业按照比例计算扣除，扣除的利息费用和其他开发费用为：（10 000+4000）×10%=1400万元，很明显，该房地产企业选择据实扣除比按照比例扣除更加有利，但据实扣除必须满足条件，除了该借款是金融机构借款之外，还要满足能够按清算项目计算分摊、取得金融机构证明、不能超过商业银行同类同期贷款利率计算的金额等条件。如果企业不满足规定条件选择据实扣除利息支出，必然会导致违规少交土地增值税。

十、与转让房地产有关的税金扣除不合规

1. 风险描述

土地增值税清算时，多扣税金及附加，导致少缴土地增值税。

2. 风险识别

可以扣除的税金，是房地产开发企业销售房产产生的税金，而且只能是对应清算项目的实际缴纳的营业税、城市维护建设税（以下简称"城建税"）、教育费附加、地方教育附加、印花税（有条件限制）。

3. 政策依据

《土地增值税暂行条例实施细则》、财税〔1995〕48号文、财会〔2016〕22号文、国家税务总局公告2016年第70号文、广东省土地增值税清算新规程。

4. 风险解析

根据《土地增值税暂行条例实施细则》第七条规定，与转让房地产有关的税金，是指在转让房地产时缴纳的营业税、城市维护建设税、印花税。因转让房地产交纳的教育费附加，也可视同税金予以扣除。

根据《财政部 国家税务总局关于土地增值税一些具体问题规定的通知》（财税字〔1995〕48号）第九条规定，细则中规定允许扣除的印花税，是指在转让房地产时缴纳的印花税。房地产开发企业按照《施工、房地产开发企业财务制度》的有关规定，其缴纳的印花税列入管理费用，已相应予以扣除。

《国家税务总局关于营改增后土地增值税若干征管规定的公告》（国家税务总局公告2016年第70号）第三条"关于与转让房地产有关的税金扣除问题"规定：（1）营改增后，计算土地增值税增值额的扣除项目中"与转让房地产有关的税金"不包括增值税。（2）营改增后，房地产开发企业实际缴纳的城市维护建设税（以下简称"城建税"）、教育费附加，凡能够按清算项目准确计算的，允许据实扣除。凡不能按清算项目准确计算的，则按该清算项目预缴增值税时实际缴纳的城建税、教育费附加扣除。

《国家税务总局广东省税务局土地增值税清算管理规程》（国家税务总局广东省税务局公告

2019年第5号)第三十七条"与转让房地产有关税金的审核"规定,应当确认与转让房地产有关税金及附加扣除的范围是否符合税收有关规定。根据会计制度规定,纳税人缴纳的印花税列入"管理费用"科目核算的,按照房地产开发费用的有关规定扣除,列入"税金及附加"科目核算的,计入"与转让房地产有关税金"予以扣除。纳税人缴纳的地方教育附加可计入"与转让房地产有关税金"予以扣除。对不属于清算范围或者不属于转让房地产时发生的税金及附加,不应作为清算扣除项目。

(1)房地产企业记入管理费用的销售房产的印花税不能列入扣除,但是,22号文发布之后计入"税金及附加"予以扣除。

根据财税〔1995〕48号文规定,实施细则中规定允许扣除的印花税,是指在转让房地产时缴纳的印花税。营业税时代的印花税计入管理费用,无法税前扣除。

财会〔2016〕22号文规定,印花税从"营业税金及附加"项目调整为"税金及附加"项目。

根据广东省土地增值税清算新规程,按照会计制度规定,纳税人缴纳的印花税列入"管理费用"科目核算的,按照房地产开发费用的有关规定扣除,列入"税金及附加"科目核算的,计入"与转让房地产有关税金"予以扣除。也就是说,22号文发布之前计入管理费用的印花税不能计入"与转让房地产有关税金"予以扣除;22号文发布之后计入"税金及附加"科目核算的印花税,允许计入"与转让房地产有关税金"予以扣除。需要注意的是,这里讲的是与转让房地产有关的税金及附加扣除的范围,按照22号文规定,其他开发环节的印花税也在"税金及附加"科目核算,但不属于与转让房地产有关,也不允许计入"与转让房地产有关税金"予以扣除。

(2)城建税和教育费附加的分摊。

根据国家税务总局公告2016年第70号文规定,营改增后,房地产开发企业实际缴纳的城市维护建设税(以下简称"城建税")、教育费附加,凡能够按清算项目准确计算的,允许据实扣除。凡不能按清算项目准确计算的,则按该清算项目预缴增值税时实际缴纳的城建税、教育费附加扣除。

(3)地方教育费附加。

从各地的税收实践来看,大多数地方的地方附加费可比照教育费附加予以扣除。根据《广东省土地增值税清算新规程》,纳税人缴纳的地方教育附加可计入"与转让房地产有关税金"予以扣除。

(4)开发项目在营改增前后的税金。

根据国家税务总局公告2016年第70号文规定,房地产开发企业在营改增后进行房地产开发项目土地增值税清算时,按以下方法确定相关金额:与转让房地产有关的税金=营改增前实际缴纳的营业税、城建税、教育费附加+营改增后允许扣除的城建税、教育费附加+营改增后与转让房地产有关的印花税。

在税金及附加这个问题上,企业主要存在多计算扣除的风险,一是把不属于转让房地产缴纳的税金进行扣除;二是扩大税金的扣除范围,将堤围费、价格调节基金以及记住管理费用印花税等也进行扣除;三是不能按清算项目准确计算的,没有按该清算项目预缴增值税时实际缴纳的附加扣除。

十一、尾盘销售土增税处理错误

1. 风险描述

尾盘销售土地增值税处理错误,有的企业按照预征率申报,有的按照清算的实际税负率申报。

2. 风险识别

根据广东省土地增值税清算新规程,在土地增值税清算时未转让的房地产,清算后销售或有偿转让的,纳税人应按月汇总,并在次月15日内申报缴纳土地增值税。

3. 政策依据

国税发〔2006〕187号文。

4. 风险解析

根据国税发〔2006〕187号文,在土地增值税清算时未转让的房地产,清算后销售或有偿转让的,纳税人应按规定进行土地增值税的纳税申报,扣除项目金额按清算时的单位建筑面积成本费用乘以销售或转让面积计算。

单位建筑面积成本费用 = 清算时的扣除项目总金额 ÷ 清算的总建筑面积

当已售项目清算结束后,尾盘实现销售时,销售收入会因受到市场波动等因素影响,导致已销售部分的增值额与再销售部分的增值额产生差异,从而影响纳税人的实际税负,〔2006〕187号文已经明确简化的处理方式,但纳税人申报中仍然出现以下不符合规定的处理方式,形成房地产企业土地增值税后续管理的涉税风险。

一是纳税人仍旧按预征税率申报,见下列公式:

当期销售收入 × 预征率 = 当期应纳土地增值税,该做法明显与国家税收政策相悖。

二是纳税人按照已清算项目的实际税负率进行申报,见下列公式:

(已清算项目应纳土地增值税税额 ÷ 已清算项目销售收入) × 当期销售收入 = 当期应纳土地增值税。

5. 案例

某房地产开发公司开发A项目,总可售建筑面积10 000平方米,其中普通住宅7000平方米,占70%;店铺面积3000平方米,占30%。2019年6月企业已销售建筑面积9000平方米,其中普通住宅售出面积6300平方米,店铺售出面积2700平方米,当地规定的预缴率为3%。该项目符合可要求土地增值税清算条件。在收到主管税务机关清算通知后,企业按要求对项目土地增值税作自行清算,并形成清算报告及相关清算资料上报主管税务机关。

案例情况:

(1)清算审核情况。

税务机关经过审核确认,至清算时,该项目普通住房的销售不含税均价10 000元/平方米、店铺销售不含税均价20 000元/平方米。取得销售总收入11 700万元(普通住房6300万元、店铺5400万元)。

普通住房:

清算时的扣除项目总金额4410万元,单位建筑面积成本费用=清算时的扣除项目总金额÷清算的总建筑面积=4410万元÷6300=7000元;

增值额＝6300－4410＝1890万元

增值额与扣除项目金额之比为：42.86%

应纳土地增值税＝1890×30%＝567万元

实际税负率＝567÷6300＝9%

店铺：

清算时的扣除项目总金额为2970万元，

单位建筑面积成本费用＝清算时的扣除项目总金额÷清算的总建筑面积＝2970万元÷2700＝11 000元

增值额＝5400－2970＝2430万元

增值额与扣除项目金额之比为：81.73%

应纳土地增值税＝2430×40%－2970×5%＝823.5万元

实际税负率＝823.5÷5400＝15.25%

（2）后续销售土地增值税管理情况。

2019年12月，该项目在土地增值税已清算后，发生了剩余"未售商品房"再销售业务，共售出面积800平方米（其中，普通住宅500平方米，均价7800元/平方米；店铺300平方米，均价25 000元/平方米），依据（国税发〔2006〕187号文）规定，后续销售土地增值税计算如下：

普通住房增值额＝500×7800－（500×7000）＝400 000（元）

增值额与扣除项目金额之比＝400 000÷（500×7000）×100%＜20%

应纳税额＝0（享受免税优惠政策）

当期店铺增值额＝（300×25 000）－（300×11 000）＝4 200 000（元）

增值额与扣除项目金额之比＝4,200,000÷（300×11000）×100%＝127.27%

（因100%＜127.27%＜200%，适用50%、速算扣除15%的税率）

应纳税额＝4 200 000×50%－（300×11 000）×15%＝1 605 000（元）

后续销售土地增值税＝0＋1 605 000＝1 605 000（元）

本案例中，受多种因素影响，企业尾盘实际的税负率通常与之前阶段并不相同，套用预征税率申报或者已清算项目税负率计算尾盘的土地增值税，会造成税款多缴或少缴的问题。

仍旧按预征税率申报＝（500×7800＋300×25000）×3%＝340 000（元）；

按照清算实际税负率进行申报＝（500×7800）×9%＋（300×25 000）×15.25%＝1 494 750（元）。

对此，要依据国税发〔2006〕187号文有关尾盘转让收入的土地增值税处理办法进行管理。在土地增值税清算时未转让的房地产，清算后销售或有偿转让的，纳税人应按规定进行土地增值税的纳税申报，扣除项目金额按清算时的单位建筑面积成本费用乘以销售或转让面积计算。采用预增率进行申报，或者按照清算时实际的税负进行申报，都会存在税收风险。

第五节 企业所得税风险点

一、清算补缴土增税导致退税处理不当

1. 风险描述

房地产开发企业按规定对开发项目进行土地增值税清算后，土地增值税清算当年汇算清缴出现亏损且没有后续开发项目，申请退税时补缴土增税的分摊与各年度应纳税所得额的调整处理不当。

2. 风险识别

土地增值税清算当年汇算清缴出现亏损且没有后续开发项目，申请退税时补缴土增税的分摊与各年度应纳税所得额的调整应严格按相关规定处理。

3. 政策依据

国家税务总局公告 2016 年第 81 号文。

4. 风险解析

根据国家税务总局公告 2016 年第 81 号文明确了申请退税采取销售收入比例追溯调整法。多缴企业所得税款的计算应按如下步骤进行：

（1）土地增值税总额按开发年度分摊。

该项目缴纳的土地增值税总额，应按照该项目开发各年度实现的项目销售收入占整个项目销售收入总额的比例，在项目开发各年度进行分摊，具体按以下公式计算：

各年度应分摊的土地增值税＝土地增值税总额×（项目年度销售收入÷整个项目销售收入总额）

注意：这里的销售收入包括视同销售房地产的收入，但不包括企业销售的增值额未超过扣除项目金额 20% 的普通标准住宅的销售收入。

开发年度的概念是自开始预售年度起一直到清算年度止。

（2）当年应补充扣除的土地增值税调整当年度应纳税所得额。

该项目开发各年度应分摊的土地增值税减去该年度已经在企业所得税税前扣除的土地增值税后，余额属于当年应补充扣除的土地增值税；企业应调整当年度的应纳税所得额，并按规定计算当年度应退的企业所得税税款；当年度已缴纳的企业所得税税款不足退税的，应作为亏损向以后年度结转，并调整以后年度的应纳税所得额。

按照上述方法进行土地增值税分摊调整后，导致相应年度应纳税所得额出现正数的，应按规定计算缴纳企业所得税。

企业按上述方法计算的累计退税额，不得超过其在该项目开发各年度累计实际缴纳的企业所得税；超过部分作为项目清算年度产生的亏损，向以后年度结转。

5. 案例

2017 年某房地产公司销售 3 亿元，预缴土增税 600 万元，2018 年销售 2 亿元，预缴土增税 400 万元，两年合计销售 5 亿元，预缴土增税 1000 万元，2019 年进行土增税清算，清算结果是该项目总共应缴土增税 1600 万元。

由于 2017 年和 2018 年已经预缴了 1000 万元，因此 2019 年清算时补缴 600 万元。2019 年没

有销售，假设2019年留守人员工资200万元，则当年所得税汇算时，公司的亏损就是人员工资200万元加上补缴的土地增值税600万元，共计亏损800万元，这800万元的亏损并非全部可退所得税，而只能退由于土地增值税补缴导致亏损的部分，也就是退600万元对应的所得税，但是不能依"600万×25%"这样简单计算2019年退的所得税，还需要考虑亏损的因素和弥补的因素。

首先要看2017年销售3亿元，占总收入5亿元的60%，因此它要分摊补缴600万元土增税的60%，即360万元。因此2017年就增加了360万元的费用扣除。假设2017年当年的盈利只有200万元，当年只交了50万元的企业所得税，增加的360万元费用扣除就只能追溯扣除200万元，即只能退当年已交所得税50万元，剩余160万元没有扣除，要顺延到2018年进行追溯扣除。

假设2018年盈利1000万元，已交250万元企业所得税，2018年销售2亿元，占总销售额的40%，应分摊补缴土地增值税240万元，同时还有2017年未追溯扣除的160万元，因此2018年可以追溯扣除：240+160=400万元，2018年的可退税额=400×25%=100万元，两年合计可退所得税=50+100=150万元。

通过上述销售收入比例向前追溯调整的方法，补缴的600万元土增税所对应的所得税就可全部退回。具体退税方法是2017年退50万元，2018年退100万元，调整完之后，2019年的亏损额剩余200万元，只能在以后年度进行弥补。

假如企业2019年除了补缴土地增值税之外，还有其他的盈利，则2019年亏损额就会小于600万元，企业还应按600万元去调整，退以前年度的所得税，调整完之后，当年有所得额的要补缴企业所得税。

接上例来说，企业2019年除了补缴600万元土地增值税之外，企业还有盈利100万元，那就意味着企业年底亏损额为500万元，但企业还是应该按照原来的做法退2017年的50万元和2018年的100万元，调整之后，2019年的最终结果是盈利100万元，则2019年应交的所得税是25万元。